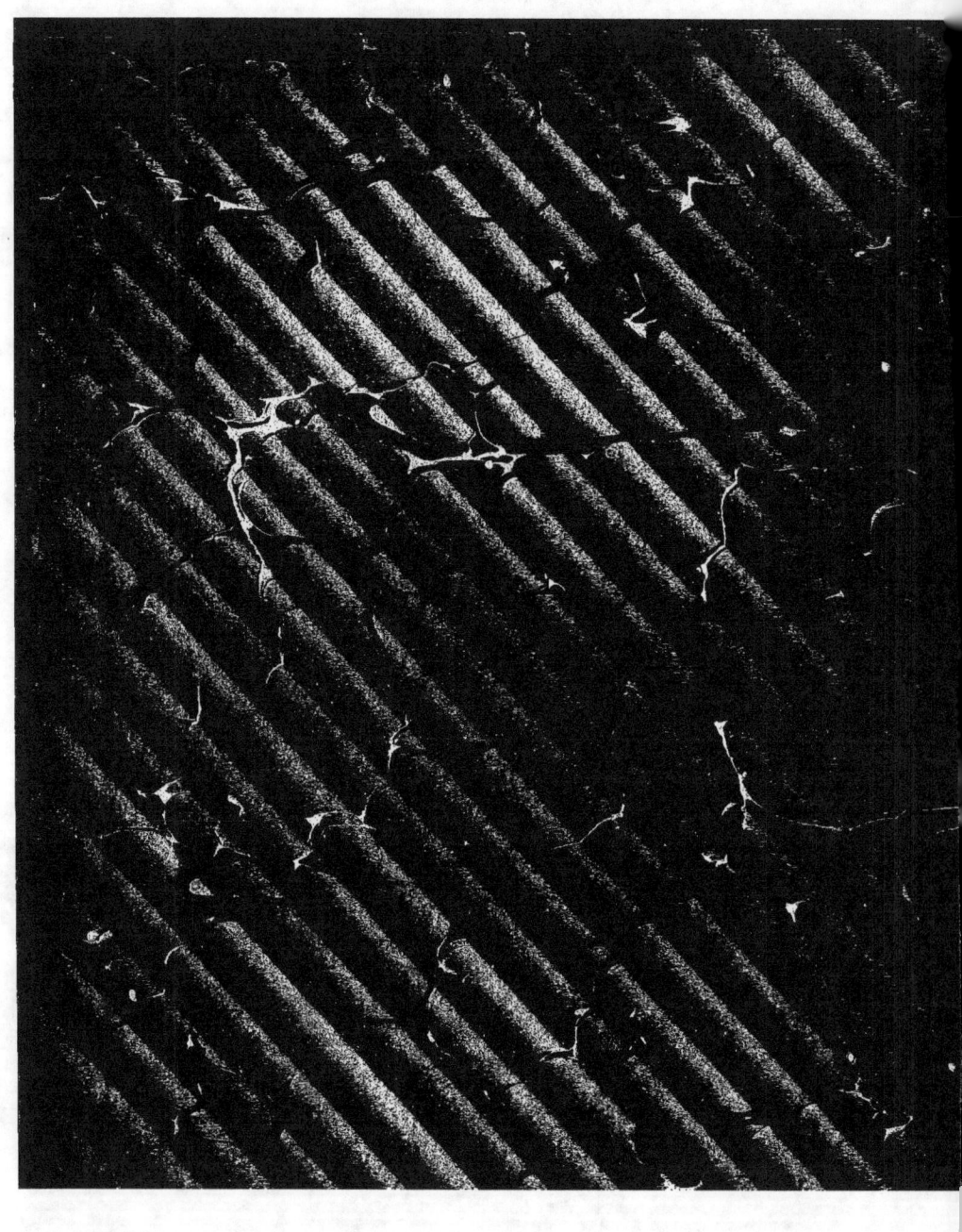

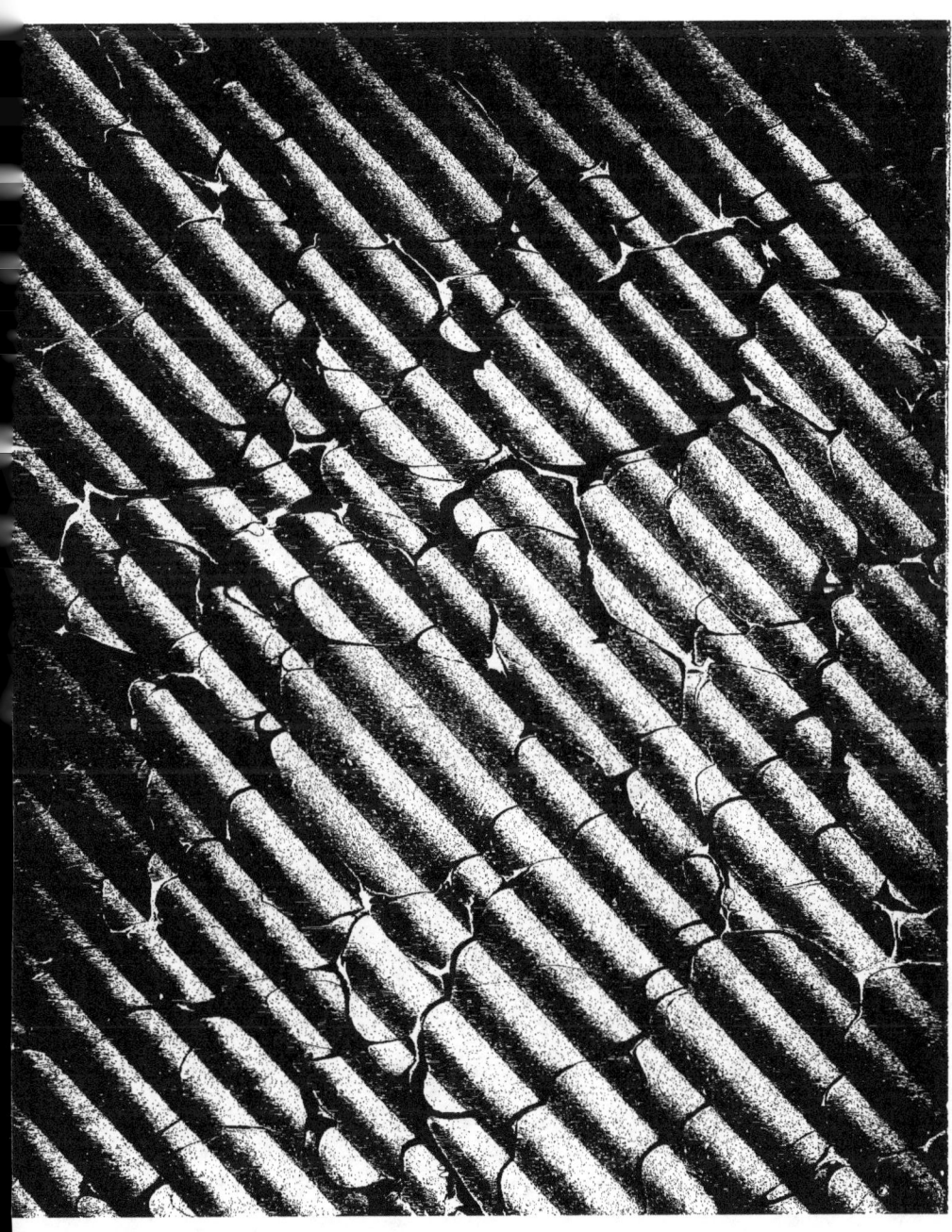

X 1604
A. 1

DICTIONNAIRE
TARTARE-MANTCHOU
FRANÇOIS.

SUITE DES MÉMOIRES CHINOIS.

Se vend à PARIS,

Chez { Nyon, l'aîné, libraire, rue du Jardinet.
Née de la Rochelle, libraire, rue du Hurepoix, près du pont S. Michel.
Théophile Barrois, jeune, libraire, quai des Augustins.

Et à LYON, chez

Piestre et de la Molliere, libraires, rue Saint Dominique.

DICTIONNAIRE TARTARE-MANTCHOU FRANÇOIS,

Composé d'après un Dictionnaire MANTCHOU-CHINOIS,

PAR M. AMYOT, MISSIONNAIRE A PÉKIN;

Rédigé et publié avec des additions et l'ALPHABET de cette langue,

PAR L. LANGLÈS,

OFFICIER DE NN. SS. LES MARÉCHAUX DE FRANCE.

TOME PREMIER.

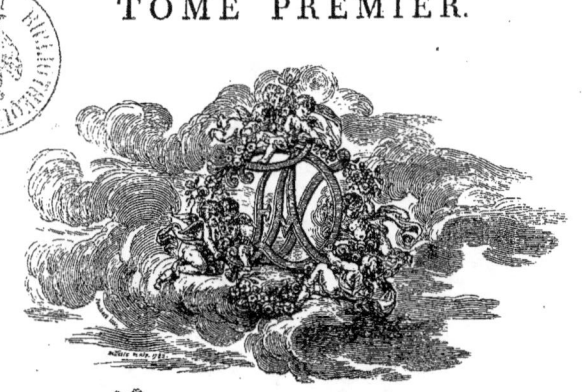

A PARIS,

IMPRIMÉ PAR FR. AMBR. DIDOT L'AINÉ,

Avec les caracteres gravés par FIRMIN DIDOT son 2ᵈ fils.

M. DCC. LXXXIX.

AVERTISSEMENT DE L'AUTEUR.

Ce Dictionnaire Mantchou-Chinois que j'ai traduit en françois, et que j'ai écrit tout entier de ma propre main, n'est pas tel qu'il devroit être, et tel qu'il eût été sans doute, si j'avois pu prévoir qu'il passeroit un jour les mers pour être placé dans la bibliotheque d'un grand ministre qui daigne s'occuper quelquefois des productions littéraires des climats éloignés.

Je n'avois d'autre vue, en entreprenant ce pénible ouvrage, que de me mettre en état de me passer du secours des *lettrés chinois* pour lire et entendre leurs livres, parceque ces livres, ou presque tous ces livres, sont traduits en mantchou. Ainsi, sans trop m'arrêter à chercher le mot françois correspondant au mot mantchou, je me suis contenté de traduire l'explication chinoise, quand j'ignorois le mot propre, ou que ce mot ne se présentoit pas sur-le-champ. Le lecteur peut y suppléer aisément: je le prie de vouloir bien excuser les fautes qu'il pourra trouver. Je me suis attaché à traduire exactement l'explication chinoise. Si je n'avois pas travaillé pour moi seul, j'aurois mieux fait. Je crois cependant que ce Dictionnaire, tel qu'il est, peut encore avoir quelque utilité : les mots chinois et mantchoux y sont écrits comme on les prononce à la cour, et l'explication en est sûre, quoiqu'elle soit quelquefois en termes impropres. Il contient tous les mots de la langue tartare-mantchou jusqu'à la douzieme année (*du regne*) de *Kien-long*. Ceux qui ont été ajoutés depuis, ou qui ne sont pas originairement de la langue, se trouvent dans le Dictionnaire universel que j'envoie en compagnie de celui-ci. Le Dictionnaire universel est d'un usage moins facile, parcequ'il est par ordre des matieres ou par classes, et celui-ci par ordre alphabétique.

Amyot, M. A. à Pékin, le 24 Avril 1784.

AVERTISSEMENT DE L'ÉDITEUR.

Ce *Dictionnaire* formera, avec mon *Appendice* et les tables que je dois y ajouter, trois volumes in-4°, et, pour satisfaire l'empressement de plusieurs savants, je me suis déterminé à publier successivement chaque volume aussitôt qu'il sortira de la presse. Comme le *Syllabaire* et les *Grammaires* en formeront un quatrieme qui ne paroîtra qu'après l'impression totale des trois premiers, j'ai cru devoir placer ici une nouvelle édition de mon *Alphabet Tartare-Mantchou*. L'on y trouvera des détails importants sur la maniere dont le *Dictionnaire* est rédigé. Ils ne seront pas superflus lors même qu'on possédera les Grammaires, car elles ne traitent point de cet objet, et c'est d'après le silence des PP. Gerbillon, Domenge et de M. Amyot, que j'ai hasardé quelques observations sur l'ordre des mots du *Dictionnaire*. J'ai tâché d'éviter aux autres l'embarras où m'ont laissé ces Grammairiens, et dont je ne me suis tiré qu'avec beaucoup de peines. J'ose espérer qu'en faveur de ma bonne intention l'on me pardonnera d'avoir mis mon ouvrage avant celui de M. Amyot.

ALPHABET
TARTARE-MANTCHOU,

DÉDIÉ

A L'ACADÉMIE ROYALE

DES INSCRIPTIONS ET BELLES-LETTRES,

Avec des détails sur les lettres et l'écriture des Mantchoux.

PAR L. LANGLÈS,

Officier de NN. SS. les Maréchaux de France.

AVIS.

Quoique cette nouvelle édition de mon *Alphabet Tartare-Mantchou* soit plus considérable que la premiere, elle n'est cependant pas plus complete quant aux matieres essentielles; il est vrai que les lettres de l'Alphabet sont plus nombreuses, mais ce sont toujours les mêmes répétées avec leurs différents signes simplement indiqués dans l'édition précédente, parceque j'avois alors des raisons particulieres pour être très concis : maintenant qu'il m'est permis de m'étendre davantage, je donne toutes les lettres beaucoup plus détaillées, mais je n'en ajoute pas de primitives. Les principales additions regardent le Dictionnaire dont je tâche de faciliter l'usage.

A MESSIEURS

DE L'ACADÉMIE ROYALE

DES INSCRIPTIONS ET BELLES-LETTRES.

Messieurs,

L'accueil favorable dont vous avez honoré mon premier ouvrage m'engage à vous présenter un nouveau fruit de mon travail. Il s'agit d'ouvrir une carriere inconnue dans la littérature, et l'avantage qui doit en résulter m'assure la continuation de votre bienveillance.

Les travaux des savants de l'Europe, et particulièrement les vôtres, Messieurs, ont presque épuisé toutes les richesses que renferment les auteurs grecs et latins. Vos analyses des manuscrits de la bibliotheque du roi vont nous faire connoître d'une maniere toute particuliere les écrivains arabes, turcs, persans, etc.

L'envie d'acquérir des connoissances un peu rares, me porta d'abord à l'étude des langues orientales, si négligée en France, et j'eus le bonheur d'y trouver un ouvrage aussi intéressant pour le philosophe que pour l'homme de lettres [1] : ce fut le premier objet de mon travail; et c'est sous vos auspices, MESSIEURS, que j'ai eu l'avantage de l'offrir au public.

A peine avois-je fait ce premier pas dans la littérature orientale, que je me suis vu entraîné dans des sentiers nouveaux. Depuis long-temps les missionnaires de la Chine recommandoient l'étude du tartare-mantchou. Cette langue avoit fixé l'attention d'un ministre éclairé, ami des sciences et des arts, protecteur de ceux qui les cultivent; il étoit parvenu à se procurer les moyens de pénétrer dans ce sanctuaire fermé jusqu'à présent aux littérateurs : alors il voulut bien jeter les yeux sur moi; je ne balançai pas à me livrer à cette langue. J'avouerai que l'entreprise doit paroître téméraire ; mais l'utilité qu'on pourra en retirer excusera sans doute à vos yeux cette espece de témérité.

Si, au premier coup-d'œil, cette nouvelle étude ne semble pas promettre une abondante moisson de découvertes importantes, il suffit, pour se détromper, d'observer qu'elle nous donne un accès facile à la con-

---

(1) Les INSTITUTS *politiques et militaires de* TAMERLAN, *proprement appellé* TIMOUR, *écrits par lui-même en mogol, et traduits en françois sur la version persane d'Abou-taleb-al-hosseïni, avec la Vie de ce conquérant d'après les meilleurs auteurs orientaux, des notes, et des tables historique et géographique*, in-8, 1 vol. A Paris, chez Née de la Rochelle, rue du Hurepoix; et Didot fils aîné, rue Dauphine.

Cet ouvrage, d'un des plus grands conquérants de l'Asie, porte l'empreinte du génie de son illustre auteur. Timour le composa lui-même en langue mogole : il a d'abord été traduit en persan. D'après cette version, j'en ai fait une françoise dont l'académie a bien voulu agréer l'hommage.

noissance de la littérature des Chinois, et qu'elle peut en quelque maniere dispenser d'apprendre le langage hiéroglyphique de ce peuple, qui présente des difficultés capables d'effrayer les naturels mêmes du pays.

Pour donner plus de poids à ce que je viens d'avancer, j'invoquerai ici le témoignage de M. Amyot, missionnaire célebre par ses travaux littéraires.

« La connoissance du tartare-mantchou, dit-il,
« ouvriroit une libre entrée dans la littérature chinoise
« de tous les siecles; il n'est aucun bon livre chinois qui
« n'ait été traduit en mantchou. Ces traductions ont été
« faites par de savantes académies, par ordre et sous
« les auspices des souverains, depuis *Chun-tché* jus-
« qu'à *Kien-long*, aujourd'hui sur le trône. Elles ont
« été revues et corrigées par d'autres académies non
« moins instruites, dont les membres savoient parfai-
« tement et la langue chinoise et la langue des Mant-
« choux...... Pour moi, j'avoue que si je n'avois su
« que mon chinois, je n'aurois pu me tirer d'affaire
« dans ce que j'avois entrepris. La langue mantchou est
« dans le goût de nos langues d'Europe : elle a sa mé-
« thode et ses regles ; en un mot, on y voit clair. Je
« pourrois envoyer d'ici et une grammaire et des dic-
« tionnaires qui mettroient à portée de l'apprendre, et
« qui en faciliteroient l'intelligence. Du reste, cinq ou
« six années d'étude suffiroient à un homme appliqué
« pour se mettre en état de lire avec profit tous les livres
« écrits en mantchou [1]. »

---

[1] Voyez l'*Éloge de la ville de Moukden*, composé par l'empereur Kien-long, traduit en françois par M. Amyot, et publié par M. de Guignes. *Préface du traducteur*, pages 5 et 6.

A la fin de sa grammaire tartare, imprimée dans le XIII° vol. des *Mémoires Chinois*, le même savant dit encore : « Le tartare mantchou donneroit une entrée « facile pour pouvoir pénétrer sans aucun secours dans « le labyrinthe de la langue chinoise, où se trouvent les « plus anciens monuments littéraires qui soient dans « l'univers. »

Toute l'Europe connoît cette grande *Histoire de la Chine*, traduite dernièrement à Pékin par les missionnaires françois, d'après la version tartare, et publiée à Paris, en 12 vol. in-4°, sous la direction de M. Leroux des Hauterayes.

Cet ouvrage précieux nous donne lieu d'en espérer beaucoup d'autres non moins instructifs ; et les Chinois, dont l'histoire est encore remplie de problêmes, vont être connus d'après leurs propres annales. La difficulté extrême d'apprendre leur langue a rebuté presque tous les littérateurs. Quelque intéressant qu'il fût de connoître un peuple si étonnant, plusieurs ont abandonné leurs recherches, voyant l'impossibilité de consulter les sources ; mais, aidés du tartare, nous surmonterons ces obstacles, et nous écarterons les ténebres qui enveloppent des objets bien dignes, sans doute, d'être connus et approfondis, à en juger par les foibles traces que nous appercevons.

Quand on n'obtiendroit par cette langue qu'une connoissance plus facile des ouvrages chinois, ce seroit déja une acquisition bien importante pour la littérature : mais elle peut procurer encore d'autres avantages.

TARTARE-MANTCHOU.

Doit-on compter pour rien, non seulement les livres traduits du *sanscrit*, du *thibétain*, du *mongol* [1], mais encore les livres originaux mantchoux? Ces derniers sur-tout nous sont entièrement inconnus.

Aucune langue n'a encore présenté plus d'avantages que celle-ci, puisqu'elle peut suppléer à trois ou quatre autres dans lesquelles se trouvent des *monuments de la plus haute antiquité*. En outre, la bibliotheque du roi possede un assez grand nombre de livres mantchoux, comme on peut le voir en jetant un coup-d'œil sur le catalogue. Il ne sera pas difficile maintenant d'en savoir le contenu; je me contenterai de dire que plusieurs de ceux que j'ai parcourus sont relatifs à l'histoire.

Mais quel obstacle insurmontable a donc empêché les savants de l'Europe d'exploiter une mine aussi précieuse? C'est le défaut d'instruments. Nous ne possédions encore qu'une grammaire tartare du P. Gerbillon, imprimée avec des caracteres romains, à Paris, dans la *Collection des Voyages de Melchisédech Thévenot*, et quelques dissertations de M. Bayer, répandues dans les *Acta eruditorum* et dans les douze premiers volumes des *Commentaria academiæ petropolitanæ*. On lit dans le *Thesaurus epistolicus* de la Croze de foibles détails sur les lettres tartares [2]. M. des Hauterayes a in-

---

[1] Il y a entre la littérature de ces trois langues, et le mantchou, une affinité bien plus grande qu'on n'oseroit l'imaginer : les différents peuples qui les parlent ont tous les mêmes livres. M. Bayer prétend que le culte du grand Lama, qui leur est commun, les a ainsi rapprochés. Il offre, pour appuyer son assertion, un syllabaire *sanscrit*, *tangut* et *mongol*, tiré d'un manuscrit où ces trois langues se trouvoient ainsi réunies. Voyez *Commentaria academiæ petropolitanæ*, tome III, pag. 389, et la note de la page xix.

[2] Dans une lettre adressée à Chamberlayne, il lui annonce qu'il possede

ALPHABET

séré dans l'*Encyclopédie élémentaire* de M. l'abbé Petiti une dissertation curieuse sur cette même langue ; on y trouve cette profonde érudition et cette sage critique qui caractérisent tous les ouvrages sortis de la plume de ce respectable savant : il a même ajouté une planche pour les lettres. Les *Syntagmata dissertationum* de Hyde, publiés par M. Sharpe, à Oxford, en 1767, renferment deux planches de caracteres tartares assez mal copiés. Celles qu'on voit dans le Traité *de veteri Religione Persarum* [1], et dans le *Pater* en deux cents langues, ne sont pas plus correctes, et l'on ne peut guere se fier plus aux unes qu'aux autres. Cependant la traduction tartare du *Pater* m'a paru assez bonne; ayant été composée par le savant missionnaire Bouvet, jésuite, il n'est pas étonnant qu'elle vaille mieux que l'écriture gravée, sans doute, par quelque artiste maladroit et mal dirigé.

J'ai consulté tous ces matériaux avec le plus grand soin, et je pourrois vous prouver, MESSIEURS, que, mal-

---

un alphabet (c'est-à-dire un syllabaire) tartare et des fragments de grammaire de la même langue. *Thesaur. epist. la Crozian.*, tome III, page 84. J'ignore en quelles mains sont tombés ces précieux fragments, je m'estimerois très heureux d'en obtenir la communication.

(1) On verra, par mon opération sur les caracteres mantchoux, combien M. Hyde s'est trompé en disant que les Tartares mongols, maîtres de la Chine, n'ont point d'alphabet, mais des caracteres particuliers pour chaque mot, à la maniere des Chinois et des Japonois. *Vide* Hyde, *de vet. Religione Persar.* page 551, *nov. edit.* Il ne faut pas s'étonner de ce que ce savant Anglois appelle nos Mantchoux *Tartari Mogolenses*, parcequ'ils se nomment aussi *Nieutché Mongol*, ou Mogols orientaux; et les peuples que nous connoissons sous le nom de *Mogols*, sont appellés *Eleuth Mongol, Kalka Mongol*, ou simplement Mogols occidentaux. Voyez l'*Histoire généalogique des Tatares* par Abulghazi, p. 168, 218 et alibi.

gré la vaste érudition qu'on y trouve, ils sont néanmoins bien insuffisants. Enfin, sans les secours qu'on vient de recevoir de la Chine, cette étude auroit encore été long-temps négligée. M. Amyot, si avantageusement connu dans la république des lettres, a envoyé successivement un *syllabaire,* une *grammaire* et un *dictionnaire* tartare-mantchoux.

Ces livres me furent confiés. Aussitôt je me mis à les étudier avec cette ardeur et cette curiosité naturelles à la jeunesse et qu'inspire une science nouvelle. Comme la grammaire ne contenoit aucun caracteres étrangers, on l'a insérée sans peine dans le tome XIII des *Mémoires Chinois* : mais le *dictionnaire,* rempli de mots écrits en caractores originaux, présentoit de plus grandes difficultés ; il eût fallu supprimer la partie la plus essentielle de l'ouvrage, si ce ministre généreux dont on connoît le zele pour le progrès des sciences, n'eût résolu de faire lui-même toutes les dépenses nécessaires pour la gravure des poinçons tartares-mantchoux. Il me donna une marque honorable de sa confiance, en me chargeant de cette opération importante.

C'est à vous, Messieurs, qu'il appartient d'apprécier toutes les peines qu'elle m'a données.

Combien ne m'en a-t-il pas coûté pour apprendre à lire et dessiner, pour ainsi dire, des lettres nouvelles, étudier en même temps l'art de l'imprimerie, et vaincre à la fois les difficultés littéraires et les difficultés typographiques !

Les ouvrages savants dont vous enrichissez chaque jour la littérature prouvent assez quel intérêt vous prenez à tout ce qui regarde ses progrès : ainsi je ne craindrai pas de vous ennuyer en vous traçant une légere esquisse d'un travail où je n'ai eu ni maître ni guide.

Au lieu d'un alphabet simple comme le nôtre, les Tartares-mantchoux ont un syllabaire [1] de quatorze à quinze cents grouppes plus ou moins compliqués : ils le nomment ⟨⟨⟩⟩ ⟨⟨⟩⟩ ⟨⟨⟩⟩ . *tchoüan tchoüe outchou*, c'est-à-dire *les douze têtes*, parcequ'il est partagé en 12 classes, dont chacune contient cent douze grouppes, sans en compter plusieurs autres empruntés du chinois. Ces combinaisons expriment tous les sons de leur langue, mais on n'y trouve pas tous les caracteres : car, outre les grouppes contenus dans le syllabaire, il existe encore plusieurs formes qui n'y sont pas comprises; et j'ai été très désagréablement surpris, après avoir bien étudié le syllabaire, de rencontrer dans les livres tartares des lettres, et sur-tout beaucoup de ligatures qui m'étoient inconnues.

Vous voyez, MESSIEURS, combien il m'a été pénible de me mettre seulement au fait de la lecture. Cependant je voulois applanir les obstacles à ceux qui me suivroient dans la même carriere, et je desirois beaucoup publier le dictionnaire; mais on ne pouvoit l'imprimer qu'avec des caracteres mobiles, et je n'avois devant moi que des masses très compliquées : alors je résolus d'analyser les quinze cents grouppes de mon syllabaire, et une foule d'autres mots très difficiles à lire.

---

[1] Consonantes non exstant nisi cum vocalibus jam devinctæ in syllabas, ut rectiùs hoc more nostro SYLLABARIUM quàm *Alphabetum*. Vide *Commentaria academiæ petropolitanæ*, tom. VI, pag. 230.

TARTARE-MANTCHOU.

Je parvins à en tirer 5o lettres, qui peuvent se réduire à 28 ; quelques unes ont trois formes différentes, selon qu'elles sont placées au commencement, au milieu ou à la fin des mots. J'ose croire que c'est le premier ALPHABET *complet* de cette langue, inconnu aux peuples mêmes qui la parlent; car leurs enfants apprennent le syllabaire en chantant, et, je crois, souvent en pleurant.

Vous pourrez vous former, MESSIEURS, une idée précise de mon opération sur le mantchou par l'exemple que je vais ici vous présenter; mais je crois devoir auparavant vous communiquer quelques observations qui serviront à éclaircir l'objet que je traite.

Les caracteres des Tartares-mantchoux sont à-peu-près les mêmes que ceux des Ouighours ou Vighours, sur lesquels Arabchah [1] nous a laissé quelques détails. Selon Plan Carpin [2], ces caracteres ouighours furent adoptés par les Tartares de Genghiz-khan, qui n'en

---

(1) *Arabchah. Vita Timuri*, pag. 435, *ex edit. arabica Golii.* Cet historien nous apprend que les Ouighours n'avoient que quatorze lettres ; mais il est très probable que les Mantchoux, chez qui j'en trouve vingt-huit simples, auront ajouté les autres. Ces additions ne leur sont pas pénibles : car, depuis qu'ils sont maîtres de la Chine, ils ont créé six caracteres pour rendre des sons chinois étrangers à leur langue. Il est aussi très possible qu'Arabchah ait parlé de ces caracteres d'après la seule inspection, sans les connoître. Cette opinion, qui me paroît très plausible, est celle de M. Bayer. Voyez *Acta eruditor.* Tom. *IX, suppl. p.* 27. Selon Abdoulrizac, historien persan, *les caracteres moghoul sont les mêmes que ceux des Yghours.* Voyez le *Mathla' a Sa' adéin ou Djema' a Baharéin,* ms. persan de la bibliotheque du roi, n°. CVI, page 116, ou l'extrait que j'en ai donné sous le titre d'*Ambassades réciproques d'un roi des Indes, de la Perse, et d'un empereur de la Chine,* traduites du Persan, etc., page 58.

(2) *Plan Carpin, Voyage en Tartarie,* chap. 5, page 4o. Ce Religieux voyageur écrit *Huires* au lieu d'*Ouighour.* Vid. *Beidavy tarikhi khatay* p. 54.

xviij   ALPHABET

avoient point encore; et ce conquérant trop fameux s'en servit pour écrire son code de loix, connu dans le nord de l'Asie sous le nom de *Yaça Genguiz-khany* [1]. Les Mantchoux écrivent de haut en bas comme les anciens Syriens [2];

E cœlo ad stomachum religit Chaldæa lituras.

Et en considérant leur écriture, on est même porté à croire que c'est du stranghélo ou du nestorien un peu altéré. En effet les Ouighours, leurs maîtres, et plusieurs hordes mongoles ou tartares, professoient le nestorianisme [3]; ils écrivoient aussi de haut en bas. Le mo-

---

[1] Arabchah, dont je ne suis ici que l'interprete, désigne ce code sous le nom d'*Al-taourat al-dgenguiz-khaniet*, la loi de Genghiz-khan; c'est la traduction arabe des mots mongols *Yaça*, ou *Yassak Genguiz-khani*, qui, selon Haiton (*Hist. orient.* p. 32), signifient *constitution de Genghiz-khan*. M. Pétis, *Hist. de Genghiz*, page 99, a donc eu tort de reprendre les auteurs arabes qui employoient le mot *taourat* au lieu d'*Yaça*; car *taourat*, qui, en arabe, signifie *loi, réglement*, et par excellence la *loi de Moyse*, paroît être l'équivalent du mot mongol *Yaça*. Les personnes curieuses de connoître ce beau monument de la législation orientale en trouveront des fragments à la fin de ma traduction des INSTITUTS DE TAMERLAN; c'est tout ce que j'ai pu recueillir de différents auteurs orientaux; car le code n'a pas encore passé tout entier en Europe.

[2] C'est ce que le scholiaste de Denys de Thrace et Eusthathe de Thessalonique appellent χαμαιφοροι, selon M. Bayer, *Commentaria academiæ petropolitanæ*, tome VI. Voyez aussi *Lycii dissertatio de historia linguæ syriacæ*, *Regiomonti*, anno 1726, defensa 87, pages 15 et 16, *et alibi*.

Diodore de Sicile nous apprend que les habitants d'une isle située entre les Tropiques écrivoient aussi de haut en bas. C'est, je crois, l'isle de *Taprobane*, aujourd'hui Ceylan. *Diod. Sicul. Bibliot. hist. lib.* 2, tom. I, p. 169, *ex editione Vesseling*.

[3] *Voyage de Plan Carpin*, chap. V, pag. 40. Les *Huires* (les Ouighours) étoient chrétiens nestoriens, dit-il, et les Tartares prirent leurs lettres, etc. Rubruquis dit la même chose. Il ajoute: « Ils (les Ouighours et les Tartares) « commencent leur écriture par en haut, qui, comme une ligne, va finir « en bas; ils lisent de même façon, et multiplient ainsi leurs lignes du côté « gauche au droit ».

TARTARE-MANTCHOU.

nument trouvé à Si-nghan-fou prouve assez que le stranghélo s'étendoit jusques dans le nord de la Chine [1].

M. Bayer [2] adopte cette conjecture, et donne, pour la soutenir, beaucoup de preuves historiques qui me paroissent excellentes; mais, sans entrer dans tous ces détails, il suffit de dire qu'à la seule inspection des caracteres, la ressemblance du stranghélo et du mantchou est frappante. M. Fréret, qui n'étoit étranger à aucun genre d'érudition, trouve une grande affinité entre l'écriture des Mantchoux et l'*arabe ancien* [3] (le

---

[1] Vide Kircheri *Chin. illustrat.* p. 5; Semedo, *Relazione della Sina*, p. 158; Mulleri *monument. sinic.* 1672 *passim*. Il est vrai que M. de Voltaire, dans ses *Lettres indiennes, tartares et chinoises*, conteste l'authenticité du monument trouvé à Si-nghan-fou; mais quand même les doutes de ce célèbre écrivain seroient bien fondés, il n'en est pas moins certain que le nestorianisme s'est répandu dans une grande partie de la Tartarie orientale. Voyez les OEuvres de *Voltaire*, tome 47, page 205 de l'édition in-8 imprimée à Kehl.

[2] *Litterarum Mungolicarum cum Syriacis convenientia tanta quanta potest esse ulla*, dit Bayer. *Acta eruditor.* anno 1732, pag. 309. Vide etiam *Commentaria academiæ petropolitanæ*, tom. *VI, VII, XII, passim*.

[3] Je crois devoir rapporter ici, pour la satisfaction du lecteur, les expressions mêmes de ce savant.

« Les caracteres des *Tartares orientaux*, dit M. Fréret dans une Dissertation très curieuse sur les langues, ressemblent assez à ceux de l'écriture courante des Guebres, ou à celle des Syro-chaldéens et à l'arabe ancien (le *Kioufique*); cependant je serois plus porté à croire qu'ils ont été tirés de l'alphabet des peuples du Boutan ou du Thibet, dont l'écriture courante ou coulée ressemble beaucoup à celle des tartares. Les lamas ou prêtres tartares vont encore au Thibet s'instruire de la religion, et c'est de ce pays qu'ils ont reçu les sciences et la théologie; c'est là qu'ils vont en pèlerinage adorer le Dieu suprême dans le temple de *Lassa*, où réside le souverain pontife qui leur confere les ordres, et qui est le chef de toute la hiérarchie ecclésiastique du nord de l'Asie». *Mémoires de l'académie royale des inscriptions et belles-lettres*, tom. VI, pag. 616 et 617. L'observation de M. Fréret s'accorde avec celle de M. Bayer que j'ai citée ci-devant, pag. xiij.

Flatté d'avoir pour appui deux savants aussi respectables, j'ai conçu et

kioufique). Je crois que ce célebre académicien ne se trompoit pas, et qu'il s'accordoit avec M. Bayer mieux qu'il ne le pensoit peut-être lui-même. Car, d'après la remarque judicieuse des savants éditeurs du dictionnaire de *Meninski*, le kioufique a une grande affinité avec le stranghélo d'où il dérive en effet[1]. Le pere Martini[2] croit trouver dans l'arabe quelques lettres semblables à celles des Mantchoux; mais il ne fait pas attention que ce sont d'anciennes lettres kioufiques qui, en passant dans l'alphabet arabe moderne, ont été moins altérées que les autres : car cette derniere écriture paroît venir du kioufique, et le kioufique du stranghélo.

Tous ces rapprochements ont beaucoup piqué ma curiosité : je desirerois bien que les circonstances me

---

j'ai fait un *Alphabet harmonique sanscrit, tangut, mongol, stranghélo*, et *mantchou*, d'après des syllabaires de ces cinq langues, sur lesquelles j'ai beaucoup travaillé. Mais comme les libraires françois sont peu curieux de se charger d'*ouvrages d'érudition*, je crains que mon *alphabet* et mes dissertations ne restent long-temps ensevelis dans mon porte-feuille. Un autre obstacle non moins insurmontable m'arrêteroit encore : le défaut de caracteres orientaux, soit pour imprimer différentes citations d'auteurs, ou pour faire des rapprochements entre les lettres. Il est vrai que, graces aux soins de M. de Guignes, l'imprimerie royale a recouvré les superbes caracteres de Vitray qu'on croyoit perdus; mais ils le sont encore pour le public par la difficulté d'obtenir la permission de les employer. Cependant l'on n'en a pas moins d'obligation au savant académicien qui les a trouvés et mis en ordre.

(1) *De fatis ling. orient.* p. xxvj. Dans le *Biblicus Apparatus* de Walton, p. 393, vous trouverez la même idée. Voyez aussi Hirtii *linguæ arabicæ Institutiones*, page 7; Elmakin, *Historia saracenica*, page 50; Jac. Kehrii *Monarchiæ asiatico-saracenicæ Status ex numinis argenteis illustratus*, page 2.

(2) *Préface de la Descr. de la Chine*, p. 5. Coll. des Voyag. de Thévenot. La savante dissertation de M. des Hauterayes sur le tartare mantchou offre des preuves invincibles de la conformité qui existe entre le mantchou et le stranghélo. Voyez l'*Encyclopédie élémentaire de M. l'abbé Petiti*, tom. III, pag. 301.

TARTARE-MANTCHOU.

permissent de publier mon *Alphabet harmonique* et mes dissertations dont je parle dans la note; je montrerois évidemment que les lettres du stranghélo, du mongol, du kioufique et du mantchou, ont une étonnante ressemblance, et qu'elles doivent avoir une origine commune. Il me suffit maintenant d'avoir jeté cet apperçu : une plus longue discussion m'éloigneroit trop de mon sujet.

J'ai déja dit que les Tartares-mantchoux écrivoient de haut en bas. Leurs mots sont formés par un *plein* perpendiculaire quelquefois interrompu, et aux côtés duquel on place certains traits qui constituent les lettres. Pour intercaler cette écriture dans la nôtre, il a fallu la coucher, et on la lira de gauche à droite. Ce renversement, que la typographie exigeoit, n'a aucun inconvénient, puisqu'il n'altere point la forme des lettres. Des savants, dont j'admire les rares connoissances, auroient desiré que j'eusse couché mes caracteres à la maniere des orientaux, c'est-à-dire de droite à gauche; mais je leur observerai que, forcé par la typographie à changer la position du caractere, j'ai tout autant aimé le rapprocher de notre maniere. En outre, le P. Parennin [1] remarque que le mantchou se lit de tous sens également bien : à cette autorité respectable je joindrai le témoignage d'un savant, profond dans plus d'un genre d'érudition, et principalement dans la littérature chinoise; mais qui par un excès de modestie prive la république des lettres de plusieurs ouvrages dont il seroit capable

---

(1) Voyez la *Description de la Chine* par le P. Duhalde, tome III.

ALPHABET

de l'enrichir (¹). Ainsi je ne craindrai pas d'assurer que quiconque saura lire le tartare dans le sens ordinaire n'aura aucune peine à s'accoutumer à cette nouvelle méthode. Je prendrai ici pour exemple les premiere, quatrieme, huitieme et douzieme lignes de la sixieme classe, en *ac, ec, ic, oc, ouc, oc long*.

1ʳᵉ ligne ac   ec   ic   oc   ouc   oc *long*, ou

4ᵉ ligne pac pec pic poc pouc poc *long*, ou
aspirés.

8ᵉ lig. thac tac thec tec thic tic thoc toc thouc *long* touc *long*, ou

12ᵉ ligne tchac tchec tsic tchoc tchouc tchoc *long*, ou
aspirés.

Je couche ces grouppes en les analysant ainsi :

1ᵉʳᵉ. [script], ou [script].
4ᵉ. [script], ou [script].
8ᵉ. [script], ou [script].
12ᵉ. [script], ou [script].

Le ᴅ *the*, le ᴅ *tha* de la huitieme ligne, et le ᴅ *tcha* as-

---

(1) « Monsieur, la facilité avec laquelle je suis parvenu, n'ayant d'abord « que le seul secours de votre ALPHABET, à pouvoir lire non seulement les

TARTARE-MANTCHOU. xxiij

piré de la douzieme, ont chacun une forme médiale 55J qui ne se trouve point dans le syllabaire.

Mais sans m'appesantir plus long-temps sur des discussions qui pourroient devenir ennuyeuses, je vais vous présenter, MESSIEURS, le résultat de mes observations et de mes travaux, dans mon ALPHABET MANTCHOU, qui a, comme je l'ai déja dit, cinquante lettres, qui peuvent se réduire à vingt-deux primitives, sans en compter six autres ajoutées pour les mots chinois, et destinées à exprimer des sons de cette derniere langue que le tartare n'avoit pas.

« *sentences* que vous donnez pour exemples, mais encore ce que j'ai vu d'im-
« primé chez les Mantchoux mêmes, m'a donné le goût de m'avancer dans
« l'étude d'une langue dont la connoissance ne peut être que très intéressante
« pour notre littérature. Par la comparaison que j'ai faite de vos caracteres
« avec ceux employés dans le pays, je me suis convaincu que vous avez par-
« faitement bien réussi à imiter ces derniers. La maniere dont vous les cou-
« chez n'en rend pas la lecture plus embarrassante, et a l'avantage de pouvoir
« s'arranger fort commodément dans le corps de notre écriture: enfin par un
« rapprochement suivi des vingt-huit éléments dont votre Alphabet est com-
« posé, avec tous les grouppes du syllabaire tartare dont j'ai maintenant une
« copie, je trouve que votre ALPHABET, en abrégeant beaucoup le travail de
« ceux qui voudront apprendre le tartare, ne laisse rien d'essentiel à desirer.
« Vous observez de plus, fort à propos, que les deux *t* ⊥ ⌐ initiaux, et le
« ⌐ *tcha* aspiré ont chacun une forme médiale employée fréquemment dans
« les livres, et qui ne se trouve point dans le syllabaire. Je vous prie très in-
« stamment, Monsieur, de retarder le moins qu'il vous sera possible la pu-
« blication du *Dictionnaire*, duquel je compte bien faire mon profit. Agréez
« à cette occasion l'assurance des sentiments, etc. »

l'abbé DUFAYEL.

Rouen, ce 1er juillet 1788.

ALPHABET TARTARE-MANTCHOU.

		Isolées.	Initiales.	Médiales.	Finales.
A.	A.				
E.	E.				
I.	I.				
O.	O.				
OU.	Ou.				
Ô.	O long.				
N.	Na.				
C. *ou* K.	Ca aspiré.				
C. *ou* H.	Ca doux.				
H.	Ha guttur.				
P.	Pa aspiré.				
P.	Pe aspiré.				
P. *ou* B.	Pa doux.				
P. *ou* B.	Pe doux.				
S.	Sa.				
Ch.	Cha.				
T. *ou* Th.	Ta aspiré.				
T.	Ta doux.				
T. *ou* Th.	Te aspiré.				
T.	Te doux.				
L.	La.				
M.	Ma.				
Tch[1].	Tcha doux.				

(1) Les deux *tcha* font *ts* devant i ainsi ou se prononce *tsi*, et non pas *tchi*.

ALPHABET TARTARE-MANTCHOU.

		Isolées.	Initiales.	Médiales.	Finales.
Tch.	Tcha aspiré.				
Y.	Ya.				
K.	Ke aspiré.				
K. *ou* G.	Ke doux.				
H.	He guttur.				
K.	Ke aspiré.				
K.	Ke doux.				
H.	He guttur.				
R.	Ra.				
F.	Fa.				
W.	Oua.				

Lettres nouvell. ajoutées.
{ Tsa bref.
  Tsa long.
  Ja.
  See.
  Tchee doux.
  Tchee aspiré. }

LIGATURES.

	Isolées.	Initiales.	Médiales.	Finales.
Pi aspiré.				
Po bref aspiré.				
Pou aspiré.				
Po long aspiré.				
Pi doux.				
Po bref doux.				
Pou doux.				
Po long doux.				

ALPHABET

Ki aspiré.
Kou aspiré.
Kouo aspiré.

> Ces lettres reçoivent un point et un trait guttural.

NUNNATION.

Les Mantchoux donnent le son de l'*n* à leurs voyelles, en mettant après elles ce trait ⊤ dans le corps des mots, et cette queue ⊣ à la fin. *Exemple* ᠣ, ou ᠣ fait *on* au milieu, et à la fin des mots.

J'observerai ici que cette figure, dans le corps des mots, et celle-ci, à la fin, fait tantôt *on* et tantôt *t*: elle a le son de la consonne *t* lorsque, précédée d'une voyelle, elle est suivie d'une autre consonne, ou bien qu'elle termine le mot.

Nota. Le *fa* perd sa tête devant *i* et *o*; ainsi écrivez *fi* ou , *fo* ou . *sa*, devant *i*, fait *che*.

Les consonnes terminées en *e* donnent à l'*a* le son de *e*, et à l'*o* le son de *ou*, comme *te*, *tou*.

ESPRIT, ACCENT ET PONCTUATION DU MANTCHOU.

(ʼ) Esprit doux, qui rend moins dur et quelquefois plus obscur le son de la consonne ou de la voyelle au dessus de laquelle il se trouve. *Exemple*, avec ce signe, prononcez *ou*. *t*; avec ce signe, fait *t* doux, quelque fois *d*., etc.

(ʼ) Accent guttural. Il donne à la consonne sur laquelle on le place le son du *jota* espagnol. *Exemple*, *ca*, avec cet accent, prononcez *kha*, gutque M. Amyot écrit *ha*.

(.) Ce point seul répond à notre virgule.

(ː) Ces deux-ci répondent à notre point.

TARTARE-MANTCHOU.

Les ligatures m'ont donné quelque peine. Quoique mon intention ne fût pas de les supprimer, je ne voulois pas augmenter beaucoup le nombre de mes poinçons. Cette loi, que je m'étois imposée, présentoit des obstacles qu'il n'étoit pas aisé de vaincre ; mais par la coupe des lettres, et par les procédés qu'on a suivis dans la fonte, je suis parvenu à rendre la plupart des ligatures avec des caracteres simples qu'on a réunis. Un très petit nombre a exigé des poinçons particuliers : on a pu les voir dans mon Alphabet. Les autres ligatures sont formées par la jonction de plusieurs caracteres, comme on le verra dans le cours du Dictionnaire.

Pour modele de lecture, je vais donner ici quelques sentences tartares, avec la traduction et la prononciation à la maniere de M. Amyot.

---

*orho   torki   be   kisouretsi   tchouhounde yaboure
nialma   tontsimbi   sehepi.*

Quand on parle au milieu des herbes, les passants entendent.

poutchere pantsirengue emou   erin i   andande pi.

La vie et la mort dépendent d'un moment.

*sahakou   pithe   be   houlatsi sain koutchou be
paha   kese   houlaha   pithe   be   saboutsi fe*

xxviij ALPHABET

koutchoube atchaha kese.

Lire un livre qu'on ne connoît pas, c'est trouver un bon ami; relire un livre qu'on a lu, c'est revoir son ancien ami.

hantsikingue be ourgountchebou kongtzée i hendouhengue.

Réjouissez ceux qui vous approchent, dit (le docteur) Kongtzée (*Confucius.*)

sinahan de taguilara angala kosholo.

Un regret sincere vaut mieux que l'appareil du deuil.

soui akou be oüara angala péiderengue ouvaratsi ouvarakini.

Il vaut mieux manquer à quelques formalités de justice que de condamner l'innocent.

mantchou pithe be ourounakou ourebou akoutsi nikan pithe be havoukiame ketoukeleme moutembio.

Accoutume-toi bien à lire le mantchou: sinon, comment pourras-tu entendre parfaitement les livres chinois?

TARTARE-MANTCHOU.

Ces exemples doivent suffire pour donner une idée de l'écriture tartare-mantchou : on trouvera des regles de prononciation dans les grammaires que je me propose de publier. Elle n'est pas toujours conforme à l'écriture et aux regles mêmes que l'on en donne. On sait que c'est une imperfection commune à toutes les langues vivantes, dont la prononciation véritable ne peut s'apprendre que par l'usage.

J'ai cru qu'il seroit utile de joindre à mon alphabet un traité des *accents* mantchoux, fait d'après mes propres observations, car aucun missionnaire grammairien n'en a parlé ; mais cela ne doit pas effrayer les commençants. Lorsqu'on saura bien l'alphabet, une journée suffira pour apprendre les ligatures et les accents. Alors on lira tous les livres mantchoux. On pourra les imprimer par le moyen de mes poinçons, qui ne se montent qu'à *cinquante-cinq*. Il est vrai que les différents accents ont forcé de frapper près de *quatre-vingt* matrices. Ceux qui sont habitués à travailler sur les langues orientales ne regarderont point ce nombre comme excessif ; et, sans certains procédés typographiques, j'eusse été obligé d'en frapper davantage.

La principale partie de mon travail étant finie, c'est-à-dire l'Alphabet se trouvant complet, je cherchai un typographe capable de l'exécuter. En choisissant M. Didot l'aîné, je crois avoir rempli les vœux de tous les savants et de tous les amateurs, et j'ai été bien secondé par M. Firmin son fils, qui a gravé les poinçons.

Pour assurer les savants que les premiers caracteres mantchoux gravés en Europe l'ont été sous ma direction, j'ai voulu les employer à imprimer mon ALPHABET dont on ne pourra pas non plus me disputer la propriété, quoiqu'ils fussent destinés particulièrement au Dictionnaire que je publie maintenant.

Cet ouvrage étoit d'abord mantchou-chinois. M. Amyot *a traduit exactement en françois l'explication chinoise, sans trop s'arrêter à chercher le mot françois correspondant au mantchou, quand il ne se présentoit pas.* J'ai cru quelquefois le trouver, et je l'ai mis entre deux parentheses pour ne pas rendre l'auteur responsable des méprises que j'aurai pu faire. C'est encore la même discrétion qui m'a déterminé à placer mes additions en forme d'appendice à la fin du Dictionnaire ; par ce moyen l'on ne confondra pas mon travail avec celui de M. Amyot, dont j'ai respecté les inexactitudes mêmes, me réservant de les relever dans des observations particulieres. Il ne suit pas toujours pour le même mot une orthographe égale, ne met aucune différence entre la prononciation du ᠬᠠ *ha* doux et du ᠬᠠ *ha* guttural, etc. Il paroît que ce n'est pas lui, mais l'usage qu'il faut accuser de ces irrégularités, puisque, comme nous l'assure ce respectable auteur, «les mots mantchoux et chinois
« y sont écrits comme on les prononce à la cour, et l'ex-
« plication en est sûre ; il contient tous les mots de la
« langue tartare, jusqu'à la douzieme année du regne de
« Kien-long (c'est-à-dire l'an de J. C. 1747). Ceux qui ont
« été ajoutés depuis, ou qui ne sont pas originairement
« de la langue, se trouvent dans le Dictionnaire universel
« (mantchou-chinois seulement) que j'envoie en com-
« pagnie de celui-ci. Le Dictionnaire universel est d'un

« usage moins facile parcequ'il est par ordre des matiè-
« res ou par classes, et celui-ci par ordre alphabétique ».
(*Avertissement de M. Amyot, placé au commencement
du Dictionnaire mantchou-françois.*)

C'est le Dictionnaire alphabétique que nous publions : il n'est pas précieux seulement pour ceux qui s'occupent des langues, il peut encore être d'une grande utilité à quiconque veut connoître et approfondir les arts et les sciences de ces peuples. On y trouve des éclaircissements sur les mœurs et les coutumes religieuses et civiles des Tartares et des Chinois, des notions curieuses sur la géographie, les productions et les animaux de la Chine et de la Tartarie [1]. La lecture de ce Dictionnaire donne une idée plus juste de ces contrées, et les fait mieux connoître que toutes les relations et les histoires publiées jusqu'à ce jour. Comme le chinois donne la définition du mot tartare avec prolixité plutôt que de le rendre par un mot équivalent, on trouve souvent des détails plus circonstanciés que n'en renferment ordinairement tous les lexiques. Cette espece de défaut devient ici un avantage inappréciable, et rend ce Dictionnaire d'une utilité bien plus étendue ; je crois même qu'il seroit impossible de s'en servir s'il étoit aussi concis que les nôtres.

Il est indispensable de donner pour l'intelligence de ce Dictionnaire quelques notions élémentaires sur les principaux temps des verbes du tartare-mantchou.

Le présent indicatif qui y sert à désigner le verbe,

---

[1] Les notes curieuses dont M. Amyot a orné sa traduction du poëme de l'empereur sur la ville de Mouxden, sont presque toutes tirées de notre Dictionnaire.

comme en françois l'infinitif, est terminé en ᠮᡦᡳ. *mpi*, qui se prononce ordinairement *mbi*. Comme, ᡦᠣᡠᠮᠪᡳ. *poumbi*, qui signifie proprement je, tu, il, etc., donne; mais qu'on rend dans le Dictionnaire par l'infinitif, par la raison que je viens d'indiquer plus haut.

Le prétérit en ᠬᠠ. *ha*, ou en ᠬᡝ. *he*; comme ᡦᠣᡠᡥᡝ. *pouhe*, j'ai donné. ᠠᡵᠠᡥᠠ. *araha*, j'ai écrit, etc.

Le futur en ᡵᠠ. *ra*, ᡵᡝ. *re*, ᡵᠣ. *ro*; comme ᡦᠣᡠᡵᡝ. *poure*, je donnerai. ᠠᡵᠠᡵᠠ. *arara*, j'écrirai, etc.

L'infinitif en ᠮᡝ. *me*; comme ᡦᠣᡠᠮᡝ. *poume*, donner.

Le participe présent en ᡶᡳ. *fi*; ᡦᠣᡠᡶᡳ. *poufi*, donnant.

Ainsi lorsque le lecteur verra à la suite d'un verbe les terminaisons *me*, *ha*, *he*, etc., il pourra connoître tout de suite la maniere dont ce verbe forme son infinitif, son prétérit, etc. M. Amyot s'est souvent contenté de mettre le caractere mantchou seulement, et j'ai ajouté la prononciation en caracteres françois. Quand j'ai vu dans l'explication chinoise, des mots mantchoux ou chinois analogues à l'article où ils se trouvoient, je les ai transportés dans le texte françois entre deux parentheses; mais j'ai omis les caracteres de l'explication chinoise, qui n'a aucun rapport avec mon travail. Mon but n'est pas de donner des notions de cette langue, à laquelle je n'ai jamais eu l'intention de me livrer sérieusement, puisque j'étudie le tartare pour y suppléer.

Quant aux mots chinois insérés dans l'explication françoise, je me propose cependant en faveur des amateurs de langues, et principalement des amateurs de la langue chinoise, d'en faire graver les caracteres sur des planches qu'on trouvera à la fin du Dictionnaire

Mantchou, avec mon Appendice, qui contiendra beaucoup de mots mantchoux qui ne sont pas dans le *Dictionnaire* de M. Amyot, et un grand nombre d'exemples adaptés à ceux qui s'y trouvent déja. Vous pouvez être persuadés, Messieurs, que je n'avancerai rien dans cet ouvrage, que d'après d'excellentes autorités dont j'aurai soin de donner une liste raisonnée. Jusqu'à présent j'ai dépouillé plusieurs manuscrits assez considérables de différents missionnaires, des fragments de grammaire du P. Domenge, celle du P. Gerbillon, etc. J'ai trouvé beaucoup de mots relatifs à la géographie, tels que des noms de villes, de provinces, de peuples, etc., dans les douze premiers volumes des *Commentaria academiæ Petropolitanæ*, qui contiennent plusieurs dissertations curieuses sur le mantchou, dans les *Acta eruditorum*, dans quelques ouvrages de M. Bayer, dans la *Description de la Chine* par le P. du Halde; mais comme dans ce dernier ouvrage les mots mantchoux ne sont qu'en caracteres françois, il n'a pas toujours été facile de les remettre en caracteres originaux, et j'aurai soin de désigner ceux dont l'orthographe n'est pas sûre.

Non content de toutes les recherches déja faites, je m'occupe sans cesse des moyens d'enrichir mon *Appendice*, et je n'épargnerai aucune peine pour y parvenir. Combien ne serois-je pas redevable aux savants possesseurs de quelques manuscrits relatifs à mon travail, qui daigneroient me les communiquer, ou simplement m'en donner avis! M. Bayer parle d'un *Dictionnaire Latin-Mantchou* du P. Verbiest, que je regrette bien de ne

ALPHABET

pouvoir découvrir. J'aime à croire qu'un si précieux ouvrage n'est point perdu; et si mes supplications parviennent à la personne qui le possede, sans doute elle ne les rejetera pas.

Cet *Appendice*, auquel je consacre une partie du loisir que me laisse l'impression du *Dictionnaire*, sera suivi de deux tables.

La premiere et la plus considérable doit servir à réparer une espece de désordre qui regne dans l'arrangement des mots du *Dictionnaire*, et qui est causé, je crois, par l'embarras du *Syllabaire*. On a vu, dans mon *Alphabet*, que les lettres se divisent en initiales, médiales et finales, et l'on en trouve les figures de suite. Mais il n'en est pas ainsi dans le *Syllabaire*, où les médiales ne sont pas disposées dans le même ordre que les initiales; de sorte que pour me conformer à cette bizarrerie : il auroit fallu que je composasse un *Alphabet initial* et un *Alphabet médial* de deux manieres différentes, j'aurois alors manqué mon principal but, l'ordre et la clarté; mais comme c'est d'après cet étrange système que notre Dictionnaire est rédigé, on me pardonnera d'entrer ici dans des détails fastidieux, à la vérité, mais utiles pour les personnes qui voudront s'en servir.

Les mots sont donc classés suivant l'ordre du *syllabaire*, qui est composé des voyelles simples et de syllabes de deux ou trois lettres. C'est pourquoi la position d'un mot dans le Dictionnaire dépend ou de sa voyelle *initiale*, ou de sa premiere syllabe; et l'on ne fait aucune attention aux lettres qui peuvent suivre.

Toute voyelle seule, comme ᴗ, *a*, ᴗ, *e*, ᴗ, *i*, etc.,

ou précédée d'une consonne *initiale*, comme ᠪᠠ. *pa*, ᠪᠠ. *pe*, ᠪᠠ. *pi*, ᠪᠣ. *po*, etc., constitue d'abord une *syllabe primitive*, à laquelle on peut ajouter ensuite onze *finales* destinées particulièrement à caractériser les terminaisons des *syllabes*. L'addition de ces onze *finales* forme sous chaque voyelle douze articles ou classes de syllabes que je vais présenter, et qui sont désignées dans le Dictionnaire par le caractere tartare même, auquel on ajoute cette formule ᠰᡝᡵᡝ ᡥᡝᡵᡤᡠᠨ... *sere herguen*, voilà la figure de la lettre (ou syllabe)... Ainsi autant une consonne *initiale* admet de voyelles, autant de fois elle peut parcourir avec chacune d'elles ce cercle de douze terminaisons. Par exemple, la syllabe primitive ᠪᠠ. *pa*, forme, par l'addition successive des onze *finales*, les syllabes ᠪᠠᡳ. *pai*, ᠪᠠᡵ. *par*, ᠪᠠᠨ. *pan*, etc.; ensuite la syllabe primitive ᠪᠠ. *pe*, peut recevoir les mêmes formes par les mêmes additions qui se répetent pour ᠪᠠ. *pi*, ᠪᠣ. *po*, ᠪᠣ. *pou*, ᠪᠣ. *po long*, etc.; et c'est autant d'articles différents dans lesquels on trouve tous les mots qui leur correspondent pour la premiere syllabe.

On observera que les consonnes *initiales* n'admettent pas toujours les six voyelles, ni les onze autres terminaisons pour chacune de ces voyelles; cela dépend de l'abondance des mots. Comme ces exceptions ne dérangent pas l'ordre établi par les grammaires mantchoux, je vais donner le tableau des douze syllabes ou terminaisons dont les *finales* ne s'accordent pas avec l'ordre alphabétique des *initiales*, comme je l'ai observé ci-dessus.

La premiere est une voyelle ou seule, comme ᠠ ᠰᡝᡵᡝ ᡥᡝᡵᡤᡠᠨ, *a sere herguen*, ᡝ ᠰᡝᡵᡝ ᡥᡝᡵᡤᡠᠨ, *e sere her-*

guen, etc., ou précédée d'une consonne *initiale*, comme ⊖⌐ ⋏⊹⨯⊣ ⊙⨯⊖⊣. *pa sere herguen,* ⊖⌐. ⊖⌒. ⊙⊙. ⊙⊙. ⊙⊖⌐ ⋏⊹⨯⊣ ⊙⨯⊖⊣. *pe, pi, po, pou, po sere herguen.* Dans ces articles vous trouverez les mots exprimés par la voyelle ou la syllabe, comme ⋎⊣. *a,* cri, exclamation. Cherchez à l'article ⋎⊣ ⋏⊹⨯⊣ ⊙⨯⊖⊣. *a sere herguen,* ⊖⌐. *pa*, un lieu à ⊖⌐ ⋏⊹⨯⊣ ⊙⨯⊖⊣. et tous les mots dont la premiere voyelle *initiale* ou non est suivie d'une consonne et d'une autre voyelle, comme ⋎⊤⊤⊙⊣. *ahoun*, frere, ⋎⊤⨯⊤⊖⌒. *arambi*, écrire, ⊖⌐⊤⊙⊤⊙⊣. *panouhoun*, paresse. Je regarde cette premiere classe de syllabes comme *primitive*, parcequ'à chacune d'elles on peut joindre

La seconde terminaison qui est en ⌒. *i;* comme ⋎⌒. ⋎⌒. ⋁⊤⌒... ⋏⊹⨯⊣ ⊙⨯⊖⊣. *ai, ei, kai,* etc., *sere herguen:* voilà la figure de la lettre (syllabe) *ai, ei, kai,* etc. Remarquez que cet *i* se redouble dans le corps des mots, comme dans ⋁⊤⨯⨯⌒. *kaitchiri*, étui. Cherchez ce mot à la syllabe ⋁⊤⌒. *kai.*

La troisieme en ⨯⌐. *r;* comme ⋎⨯⌐. ⋎⨯⌐. ⊖⨯⌐... ⋏⊹⨯⊣ ⊙⨯⊖⊣. *ar, er, pir,* etc., *sere herguen.*

La quatrieme en ⊣. *n;* comme ⋎⊤⊣. ⋎⊙⊣. ⋎⊙⊣... ⋏⊹⨯⊣ ⊙⨯⊖⊣. *an, on, oun:* (prononcez *ouen*), etc. *sere herguen.* ⋁⊤⊙⊤⊙⊣. *ouentoun*, espece de tambour de Basque dont on se sert pour évoquer les esprits.

La cinquieme en ⌒. *ng;* comme ⋎⊤⌒. ⋁⊤⊤⌒... ⋏⊹⨯⊣ ⊙⨯⊖⊣. *ang, kang,* etc., *sere herguen.*

La sixieme en ⊤⊣ ou ⌒. *k;* comme ⋎⊤⊣. ⋎⊙⌒... ⋏⊹⨯⊣ ⊙⨯⊖⊣. *ak, ok* long, (prononcez *ouk,*) etc., *sere herguen.*

La septieme en ⋏. *s;* comme ⋎⊣. ⊖⊣. ⋁⊤⊣... ⋏⊹⨯⊣ ⊙⨯⊖⊣. *as, pes, kas,* etc., *sere herguen.*

TARTARE-MANTCHOU.

La huitieme en ⵚ. *t;* comme ⵚ, ⵚ, ⵚ... ⵚ ⵚ. *out, not, kat,* etc., *sere herguen.* ⵚ. *outhai,* promptement. Voyez ce que j'ai dit sur cette lettre ci-devant pag. xxvj.

La neuvieme en 6. *o,* qui se prononce souvent *eou,* ou simplement *ou;* comme ⵚ, ⵚ... ⵚ ⵚ. *ieou, neou,* etc., *sere herguen.*

La dixieme en 6). *p;* comme ⵚ, ⵚ... ⵚ ⵚ. *ap, kap,* etc., *sere herguen.* ⵚ. *apka,* le ciel.

La onzieme en ⵚ. *l;* comme ⵚ, ⵚ 6ⵚ... ⵚ ⵚ. *al el, pil,* etc., *sere herguen.*

La douzieme en ⵚ. *m;* comme ⵚ, 6ⵚ, ⵚ... ⵚ ⵚ. *am, pam, ham,* etc., *sere herguen.*

Les onze dernieres syllabes ou terminaisons contiennent les mots formés par les monosyllabes mêmes, comme 6ⵚ. *pang,* tablette, ⵚ. *ai,* comment? etc.; et ceux dont la premiere voyelle *initiale* ou non est suivie d'une autre voyelle ou de deux consonnes, comme ⵚ. *aisin;* cherchez à l'article ⵚ ⵚ ⵚ. *ai sere herguen,* sous la voyelle ou syllabe *primitive* ⵚ ⵚ. *a sere herguen;* ⵚⵚ. *erguen,* à l'article ⵚ ⵚ ⵚ. *er sere herguen* sous la voyelle ou syllabe primitive ⵚ ⵚ ⵚ. *e sere herguen;* ⵚ. *niolmon,* à l'article ⵚ ⵚ ⵚ. *nieou sere herguen,* sous la syllabe *primitive* ⵚ. *ni;* ⵚ. *kalpikou,* à l'article ⵚ ⵚ. *kal sere herguen,* sous la syllabe primitive ⵚ. *ka;* ⵚ. *hourka,* à l'article ⵚ ⵚ ⵚ. *hour sere herguen,* sous la syllabe *primitive* ⵚ. *hou.*

ALPHABET

Malgré tous les détails que je viens de donner, il ne sera pas encore très aisé de trouver ses mots : c'est pour remédier de mon mieux à cet inconvénient que je compose une table alphabétique de tous les mots mantchoux contenus dans cet ouvrage, avec le numéro de toutes les pages où ils se trouvent. On peut imaginer combien ce travail est long et pénible : mais l'avantage qu'on en retirera m'a déterminé à l'entreprendre ; car ce sera en outre une espece de concordance bien utile pour toutes les personnes curieuses d'approfondir cette langue.

Dans la seconde table, je compte réunir tous les mots chinois répandus dans les explications françoises.

Le Dictionnaire avec toutes ces additions formera trois volumes semblables à celui-ci. Je pourrai en donner un quatrieme qui contiendra les Grammaires tartares du P. Gerbillon et de M. Amyot, des fragments envoyés à M. de Fourmont par le P. Domengé. M. des Hauterayes, qui les possede maintenant, a bien voulu me les communiquer, ainsi que des dialogues très bien faits, et que j'ai augmentés d'une analyse grammaticale. Je travaille maintenant à une grammaire de la même langue, faite par moi-même, d'après les précédentes et d'après mes propres observations : elle doit servir à traduire le tartare en françois. Le but des autres est absolument opposé.

Je vais envoyer cette grammaire à la Chine pour la soumettre à la critique de M. Amyot. Elle ne sera imprimée qu'avec l'approbation de ce savant missionnaire, et j'y ajouterai toutes les notes et les observations dont il l'aura enrichie.

TARTARE-MANTCHOU.

Je placerai à la tête du 4ᵉ volume une dissertation sur le tartare-mantchou et sur les peuples qui parlent cette langue. J'ai déja une grande partie des matériaux nécessaires, et j'en acquiers tous les jours de nouveaux. Quoique tout doive être imprimé avec mes caracteres mobiles, cependant j'espere faire graver quelques pages du Syllabaire, fidèlement copiées, pour montrer qu'en donnant aux lettres une forme plus typographique, je ne les ai point altérées. Quiconque lira mon Alphabet *imprimé* pourra lire couramment tous les livres tartares-mantchoux; ce qui paroîtra bien moins surprenant quand on saura que les Tartares ne font pas autant usage des manuscrits que les autres peuples de l'orient, et qu'ils impriment leurs livres comme les Chinois, avec des planches de bois gravées. Ce procédé oblige les artistes de donner aux lettres des formes plus précises.

J'ai pris pour modele de mes caracteres les plus beaux livres imprimés dans le palais de l'empereur à Pékin.

Après vous avoir donné, Messieurs, une légere idée du travail que j'ai fait et de celui que je médite, il ne me reste plus qu'à réclamer votre indulgence pour l'auteur et pour son ouvrage. Ce sera sa plus belle et peut-être même son unique récompense, du moins il n'en espere point d'autre.

Je sais trop combien les langues savantes, même les plus utiles ([1]), sont négligées parmi nous, pour me flat-

---

([1]) Dans le *Discours préliminaire* de mes Contes orientaux je prouve combien l'arabe et le persan sont importants pour les progrès des lettres et du commerce; je cite à l'appui de mon assertion l'exemple des Anglois, qui, deter que l'étude du tartare-mantchou puisse jamais me procurer quelque honneur ou quelque avantage. Je sais d'avance le peu d'intérêt que doivent exciter mes travaux, et ce ne sera pas pour moi un motif de les discontinuer; le desir seul de m'instruire et d'être utile à la littérature m'a entraîné dans cette entreprise difficile pour laquelle je n'ai pu trouver de collaborateur. J'ose espérer qu'en faveur de mon zele vous daignerez excuser les fautes qui auront pu m'échapper dans cet ouvrage ; car, malgré toutes les précautions que j'ai prises, il ne seroit point étonnant que je me fusse trompé : ainsi je recevrai toujours avec soumission et reconnoissance les observations des savants. Je prie même ceux qui se donneront la peine de me critiquer de vouloir bien m'indiquer les voies que j'aurois dû prendre. En profitant des différents avis, je me ferai aussi un devoir de rendre publiquement hommage aux personnes qui me les auront donnés.

Je suis avec un profond respect,

MESSIEURS,

Votre très humble et très obéissant serviteur,
L. LANGLÈS.

A Paris, ce 5 juillet 1787.

---

puis leurs succès dans l'Inde, se livrent aux langues orientales avec la plus grande ardeur. Si notre alliance avec Tipou-Sulthan, et le desir d'accroître notre commerce de l'Inde, pouvoient déterminer le gouvernement à encourager l'étude de ces langues, on les verroit promptement refleurir. L'amour de la gloire et l'envie de s'avancer feroient éclore bien des talents enfouis.

DICTIONNAIRE

MANTCHOU-FRANÇOIS.

A

A sere herguen. Voilà la figure de la lettre A.

A. C'est un cri qu'on fait en ouvrant la bouche lorsqu'on regarde quelque chose avec admiration, ou lorsqu'on est surpris par la crainte. C'est aussi le nom que les Mantchoux donnent aux petits traits de leurs lettres.

a si seme. Tumulte; bruit tumultueux comme de personnes qui veulent se battre ou qui se querellent.

a ta seme. Bruit qu'on fait avec la langue quand on chasse les poules, les oiseaux et autres animaux.

anakou. Clef, en général. La clef d'un cadenas.

anakou setchen. C'est une petite charrette qui n'a qu'une roue au milieu, et qu'un seul homme traîne. Brouette.

anakou kiu. C'est un enfant qui est né dans quelqu'un des dix mois qui ont suivi la mort de son pere. Posthume. Voyez *ounoutchoun*, ..

anami. Animal qui est à-peu-près semblable au cerf; il a le corps gros et les cornes fort longues. C'est l'élan.

anan choukin. On appelle ainsi un homme sans honneur qui ne craint point de faire des bassesses devant tout le monde, un méchant homme qui, sous un extérieur complaisant, cache les plus basses passions; hypocrite.

anambi. Pousser une chose, la placer plus loin. Refuser de faire une chose dont on est prié. Rejeter sa faute sur un autre. Traîner une brouette ou telle autre chose semblable. Différer à un autre temps. S'excuser sous un faux prétexte. Faire élargir les rangs parmi des gens qui sont trop serrés; comme à la chasse lorsque les chasseurs sont les uns sur les autres, on leur ordonne de se séparer, et de mettre quelque distance entre eux.

anahan. Profiter du temps et de l'occasion. Faire les choses à propos. Faux prétexte, mauvaise défaite.

anahan i pia. Dans les douze lunaisons qui composent l'année il doit se trouver une correspondance entiere avec les vingt-quatre points célestes. Lorsque ces douze lunaisons ne suffisent pas, on en ajoute une qu'on appelle intercalaire.

anahan arame. Refuser par simagrée. User de prétexte pour ne pas faire une chose. Se servir du nom et de l'autorité de quelqu'un pour se faire valoir, ou pour quelqu'intérêt semblable. On exprime le sens de ce mot par ces autres : ⁓⁓⁓. *anakou arambi*; ou bien, ⁓⁓⁓. *kanahan arambi*.

⁓⁓⁓. *anabouré etéré. Anabouré*; perdre, être vaincu, surpassé, etc. *Etéré*; vaincre, gagner, etc. ⁓⁓⁓. *Sini anabouré etéré atarame*. Avez-vous gagné ou perdu?

⁓⁓⁓. *anahountchambi*. Faire politesse à quelqu'un, lui faire honneur.

⁓⁓⁓. *anatambi*. Refuser avec dédain un présent ou quelque autre chose que ce soit, sans vouloir même voir la personne qui l'offre. Ne vouloir point s'embarrasser de quelqu'un ni de ce qui le regarde, le mettre hors de sa présence; refuser de lui donner conseil, ne vouloir lui donner aucun secours, lors même qu'il est abandonné de tout le monde.

⁓⁓⁓. *anaboumbi*. Prendre la fuite. Faire politesse à quelqu'un, lui céder. On se sert aussi de ce mot lorsqu'on veut dire que des freres se respectent mutuellement. Ordonner à quelqu'un de ne pas se mêler d'une affaire. Faire faire politesse à quelqu'un. Différer de jour en jour. Ordonner de ne pas disputer, de ne pas vouloir l'emporter sur les autres.

⁓⁓⁓. *ania*. Année, en général.

〰〰, *ania tari.* Chaque année. On dit aussi 〰〰, *ania touomé* (ou *tomé.*)

〰〰, *ania houchemé.* Dans un an. Une année entiere. On dit aussi 〰〰, *anialamé.*

〰〰, *anianga.* Année marquée par quelqu'un des animaux du cycle. (〰〰, 〰〰, *ihan anianga.*)

〰〰, *aniangue.* C'est une maniere de parler pour dire telle année, cette année-là. (〰〰, *tere aniangue.*)

〰〰 〰〰, *anianga sakta.* Terme de mépris. Comme si l'on disoit : C'est un vieillard qui n'est plus bon à rien.

〰〰 〰〰, *ania inengui.* Le premier jour de l'année. Le premier jour de la premiere lune. Le nouvel an.

〰〰 〰〰, *ania pia.* Premiere lune.

〰〰, *akambi.* Être triste, soupirer, compatir aux malheurs de quelqu'un, le plaindre d'affection, s'attrister de ses miseres.

〰〰 〰〰, *aka niéhe.* C'est le nom d'une espece de canards sauvages qui ont le bec fort et qui se nourrissent de poissons. On les appelle aussi 〰〰 〰〰, *kangou niéhe.*

〰〰 〰〰, *akamé ketchehe.* Lorsque tout gele et que le froid fait fendre la terre de tous côtés.

〰〰, *akatchoun.* C'est un substantif (Compassion). C'est un terme de compassion. Comme qui diroit, en voyant souffrir quelqu'un : Le pauvre homme !

⟼⟵. *akaboumbi*. Faire faire les choses quelque pénibles qu'elles soient, les faire tout à l'opposé de ce qu'on souhaite, comme pour faire enrager celui qui les commande. Charger quelqu'un d'une affaire épineuse et pleine de difficultés. Causer du chagrin à quelqu'un par le peu de reconnoissance qu'on lui témoigne, après en avoir reçu quantité de bienfaits. Être cause de l'affliction et des chagrins violents de quelqu'un.

⟼⟵. *akatchouka*. Touché de compassion, affligé des malheurs de quelqu'un. On dit aussi :

⟼⟵ (⟵). *akara* (*me*), ⟼⟵ (⟵). *ourere* (*me*). Touché de compassion, affligé du malheur de quelqu'un.

⟼⟵. *aha*. *Ki* (en chinois). Pluie, ou vapeur de la terre qui, attirée par la chaleur du soleil, s'éleve à peu près jusques dans les nuages. *Ki* du ciel qui, perçant les nuages où il étoit renfermé, descend en eau sur la terre.

⟼⟵ ⟵. *aha taha*. Pluie qui a pénétré bien avant dans la terre, et qui couvre sa surface. On dit aussi :

⟼⟵ ⟵. *aha hafouka*. Pluie qui a pénétré bien avant dans la terre et qui couvre sa surface. Ces deux mots se disent dans le même sens que les deux précédents.

⟼⟵ ⟵. *aha simeke*. Pluie douce qui imbibe la terre peu-à-peu et qui fait pousser toutes choses.

aha tchélaha. Pluie qui vient par intervalle. On dit aussi *kialaha.*

ahambi. Il pleut.

aha kalaka. La pluie a cessé, le ciel s'est éclairci.

ahahaï. Pluie continue. C'est une maniere de parler. Mais ce mot est toujours suivi de quelques autres.

aha mouke. Pluie de la saison. Pluie qui vient à propos. Nom d'un *tsie-ki* Chinois.

aha. Esclave, tant homme que femme.

ahatoumbi. Faire les emplois d'un esclave.

ahata choucheha. Lorsque l'empereur va tenir son lit de justice, ou lorsqu'il va dans la salle du trône recevoir les hommages des grands et des magistrats, on fait claquer un fouet tant pour faire écarter les mauvais esprits, que pour faire faire silence. Ce claquement s'appelle de ces deux mots.

aha sengsé. Injure qu'on dit à une femme, comme si on l'appelloit, fainéante comme une esclave.

ahatan. Sanglier vieux et gros.

ahache. Esclaves tant hommes que femmes. (Plurier d'*aha.*)

ahata courtchen. C'est le nom d'un insecte qui a le corps noir, et qui est un peu plus gros qu'un grillet.

AKOU

~~~, *akou.* Non. Cela n'est pas. Négation.

~~~. *akoumi.* Peau de poisson qu'on a raclée et amoindrie pour en faire des habits.

~~~ ~~~. *akou oho.* Je ne l'ai plus. Il est mort, etc.

~~~. *akountchimbi.* De ce côté passer à cet autre. Arriver dans un endroit. Aborder à un port, ou à un rivage.

~~~. *akoutchi.* Si cela n'est pas... Maniere de parler. Cela n'est pas? C'est encore une maniere de parler.

~~~. *akoungue.* Cela n'est pas.

~~~ ~~~. *akoungue akou.* Rien ne manque.

~~~. *akoun.* Vous dites que non? Vous ne l'avez pas? C'est un interrogatif.

~~~. *akounambi.* Passer de l'extrémité d'un endroit aux extrémités d'un autre, comme d'une frontiere à l'autre. Machine pour aller sur l'eau. Radeau. Aller sur un radeau. Arriver sur les limites. Passer d'un rivage à l'autre.

~~~ ~~~. *akounarakou pa akou.* Il n'est aucun lieu où il ne soit allé. Il n'est aucun endroit qu'il n'ait parcouru.

~~~. *akoumboumbi.* Épuiser son amour pour les parents. Épuiser ses forces. Épuiser son attention cordiale.

AHOU

⟨⟩, *ahoura.* C'est le mot général pour exprimer un ustensile quelconque. Armes offensives et défensives. Nom général des vases ou autres choses semblables qui sont faits pour contenir quelque chose que ce soit.

⟨⟩ ⟨⟩, *ahoura hatchoun.* Armes offensives et défensives. Bouclier, espece de javelot.

⟨⟩, *ahoun.* Frere aîné. Frere. Nom qu'on donne à ceux de la famille ou parenté qui sont un peu plus âgés.

⟨⟩, *ahouta.* C'est le pluriel de ⟨⟩, *ahoun.* Freres aînés. Freres en général. Aînés.

⟨⟩ ⟨⟩, *ahounga kiu.* Fils aîné. Le plus grand des enfants. On dit aussi ⟨⟩, *ahounga.*

⟨⟩, *ahoulaboumbi.* Donner à quelqu'un les prérogatives d'aîné, le respecter comme son aîné et son supérieur.

⟨⟩, *ahoujambi.* Respecter quelqu'un qui est plus âgé que soi, et le traiter comme son frere aîné.

⟨⟩, *ahoulambi.* Respecter quelqu'un qui est plus âgé que soi. Mettre quelqu'un au-dessus de soi pour l'honorer. Le respecter comme son aîné.

⟨⟩, *ahoutchilambi.* Quoique moins âgé qu'un autre, se comporter néanmoins comme si l'on étoit son aîné. S'arroger les droits d'aîné, d'ancien. Quoique moins âgé qu'un autre, recevoir ou exiger de lui les droits d'ancien ou d'aîné.

⟨⟩, *ahoutchilaboumbi.* Ordonner à

quelqu'un de se comporter en aîné, et de prendre le pas sur de plus anciens.

〰️, *ahourambi.* Aller doucement lorsqu'on est à la chasse, pour surprendre la bête dans son gîte, et pour l'envelopper de sorte qu'elle ne puisse pas échapper.

〰️, *ahouri houyari.* Terme de chasse pour avertir qu'on a découvert la bête dans son gîte, et qu'il faut promptement l'envelopper.

〰️, *apa saha.* Chasser les bêtes qui sont dans les champs pour les empêcher de nuire. Chasser se dit aussi 〰️, *apa.*

〰️, *apa.* Chasse, poursuite des bêtes qui sont dans les champs. Terme de chasse pour dire : Où est la bête ? Où est-elle donc ?

〰️, *apa chéntambi.* Rompre le cercle, et laisser les bêtes qui y étoient renfermées se sauver de côté et d'autre, pour les aller chasser.

〰️, *apa sarambi.* Faire un cercle en venant de loin des deux côtés pour enfermer les bêtes.

〰️, *apalambi.* Chasser. Poursuivre les bêtes qui sont dans les champs.

〰️, *apalaboumbi.* Faire chasser. Faire poursuivre les bêtes.

〰️, *apalanambi.* Aller à la chasse.

〰️, *apalatchimbi.* Venir de la chasse.

2

apalatoumbi. Aller chacun à son poste lorsqu'on est à la chasse.

On dit aussi, *apalanoumbi.*

apa parkiambi. Après avoir fait un grand cercle, s'avancer peu-à-peu en le raccourcissant et se disperser ensuite. Terme de chasse. Finir la chasse.

apichaha tapichaha. Qui ne s'est pas montré bon parent, qui n'est parent que de nom et sans aucune conséquence.

apouha. Espece d'herbe comestible qui a la tige longue et droite, les feuilles rondes qu'on mange quand elles sont vertes : on les fait bouillir et on les réduit en pâte. On l'appelle (en chinois) *ki tzai.*

apoulikapi. Être accablé de lassitude et de sommeil.

apouri ehe. Colere bruyante, jalousie. C'est la jalousie des femmes lorsqu'elles soupçonnent leur mari d'infidélité. Ces deux mots expriment seulement la jalousie des femmes.

apouraha. Il vient de *apourambi.* Tirer quelqu'un avec violence. Le tirer par les habits sans aucune retenue, avec colere, par derriere, etc.

apouranambi. Aller pour se battre contre quelqu'un, pour lui faire affront et violence.

apourame tandambi. Être en colere contre quelqu'un, le battre sans raison, le maltraiter.

apouha ilha. Mauve. Cette plante a la tige longue et droite et les fleurs larges, plus petites cependant que celles de la pivoine. Il y en a de doubles et de simples.

apou. C'est le terme général pour exprimer qu'une chose n'est pas arrivée à son terme, mais qu'il s'en est peu fallu. On l'applique à quoi que ce soit. (*apou apou oho.*)

asara. Faire cacher quelque chose que ce soit. (Impératif de *asarambi*).

asarambi. Cacher quelque chose.

asaha fasaha. Accablé d'affaires, et qui n'a pas un moment à soi.

asaraboumbi. Faire serrer quelque chose. Faire cacher.

achehia. Faire amoindrir une chose. (Impératif du verbe suivant).

achehiambi. Faire couper les mauvaises chairs qui sont sur une plaie. Émonder les arbres, couper la superficie des branches.

achehiaboumbi. Faire amoindrir, faire diminuer quelque chose que ce soit.

acheha. Jeune enfant. Jeune homme.

achehan. Petit enfant. Jeune homme. Qui est encore jeune.

achehata. Enfants. Jeunes gens. (Plur.)

achehaki. Un homme âgé qui a les couleurs d'un homme peu avancé en âge.

〰〰〰〰 〰〰〰〰, *achehan sarhan.* Concubine. Femme du second ordre.

〰〰〰〰, *achekan.* D'un âge tendre, peu avancé en âge.

〰〰〰〰, *achekache.* Petites choses. Petites bagatelles quelles qu'elles soient.

〰〰〰〰, *achekalien.* Très petite chose. Chose presque imperceptible.

〰〰, *asou.* Espece de filet pour prendre les oiseaux, les quadrupedes et les poissons.

〰〰, *asoumi.* Pli qu'on fait à un habit pour le relever lorsqu'il est trop long.

〰〰, *asourou.* Grand, qui excede. Très grand. Beaucoup.

〰〰 〰〰 〰〰, *asourou entchou pa akou.* Cela n'est pas surprenant. Il n'y a rien là que de bien commun. Cela n'est pas extraordinaire.

〰〰, *asourchambi.* Menacer quelqu'un lorsqu'on est en colere, lui vouloir donner des coups de pieds et des coups de poings.

〰〰, *asouki.* Son de voix extrêmement bas et foible qu'on peut à peine entendre.

〰〰 〰〰, *asouki akou.* Il n'y a pas le moindre petit bruit. De quelque côté qu'on prête l'oreille, on n'entend rien du tout.

〰〰, *asoukilambi.* Faire un petit bruit. S'étudier à prendre un ton de voix foible et doux.

asoukilaboumbi. Faire prendre un ton bas et doux. Ordonner à quelqu'un de prendre un ton bas.

asoukinga. Un ton de voix qu'on entend aisément quoique foible. Bruit qu'on fait en mangeant ou en buvant.

asou ouegen. Filets ou lacets tant grands que petits, tant longs que courts, à prendre les cerfs, les daims, les lievres, et autres animaux semblables. On dit aussi simplement *ouegen;* ou *ile.*

achata. Saodzemen (en chinois). Belles-sœurs. Épouses des freres aînés. (Pluriel du mot suivant).

acha. Belle-sœur. Épouse des freres aînés.

achchambi. Toucher, remuer, mouvoir, etc.

achchan. Mouvement d'un homme qui marche. Remuement. Action de remuer, comme lorsqu'on est dans l'inquiétude.

achchara arbouchara. Marche en général. Marche grave. Remuer quelque chose comme lorsqu'on travaille.

achchatoumbi. Remuer tous à-la-fois. Remuer tous ensemble soit en marchant ou autrement. Être serrés et se toucher les uns les autres.

achchaboumbi. Ordonner à quelqu'un de toucher, de remuer quelque chose.

ATA

achchalaha. Attouchement léger. Petit remuement. On dit aussi *atchika.*

( ). *achoumbi* ou *achouka.* Porter un bâillon. Garder dans sa bouche.

achou. Ordonner de serrer les levres, d'avoir la bouche pleine. (Serre les levres. Impératif du verbe précédent.)

achoumboumbi. Faire fermer la bouche. Faire garder dans la bouche.

atan. Hameçon pour prendre les poissons.

atangi. Quel jour ? En quel temps ? Quand est-ce ? Quand ?

atangi pitchipe. (M. Amyot a oublié de traduire l'explication chinoise de ce mot. Voyez *pitchipe.*)

atata epepe seme. Maniere de parler lorsqu'on veut approuver quelque chose. On dit aussi *atchatcha.*

atarambi. Quereller quelqu'un lorsqu'on est en colere. Avoir une contenance furieuse de colere. On dit aussi *aptarambi.*

ata. Tablettes de bois. Plusieurs pieces de bois liées les unes aux autres dont on se sert pour aller sur l'eau. Radeau.

atake. Lorsqu'on donne de petits coups sur l'épaule d'un vieillard, par maniere de caresse, ou sur les petits enfants qu'on aime.

atambi. Faire compagnie à quelqu'un.

S'appuyer sur lui, l'aider. Ranger plusieurs petites choses ensemble. Ranger plusieurs choses en un monceau. Ajouter de l'étoffe à un habit. Lorsqu'on est à la chasse et que les chasseurs de devant font seuls une grande ouverture ou un grand cercle pour enfermer les bêtes.

ataboumbi. Ordonner la chasse. Donner un mandarinat à quelqu'un, et le joindre à un autre qui a déjà le même mandarinat.

ataha. Le dedans d'une chaise d'équipage. Plusieurs choses différentes réduites en une seule. Deux choses jointes ensemble. Donner un mandarinat à quelqu'un et le joindre à un autre.

atanambi. Aller à la chasse. Accompagner quelqu'un à la chasse, lui servir d'aide et de second.

atanoumbi. Aller de compagnie à la chasse. Cela se dit du commun lorsqu'on va tous ensemble.

ataha hafan. Cela se dit d'un homme qui a un mandarinat qui lui vient de ses ancêtres de père en fils, et par droit de succession.

ataha pithei ta. Ministres d'état subalternes. Ministres en second qui font le précis de toutes les affaires qui doivent être présentées ou à l'empereur ou au premier ministre.

atasoun. La partie de devant de l'habit chinois appellée *ta kin*. La partie de l'habit long qui est sous celle dont nous venons de parler, et que les Chinois appellent *gen*.

atali. Une même chose. Une chose semblable.

atalinga. Choses ressemblantes. Mêmes choses qui ne different point.

atalichambi. Ressembler. Avoir de la ressemblance. Avoir une figure ressemblante.

atalikan. Qui ressemble un peu. Qui ne differe pas beaucoup.

atalilien. Qui ressemble tant soit peu. Qui a quelque chose d'approchant.

ataki. Voisin. Penser à joindre des choses qui ne different pas trop entre elles. Comme qui veut aider un autre et lui servir de compagnon et de second dans ce qu'il fait.

ataki poou. Voisin de maison. Qui demeure près.

atarame hamimbi. Comment cela est-il arrivé? Comment pouvoir souffrir cela?

atarame. Comment? Comment cela? Pourquoi donc?

atarame moutembi. Cela ne se peut pas. Comment cela se pourroit-il?

ataki falan cajan falha. Gens d'un même lieu. *Lin* en chinois. Ce mot signifie voisin. *Ly*, autre mot chinois qui désigne un lieu de vingt-cinq familles ; *hyang*, un lieu de deux mille 5oo familles : *tang*, un lieu de 5oo familles.

𖼀𖼀𖼀 𖼀𖼀, *atarame setchi*. Comment cela? Qu'a-t-il dit?

𖼀𖼀. *atalieou*. Ressemble-t-il ? Est-ce la même chose?

𖼀𖼀𖼀 𖼀𖼀. *atarame pahafi*. Comment obtenir cela ? Comment a-t-on pu le savoir ? (𖼀𖼀𖼀 𖼀𖼀 𖼀. *atarame pahafi sere*.)

𖼀𖼀𖼀 𖼀𖼀 𖼀, *atarame ohode sain*. Comment cela seroit-il bien?

𖼀𖼀𖼀 𖼀𖼀 , *atarame ohoni*. Comment donc? On peut dire aussi 𖼀𖼀, *ainahani*.

𖼀𖼀. *atouha*. Poisson mâle. *Koung* (en chinois) est le *koung* de mâle.

𖼀𖼀 𖼀𖼀, *atouha tafaha*. Poisson qui a la tête et la bouche quarrées. On dit aussi 𖼀𖼀 𖼀𖼀, *nouhere tafaha* ; ou bien simplement 𖼀𖼀. *tafaha*.

𖼀𖼀. *atou*. Poisson femelle. *Mou* (en chinois) est le *mou* de femelle.

𖼀𖼀. *atoun*. Haras. Parc où l'on met les moutons, les vaches, etc.

𖼀𖼀. *atoutchi*. Homme qui est préposé pour garder les haras, bergeries et étables.

𖼀𖼀 𖼀 𖼀. *atoun ni ta*. Chef de ceux qui gardent les haras, bergeries et étables.

ALA

⸺, *atoulambi.* Mener paître les chevaux, bœufs, moutons, dans les endroits où il y a des pâturages publics, comme sur les montagnes, dans les vallons, etc.

⸺, *atoulaboumbi.* Ordonner de mener paître les troupeaux.

⸺, *atoun oumiaha.* Nom d'un insecte dont la couleur est noire, qui est long; il a beaucoup de pieds qu'il plie sous lui, et qu'il développe lorsqu'il veut marcher. Ces insectes vont de compagnie; ils mangent les biens de la campagne et meurent dès qu'il fait de grandes pluies.

⸺, *atourambi.* Changer de mal en pis. Ce terme s'applique principalement lorsqu'on veut exprimer que la pointe ou l'ouverture d'un ulcere qui alloit d'abord fort bien, est devenue ensuite dans un mauvais état.

⸺, *atounkiambi.* Chercher querelle à quelqu'un, le maltraiter. Ordonner à un esclave de maltraiter ou de dire des injures à quelqu'un.

⸺, *atou.* Habits extérieurs.

⸺, *atouhi.* Culottes de peau sans poils.

⸺, *alaboumbi.* Faire avertir quelqu'un. Ordonner qu'on avertisse.

⸺, *ala.* Faire mettre sur l'arc des bandes d'écorce. Faire avertir. Petite élévation. Pelouse. Montagne peu élevée et platte au-dessus. Grande élévation. (Impératif du verbe suivant.)

ALA

⊢⊢⊢⊖⌐. *alambi.* Mettre des bandes d'écorce sur l'arc. Fourreau d'épée ou de toute autre arme. La pointe de la fleche et d'autres choses semblables. Mettre sur l'arc des bandes d'écorce de frêne. Parler. Avertir.

⊢⊢⊢⊢⊖⌐. *alanambi.* Aller parler. Aller avertir.

⊢⊢⊢⊢⊣. *alarame.* Marcher sur le sommet d'une montagne. Marcher sur les élévations, sur la pelouse et sur la cime des montagnes où il y a des endroits plats et unis. On dit aussi ⊢⊢⊢⊣ ⊢⊖⊖⊖⌐; *alarame yaboumbi.*

⊢⊢⊢⊢⊖⌐. *alantchimbi.* Venir parler. Venir avertir.

⊢⊢⊣ ⊖⊢⊣. *ala chala.* Parmi ses fils et ses petits-fils en aimer un par prédilection. On dit aussi ⊢⊢⊣ ⊖⊢⊣ ⊃⊶⊢⊢⊖⌐. *ala chala kogembi.*

⊢⊢⊣ ⊢⊢⊖⌐. *alan alambi.* Coller des bandes d'écorce de frêne sur quelque chose que ce soit.

⊢⊢⊢⊣. *alatchan.* La jointure des os qui sont au commencement de la poitrine. Sternum. La poitrine des oiseaux.

⊢⊢⊣ ⊂⊶⊖. *alan oueihou.* Petite barque ou bateau dont la pouppe et la proue sont faites comme le bout du nez. La pouppe et la proue de ces petites embarcations sont relevées. On dit aussi ⊢⊣. *tchaya;* et ⊂⊢⊢⊣ ⊂⊶⊖. *tolhoun oueihou.*

⊢⊢⊢⊢⊣ ⊢⊢⊖. *alaktaha asou.* Espece de filet

à prendre les lievres : il est long de deux brasses, haut de quatre pieds. On s'en sert à la chasse ; il faut deux hommes pour le tendre. Quand les lievres ont sauté dedans, on le ferme.

alaktahan. Espece de lievre plus petit que les lievres ordinaires. Il a le corps chamarré de diverses couleurs, les pattes de devant courtes, et celles de derriere longues. Cet animal se trouve au-delà de la grande muraille dans les endroits sauvages.

alangkiboumbi. Ordonner à une personne de son tribunal ou de son bureau d'aller dire, d'aller avertir, signifier.

alangkimbi. Faire savoir, faire avertir. Ordonner de dire, d'avertir, etc. Cela se dit des ordres qu'on intime, etc.

alangtoumbi. Avertir tout le monde l'un après l'autre. (*alanoumbi.*)

alan. Bandes d'écorce de frêne. En collant mettre le dehors en dedans, et le côté en long. L'os du col de derriere qui répond à celui qui est en devant.

alan erembi. Oter par bandes l'écorce du frêne (nommée en chinois) *hoa pi chou ;* ou bien ôter successivement les écorces ; car cette espece d'arbre a plusieurs écorces l'une sur l'autre.

alachan. Mauvais cheval qui a les jambes

grosses, et qui est fort lourd. On l'appelle en chinois *nou tai ma*. Il va fort lentement quelques coups de fouet qu'on lui donne. *Nou tai*, c'est-à-dire , comme un esclave qui ne sait rien faire quoiqu'il ait beaucoup de force.

ᡩᠠᠯᡳᡥᠠᠨ, *alihan*. Habit simple et sans doublure. Ourlet d'un habit, lorsque cet ourlet est large.

ᡩᠠᠯᡳᠰᡠᠨ, *alisoun*. C'est le nom d'une espece de grain. C'est aussi le nom général qu'on donne aux différentes sortes de bled. Quand on a coupé le bled, et qu'une grande pluie vient tout-à-coup et inonde la moisson, si le bled germe et pousse, on appelle cette herbe *alisoun*. Orge. Avoine.

ᡩᠠᠯᡳ, *ali*. Dire à quelqu'un : Mettez l'épervier ou le faucon sur votre bras. Dites la vérité. Quoique ce soit là une action périlleuse et difficile, il faut que vous la fassiez sans crainte. Allez arrêter l'ennemi. Soyez sage et vertueux. (Impératif du verbe suivant.)

ᡩᠠᠯᡳᠮᠪᡳ, *alimbi*. Recevoir une chose qu'on donne. Poser quelque chose sur une table , etc. Mettre un faucon sur son bras. Mettre un appui sous quelque chose qui va tomber. Mettre un vase sous un autre qui coule pour recevoir la liqueur ou toute autre chose. Dire sans crainte ce qu'on pense. Serrer quelque chose. On dit aussi ce mot lorsque les esprits auxquels on sacrifie ont humé la vapeur des viandes qu'on leur a offertes. Voyez ᠰᠣᡠᡴᡨᠴᡳᠮᠪᡳ, *souktchimbi*.

ᡩᠠᠯᡳᡥᠠᡦᡳ, *alihapi*. Dans quelque affaire que ce soit

avoir dit hardiment ce qu'on étoit ou ce qu'on pensoit. (Prétérit d'*alimbi*.)

ᠠᠯᡳᡥᠠ ᠴᠣᡥᠠ, *aliha tchoha*. Homme de guerre à cheval. Ce mot se dit des Mantchoux et Mongoux qui sont sous les bannieres, et des Chinois enrôlés.

ᠠᠯᡳᡥᠠ ᡨᠠ, *aliha ta*. Ministre d'état en général.

ᠠᠯᡳᡥᠠ ᠠᠮᠪᠠᠨ, *aliha amban*. Président d'un des grands tribunaux, tels que les *Pou*.

ᠠᠯᡳᠨ, *alin*. Montagne. C'est le mot (*chan* chinois) de montagne seulement.

ᠠᠯᡳᠮᡝ ᡴᠠᡳᠮᠪᡳ, *alime kaimbi*. Tendre la main pour recevoir un salaire, un paiement ou un don quelconque. Garder, conserver, tendre la main pour recevoir quelque chose.

ᠠᠯᡳᠪᡠᠮᠪᡳ, *aliboumbi*. Offrir quelque chose à son supérieur. Donner, présenter. Donner de la main à la main. Ordonner de présenter, d'offrir à la divinité, aux personnages vertueux, aux vieillards, aux esprits. Lorsqu'un homme d'un bas étage présente à un grand un placet ou une supplique.

ᠠᠯᡳᠪᡠᠮᠴᡳᠮᠪᡳ, *aliboumtchimbi*. Venir offrir à son supérieur, etc.

ᠠᠯᡳᠴᠠᠮᠪᡳ, *alichambi*. Triste. Être triste.

ᠠᠯᡳᠴᠠᠪᡠᠮᠪᡳ, *alichaboumbi*. Causer de la tristesse, du chagrin à quelqu'un.

ᠠᠯᡳᠴᠠᡨᠠᠮᠪᡳ, *alichatambi*. Avoir le cœur navré de tristesse.

alichaka. Avoir été triste. Tristesse. On dit aussi 〰️, *alichatchouka.*

〰️, *alichatchouka.* Triste, chagrin, mélancolique. Parole de tristesse, comme qui diroit, Hélas! etc. Il a le même sens que le mot précédent 〰️, *alichaka.*

〰️, *alikou.* Grand plat, ou bassin de porcelaine beaucoup plus grand que les soucoupes ordinaires.

〰️, *alimpaharakou.* Qui ne peut s'exprimer, qui n'a point de termes. On s'en sert pour rendre le superlatif. Il a le même sens que 〰️, *oumeche.*

〰️, *aliatchoun.* Repentir d'une action. Attente.

〰️, *aliambi.* Se repentir. Être dans l'attente. Attendre.

〰️, *aliaboumbi.* Faire repentir quelqu'un, le faire rétracter, le faire attendre.

〰️ 〰️, *alin eifiembi.* Lorsque la vapeur s'éleve des montagnes, elle forme dans les airs des figures de montagnes, de forêts, de villes, etc. Dehors d'une ville, etc., qu'on ne distingue cependant que confusément. On se sert des deux mots *alin eifiembi* pour exprimer ces vapeurs ainsi combinées.

〰️ 〰️ 〰️, *alin pira kialaboumbi.* Être séparé par une riviere ou une montagne. On se sert de cette expression quand on veut dire qu'on est éloigné d'un parent ou d'un ami.

〰〰 〰〰〰 ou 〰〰〰. *alin tchakaraha* ou *tchakarara*. Quand du côté de l'est il commence à y avoir un peu de lueur, et qu'on commence à distinguer le ciel et les montagnes. La pointe du jour. L'aurore.

〰〰 ո 〰〰. *alin ni eptchi.* Le côté du milieu de la montagne qui est le plus raboteux et le plus escarpé.

〰〰 ո 〰〰. *alin ni ovoro.* Les endroits de la montagne qui avancent. Les endroits de la montagne qui, après une pente douce, n'ont tout-à-coup plus rien, et laissent voir un précipice affreux.

〰〰 ո 〰〰. *alin ni pethe.* Le pied de la montagne. Montagne à pic. Montagne droite et rapide qui fait peur à voir.

〰〰 ո 〰〰. *alin ni poso.* Le derriere de la montagne. Le côté du nord.

〰〰 ո 〰〰. *alin ni moutan.* Chemins tortueux qui sont sur les montagnes.

〰〰 ո 〰〰. *alin ni ouai.* Les chemins qui sont sur le côté de la montagne.

〰〰〰. *alirame.* Aller sur la montagne. On dit aussi 〰〰〰 〰〰. *alirame yaboumbi.*

〰〰〰 〰〰 〰. *aliha pithei ta.* Premier ministre, ministre d'état. On dit aussi 〰〰 〰, *aliha ta.*

〰〰〰. *aliakiembi.* Attendre un peu. Aller doucement pour attendre quelqu'un qui vient après.

On le dit aussi lorsqu'on attend sans marcher, et lorsqu'on marche doucement pour donner à un autre le temps de nous atteindre.

〰️, *ama*. Pere. On dit aussi 〰️, *tchétche*.

〰️ 〰️, *amaha tchalan*. Descendants. Les temps à venir.

〰️, *amaha*. A l'avenir. Après. Dans la suite.

〰️ 〰️, *amaha inengui*. Dans la suite.

〰️, *amache*. Après. Retour. Revenir à la charge. 〰️ 〰️, *eretchi amache*. D'aujourd'hui en quelque temps.

〰️ 〰️, *amala toutaha*. Après que quelqu'un a fini. Après un autre. Après les autres.

〰️ 〰️, *amache boumbi*. Offrir pendant la nuit aux sept étoiles du boisseau céleste. On dit aussi 〰️, *tchoukembi*.

〰️ 〰️, *amache tchouleche*. Aller et venir, aller et revenir.

〰️ 〰️, *amala fiantchilambi*. Arriere-garde de l'armée. En Chinois, *tien*. Faire l'arriere-garde. Être à l'arriere-garde.

〰️, *amala*. Après. C'est l'après de devant et après. Après ce temps. Après cela. Dans la suite.

〰️, *amargui*. Dans la suite. Le derriere. Le nord.

〰️ 〰️, *amargui nahan*. Le lit qui est du côté du nord.

4

〰〰〰 〰〰〰, *amache toushoumbi.* Lancer la fleche. Faire le geste de la main en arriere après qu'on a lancé sa fleche. C'est encore pour exprimer le geste qu'on fait en écartant les deux bras après qu'on a lancé la fleche. On dit aussi 〰〰〰, *ashoumbi.*

〰〰〰 〰〰〰, *amarkingue ouascheka.* On dit cela lorsqu'une femme est accouchée, et qu'elle se décharge de toutes les enveloppes de l'enfant et de tout le reste. Arriere-faix.

〰〰〰, *amila.* C'est le mâle de mâle et femelle. Parmi les animaux c'est le mâle. On ne s'en sert que lorsqu'on parle des oiseaux et des volatiles.

〰〰〰, *amariha.* On appelle ainsi celui qui, dans les assemblées où il s'agit d'affaires, vient toujours le dernier.

〰〰〰, *amou sektou.* Qui a le sommeil fort léger. Qui s'éveille aussitôt qu'on fait un peu de bruit.

〰〰〰 〰〰〰, *amou manga.* Un dormeur. Un homme qui aime à dormir.

〰〰〰 〰〰〰, *amou soureke.* Être entièrement éveillé. N'être plus assoupi ni appesanti par un reste de sommeil.

〰〰〰, *amou.* La femme du frere aîné de son pere. Sommeil. Espece de savon fait avec de la graisse de cochon.

〰〰〰, *amita.* Arbre qui devient fort gros. Il croît

le long des rivages. Il a les feuilles plus petites que le peuplier ordinaire. Son tronc a trois ou quatre brasses de circonférence. Son bois sert à faire des especes de tonneaux ou autres choses semblables. Peuplier blanc.

⁓⁓. *amouta*. Nom général que les enfants donnent aux femmes des aînés de leur pere. (Plur. d'*amou*.)

⁓⁓, *amou chapourambi;* ou bien ⁓⁓, *chapouraha*, au parfait. Être assoupi, se laisser aller au sommeil.

⁓⁓. *amou soualiame*. Moitié éveillé, moitié endormi. Rêve.

⁓⁓, *amouran*. Aimer. Quand on veut exprimer en général que quelqu'un aime quelque chose, ou à faire quelque chose, on met immédiatement avant *amouran* la particule ⁓, *té*.

⁓⁓, *amourangua*. Aimé de quelqu'un. Bien aimé.

⁓⁓. *amourhan*. C'est le nom d'un arbre dont le bois est de couleur jaune, d'une tissure fine. Il porte un fruit rouge qui n'est pas bon à manger. On fait avec ce bois des especes de fleches qu'on lance du milieu d'un tube dans lequel elles sont enfermées. On en fait aussi l'arc appelé *nou koung* (en Chinois.)

⁓⁓. *atchara pe touame*. Après avoir délibéré à part soi se déterminer enfin.

⁓⁓. *atchambi*. Ce mot exprime l'union. Être uni. Il faut. Il est nécessaire. On le dit de deux personnes qui s'accordent bien. Voir quelqu'un pour la premiere fois. Être en présence. Voir sans qu'on s'y attende. Rendre les devoirs funebres, en pleurant, battant la tête, etc.

〰〰. *atchara atcharakou pape.* Cela arrivera-t-il, n'arrivera-t-il pas? etc. en doutant.

〰. *atchanambi.* Aller voir quelqu'un. Aller faire une visite. On dit ce mot pour exprimer deux choses qui se répondent, deux personnes qui sont unies. Être fort uni avec quelqu'un.

〰. *atchaboun.* Union, convenance, chose qui convient, qui se doit, qui est nécessaire. Le bien dont on se sert pour exprimer une chose que l'on fait bien.

〰. *atchaboumbi.* Ordonner d'être uni, de se voir, de faire la paix. Être uni de sentiment. Il signifie aussi tempérer, comme lorsqu'on tempere le lait avec la farine et le thé, de sorte que ni l'un ni l'autre ne domine. Introduire quelqu'un auprès d'un autre. Être d'accord avec quelqu'un. Mettre un couvercle sur quelque chose. Mêler plusieurs choses ensemble. Il se dit de l'accord de plusieurs voix. Respecter.

〰. *atchan kirangui.* Os de mille livres. Os du derriere.

〰. *atchabouki.* Faire les avances de politesse à quelque personne honorable. Flatter, dire des choses gracieuses par adulation. Avoir du respect pour quelqu'un pour s'en faire aimer et lui plaire.

ᴠᴛᴛ. *atchamtchambi*. Ramasser plusieurs choses, en faire un monceau.

ᴠᴛᴛ. *atchalambi*. Être d'accord. Examiner avant de commencer le jeu si sa partie adverse a de l'argent. Faire quelque chose de concert avec quelqu'un. Être uni.

ᴠᴛᴛ. *atchamtchaboumbi*. Faire mettre plusieurs choses en un monceau.

ᴠᴛᴛ. *atchan*. Union. C'est le *ho* d'union (en Chinois). C'est aussi celui qui exprime l'union des six parties du monde, nord, sud, est, ouest, haut et bas. Chose faite de concert avec quelqu'un. Union de plusieurs personnes. Liaison de plusieurs choses qu'on met ensemble.

ᴠᴛᴛ. *atchantchimbi*. Venir voir. Venir visiter.

ᴠᴛᴛ. *atchatoumbi*. Venir plusieurs ensemble voir quelqu'un. On dit aussi ᴠᴛᴛ. *atchanoumbi*.

ᴠᴛᴛ. *atchimbi*. Charger une bête.

ᴠᴛᴛ. *atchiboumbi*. Faire charger une bête.

ᴠᴛᴛ. *atchiha*. Charge d'un mulet. Bagage que l'on porte lorsqu'on fait voyage.

ᴠᴛᴛ. *atchitoumbi*. Charger plusieurs bêtes.

ᴠᴛᴛ. *atchika*. Petit Remuement. On dit aussi ᴠᴛᴛ. *achchalaha*.

atchilambi. Faire tomber avec son pied un homme en serrant son cou avec les mains. C'est un exercice militaire et un exercice de chasse.

atchihilambi. Deux hommes qui labourent ensemble la terre, qui labourent sur une même ligne. Partager également.

On dit aussi *kouatalambi.*

atchihilaboumbi. Faire labourer par deux personnes. Faire partager également. Faire donner une égale portion.

atchouhien nialma. Semeur de zizanie. Mal parler de quelqu'un. Calomniateur.

atchihi tchafambi. Examiner si son adversaire a de l'argent ou telle autre chose qu'il veut jouer, avant que de commencer la partie. Prendre ses sûretés.

atchingkiambi. Penser, méditer. Faire remuer quelqu'un, le faire mouvoir, lui faire changer de place. Être ému. Mouvement de surprise. Agiter quelqu'un qui dort pour l'éveiller.

atchinguiaboumbi. Ordonner de toucher. Causer de l'émotion à quelqu'un.

atchoun té tchatchoun. On dit cela de plusieurs manieres. Tantôt on dit que c'est ceci, tantôt on dit que c'est cela. Des deux côtés il y a du bon et du mauvais. Qui n'a rien de certain, de déterminé.

atchou. C'est un cri que l'on fait lorsqu'il est

tombé de l'eau bouillante ou du feu sur quelqu'une des parties de notre corps.

⟨⟩, *atcka*. Mere. On dit encore ⟨⟩, *eme*; ou ⟨⟩, *enien*.

⟨⟩, *atchouhiatambi*. Médire à la sourdine. Semer la discorde.

⟨⟩, *atchouhiataboumbi*. Ordonner à quelqu'un de médire, de semer la discorde. Être calomnié, perdre sa réputation.

⟨⟩, *atchou fatchou*. Aimer éperdument un enfant. Ne rien oublier de toutes les attentions qu'on peut avoir pour lui.

⟨⟩, *atchouhoun akou*. N'être pas d'accord, n'être pas uni. Être d'humeur différente.

⟨⟩, *atchambi*. Couper tant soit peu avec un couteau ou tel autre instrument de cette espece.

⟨⟩, *atchaboumbi*. Se blesser un peu avec un couteau. Faire une petite incision, ou une petite ouverture à quelque chose que ce soit. Parler d'une affaire.

⟨⟩, *atchapoumé kisourembi*. Parler pour la premiere fois d'une affaire.

⟨⟩, *atchatcha*. Terme d'approbation : quand on veut louer quelqu'un ou quelque chose, on dit *atchatcha*; ou bien ⟨⟩, *atata epepe*.

⟨⟩, *atchi*. Le fils aîné. On dit aussi ⟨⟩, *atchi kiu*.

⟨⟩, *atchike*. Petit. C'est le petit de grand et de petit.

〰〰. *atchike hocho.* C'est le petit coin extérieur de l'œil de l'homme.

〰〰. *atchike hia silmen.* Le mâle de l'oiseau *soung eulh*, 〰 ou 〰. *soung el.*

〰. *atchiken.* Un petit peu. Un petit enfant. On dit aussi 〰. *atchihan.*

〰. *atchikeche.* Beaucoup de petites choses. Beaucoup de petits enfants. (Pluriel d'*atchike*).

〰. *atchin.* Espece d'anguille. Esturgeon.

〰. *atchilambi.* Monder les grains. Leur ôter la peau. Tanner les peaux. C'est le deuxieme apprêt lorsqu'on a bien ôté toute la chair.

〰. *atchilaboumbi.* Faire monder les grains. Faire tanner les peaux.

〰. *atchita.* Fort petit. On dit aussi 〰. *atchike.*

〰. *atchike heveli.* Le bas-ventre.

〰. *atchike mama.* Rougeole.

〰. *atchike ningue erchembi.* La rougeole sort.

〰. *atchihan.* Petit enfant. Lorsqu'on parle de quelqu'un et qu'on dit qu'il est jeune, que c'est un enfant. (〰. *atchiken.*)

〰. *atchirka.* Prendre un homme pour un autre qu'on connoît, à cause de la ressemblance. On dit encore 〰. *tarouha.*

〰. *atchirhan.* Mâle. On dit cela des chevaux, mulets, etc.

ᚠᚱᚢ ᚠᚱᚢᛉᛏᛁᛏᚠᚦᚾ. *atchirhalambi.* Faire couvrir une jument par un cheval.

ᚠᚱᚢᛉᛏᛁᛏ ᚼᚾᚫ. *atchirhan soki.* C'est le nom d'une herbe sauvage dont les feuilles sont couvertes d'épines, qui a la tige haute et creuse. On fait bouillir les feuilles, et on en boit l'eau en été pour se rafraîchir.

ᚠᚱᚢ ᚦᛁᛏᚠ. *aïen tamin.* C'est le nom d'un oiseau de proie.

ᚠᚱᚢ ᚦᛏᛁᛏᛉᚾ. *aïen tashari.* L'oiseau appellé (en Chinois) *tiao.* Il a le corps fort gros, les ailes violettes, ainsi que la queue. Ses plumes servent à orner les fleches. Elles répandent pendant la nuit une assez grande lueur. Ces plumes sont fort cheres. On les appelle (en Chinois) *tsieou ling* ou *tieou ling*, en les confondant avec les plumes du *tieou ling*, oiseau aquatique dont le plumage est aussi fort beau.

ᚠᚱᚢ ᚴᚢᚦᚢᚱᚢ. *aïen fotoho.* C'est le nom d'un arbre dont la peau ressemble à celle du *tso mou* (en Chinois), arbre fort beau et qui est garni d'épines. Ses feuilles sont plus courtes que celles du saule, mais elles sont plus larges. Le bois de cet arbre sert à faire des cruches d'une seule piece, des tasses à boire, des seaux à puiser de l'eau, et autres choses semblables.

ᚠᚱᚢ ᚼᛏᚱᚫᚾ. *aïen kintehe.* C'est le nom d'un arbre dont l'écorce est violette, la feuille petite, le bois d'une tissure fine et de couleur jaune. Le mi-

5

lieu de l'arc est fait de ce bois ; on en fait aussi des manches de couteaux.

〜〜〜. *aïen souaien.* C'est en général le mot dont on se sert pour parler de quelque chose dont on fait beaucoup de cas, et qui est réellement estimable.

〜〜〜, *aïara.* Lait aigri.

〜〜〜, *aïen..* C'est le mot qui signifie grand. On dit aussi 〜〜〜, *amba.* C'est le nom d'une espece de cerf qui a le corps gros et qui est de couleur jaune. Cire blanche formée par la liqueur qui découle d'un certain arbre. C'est ainsi qu'on nomme encore la cire jaune que font les abeilles. Cire, en général.

〜〜〜 *aïen hien.* Les bâtonnets d'odeur qu'on brûle dans les temps des sacrifices, et qui sont faits avec des feuilles d'arbres. Il y a deux sortes de ces bâtonnets ; les uns ressemblent à des queues de poires. L'arbre qui porte ces poires a les feuilles plus petites que celles de l'arbre appellé 〜〜〜, *aïen-tchi hien.* Cet arbre vient dans des lieux aquatiques. Ils sont fort près les uns des autres. L'autre espece de bâtonnets ressemble au *kien teng* des Chinois. [C'est le rotin]. Cette espece de rotin vient au bas des rochers ; ses feuilles sont plus courtes que celles du *pin* ; son fruit, qui ressemble à celui de la vigne, est de la grosseur des grains de raisin sauvage.

〜〜〜. *aïalambi.* Avoir par tout le corps de petites pustules ou des boutons qui sont jaunes quand ils sont mûrs. C'est lorsque la petite vérole est sortie, et que les boutons suppurent.

AHI

〜〜. *aïen tengtchan.* Chandelle. Bougie.

〜〜. *aïen ouehe.* Nom général des pierres qui, sans avoir été taillées, n'ont aucun défaut, aucune fente, et qui jettent un grand éclat.

〜〜. *aïen pouhou.* Grand cerf.

〜〜. *aïen édoun.* Grand vent.

〜〜. *atchike kongoro nioungniaha.* Espece d'oie plus petite que celle qu'on appelle 〜〜, *amba kongoro nioungniaha.*

〜〜. *aïaou.* C'est un cri de crainte. On dit aussi 〜〜. *aïo* ou *aïou.*

〜〜. *aïen silmen.* Nom d'un oiseau de proie. C'est le mâle qui s'appelle ainsi; il a le corps plus petit que celui de sa femelle.

〜〜. *aïambi.* On se sert de ce mot pour dire que l'épervier qu'on tient sur le bras étend ses ailes comme s'il voloit, et lorsqu'il fait la même chose sur une machine. On le dit aussi lorsque le poisson a mordu à l'hameçon et qu'on le traîne hors de l'eau.

〜〜. *aïo.* Exclamation. C'est aussi un cri de crainte. On dit encore 〜〜. *aïao.* Voyez plus haut.

〜〜. *ahita.* On dit ce mot lorsque le devant de l'habit est relevé, ou que le côté est enflé, ou que le coin de derriere est court.

〜〜. *aïen kaha.* Vieux corbeau d'une espece particuliere, qui a le corps gros et le jabot blanc.

〰〇〉. *ague.* On appelle ainsi les fils de l'empereur. L'aîné des freres, le plus âgé. C'est une expression respectueuse, comme en François, *monsieur.*

〰〇〜〉. *aguese.* Freres, en général. Aînés. (Plur. du mot précédent.)

〰〇〉. *ague.* Cri de surprise lorsque quelque chose tombe dessus nous, ou lorsque nous heurtons contre quelque chose. On dit aussi 〰〇〉. *arke.*

〰〇┼〇. *akeli.* Arbre assez semblable au *noan mou* des Chinois, excepté qu'il est plus petit. Il a des especes d'excrescences pour la plupart dures et longues. Ces excrescences sont un remede pour les maux de ventre; on les frotte contre un vase plein d'eau et on boit cette eau. C'est aussi un remede pour les ulceres ou blessures des chevaux, mulets, chameaux, etc. On fait le même apprêt que pour les hommes, avec la différence qu'on met cette eau sur la blessure même de ces animaux.

〰〉 〇〰〉. *aien kourtchen.* Espece de grillet qui chante en automne. Il est violet, et a les ailes fort longues. On l'appelle aussi 〇〰〇. *koureltchi.*

〰〇〰〉. *akia.* Gros poisson jaune et épineux. On dit que c'est un poisson de riviere qui a sur le dos une pointe fort venimeuse. Pour en guérir la piquure, il faut manger la cervelle du poisson. Ses nageoires sont aussi garnies d'épines. Il n'a point d'écailles. On l'appelle encore 〇〰〇〉. *kia kou.*

〰〇〰〉 〰〇〰〉. *akian nimaha.* Nom général des

poissons morts de froid et gelés avec l'eau. On les appelle aussi simplement ᵛᵗˣᵛ, *aguien.*

ᵛᵗˣᵛ, *akiaha.* Nom qu'on donne au cœur des herbes, des plantes et arbres lorsqu'il est sec. On appelle aussi de ce nom la glace fondue et l'huile qui s'est séchée et dissipée d'elle-même.

ᵛᵗˣ, *akou.* Nom qu'on donne aux lettrés, comme qui diroit *né avant.* Titre honorifique des vieillards, et que les freres se donnent entre eux. Cette expression ne s'emploie guere que dans les livres. On dit aussi ᵛᵗˣ, *ague.*

ᵛᵗˣ, *akousé.* Quand on parle de plusieurs freres, de plusieurs vieillards, de plusieurs lettrés, on dit *akousé.* C'est le pluriel de ᵛᵗˣ, *akou.*

ᵛᵗˣᵛ, *ara.* Faire écrire. Expression générale dont on se sert pour appeler quelqu'un dont on ne sait pas le nom, comme qui diroit en François *holà?* Espece de soupir. Terme d'admiration mêlée de crainte. Faire faire quelque chose à quelqu'un. Peau de différents grains. (C'est encore l'impératif d'*arambi.*)

ᵛᵗˣᵛ ᵗˣᵛ, *ara fara.* Cri qu'on pousse en éprouvant quelque douleur vive, telle qu'une brûlure ; ou lorsqu'après un rêve fâcheux on s'éveille en sursaut.

ᵛᵗˣᵛ, *aratoumbi.* Faire ensemble une même chose. Écrire ensemble une même chose. Ce mot se dit en général lorsque plusieurs personnes font ensemble une même chose. (ᵛᵗˣᵛ, *aranoumbi.*)

ᵛᵗˣᵛ, *arambi.* Se dire autre qu'on n'est, et quitter son nom pour prendre celui de la personne pour laquelle on se donne. Faire quelque chose. Écrire.

araboumbi. Faire écrire. Faire changer de nom à quelqu'un. Faire faire quelque chose que ce soit.

ari. Lorsqu'on veut taxer quelqu'un d'être opiniâtre et sans manieres, on dit *apkai ari.* Nom d'un esprit. Épithete d'un mauvais garnement.

are, Cri que l'on pousse en éprouvant quelque mal, ou quelque douleur insupportable.

aroun fouroun, Bruit qui court. Nouvelles.

aroun fouroun akou. N'avoir aucune nouvelle de quelqu'un, n'en entendre pas dire la moindre chose.

aroun touroun akou oho. Lorsqu'on ne sait ce qu'on a fait d'une chose, ni où on l'a mise, on dit ces mots comme nous dirions en françois : Où est donc cela? etc.

afan amba. Nom qu'on donne à un homme qui se mêle de tout.

afaha. Feuille de papier. Feuillet de livre. Cela est fait. Cela est terminé. Le combat est fini.

afambi. Être surpris d'une mauvaise affaire, d'un accident fâcheux. Un cheval qui s'abat tout d'un coup. Chercher querelle. Disputer grossièrement. Assiéger, combattre, entrer dans les terres ennemies.

ꟷꟷ. *afatambi.* Se battre en bataille rangée. Assiéger dans les formes. Disputer plusieurs ensemble. Se quereller grossièrement. Se battre. Entrer en grand nombre dans les terres ennemies. Ce mot se dit aussi d'un cheval qui a les jambes comme enveloppées et qui se coupe en marchant.

ꟷꟷ. *afanambi.* Aller en colere contre quelqu'un comme pour le battre. Faire une mauvaise rencontre. Aller se battre.

ꟷꟷ. *afatchimbi.* Venir du combat. Venir battre ou chercher querelle.

ꟷꟷ. *afaboumbi.* Se servir de quelqu'un. Ordonner de se battre. Dans quelque chose ou dans quelque affaire que ce soit donner commission à quelqu'un de faire ce qu'on souhaite. Faire faire quelque chose.

ꟷꟷ. *afatoumbi.* Combattre. Cela se dit en général lorsque les ennemis sont au combat. (ꟷꟷ. *afanoumbi*).

ꟷꟷ. *aguiame ketchehe.* Cela se dit lorsque le froid a pénétré la terre de tous côtés et profondément.

ꟷꟷ. *afangala.* Expression dont on se sert pour parler de tous ceux qui ont été avant nous. Nos anciens, nos prédécesseurs. On dit aussi ꟷꟷ (ou ꟷꟷ) ꟷꟷ. *afa sere ongolo.*

afangala tchaptoumbi. Chasser. Tirer des fleches contre les oiseaux ou les bêtes fauves. Cela se dit du premier qui tire; les autres tenant l'arc bandé, et étant prêts à tirer eux-mêmes.

afangala outhai oüaha. (M. Amyot n'a point traduit l'explication chinoise de cette phrase tartare. Consultez les mots *outhai* et *oüaha.*)

afin. Faux habit de peau dont les bords sont doublés de satin ou d'une autre étoffe de soie, pour faire croire qu'on a un véritable habit de peau appellé en chinois *pi gao*. On dit aussi *atchimchoun.*

afia. Nom commun à tous les légumes qui ont une gousse en forme de corne, qui renferme des graines violettes qu'on coupe avant leur maturité.

afia toura. Petite colonne au-dessous du toît. Petite colonne qu'on place dessus le plancher pour soutenir les poutres de la charpente.

atchilaha pele. Grain mondé. Nom en général de tous les grains dont on a ôté la peau ou le son.

anan. Chaise à porteur. Chaise roulante. On ne se sert de ce mot que pour désigner les chaises de l'empereur.

atounguienboumbi. Ordonner à quelqu'un d'aller battre ou quereller un autre. Être maltraité d'une maniere cruelle.

〜〜. *alin ni hisee.* Le côté de la montagne le plus escarpé, haut et droit, par où l'on ne peut ni monter ni descendre.

〜〜. *atchouhoun.* Uni avec quelqu'un.

〜〜 〜〜. *atchike nimengui.* Petite neige. Le nom du *Tsié ki* des Chinois qui arrive au commencement du printemps.

〜〜 〜〜. *atchike chahouroun.* Petite froidure. Nom du *Tsié ki* qui arrive aussitôt après le solstice d'hiver.

〜〜 〜〜. *atchike tchalou.* Petite pluie. Nom du *Tsié ki* qui arrive au commencement de l'été.

〜〜 〜〜. *atchike halhoun.* Petite chaleur. Nom qu'on donne au *Tsié ki* qui arrive après le solstice d'été.

〜〜 〜〜. *ai sere herguen.* Voilà la figure de la lettre *ai*.

〜〜. *ai.* Terme de reproche, d'interrogation, d'admiration. Comment? Hélas! Oh! oh!

〜〜 〜〜. *ai ai.* Quoi que ce soit. Quelque chose que ce puisse être. N'importe.

〜〜 〜〜 〜〜. *ai ai tchaka.* Les choses en général. Quelque chose que ce puisse être.

〜〜 〜〜. *ai otchipe.* N'importe; quoi que ce soit.

〜〜 〜〜. *ai hatchin ni.* De cette sorte. De cette maniere. De la même maniere. De la même sorte.

6

ai hala. Pourquoi faire ainsi des choses qui ne conviennent point?

ai outou keri seme ouatchirakou. Pourquoi tant parler? vous ne finissez point.

aihou. Zibelines femelles.

ai kanaha. Que veut-il donc? Lorsque quelqu'un se propose de demander des choses honorables qui sont au dessus de sa sphere, ou qu'il ne lui est pas possible d'obtenir, on lui dit, *Si tété ai kanaha.* Qu'allez-vous demander là?

ai katchiha. Que veut-il donc de moi? Ce terme se dit en général. Cet homme n'est point de ma condition, de quoi s'avise-t-il de vouloir cela de moi? Il ne mérite pas que je fasse attention à lui. Façon de parler. (*si mite ai katchiha.*)

ai taltchi. Qu'est-ce que cela me fait? Que m'importe?

ai peita. De quel usage est cela? Qu'est-ce que cela?

ai keli. Comment pourrons-nous faire cela? Comment oserai-je?

ai kelhoun akou. Je n'oserois. Comment oserai-je?

ainarahou. Je crains l'issue de cette affaire. Je ne sais ce qu'il en sera.

~~~. *ainambi.* Comment? Pourquoi cela? Pourquoi faire ce que vous faites? Que faites-vous?

~~~. *ai yokto.* Comment pourroit-il avoir une bonne intention?

~~~. *ai hihan.* Quelle est votre intention en faisant cela? Quel avantage en pourrez-vous retirer?

~~~. *ai hentoure.* Il n'est pas besoin d'en parler. On met alors au dessus le mot ~~~, *pate*, comme si on disoit: D'abord cela ne se peut pas. Comment cela se pourroit-il? Alors on dit ~~~ ~~~. *pe ai hentoure.* C'est une maniere de parler pour dire qu'on ne peut pas faire une chose.

~~~. *ai tourgoun.* Pourquoi cela? Comment cela est-il? On dit aussi ~~~. *ai haran.*

~~~ ~~~. *ainame ainame.* Négligent. Paresseux.

~~~ ~~~. *ainame okini.* N'importe de quelle maniere vous fassiez cela.

~~~ ~~~. *ainaki sembi.* Penser à faire quelque chose.

~~~ ~~~. *ainatchi ainakini.* S'il veut faire comme cela, qu'il le fasse.

~~~ ~~~. *ainatchi otchoro.* Quel parti faut-il prendre? Quel remede y a-t-il? On dit aussi ~~~ ~~~. *atarame ohode sain.*

~~~. *ainampahafi.* Comment cela? Que faut-il faire pour en venir à bout? Comment pouvoir

le faire? On dit aussi 〰〰. *atarame pahafi.*

〰. *ainampihe.* Comment est-il venu?

〰. *ainaha.* Comment cela s'est-il fait? Comment cela a-t-il pu se faire?

〰. *ainahapi.* Comment donc?

〰. *ainahani.* Comment donc cela?

〰 〰. *ainahai outou ni.* Y a-t-il de la politesse à cela? Pourquoi faire ainsi?

〰. *ainara.* C'est une maniere de parler, comme si l'on disoit en soi-même: Hélas! Comment donc? Quel remede y a-t-il? Que faire?

〰 〰. *ainaha seme.* Vouloir faire quelque chose, être déterminé à la faire, ne penser qu'aux moyens de la faire. Certainement. Assurément.

〰. *ainahai.* Maniere de parler lorsqu'on doute de quelque chose. Cela seroit-il ainsi? Non; cela ne se peut. Comment pourroit-il arriver? etc. Alors on met au bas la lettre 〰. *ni.* (〰 〰. *atarame ohoni.*)

〰 〰. *ainahai ombini.* Comment cela seroit-il bien?

〰. *ainarangue.* Pourquoi cela? Que faites-vous donc?

〰. *ainou.* Pourquoi cela? Pour quelle raison?

〰. *aika.* C'est une demande. Se ressemble-t-il? Comment? Quoi? Est-ce ainsi? etc.

〜〜〜. *aika ohoté.* Maniere de parler, comme si l'on disoit : Quel homme ! il fait toujours ce qu'il ne faut pas. On dit aussi 〜〜〜. *tchatchi ohode.* S'il est ainsi. J'en doute.

〜〜〜. *ai tchoporo.* Cela n'est-il pas? Pourquoi s'affliger? N'en a-t-il plus? (〜〜〜. *ai yatara.*)

〜〜〜. *aika tchaka.* On appelle ainsi un endroit où sont quantité de choses de toutes especes, un lieu plein de toutes sortes de provisions.

〜〜〜. *aika peita pieou.* Quelle affaire, ou quelle raison avez-vous?

〜〜〜. *aika outou aika toutou.* Cela est-il bien comme ceci? Cela est-il bien comme cela? Si c'est comme ceci. Si c'est comme cela.

〜〜〜. *aikapadé.* Particule conditionnelle. Si. Si cela est. S'il fait cela. S'il est ainsi, comme cela. Si l'on se sert de *aikapade,* on met après quelqu'un des mots suivants 〜. *hate*, 〜. *hete*, 〜. *otchi*, 〜. *ohode,* qui servent à joindre le sens de la phrase. On s'en sert lorsqu'on doute de quelque chose ; mais alors on ajoute une des particules suivantes, 〜. *aiio*, 〜. *otchorahou*, 〜. *olhoro*.

〜〜〜. *aikanaha.* S'il est arrivé que...., que faire? etc. C'est une maniere de parler lorsqu'on est dans le doute. On dit aussi 〜〜〜. *toutou ohode ainambi.*

〜〜〜. *aihanaha.* C'est la suie qui se trouve

dans les *kang* ou cheminées chinoises; elle est par monceaux : elle est noire et brillante.

~~~~~. *aihatambi.* Ce mot se dit en général des chevaux, mulets et autres bêtes à quatre pieds, qui sautent, regimbent et ne veulent pas se laisser approcher.

~~~~~. *aikan ni kese.* Resserrer avec soin quelque chose dont on fait cas et qu'on aime. (~~~~~. *aikan feikan ni atali*; ou ~~~~~. *aikan feikan ni kese*).

~~~~~. *aiha chouchou.* Nom d'une espece de grain.

~~~~~. *aiha.* Verre grossier fait avec une pierre particuliere qu'on brûle et qu'on met en fusion. On donne à ce verre toutes sortes de couleurs.

~~~~~. *aikanarahou.* On désigne par ce mot une chose quelconque, qu'on conserve avec grand soin parcequ'on en fait grand cas.

~~~~~. *aihan.* But où l'on tire lorsque l'on s'exerce à la fleche.

~~~~~. *aihouma.* Espece de tortue bonne à manger.

~~~~~. *aipitchi.* D'où vient-il? De quel endroit?

~~~~~. *aipatchi.* D'où vient-il? Ce mot a le même sens que le précédent.

~~~~~. *ai pe.* Prenez cela.

~~~~~. *aipimpi.* Enfler. C'est l'enflure qui vient

lorsqu'on a reçu quelques coups, ou bien lorsqu'on a quelques boutons ou furoncles.

aipishoun. Enflé. Une tumeur. Un homme qui enfle, etc.

aipihapi. Qui a enflé.

aipi. Maniere de parler pour dire, Quelle difficulté y a-t-il? Cela ne fait rien. Qu'ai-je donc? Que fait cela? Qu'y a-t-il là? On dit aussi *mite aipi*, *ete aipi*, *tete aipi*.

aipite. Où est-il? Dans quel endroit est-il?

ai sere. Comment parlez-vous? On se sert de cette expression lorsqu'on est fâché.

aipingue. Dans quel endroit? Où est cela? Où donc? etc. On dit aussi *ya paingue.*

aise. Que dites-vous? Comment dites-vous? On dit ce mot après qu'on a déja entendu ce dont il s'agit, comme par surprise et pour s'en mieux assurer. Par exemple, Est-il vrai qu'il soit venu? Et ainsi des autres choses. (*tchihe aise.*)

aisehe. Comment a-t-il dit?

aisembi. Comment dire?

aiseme kisourehe. Comment a-t-il parlé? Qu'a-t-il dit?

aiserengue. Que dites-vous? Quelles paroles sont-ce là? etc.

ᚒᚒᚒ. *aiseme.* Cela est-il ainsi ? Cela peut-il servir ? Comment ? Pourquoi cela ?

ᚒᚒᚒ ᚒᚒᚒ. *aisin kioro.* C'est le nom de la famille régnante.

ᚒᚒᚒ. *aisin.* Le métal, comme élément. C'est le premier des cinq éléments.

ᚒᚒᚒ. *aichembi.* Protéger quelqu'un. Lorsque le ciel protege quelqu'un, qu'il lui accorde des richesses, des honneurs, etc.

ᚒᚒᚒ. *aichelambi.* Aider quelqu'un, le secourir, lui servir de second. Écrire pour quelqu'un.

ᚒᚒᚒ. *aichelaboumbi.* Ordonner d'aider, de secourir quelqu'un, d'écrire pour un autre. Secourir quelqu'un d'argent, etc., pour qu'il puisse remplir son emploi.

ᚒᚒᚒ. *aisi.* Quelque avantage que ce soit. Richesses, biens. (Intérêt d'argent prêté.)

ᚒᚒᚒ. *aichelatambi.* Aider habituellement quelqu'un, lui donner habituellement du secours et aller toujours en augmentant.

ᚒᚒᚒ. *aisingue.* Il a de l'avantage. Il retire de l'intérêt de son argent.

ᚒᚒᚒ. *aichelantoumbi.* Aider en détail plusieurs personnes. On dit aussi ᚒᚒᚒ. *aichelanoumbi.*

ᚒᚒᚒ ᚒᚒᚒ. *aichelara tchouoha.* Délivrer les troupes du danger où elles étoient. Les secourir. Troupes auxiliaires. (ᚒᚒᚒ ᚒᚒᚒ. *tara tchouoha.*)

〜〜〜 〜〜 〜〜〜 〜〜〜, *aisin be tous-houme ilha oueilembi.* Graver quelques fleurs sur de l'or.

〜〜〜 〜〜〜. *aichelakou hafan.* C'est le nom d'un mandarinat des six pou du dehors.

〜〜〜 〜〜〜. *aide oho.* Comment cela est-il arrivé?

〜〜〜 〜〜〜. *aitahan sika.* Lorsque la queue des chevaux se frise du côté de la racine, et que le crin devient plus épais et plus court, cela s'appelle queue torse.

〜〜〜. *aitahan.* Le dessus de l'épaule. Nom qu'on donne au sanglier lorsqu'il est à sa quatrieme année.

〜〜〜 〜 〜〜〜. *aitahan ni' kalka.* A la onzieme lune on fait cuire une espece de sanglier avec le poil et la peau. On le mange lorsqu'il est bien cuit. Ce sanglier, environ à la onzieme lune, se veautre dans la boue et dans la terre ; il va se frotter ensuite contre les arbres dont le tronc est couvert d'une espece de résine ; ainsi couvert de cette résine, il se veautre dans le sable ; ses flancs deviennent par ce moyen durs et impénétrables aux traits. Nom d'un vieux sanglier et d'un vieux cochon : mais on dit plus communément 〜〜〜. *foukin,* avec le nom de cochon ou de sanglier qu'on joint ensemble.

〜〜〜. *aitahachambi.* Etre en fureur contre quelqu'un. Le vouloir battre. Etre tellement en fureur qu'on ne craigne ni les coups ni la mort pour pouvoir nuire à son ennemi. Ne vouloir pas déposer sa colere. Ne chercher qu'à battre ou tuer son ennemi.

᚛ᚒ᚜. *aite.* Où est-il ? En quel endroit est-il ? Comment ? Où ? On dit aussi ᚛ᚒᚔ᚜. *atarame.*

᚛ᚒ᚜. *ailounga.* Homme qui, dans sa parure, sa démarche et toutes ses actions, est affecté; qui a de l'esprit, qui est propre, mais sans gravité. Un petit maître.

᚛ᚒ᚜. *aitoumbi.* Ressusciter. Revenir à la vie. On dit cela d'un homme qui seroit comme mort, et qui reviendroit de l'état léthargique, etc.

᚛ᚒ᚜. *aitouha.* Homme qui, après une maladie qui l'avoit beaucoup maigri, commence à reprendre ses couleurs, à engraisser, à reprendre ses forces et sa santé. On se sert encore du mot ᚛ᚒ᚜. *aitouha,* pour désigner un cheval qui, après avoir été fort maigre et avoir souffert quelque maladie, se porte tous les jours de mieux en mieux. Convalescent.

᚛ᚒ᚜. *aitouhapi.* Quand une bête, de quelque espece que ce soit, après avoir été maigre, engraisse peu-à-peu. Quand elle commence à reprendre son embonpoint.

᚛ᚒ᚜. *aitouboumbi.* Retirer quelqu'un d'un précipice. C'est proprement donner du secours à quelqu'un dans ses malheurs. Tirer d'affaire un malade, le guérir. Remettre quelque chose en son premier état, la rétablir; comme lorsqu'après avoir effacé quelques mots on s'apperçoit qu'ils étoient bons, et qu'on ôte les ratures pour les laisser tels qu'on les avoit écrits d'abord.

〰️. *aite afahapi.* Quelle intention avez-vous eue? D'où vient cette chose?

〰️. *aihou.* C'est le nom d'une riviere qui est dans le *Koan toung.*

〰️. *ailime kenehe.* Aller par des chemins détournés.

〰️. *aimaka.* Lorsqu'on ne sait pas bien une chose et qu'on cherche à part soi ce que ce pourroit être : comme si l'on disoit : C'est peut-être cela, etc. Se déterminer pour ou contre, après avoir délibéré quelque temps. Tâcher de se rappeller quelque chose dont on ne se souvient pas bien. Délibérer et se déterminer à croire que la chose est ainsi qu'on l'a pensée : comme si l'on disoit : 〰️, *aimaka peita;* ou 〰️, *aimaka tchaka.*

〰️. *aimaka peita pifi tchihe tere.* Il est apparemment venu pour quelque affaire.

〰️. *aiman.* Nom qu'on donne aux maîtres, aux chefs ou rois voisins des Tartares. On appelle encore ainsi le chef des Mongoux et leur pays.

〰️. *aitchi.* Maniere de parler lorsqu'on veut demander à quelqu'un : Pourquoi ce mélange de tant de choses? Alors on dit : 〰️, *aitchi peita;* 〰️, *aitchi tchaka.*

aintchi. Maniere de parler lorsqu'on délibere sur quelque chose. Cela seroit-il ainsi? Seroit-ce cela? C'est peut-être ceci? Quoi, ce seroit cela? Mais quand on veut exprimer ce dernier sens, on met après, le mot *tere*. Pour terminer, tout cela veut dire que... C'est encore une autre façon de parler : lorsqu'on demande, par exemple, Pensez-vous que cela soit ainsi ? Alors on met après, le mot *aisé*.

aifini. Comme si l'on disoit : Vous ne nous dites rien de nouveau. C'est une affaire finie.

aifoumbi. Se dédire. Changer de note. Manquer de parole.

aitahan ni sentchehe. Pi sing (en chinois). C'est le nom d'une étoile qui se trouve dans une des vingt-huit constellations du zodiaque.

ai tchora. Pourquoi cela ? Pour quelle raison? On se sert de ce même mot en parlant de soi-même : Pourquoi aurois-je fait cela? De même lorsqu'on se sait mauvais gré d'une chose qu'on a faite : Pourquoi ai-je fait, dit, etc., cela ? (*ai tchora i outou tchabouha ai ; ai houlni ; ai tourgoun.*) Mais alors on dit :

ai maktahai. Pourquoi ? Pour quelle raison ? On dit cela de soi-même lorsqu'on se repent d'avoir fait quelque chose : Pourquoi ai-je fait cela? (*ai tchora ni ; ai tourgoun dé.*)

◦◦◦ ◦◦◦◦ ◦◦. *ai tourgoun dé.* Pour quelle raison?

◦◦◦ ◦◦◦◦ ◦◦◦◦◦ ◦◦◦◦◦. *ai hihan outou yaboumpi.* Quelle raison avois-je de faire cela? Quel bien y a-t-il là? Quelle utilité? etc.

◦◦◦ ◦◦◦◦. *ai yatara.* Quoi! il y en a peu. En quoi est-ce qu'il y en a peu? Combien en voulez-vous? Nous en avons à foison. Maniere de parler.

◦◦◦◦ ◦◦◦◦◦◦. *ainou maimatembi.* Pourquoi marchez-vous d'une maniere dégingandée et sans gravité?

◦◦◦ ◦◦◦◦. *ai temoun.* Quelle contenance est-ce là? Cela se dit lorsqu'on veut reprendre quelqu'un et lui faire honte.

◦◦◦ ◦◦◦ ◦◦◦◦. *ar sere herguen.* (Voilà la figure de la lettre *ar*. Cette formule se trouve au commencement de toutes les syllabes; il sera désormais inutile de la traduire.)

◦◦◦. *ar.* Maniere de se plaindre, d'exprimer sa colere lorsqu'on veut dire des injures, etc.

◦◦◦ ◦◦◦. *ar seme.* Lorsqu'on appelle quelqu'un d'une maniere forte et avec colere on dit ces mots. C'est un ton de voix menaçant.

◦◦◦◦ ◦◦◦. *arha tchali.* Chercher les moyens de nuire à quelqu'un que l'on hait. Porter envie à quelqu'un.

◦◦◦◦. *arha.* Méditer sur les moyens qu'on doit prendre pour nuire à quelqu'un. Stratagême. Artifice.

Moyen. Chercher des moyens et des détours pour quelque chose. On dit aussi (〰〰. *arha pohoun.*)

〰. *arhambi.* Poursuivre une bête au milieu d'une montagne.

〰. *arhaboumbi.* Faire poursuivre une bête. Faire chasser une bête.

〰. *arhanga.* On dit ce mot d'un homme qui a un mauvais cœur, sans droiture, ne cherchant qu'à nuire, plein d'artifices, hypocrite, cachant sous un extérieur modeste les plus grands vices.

〰. *arhatambi.* Chercher en soi-même des stratagèmes et des artifices. Employer les stratagèmes et les artifices qu'on a trouvés.

〰. *arhataboumbi.* Être trompé par les artifices de quelqu'un. Ordonner d'user de stratagème, d'employer des artifices.

〰. *arkan.* Chose qui s'ajuste bien avec une autre, qui est juste, qui n'est ni trop grande ni trop petite. (〰 〰. *arkan karkan.*)

〰. *arhan.* On appelle ainsi les germes de toutes sortes de grains en général. Les germes des arbres, les dents d'une scie; les dents ou les pointes de quelque outil que ce soit. La premiere pointe des arbres ou plantes qui commencent à pousser.

〰 〰. *arhan ochoho.* Les dents et les griffes d'un tigre.

〰. *arboun.* Apparence. Figure. L'extérieur

d'un homme, sa physiognomie, ses bonnes ou mauvaises qualités extérieures.

ᠠᠷᠬᠠᠯᠢ, *arhali*. Espèce de mouton qui a les cornes entortillées et collées contre la tête, sans *protubérer*. On n'appelle de ce nom que la brebis. Si ce mouton est coupé en morceaux sur du bois de mûrier, il devient un poison mortel pour tous ceux qui en mangent. Il a le même effet si on le fait cuire avec des pepins du grand fenouil, suivant ce proverbe chinois: *Sang mou ngan tsèe lieou ko ti kio ti yang tchao chang pa ko kio ti ta hoei hiang che ko tche leao kieou ko ouang.* (M. Amyot n'a pas traduit ce proverbe.)

ᠠᠷᠬᠠᠨ ᠮᠤᠳᠤᠨ, *arhan moudoun*. Lime fine dont on se sert pour unir et pour polir le bois ou toute autre chose.

ᠠᠷᠬᠠᠲᠤ, *arhatou*. Un daim.

ᠠᠷᠬᠠᠨᠠᠮᠪᠢ, *arhanambi*. Pousser. On dit ce mot du germe qui commence à pousser.

ᠠᠷᠴᠠᠨ ᠪᠤᠷᠬᠠ, *archan pourha*. Bois dont on fait le milieu des arcs. On en fait aussi des appeaux pour attirer les cerfs. Ce bois vient en grande quantité dans les lieux où le soleil ne donne jamais; sa peau est noire, sa feuille presque ronde, épaisse, et rouge au milieu. Le *Han ta han* mange ces feuilles. (ᠠᠷᠴᠢᠯᠠᠨ ᠪᠤᠷᠬᠠ, *artchilan pourha*; ᠠᠷᠴᠠ ᠪᠤᠷᠬᠠ, *artcha pourha*.)

ᠠᠷᠪᠤᠨ ᠲᠤᠷᠰᠤᠨ, *arboun toursoun*. La physionomie d'un homme, sa figure, son extérieur.

ᠠᠷᠪᠤᠩᠭᠠ, *arbounga*. Avoir une bonne contenance lorsqu'on fait quelque chose. Avoir un bon port, une belle figure, une belle couleur sur le visage, une belle démarche.

ⵧⵓⵅⵓⴹⵛⵎⴱⵉ, *arbouchambi.* Imiter quelqu'un dans sa démarche, dans ses manieres. S'étudier dans sa démarche, dans ses manieres, dans ses mouvements, etc.

ⵧⵓⵅⵍⵏ, *arsalan.* Animal qui ressemble au tigre. Il est un peu plus gros. Il est jaune ou roux : il a la tête grosse, la queue longue. Sa voix ressemble au tonnerre et épouvante tous les autres animaux jusqu'à les rendre hors d'état de se sauver. C'est apparemment le lion. (Cette supposition est d'autant mieux fondée que le lion s'appelle *arslan* en turc.)

ⵧⵓⵅⵓⴹ ⴽⵓⵔ, *arboun kirou.* Bonne contenance. Contenance fiere. Ce mot se dit en bonne part.

ⵧⵓⵅⵓⴹ ⵏ ⵄⴰ, *arboun ni pa.* On dit cela d'un endroit, d'un poste important, comme d'une place qui est sur les frontieres, d'un passage, etc.

ⵧⵓⵅⵓⴹ ⴹⴰ ⵜⵓⴰⵎ, *arboun be touame.* Examiner la conduite d'une personne qu'on soupçonne. Regarder sa contenance, ses manieres.

ⵧⵓⵅⵔⵉ, *arsari.* Homme de peu de chose, de peu de conséquence, qui ne date de rien, qui ne peut ni nuire ni faire de bien à qui que ce soit. C'est une injure et un terme de mépris pour dire à quelqu'un ou de quelqu'un qu'il est tel qu'on vient de marquer ci-dessus.

ⵧⵓⵅⵔⵉ ⴱⴰⵏⵜⵛⵎⴱⵉ, *arsari pantchimbi.* On dit cela

dé ceux qui n'ont aucun emploi, qui ne suivent ni les lettres ni les armes, comme un homme qui n'est d'aucun usage pour la société, et qui se contente de vivre. On le dit aussi de toute sa famille.

ᴍᴏɴɢ, *arsari charaka.* Qui est à moitié blanc.

ᴍᴏɴɢ, *arsoumbi.* On dit cela d'un arbre ou d'une plante de la racine desquels est sortie une tige qui commence à bourgeonner.

ᴍᴏɴɢ ᴍᴏɴɢ, *arsoun arsoukapi.* Après avoir émondé les arbres, lorsque les feuilles et les bourgeons commencent à pousser. (ᴍᴏɴɢ, *oursan.*)

ᴍᴏɴɢ, *arsoun.* C'est le nom qu'on donne aux rejetons qui viennent au pied des plantes ou au bas des branches des arbres.

ᴍᴏɴɢ ᴏ ᴛᴏ, *arsoun ni tchai.* Feuilles de thé. Les petites feuilles qui commencent seulement à se développer.

ᴍᴏɴɢ, *arke.* Cri que l'on fait lorsqu'on a heurté contre quelque chose, et qu'on s'est blessé ou meurtri. On dit aussi ᴍᴏɴɢ, *ague.*

ᴍᴏɴɢ, *artchambi.* Couper le chemin à la bête. Prendre le plus court chemin pour joindre la bête. Après avoir rencontré la bête en lui coupant chemin, la tirer. Aller au-devant de la bête. C'est un terme de chasse.

ᴍᴏɴɢ, *artchan.* Eau-de-vie faite avec du lait aigri qu'on a fait bouillir ou qu'on a distillé.

8

arki. Eau-de-vie. (*Chao tsieou* en chinois.)

arki pourambi. Faire de l'eau-de-vie.

arguia. Faire amoindrir une chose quelle qu'elle soit, un bâton, un bout de bois, une tige de plante, etc. (Impératif du verbe suivant.)

arguiambi. Abattre, couper, tailler, effacer, ôter, diminuer, etc.

arguiaboumbi. Faire couper, tailler, amoindrir, etc. Recevoir du déchet. Perdre quelque chose de ce qu'on avoit.

arta. Nom qu'on donne au fils d'un prince, d'un grand, ou d'un magistrat, qui n'a pas encore atteint l'âge de trente ans, et qui n'a encore rien souffert : comme nous dirions : Il n'a jamais mangé de vache enragée. On les appelle aussi de ce nom lorsqu'ils n'ont point de gravité, ou qu'ils sont étourdis, etc.

arhanaha. Les cornes de la lune.

arboun ni anga. Le confluent de deux rivieres.

artaboumbi. Cela se dit de deux personnes qui déliberent sur quelque chose sans savoir à quoi se déterminer. Être indécis sur le parti qu'on doit prendre, parcequ'on y voit des inconvéniens des deux côtés.

arfa. Nom d'une espece de bled dont on fait de petits pains qu'on fait griller et qu'on mange en prenant du thé. C'est le nom générique qu'on donne au bled.

ⵯⵜ AN 59

ⵯⵜⴷⵓⵜⵜⵏ. *arfoukou.* Chasse-mouche fait avec la queue d'un cerf, d'un mulet, etc., qu'on a coupée et qu'on laisse telle qu'elle étoit. Nom général de tous les chasse-mouches. On dit aussi ⵯⵜⴷⵓⵜ ⵙⴷⵜⵜⵜⵏ. *terhouo pachakou.*

ⵯⵜ ⵉⵜⵅⵜ ⵙⵅⵙⵜ. *an sere herguen.*

ⵯⵜ. *an.* Toujours. Constamment. Habituellement.

ⵯⵜ ⵏ. *an ni.* Faire toujours la même chose.

ⵯⵜ ⵜⵄⵏ. *an ouehe.* Espece de pierre à aiguiser les couteaux. Cette pierre se forme ou avec du bois, ou avec de la corne, ou avec des animaux qui, ayant croupi long-temps dans l'eau, prennent la consistance de pierre. Ces sortes de pierres sont excellentes pour aiguiser les couteaux, épées, et toutes sortes d'armes ou instruments de fer, etc.

ⵯⵜ ⵏ ⵜⵅⵏ. *an ni tchergui.* Qui n'est ni bon ni mauvais. Qui tient le milieu. Commun.

ⵯⵜ ⵏ ⵙⵎⵯ. *an ni peita.* Affaire de peu de conséquence.

ⵯⵜ ⵙⵜⵓⵜ. *an kemoun.* Usage. Coutume.

ⵯⵜ ⵙⵏ ⵜⵓⵜⵜⵙⵏ. *an be touakiambi.* Garder les regles de son état. Faire son devoir.

ⵯⵜ ⵯⵜⵜⵏ. *an akou.* Qui n'a point de regle. Qui n'a rien de fixe.

ⵯⵜ ⵏⵓⵓⵜ. *an koli.* Ancien usage. Usage ordinaire. Coutume.

antaka. Est-ce comme cela ? Cela est-il bien?

anta. Gouverneur d'un jeune prince, d'un jeune seigneur.

antaha. Étranger. Hôte.

antahasa. Étrangers. Hôtes, etc. (Pluriel du mot précédent.)

anta tchafambi. Accord que l'on fait de se regarder désormais comme freres, quoiqu'on soit de races différentes.

anta saikan. Louer quelqu'un, lui donner de grands éloges.

antarambi. Cela se dit des petits enfants qui ont peur d'un homme qu'ils n'ont jamais vu, et qui détournent le visage pour ne pas le voir.

antala. Une chose à moitié faite. Un chemin à moitié fait. Course à demi faite.

andan. Chose qui passe comme un éclair.

antande. Qui ne dure qu'un moment. Qui passe vîte.

andala kiamoun. Lieu où l'empereur s'arrête pour prendre ses repas.

antou. Le côté de la montagne qui est exposé au midi. On l'appelle en chinois *yang* de la montagne, parceque le soleil, l'échauffant de ses rayons, le rend fertile.

ᔆᕐᐃᒍᓭᐁᑕ, *antouboumbi*. Ne vouloir pas recevoir quelqu'un qui vient nous voir, et le renvoyer sous prétexte qu'on a affaire, quoique réellement on soit dans quelque chagrin.

ᔆᕐᐃᒍᕐᐃᓂ, *antouhouri*. Extrêmement froid à l'égard de quelqu'un.

ᔆᕐᐃᒍᕐᐃᓂᑕ, *atouhourilambi*. Être indifférent. Être froid à l'égard de quelqu'un.

ᔆᕐᑎᓄ ᓇᑎᐃ, *antchoun oumiaha*. Espece d'insecte qui ronge le bois de camphre.

ᔆᕐᑎᓄ, *antchoun*. C'est l'anneau d'or où sont les pendants d'oreilles des femmes composés de deux perles. Pendants d'oreilles.

ᔆᕐᑎᓄ ᓇᓇᖅᑕᐃ, *antchoun kouara*. Espece de tigre qui a le corps fort gros, le poil jaune, les yeux violets, la tête grosse en dessus; sa criniere ressemble au poil des oreilles d'une espece de loup appellé *ché la soun* en chinois.

ᔆᕐᑎᓄ ᓇᒍᐃ, *antchoun ilha*. Fleur jaune qu'on nomme en chinois *ty tang hoa*.

ᔆᕐᑎᖅ ᑕᐃ, *antchou hien*. Espece d'arbre appellé en chinois *yé tsée hiang*. Ses feuilles sont grandes et épaisses. Il vient sur la montagne blanche [*pé chan*.] On appelle la tige de ces feuilles ᔆᕐᑎᖅᑕᐃ, *nien tché hien*. On moud ces feuilles, et on en fait une pâte dont on fait des bâtons d'odeurs qu'on brûle pendant les sacrifices.

ᔆᕐᑎᓄ ᑖᕈᑯ, *antchoun pohori*. Boucles d'oreilles sur lesquelles il y a des fleurs d'or ou de corail.

︴. *antcha.* Charrue. (*Ly* en chinois.)

︴ ︴. *antcha ouchambi.* Traîner la charrue. (*La ly* en chinois.)

︴. *antchi.* Hache. (*Lyng pen* en chinois.)

︴. *atchimbi.* Se servir de la hache.

︴. *antchiboumbi.* Faire couper avec la hache.

︴. *antchikou.* C'est le nom d'une espece de hache dont on se sert pour couper le bois, les os et autres choses semblables. Elle est petite. Le fer est en dessous et le manche est courbé. On s'en sert d'une seule main.

︴. *antchou.* On appelle ainsi les mets qu'on doit servir à table lorsqu'on donne à manger. C'est aussi le nom général des viandes.

︴ ︴. *anfou tchouoha.* Changer la garde, les sentinelles. Soldats. Relever les soldats de sentinelle. Soldat qui veille. Garnison.

︴. *anouan.* Poisson de mer dont le corps ressemble partie à l'anguille, partie au *hoa ki* des Chinois [à la truite.] Ce poisson n'a point d'écailles. Il est long et a le corps rond.

︴ ︴ ︴. *ang sere herguen.*

︴. *ang.* On appelle ainsi le cri des mulets, des

ânes et des chameaux. C'est aussi le cri qu'on pousse à la guerre pour s'animer contre l'ennemi. Cri que poussent les personnes qui se battent ou se querellent.

anga. Les levres, la bouche. La porte des barrieres, des avenues d'un royaume. C'est aussi le nom de l'ouverture d'un détroit, d'une gorge de montagnes, etc. La bouche, la gueule, le bec, etc. Passage.

anga mimimbi. Retenir sa bouche. Fermer la bouche. Lorsqu'on a envie de dire quelque chose, et qu'on se tait pour raison.

angua mimifi ilengou halkiboufi. Ne pouvoir pas s'exprimer. Ne pouvoir pas dire ce qu'on pense, les paroles nous manquant. Demeurer muet lorsqu'il faudroit parler.

anga otchoumbi. Baiser à la bouche. On dit aussi *anga kaïmbi.*

angatou. Museliere. Instrument à emmuseler une bête pour l'empêcher de faire du dégât ou de manger. On dit aussi *angouta.*

angouta. Museliere. C'est aussi le petit bout de cuivre ou de fer qu'on met au bout des manches des couteaux pour arrêter la lame.

angache. Goûter une chose pour savoir si elle est bonne. On appelle aussi de ce nom une veuve.

angala. Le nombre de bouches qu'il y a dans une maison. Non seulement. Ce n'est pas seulement ainsi. On dit aussi ⁓⁓. *tere tete.* C'est une particule conjonctive pour joindre deux membres de phrase. Comme cela. De cette sorte, etc. Alors on met le mot devant, et il doit être suivi de quelqu'autre; et après on met le mot ⁓, *igerakou*, [c'est-à-dire, il n'approche pas.] Ce qui se fait pour terminer le sens ou le membre de la phrase, ou même la phrase entière.

⁓ ⁓, *anga itchi.* Homme qui dit à tort et à travers tout ce qu'il pense.

⁓. *angalambi.* Solliciter un emploi auprès des grands ou des personnes en place. Solliciter son élévation.

⁓ ⁓. *anga toutchike.* La pointe ou la tête d'un ulcere, furoncle ou bouton.

⁓ ⁓. *anga laptahoun.* La lèvre pendante.

⁓ ⁓. *anga akchoun.* On dit cela d'un homme qui a la bouche mauvaise, qui dit des injures, des sottises, etc., qui est mauvais.

⁓ ⁓. *anga hetoumboumbi.* Retenir sa bouche ou sa langue par respect ou par crainte de quelqu'un.

⁓ ⁓. *anga soulfambi.* Chercher sa vie. On dit cela d'un homme qui, mourant de faim dans un endroit, va dans un autre pour chercher à gagner sa vie.

ANG 65

~~~~~~~~~~~~~~~~~~~~~~~~. *anga foulguién itou.* Poule de montagne qui a le bec rouge.

~~~~~~~~~~. *anguien.* Poisson de mer appellé mouton marin. Il a le corps rond, et paroît très hideux. Sa queue longue renferme une espece d'os semblable à un petit couteau. Cet os est très venimeux, et quiconque en a été piqué est presque sûr d'en mourir.

~~~~~~~~~~~~~~~~~~~. *anga tchaktchahoun.* On appelle ainsi un cheval qui n'a point de bouche et qu'on ne sauroit gouverner.

~~~~~~~~~~~. *angara.* Grande jarre. Grand vase à tenir de l'eau. (*kang* en chinois.)

~~~~~~~~~~~~~~ [~~~~]. *anga altchaha* [*mbi.*] Promettre quelque chose de bouche. C'est le parfait de ~~~~~~. *altchambi.*

~~~~~~~~~~~~~~~~~~~~. *anga choukchouhoun oho.* Soupirs que l'on pousse lorsqu'on est en colere. Souffler de colere.

~~~~~~~~~~~. *anga tchouambi.* Ouvrir sans cesse la bouche.

~~~~~~~~~~~. *anga tchouhimbi.* On dit ce mot pour exprimer que la pointe ou la tête d'un ulcere, d'un furoncle, ou d'un bouton, diminue.

~~~~~~~~~~~~. *anga y hocho.* Les coins de la bouche. Grande bouche.

~~~~~~~~~~~. *angachelambi.* Garder la viduité.

~~~~~~~~~~~. *angaligou.* Ton de voix agréable. Qui parle d'une maniere gracieuse. Qui sait enjoller.

9

〰〰〰, *anga tchachembi.* Faire dire quelque chose de vive voix.

〰〰〰, *anga tchouktchouhoun oho.* Les levres qui font la moue, qui s'alongent. Les levres qui se serrent.

〰〰〰, *anga chouokchohoun oho.* Alonger les levres lorsqu'on est en colere. On dit aussi 〰〰, *fotorokopi.*

〰〰〰, *anga fotorokopi.* Lorsqu'on arrondit les levres dans la colere, ou qu'on fait la moue. C'est le même sens que celui du mot qui précede. 〰〰, *chokchohoun oho.*

〰〰〰, *anga kakahoun.* Ouvrir la bouche sans parler.

〰〰〰, *anga touin.* Cheval qui a la bouche légere, mais sans force. Cheval qui a la bouche fort délicate, à qui on ne sauroit mettre un frein.

〰〰〰, *anga sontchombi.* Cela se dit des femmes grosses qui ont envie de manger de tout qu'elles s'imaginent.

〰〰〰, *anga soula morin.* Cheval qui a la bouche légere, qui prend le galop pour peu qu'on lui fasse sentir la bride. Cheval qui a la bouche fort délicate, qu'on arrête au milieu de sa course en lui tirant tant soit peu la bride.

〰〰〰, *anga y anakou.* Bruit commun sur les mauvaises qualités ou les vices d'une personne.

anga mentouhoun. Cheval ou mulet qui n'obéit point au frein, qui est ombrageux et rétif.

angache hehe. Veuve. (*Koa fou* en chinois.)

anga iche. C'est une maniere honnête d'inviter quelqu'un à manger quelque chose. On dit aussi *tchefou;* c'est-à-dire, Je vous invite à manger.

anga ichembi. Goûter avant les autres d'un mets, d'une viande, etc. Manger avant.

anga icheboumbi. Faire manger quelqu'un avant les autres, lui ordonner de goûter le premier des mets, etc.

anga ischeka. Lorsque les mets sont devant la bouche, et qu'on est prêt à les manger.

anguir niehe. Espece de canard sauvage fort rare, mais qui se trouve quelquefois dans les troupes de canards : il a le bec fort gros et le plumage jaune. (*lama niehe.*)

anga tchira morin. Un cheval indomté, qui a la bouche dure.

anga paimbi. Interroger un coupable.

anga hotohoun. Froncer les levres lorsqu'on est en colere.

anga paipi miogeri miogerilambi. Homme qui rit toujours, qui sourit à tout le monde.

anga ergui milahoun ferei ergui sipchehoun. Quelque chose que ce soit dont l'ouverture est grande et le pied petit ou étroit.

⁓⁓, *ak sere herguen.*

⁓⁓, *ak.* Lorsqu'on saute de surprise. Si dans le temps qu'on ne pense à rien on est surpris, on dit tout-à-coup : *ak.*

⁓⁓, *aksaka.* On dit ce mot en général tant des oiseaux que la peur fait envoler, que des hommes que la crainte fait fuir.

⁓⁓, *aksakapi.* On dit ce mot d'un homme qui se sauve de peur, pour se cacher.

⁓⁓, *aksaboumbi.* Faire peur à quelqu'un. Chercher des moyens pour le faire craindre.

⁓⁓, *aksambi.* Ce mot se dit des oiseaux et quadrupèdes quelconques qui craignent quelque chose que ce soit, et qui n'osent en approcher. On s'en sert aussi pour exprimer qu'un homme se sauve de peur pour aller se cacher.

⁓⁓, *aksarhan.* Ceinture dont les soldats se servent, et dans laquelle ils mettent leurs armes. Baudrier.

⁓⁓, *akchakapi.* Odeur de rance. Quand l'huile ou la graisse commence à se gâter elle répand cette odeur. C'est aussi l'odeur que répandent les cheveux quand on a été long-temps sans les peigner ou les laver.

↦↦, *akchan.* Ce mot se dit pour exprimer que les eaux, après s'être débordées et avoir environné un arbre, ont entraîné des herbes, des plantes, du bois ou telles autres choses semblables qui restent contre le pied de cet arbre. Amas d'herbes.

↦↦ ↦↦ ↦↦, *akchan taha kese.* Qui ressemble à un amas d'herbes. Amas de choses qui se trouvent en confusion sur une table mal rangée où tout est en désordre, ou sur un lit où tout est pêle-mêle.

↦↦, *akchoun.* Cela se dit d'un homme qui a mauvaise langue, d'un médisant. Il se dit aussi des choses qui, ayant été mal salées, répandent une mauvaise odeur, ou de celles qui, quoique bien salées, se sont gâtées à la longue.

↦↦ ↦, *akchoun pe.* C'est une injure. Comme si on disoit à quelqu'un : Si je te prends, vilain esclave.

↦↦ ↦↦, *akchoun ta.* La racine du gosier, ou plutôt la luette.

↦↦↦, *akchoulambi.* Dire des paroles dures, des injures, des calomnies, etc.

↦↦↦, *akchoulaboumbi.* Faire dire des injures, des paroles sales, etc. Recevoir des injures, etc., de quelqu'un.

↦↦ ↦↦, *akchoun kisoun.* Paroles dures, sales, injurieuses, calomnieuses, etc.

↦↦ ↦↦, *akta ouche.* Le dessus de la selle; la

couverture de la selle, faite de peau et clouée contre le bois ou autre matiere.

𐌰𐌺𐍄𐌰. *akta.* C'est le nom général des animaux châtrés. Mâle châtré.

aktalambi. Châtrer les chevaux, les chats et autres animaux. Ce mot signifie aussi garnir les anses d'un panier ou de toute autre chose, les garnir de cordes.

aktalaboumbi. Faire châtrer. Faire garnir de cordes les anses d'un panier, etc., pour les rendre plus fortes.

akdan. Ajouter foi à quelqu'un. Avoir de la confiance dans les paroles et dans les actions de quelqu'un.

akdambi. Avoir confiance en quelqu'un, le croire, se reposer entièrement sur lui, lui ouvrir son cœur.

akdatchouka. Digne de confiance. Homme qui mérite qu'on se repose sur lui.

akdame kouniha. Louer quelqu'un, et dire de lui qu'il mérite qu'on lui confie quelque chose que ce soit.

akdatchoun. Se reposer sur quelqu'un pour quelque chose que ce soit, avoir confiance en lui.

akdatchoun akou. Ce n'est pas un homme auquel on puisse se confier. Il ne mérite pas qu'on le croie, etc.

〽️. *akdaboumbi.* Faire estimer quelqu'un comme digne de confiance, le faire regarder comme un homme fidele, etc.

〽️. *akdahapi.* Avoir cru quelqu'un, avoir eu confiance en lui.

〽️. *akdoun.* Ce mot se dit de la valeur et de la prudence avec lesquelles quelqu'un garde une place, les frontieres et quelqu'autre chose que ce soit. Il signifie encore homme fort, digne de confiance, habile à manier l'arc, expérimenté. Il se dit encore pour exprimer la force des mulets, des chevaux et autres animaux. Qui a le jarret ferme. Qui ne bronche jamais, etc.

〽️. *akdoukan.* Qui est un peu fort. A qui on peut un peu se fier. Qui a un peu de force.

〽️. *akdoun temketou.* C'est le nom qu'on donne à la tablette sur laquelle est écrit un ordre de l'empereur, qu'on porte avec grand respect aux magistrats ou autres personnes auxquelles cet ordre est adressé. Sur cette tablette est peint un dragon : elle a un manche par lequel on la tient.

〽️. *aktoulambi.* Garder avec soin quelque chose que ce soit. Répondre de quelqu'un pour tout. Produire quelqu'un et répondre de lui afin de lui procurer plus aisément son avancement. Proposer quelqu'un pour le faire avancer et promouvoir. On dit alors 〽️, *aktoulame ouogemboumbi.*

᠊᠊᠊᠊᠊, *aktoulaboumbi.* Ordonner de garder avec force. Faire garder avec soin un endroit, une place, un poste, un homme. Faire promouvoir quelqu'un, le faire avancer dans les honneurs.

᠊᠊᠊᠊᠊, *aktoulantoumbi.* Rendre en commun bon témoignage de quelqu'un. Lorsque d'un commun consentement on propose quelqu'un à l'empereur pour le faire avancer. Lorsque le commun garde avec soin un poste, une place, un homme. On dit aussi ᠊᠊᠊᠊᠊, *aktoulanoumbi.*

᠊᠊᠊᠊᠊ ᠊᠊᠊᠊᠊, *aktoulara nialma.* On dit aussi ᠊᠊᠊᠊᠊, *pouotchi.* Répondant. Caution. Qui répond pour quelqu'un, etc. Gardien qui a soin de veiller sur quelqu'un. (*Pao gen* en chinois.)

᠊᠊᠊᠊᠊, *aktchan.* Le tonnerre. (*Lei* en chinois.)

᠊᠊᠊᠊᠊, *aktchambi.* Tonner. (*Lei ta* en chinois.)

᠊᠊᠊᠊᠊ ᠊᠊᠊᠊᠊, *aktchan tarimbi.* Lorsque le tonnerre tombe avec fracas.

᠊᠊᠊᠊᠊, *aktchapa.* Herbe médicinale dont la tige est fort haute, les feuilles larges. C'est un poison mortel pour les poules; elles meurent immédiatement après en avoir mangé.

᠊᠊᠊᠊᠊, *aktchamboulou.* Rat volant, qui a le corps plus gros que les rats ordinaires; ses ailes sont de chair. Il peut sauter d'un arbre à l'autre. Espece de chauve-souris.

᠊᠊᠊᠊᠊, *aktchouhien.* On dit ce mot d'une chose qui n'est point molle et qu'on peut casser ou briser aisément. Fragile. On le dit aussi d'un homme qui se fâche pour la moindre chose, qui se met en colere sans raison.

ⵯⵙ ⵉⵜⵅⵉ ⵀⵔⵖⵏ. *as sere herguen.*

ⵯⵙⵀⵉ. *asha.* Une chose quelconque que l'on porte pendue à son côté. On appelle aussi de ce nom une espece de cuirasse faite de lames d'acier divisées en plusieurs rangs, et semblables à des écailles de poisson. Il y en a trois rangs sur les épaules, et au bas un dont les lames d'acier sont plus grandes. Ce mot désigne encore les ailes des oiseaux. Ordonner à quelqu'un de pendre quelque chose à son côté. (Impératif d'*ashambi.*)

ⵯⵙⵀⵏ. *ashan.* Être assis auprès de quelqu'un. Être à côté de quelqu'un.

ⵯⵙⵀⵏⴱⵉ. *ashambi.* Porter à sa ceinture un sabre, une épée ou d'autres armes. Porter sur son épaule une épée. Ce mot se dit aussi de certaines coeffures que portent les femmes, et des mouchoirs que les hommes ont pendus à leur côté, au-dessus du bouton.

ⵯⵙⵀⴱⵓⵎⴱⵉ. *ashaboumbi.* Faire porter quelque chose au côté. Faire porter sur les épaules.

ⵯⵙⵀⵏⴳⴰ. *ashanga.* Qui a des ailes. Ailé.

ⵯⵙⵀⵔⴰ ⴼⵓⵏⴽⵓ. *ashara founkou.* Ce mot désigne tout ce qui se porte à la ceinture, le mouchoir, etc.

ⵯⵙⵀⵏⵎⵉ. *ashaname.* On dit cela des insectes auxquels les ailes commencent à venir.

ashan ni touka. Les portes qui sont aux côtés de l'appartement ordinaire de l'empereur, et aux côtés de la salle d'audience.

ashan ni amban. Adjoints des présidents des principaux tribunaux.

ashan ta. Ministres subalternes. Adjoints des ministres.

ashan ni hafan. Mandarin dont la charge est héréditaire.

ashanga singueri. Chauve-souris. On dit aussi *ferehe singari.*

ashanga mahala. Espece de bonnet de gaze que portoient autrefois les mandarins.

ashoume chentambi. Faire le geste de la main après qu'on a lancé le trait. Retirer sa main droite de l'arc et la laisser quelque temps en arriere.

ashoumbi. Retirer sa main droite en arriere après qu'on a lancé le trait.

ap sere herguen.

apka. Le ciel. (*Tien* en chinois.)

apkai kiu. Le fils du ciel, pour dire l'empereur. (*Tien tsée* en chinois.)

apkana. Le ciel et la terre. L'univers. C'est un mot qui est souvent dans la bouche des enfants. (*Tien ty* en chinois.)

apka sarou. Imprécation. Souhaiter du mal. Comme si l'on disoit : Le ciel le connoît, etc.

ᠠᠪᡴᠠᡳ ᡶᡝᡨᠴᡥᡝᡵᡴᡳ. *apkai fetcherki.* Sous le ciel.

ᠠᠪᡴᠠ ᡝᡥᡝᡵᡝᡥᡝ. *apka eherehe.* Le ciel a changé. Cela se dit seulement lorsque le temps, de beau qu'il étoit, devient pluvieux et mauvais.

ᠠᠪᡴᠠ ᡨᠣᡠᠯᡥᠣᡠᠨ ᠣᡥᠣ. *apka toulhoun oho.* Le ciel est couvert.

ᠠᠪᡴᠠ ᡨᠣᡠᠯᡥᠣᡠᡤᡝᠮᠪᡳ. *apka toulhougembi.* Le ciel se couvre, s'obscurcit.

ᠠᠪᡴᠠ ᡶᠠᡵᡥᠣᡠᠨ ᠣᡥᠣ. *apka farhoun oho.* Le ciel n'est pas clair. Il fait obscur.

ᠠᠪᡴᠠ ᡴᡝᡵᡝᡴᡝ. *apka kereke.* Le ciel s'est éclairci.

ᠠᠪᡴᠠ ᠶ ᠴᡥᠣᡠ ᠨᠠ ᠶ ᡴᡳᡝᠨ. *apka y chou na y kien.* L'astronomie. La science des choses de la nature pour la divination.

ᠠᠪᡴᠠ ᡶᠣᡠᠨᡨᡝᡥᠣᡠᠨ. *apka fountehoun.* Le temps est frais. En automne le ciel est de couleur blanche ou n'a pas de couleur.

ᠠᠪᡴᠠᡳ ᡦᠣᡠᡨᡝᠨ. *apkai pouten.* Le ciel bas. Le bord du ciel. Le terme de l'horizon.

ᠠᠪᡴᠠᡳ ᡨᠠᡳᠯᠠᠨ. *apkai tailan.* Punition du ciel.

ᠠᠪᡴᠠ ᡥᡝᠶᡝᠨᡝᡥᡝᡦᡳ. *apka heyenehepi.* Les nuages qui couvrent le ciel sont dispersés et placés l'un ici et l'autre là. Le ciel est moutonné.

ᠠᠪᡴᠠᡳ ᡨᠴᡥᠣᡠᡥᠠ. *apkai tchouoha.* Comme qui diroit, Les troupes du ciel. C'est un nom honorable que les étrangers donnent aux troupes de l'empereur.

ᠠᠪᡥᠠᡵᡳ ᡦᠠᠨᡨᠴᡥᡳᠮᠪᡳ. *aphari pantchimbi.* N'avoir aucun emploi. N'être revêtu d'aucune dignité. N'avoir rien à faire. On dit aussi 〜. *paisin.*

〜. *apkai horkikou.* Axe du ciel.

〜. *apka touchehin oho.* Les brouillards, les nuages couvrent le ciel, le rendent obscur.

〜. *apche hotcho.* Plus que content. Très satisfait.

〜. *apche fetchiki.* C'est une très bonne chose. On n'en a jamais vu de semblable.

〜. *apsa.* Ranger du bois propre pour la construction des navires ou des barques communes. Examiner si l'on fera cette barque grande ou petite; et, de quelque grandeur qu'elle soit, la faire haute d'un côté et basse de l'autre. Appliquer ou faire mettre sur cette barque une planche qui tienne d'un bout à l'autre. On se sert de cette planche lorsqu'on veut pêcher, en en mettant un bout dans l'eau, l'autre restant dans la barque. Ce mot signifie encore un tuyau ou telle autre chose semblable, faite avec du bois appellé (en chinois) *hoa chou.* On dit aussi 〜. *oulin.*

〜. *apsambi.* Maigrir de telle sorte qu'on n'ait plus que la peau et les os.

〜. *apche.* Cela n'est-il pas bien? Comment? Comme, etc. Où allez-vous? On dit alors 〜. *apche kenembi.*

〜. *apche koro.* Grande souffrance.

〜. *apche simeli.* Réduit à une extrême pauvreté.

ᘛᑊᐤ   **AP**   77.

ᘛᑊᐤᑋᐢ ᑕᑊᐢ, *apche keche.* Il a du bonheur. Il a un bon sort.

ᘛᑊᐤᑋᐢ ᘜᑐᒐᐤᐤᔓ ᑕᔭ ᐣᐟᐊᔓᐣ, *apche otchoro be sarkou.* Je ne sais comment cela est.

ᘛᑊᐤᑋᐢ ᘜᑐᔓᐤ, *apche oho.* Comment donc?

ᘛᑊᐤᑋᐢ ᘜᑐᒐᐤᐤᔓ, *apche otchoro.* Faut-il faire de cette façon?

ᘛᑊᐤᑋᐢ ᐊᐡᓭᔨᐣᑕᐣ, *apche serengue.* Comment dites-vous? Comment cela?

ᘛᑊᐤᑋᐢ ᑐᒥᐟᔨᔓᔓᐣ, *apche hihanakou.* Cela coûte beaucoup. C'est une chose qui est à un prix exorbitant.

ᘛᑊᐤᑋᐢ ᔨᐤᑋᐢ, *apche yapche.* C'est une façon de parler. On dit aussi ᔨᐤᑋᐢ, *yapche.*

ᘛᑊᐤᐊᐟᐤ ᐊᐟᐤᐢ, *apkai ari.* Homme qui ne sait point distinguer ce qui est nuisible d'avec ce qui est profitable. Cruel. C'est aussi le nom que l'on donne à l'esprit de l'hiver. Homme qui n'a rien de fixe, qui est têtu, volage, qui ne peut se décider. On dit aussi ᐊᐟᐤᐢ, *ari.*

ᘛᑊᐤᐢᓭᓚᐣ, *apsalan.* Nom de l'os qui est au-dessus de l'épaule. C'est aussi le nom de la jointure de l'épaule avec le bras. On appelle encore de ce nom l'os qui est depuis le coude jusqu'à l'épaule. Les os supérieurs de la jambe du cochon sont ainsi appellés, pour les distinguer d'un autre os plus court qui va jusqu'au pied.

ᘛᑊᐟᓭᐦᐊ, *aptaha.* Feuille de plantes, d'herbes, d'arbres, etc.

aptalambi. Rompre. Rompre une branche ou quelqu'autre chose que ce soit.

aptaha aisin. Feuilles d'or, ou or en feuilles.

aptahaname pantchiha. En croissant il pousse des feuilles.

aptarambi. Homme qui se met en colere, qui prend un visage irrité et une physionomie qui fait peur, etc. On dit aussi *atarambi.*

aptari. Arbre fort beau et couvert d'épines. Il ressemble au *tso mou* (des Chinois.) Les feuilles nouvelles venant, les vieilles tombent. Espece de chêne.

aptaha efen. Employer la feuille du *toan mou*, ou celle du *polo cho*, ou celle du *sesame*, ou du bled d'Inde pour envelopper le *hoang mi* avant que de le faire cuire, pour le réduire en pâte et en espece de bouillie.

aptatchambi. Achever de rompre une chose quelle qu'elle soit qui a déja une fente ou une ouverture. Oter ou dépouiller les plumes des fleches.

eptala. Faire émonder ou élaguer un arbre. (Elague, etc. Impératif de *aptalambi.*)

apche kenembi. Où allez-vous?

apkai sihiakou. L'axe du ciel ou les poles du monde. C'est aussi le nom d'une étoile septentrionale. On dit encore *apkai hourkikou.*

〰〰 〰〰 〰〰. *al sere herguen.*

〰〰. *alha.* Bœuf ou cheval marqueté de différentes couleurs. Nom d'une espece de filet à prendre les faisans et les cailles. Une chose quelconque qui est de différentes couleurs. Ce mot exprime encore les deux couleurs qui sont dans une espece de damas. Épithete qui désigne un cheval dont le poil est blanc et roux.

〰〰. *alhata.* Qui est de différentes couleurs. Demander beaucoup et donner peu. Quelque chose que ce soit qui n'est pas à sa place. Plusieurs choses qui ne sont pas égales. Nuages dispersés qui se rassemblent.

〰〰. *alhatanaha.* Qui est devenu de plusieurs couleurs.

〰〰 〰〰. *alha niehe.* Canard sauvage dont le plumage est de différentes couleurs. On dit aussi 〰〰 〰〰. *toutou niehe.*

〰〰 〰〰. *alha poulha.* Figures qui sont brodées sur les habits des mandarins, des dames, et qui sont ornées de pierreries blanches, vertes et rouges.

〰〰 〰〰. *alhatchan niehe.* Canard sauvage dont le plumage est de différentes couleurs. Il ressemble à celui qui est appellé 〰〰 〰〰. *toutou niehe.*

〰〰 〰〰. *alha ouehe.* Espece de pierre dont on fait des écritoires ou autres choses semblables. C'est aussi une pierre de différentes couleurs dont on se sert pour faire des ornements : elle a le grain fin et se travaille fort aisément.

alhambi. Ce mot se dit quand les devineresses, environnées de plusieurs personnes dont quelques unes battent sur un bassin de cuivre et sur un tambour, commencent à trembler à l'approche de l'esprit qui entre dans leur corps; comme si on disoit : L'esprit entre dans son corps.

alhaboumbi. Lorsque l'enchanteur dit à la troupe qui l'environne de crier et de faire du bruit pour appeller l'esprit et le conjurer d'entrer dans son corps. Ordonner de faire du bruit, d'appeller l'esprit, etc.

alha ihan. Bœuf de différentes couleurs.

alhoutan. Faire suivant son modele. Imiter, suivre l'exemple de ses supérieurs.

alhoua. La moelle du bambou. La pellicule qui couvre cette moelle. La cervelle d'un homme. La pellicule qui enveloppe le cœur, le foie, les reins et autres parties semblables. Nom d'une pellicule qui est transversale dans le corps ou dans le ventre. Chair mince qui est au-dessus du cœur, du foie, etc., dans les quadrupedes. Alors on dit *fahoun ni alhoua.*

alhoutambi. Prendre quelqu'un pour son modele, l'imiter. Prendre les mêmes manieres, les mêmes usages, etc., que lui.

alhoutaboumbi. Ordonner à quelqu'un de prendre un autre pour son modele, de suivre ses usages, ses manieres, etc.

AL

alhoutchi mama. Vieille femme laide comme le diable. Vieux renard d'automne.

alkoun. Le pas d'un cheval ou de telle autre bête.

alkoun amba. Grand pas.

alpatou. Grossier, rustique, lourd, qui n'a point d'éducation; sans manieres, qui n'a point de contenance, sauvage. Le sage se trouvant dans un endroit rustique n'est point embarrassé. Ce mot exprime aussi ce *rustique*.

alpatoukan. Un peu rustique.

alpan. Tribut, impôt. Ce mot signifie aussi avoir soin d'une affaire, de quelque chose, etc.

alpatoulambi. Avoir une démarche grossiere et rustique. Faire quoi que ce soit avec précipitation.

alpan tchafambi. Tribut qu'on paie à l'empereur. On dit aussi *alpan pentchirambi*, et *tchafame pentchimbi*.

alban tchafantchimbi. Venir payer tribut.

alban ni ougen. Terres de l'empereur. Les terres qu'on fait labourer par les gens de guerre.

alban kaimbi. Exiger exactement le tribut; les impôts.

alban te yaboumbi. Celui qui, sans être mandarin, a un emploi ou une commission qui le met de pair avec eux, et lui donne les mêmes allées et venues.

alban choulehen. Impôt, tribut : payer les impôts, les tributs.

alban halan akou. Se repentir d'une chose faite.

alban oueilembi. Lorsque les mandarins cherchent des moyens pour faire quelque chose.

alban tchafame henkilentchire olot. Il y a neuf personnes chargées des *Éleuth.* Chacune d'elles a des gens de guerre qu'elle conduit des frontieres à l'empereur, auxquels ils se donnent. L'empereur leur accorde des titres d'honneur suivant leurs qualités; il les envoie aux princes ses tributaires pour leur porter des présents, et enfin ils sont sous des bannieres. Cette explication éclaircit le sens de la phrase mantchou. Elle signifie : Oloth qui viennent remercier en se prosternant [devant l'empereur] après avoir été revêtus de quelque emploi ou de quelque dignité, lorsqu'ils apportent le tribut.

altache kenehe. Qui est mort jeune.

altache. Discontinuer sa profession, son métier, son art, etc. N'aller qu'à moitié chemin de son terme. S'en retourner. Mourir fort jeune. N'aller qu'à la moitié de la vie ordinaire des hommes. S'arrêter au milieu du chemin. Ne pas finir les choses qu'on a commencées. Ne rien perfectionner.

altachelambi. Ne faire les choses qu'à moitié. Ne pas faire son chemin en entier. S'arrêter au milieu de sa route.

alta. Nom d'un cochon de moyenne grosseur. Prendre de l'excellente viande, et la fouler aux pieds, soit par mépris, ou par dépit; n'en faire aucun cas.

altanga. Parent éloigné, de la même tige et du même nom.

altangakan. Parent peu éloigné, proche parent du côté de la mere.

altanga moukoun. Parent éloigné. Familles qui viennent originairement d'une même tige.

alkinga. Homme de grande réputation et de beaucoup de mérite.

altounga. Bizarre, extraordinaire. Monstre. Ce mot s'applique à tout ce qui est extraordinaire.

altchou. Os du pied des biches ou des moutons : il a un côté creux et l'autre élevé. Il est dans la jointure de la jambe. Osselet qui sert de jouet aux enfants. On dit aussi *chouortai.*

alguimbi,[*ka.*] Faire connoître une bonne chose, quelque belle qualité ou vertu, etc.

〰〰. *altchambi.* Partir d'un endroit pour se rendre dans un autre. Passer d'un emploi à un autre, ou d'un lieu à un autre pour y faire le même emploi. Changement, comme lorsqu'on change de couleur. Promettre de bouche, changer de couleur; s'expatrier, ou quitter son propre pays pour aller demeurer dans un autre.

〰〰. *altchaboumbi.* Faire transmigrer quelqu'un, lui ordonner de passer d'un pays à un autre, l'envoyer d'un endroit à l'autre. Faire promettre quelque chose à quelqu'un.

〰〰. *alkin.* Castor mâle. Avoir bonne réputation. Être loué. Être en bonne odeur, en crédit. Être estimé, etc.

〰〰. *altchabouha.* Recevoir ou encourir l'indignation des esprits qui ont été témoins du crime. (〰〰. *kouachabouha.*)

〰〰 〰〰. *alkinga tchoupengue.* Être puni de s'être avancé mal-à-propos, d'avoir fait le hableur, etc.

〰〰. *alguichambi.* Habler. Faire l'aventurier. Être inquiet, turbulent. Prêcher par-tout le mérite de quelqu'un, le faire valoir.

〰〰. *alkimboumbi.* Augmenter la réputation de quelqu'un. Dire le bien et le mal de quelqu'un devant qui que ce soit et dans toutes les occasions. Intimer les ordres de quelqu'un. Faire la commission qu'on a reçue de quelqu'un, etc.

ᡪᡳᠶᠠᠮᠪᡳ, *alguiambi*. Écumer le pot. Oter ce qu'il y a de mauvais dans la graisse, comme l'écume, la terre, etc.

ᡪᡳᠶᠠᠪᡠᠮᠪᡳ, *alguiaboumbi*. Faire écumer le pot. Faire ôter ce qu'il y a de mauvais dans la graisse, etc.

ᠠᠯᡥᠠᠨ, *alhan*. Filet à prendre les cailles. On dit aussi ᠮᠣᠴᠣ ᡴᡳᡨᠠᡵᠠ ᠠᠰᡠ, *mouchou kitara asou*.

ᠠᠮ ᠰᡝᡵᡝ ᡥᡝᡵᡤᡠᠨ, *am sere herguen*.

ᠠᠮᠪᠠ ᡥᡳᠣᡧᡠᠨ, *amba hiochoun*. Grand respect pour les parents. Celui qui a l'amour de ses parents très profondément gravé dans son cœur a la vertu d'un saint. Il peut être empereur; il peut donner des loix aux quatre parties du monde. S'il va à la salle des ancêtres, il peut offrir jusqu'à la neuvieme génération, et peut transmettre l'empire à sa postérité.

ᠠᠮᡥᠠ, *amha*. Beau-pere et belle-mere. C'est le beau-pere qu'on appelle de ce nom. L'homme appelle ainsi le pere de sa femme; et la femme, le pere de son mari.

ᠠᠮᡥᠠᠮᠪᡳ, *amhambi*. Dormir. (*Choui tche* en chinois.)

ᠠᠮᠪᠠ, *amba*. Étendu. Grand. Vaste. (*Houng, ta* en chinois.)

ᠠᠮᠪᠠ ᡦᡳᡨᡥᡝᡳ ᠨᡳᠶᠠᠯᠮᠠ, *amba pithei nialma*. Grand lettré. Celui qui sait tout ce qui regarde le ciel, la terre et les hommes.

ᠠᠮᡥᠠᠴᠠᡥᠠ, *amhatchaha*. Tout le monde est endormi.

ᠠᠮᡥᠠᠨᠠᠮᠪᡳ, *amhanambi*. Aller dormir.

amhaboumbi. Ordonner à quelqu'un d'aller dormir. Faire coucher les enfants, les faire dormir, les bercer.

amba halhoun. Le temps des grandes chaleurs. (*Ta chou* en chinois.)

amba peikouen. Le temps des grands froids. (*Ta han* en chinois.)

amhoulan. Sifflet.

amba peita. Grande affaire. Affaire d'importance.

amba tchouoha. Une grande armée. Un grand nombre d'hommes armés.

amban. Ministre. Grand officier de l'empire.

amba kongoro nioungniaha. Oie qui a le plumage jaune et le bec noir. Les Chinois ont sept especes d'oies.

amba païara. Grand paira. (*Pai ya la* en chinois.) C'est le nom qu'on donne aux soldats. Il y en a de trois sortes. Le premier ordre est celui des *paira*, le deuxieme des *pi kia*, et le dernier des *pou kia*. Ce mot tartare *paira* se rend proprement en chinois par *yu ling kun*.

amba hocho. Le grand coin de l'œil. C'est le coin le plus près du nez.

amba yenli. Grand sacrifice. C'est lorsqu'on accomplit un vœu qu'on auroit fait de tuer des bêtes. Couper la chair en morceaux, les mettre dans un pot, et les faire bouillir sans mélange. Rapporter les os et la chair qui les environne, les faire cuire et les donner à d'autres personnes. Grand repas. C'est le repas qu'on fait après le sacrifice quand on mange la chair offerte.

ambasa saisa. Sages. Les sages.

ambaki. Contenance majestueuse, grave, etc.

ambasa. Magistrats.

ambakan. Un peu grand. (*Ta sié* en chin.)

ambakache. Le pluriel du mot précédent. Un peu grands.

ambarame. Agrandir, augmenter le grade de quelqu'un. Grand examen, etc.

ambarame ouaha. Grand carnage. Tuer tant de monde qu'on ne puisse compter le nombre des morts.

ambakalien. Tant soit peu grand.

ambarambi. On dit ce mot pour exprimer qu'une chose de petite qu'elle étoit est devenue grande, qu'une chose a crû, etc. que de peu il s'est formé beaucoup, etc.

amba karma. Gros cousin de couleur jaune qui pique pendant la nuit. On dit aussi *honkolo kalman.*

ambarame simnembi. Examiner les mandarins de dehors, s'informer s'ils remplissent leurs devoirs. Cela se dit du grand examen qui se fait de trois ans en trois ans.

amboula. Superlatif. Très. Qui excede.

amba hiochounga. Grand respect pour les parents. On dit aussi *amba hiochoun.*

amba keche. Bienfait de l'empereur.

amba mourou. A-peu-près. Peu s'en faut.

amba itcha. Espece de mouche appellée en chinois *ta hia mong*, dont le corps est noir et la tête verte. Elle se met sur les bœufs, les chevaux, etc., et les pique.

amboula halhoun. Très chaud.

amboula peikouen. Très froid.

ambakilambi. Trancher du grand. Avoir une grande opinion de soi-même. Être orgueilleux.

ambalingou. Avoir une grande corpulence. Être grave, majestueux, sérieux, pesant, sans légéreté, etc.

ambou. La sœur aînée de la mere.

amboumbi. Courir après quelqu'un qui se sauve et le rattraper.

amsoun tchafambi. Préparer le vin, etc., pour l'esprit dont on veut être possédé ; on ôte du grain la peau et l'huile avant que d'en faire du vin.

amson ni yenli. Viandes qu'on offre à l'esprit. Viandes du sacrifice.

ᚻᚻ. *amtan.* Les cinq goûts. Être bien aise. Goût. Avantage.

ᚻᚻ ᚻᚻᚻ. *amtan akou.* Qui n'a point d'avantage.

ᚻᚻ ᚻᚻᚻ. *amtan atchaboumbi.* Goût qu'ont plusieurs choses mêlées ensemble.

ᚻᚻ ᚻᚻᚻ. *amtan touheke.* Faire les choses malgré soi. Perdre courage.

ᚻᚻᚻ. *amtalambi.* Éprouver un arc. Essayer s'il est bon en tirant à soi la corde tendue. Goûter un mets, une médecine, etc.

ᚻᚻᚻ. *amtanga.* Il y a de l'avantage, de la convenance. Cette chose a bon goût, bonne odeur.

ᚻᚻ ᚻᚻ. *amtan simten.* Une chose qui a du goût, une bonne odeur. En général, c'est une chose mangeable qui est de fort bon goût et qui a une bonne odeur.

ᚻᚻ ᚻᚻᚻ. *amsoun kaimbi.* Aller à la cuisine goûter les viandes. Cela se dit du chef des domestiques, ou du maître-d'hôtel qui va goûter les viandes de son maître pour savoir si elles sont bonnes.

ᚻᚻᚻ. *amtachambi.* N'avoir qu'une seule affaire. Goûter les choses.

ᚻᚻ ᚻ. *amtan pi.* Cela seroit bien. Cela seroit commode.

ᚻᚻ ᚻᚻ. *amta mouchehi.* Ajouter à quoi que ce soit, tellement qu'à peine il y ait ce qu'il faut. Ne pas témoigner de l'affection à quelqu'un qu'on voit, être froid à son égard.

𖠋𖠋, *amtoun piltchambi.* Mettre de la colle sur un arc, sur une fleche, etc. Coller quelque chose sur un arc, sur une fleche, etc.

𖠋, *amtoun.* Colle. Enduire de colle un tuyau de bois : il y a différentes sortes de colle qu'on peut employer à cela; l'une se fait avec de l'huile de chanvre qu'on fait bouillir et qu'on remue bien avec une branche d'arbre; une autre espece se fait simplement avec de la farine qu'on fait bouillir; on en fait aussi avec le ventre d'un poisson jaune qu'on fait bouillir; on en fait encore avec de la corne de cerf, ou avec la peau de quelque animal que ce soit.

𖠋, *amtoulambi.* Coller. Se servir de colle.

𖠋, *amtoula.* Faire coller. (Impér. d'*amtoulambi.*)

𖠋, *amtchambi.* Après le jugement, interroger de nouveau sur tout le détail. Courir après quelqu'un qui se sauve. Avant on se sert de la lettre 𖠋, *pe.* Parvenir au terme. Perdre au jeu et vouloir gager ou jouer de nouveau. Courir après un criminel ou après quelqu'un qui se sauve.

𖠋, *amtchatambi.* Vouloir parier avec quelqu'un plus élevé que soi. Vouloir parler à quelqu'un qu'on sait nous vouloir du mal. Ne faire pas son devoir. Faire des choses qu'il ne nous appartient pas de traiter. Prévenir quelqu'un qui, par rancune, ne voudroit pas nous parler.

𖠋, *amtchanambi.* Poursuivre quelqu'un. Aller à la poursuite de quelqu'un.

ᴠᴛᴛ𝆺ᴛᴛᴛᶂᴏ. *amtchan'chimbi.* Venir poursuivre quelqu'un.

ᴠᴛᴛ𝆺ᴛᴏ́ᴛᶂᴏ. *amtchaboumbi.* Après avoir perdu au jeu vouloir que quelqu'un nous soutienne. Chercher un parieur. Être obsédé par quelqu'un qui veut nous voir, et que nous voulons éviter. Ordonner à quelqu'un d'en obséder un autre.

ᴠᴛᴛ𝆺ᴛᴏ́ᴛᴛᶂᴏ. *amtchabouhapi.* Avoir le ventre vuide. Être réduit à la plus extrême pauvreté.

ᴠᴛᴛᴏ̣. *amtchi.* Le frere aîné du pere. Le mari de sœur de la mere.

ᴠᴛᴛᴏ̣ᴠ. *amtchita.* Les freres aînés du pere. Les maris des sœurs de la mere.

ᴠᴛᴛ𝆺ᴛᴛᴛᴏ̇ᴛᶂᴏ. *amtchakouchambi.* Sonder quelqu'un, ou, comme on dit, tâcher de lui tirer les vers du nez. Faire honnêteté à quelqu'un qui ne nous honore point, avoir pour lui toutes sortes d'égards.

ᴠᴛᴛᶂᴏ (ᶂᴛᴏ̇ᴠ). *amba koumoun.* Grande musique que l'on fait lorsque l'empereur donne les repas de cérémonie aux ambassadeurs, aux régulos étrangers, et aux autres personnes de considération qui viennent lui rendre hommage, lui payer le tribut, ou le remercier de quelque bienfait. On appelle encore de ce nom la musique que l'on fait lorsque l'empereur tient son lit de justice et qu'il reçoit les remerciements de tous les grands. Cette musique a quatre parties.

ᴠᴛᴛ𝆺ᴏ̇ᴛᴛᴏ́ᴛᶂᴏ. *amtoulaboumbi.* Employer la colle. Coller.

〜〜. *amba lampa.* Le chaos. Ce qui étoit dans le monde avant *Pan kou.* On emploie les mots suivants pour exprimer cette idée, 〜〜 〜. *amba lampa y fon.*

〜. *amsoun.* Vin et autres comestibles qu'on offre aux esprits. Pain et autres choses semblables faites avec de la farine.

〜 〜. *amba chahouroun.* Le grand froid. C'est le nom d'un *Tsié ki.* (*Ta han* en chinois.)

〜 〜. *amba nimangui.* La grande neige. C'est encore le nom d'un *Tsié ki.* (*Ta hiué* en chin.)

E

ᐅᐁᐧ ᓀᐧ, *sere herguen*.

ᐁ, *e!* Cri de surprise lorsqu'on voit ou qu'on entend quelque chose qui surpasse ce qu'on auroit pu croire ou imaginer. L'*yn*. La femelle.

ᐁᓂᐧ, *enen*. Les descendants. La postérité. Les neveux.

ᐁᓂᔓᐧ, *eneshoun*. Lieu élevé qui va en montant et en descendant d'une maniere unie et en talut.

ᐁᓂᔓᑫᐧ, *eneshouken*. Lieu qui est tant soit peu élevé et qui va en talut.

ᐁᓂᐁᐧ, *enie*. Mere. On dit aussi ᐁᒣᐧ, *eme*.

ᐁᓂᓐᐧ, *enin*. Femelle d'une espece d'animaux dont le mâle se nomme ᑲᓐᑕᐦᐊᓐᐧ, *kantahan*.

ᐁᓂᐁᐦᐁᓐᐧ, *eniehen*. Chienne.

ᐁᓂᐁᓂᐁᐧ, *eniénié*. Espece de serpent qui se tient tout l'hiver dans le trou où il s'est caché. (ᓂᐁᓂᐁᐧ, *niénié*.)

ᐁᓂᐦᐅᓐᐧ, *enihoun*. Foible. Qui n'a point de force. Cela s'entend des cordes ou fils qui n'ont point été tors comme il faut.

ᐁᓂᓐᐧ ᐳᐅᐅᓐ, *enin pouhou*. Biche. On dit aussi ᒼᐅᐦᐅ, *tcholo*.

ᐁᓂᓐᑯᐧ, *enengui*. Aujourd'hui. Aujourd'hui? par interrogation ou par surprise.

enierhen. C'est le nom du bois dont on fait les manches de fouets pour les chevaux, les mules, etc. Il vient par tiges : son écorce ressemble à celle du *noan mou*. Il porte des fruits rouges qui ne sont pas bons à manger.

enengui tchimari. Aujourd'hui le matin. (*Kin tsao* en chinois.)

epele. Ce côté. (*Tché pien* en chinois.)

eperki. Après le pardon. De ce côté.

epembi. Ramollir une chose en la trempant dans l'eau, ou en l'humectant. Alonger une chose en la mouillant.

epeboumbi. Faire ramollir une chose en la mouillant, etc.

epeke. Faire pourrir quelque chose dans l'eau, la rendre foible, souple, en la mouillant peu-à-peu. Pâte qui a fermenté. Chose alongée par l'humidité, etc.

epenié. Faire macérer une chose en la trempant dans l'eau, etc.

epeniembi. Mettre de l'eau sur du thé. Mouiller. Après avoir mouillé le bled le faire moudre. Mettre dans l'eau. Mettre quelque chose dans le vin, faire cuire le tout ensemble. Vin médicinal.

epeniéboumbi. Faire mouiller quelque chose. Faire mêler une chose avec une autre.

eperhoun. Qui n'a aucun talent. Qui n'est

bon à rien. Qui ne vaut rien, foible, dont on ne peut tirer aucun parti.

〜〇〜. *eperhouken*. Qui n'a que peu de talent. Qui n'est bon qu'à quelque petite chose.

〜〇〇. *epepe*. Paroles d'admiration qu'on emploie pour louer quelqu'un. On dit aussi 〜〇〜. *atchatcha*.

〜〇〜 〜〇〜. *eperere moutoure*. Lorsque l'*yn* et l'*yang* augmentent ou diminuent peu-à-peu. Peu-à-peu. Ce qui monte et descend. (*Yn* et *yang* sont des mots chinois qui désignent deux principes matériels auxquels le grand principe donne la fécondité pour produire ce qui est dans la nature. Voyez les *Mémoires sur les Chinois, tome II, pag.* 12, 29, 152; *tome VII, pag.* 58 et 60.)

〜〇〜 〜〇〜. *eperere indere*. Doctrine qui est en vigueur, en estime. Doctrine qui est dans le mépris ou dans l'oubli.

〜〇〜. *epereke*. On dit cela d'un vieillard dont le corps commence à s'affoiblir. Affoibli. Avili. Diminué. Quitter sa colere. Foible. Sans force. Différent de ce qu'on étoit autrefois. On dit aussi 〜〇〜, *eberekepi*.

〜〇〜, *epichembi*. Se laver le visage. Se laver le corps.

〜〇〜. *epicheboumbi*. Faire laver le corps à quelqu'un. Ordonner à quelqu'un de se laver le corps.

〜〇〜. *epichenembi*. Aller se laver le corps.

〜〇〜, *eperi*. Différent des autres. Foible, presque

sans force. Il n'est pas comme les autres. Il n'est d'aucun usage. Qui n'a aucune bonne qualité. Un pauvre vase.

⁓. *eperingue.* Différent des autres.

⁓. *eperiken.* Un peu différent des autres. Qui n'a que fort peu de capacité, d'adresse.

⁓. *eperembou.* Faire ôter de quelque chose que ce soit ce qu'elle a de trop. (Impératif du verbe suivant.)

⁓. *eperemboumbi.* Faire ôter quelque chose, par exemple, d'une tasse d'eau trop pleine, ou de quoi que ce soit où il y a du surplus. Ne pas faire les choses comme on les faisoit autrefois. Ordonner à quelqu'un de faire quelque chose de difficile, le faire travailler comme un forçat, lui faire faire des choses qui l'épuisent.

⁓. *eperi akou.* Qui n'est pas inférieur. Qui n'est pas méprisable.

⁓. *epi hapi.* Un homme qui est bête, étourdi, hébété, etc.

⁓. *épitele.* Manger jusqu'à être rassasié.

⁓. *epimbi.* Être rassasié. Ce mot désigne la satiété de manger. Être plein, rempli.

⁓. *epiboumbi.* Faire manger quelqu'un jusqu'à ce qu'il soit rassasié.

⁓. *epichenoumbi.* Se laver de compagnie. Se baigner plusieurs ensemble.

EBOU

ꭓꭓꭓ. *epiloun.* Avoir de la compassion pour un petit enfant qui est né foible; comme si l'on disoit : Pauvre petit!

ꭓꭓꭓ. *eperembi.* Oter quelque chose. Affoiblir.

ꭓꭓꭓ. *epou.* Ordonner à quelqu'un de descendre de cheval, de descendre à une auberge, de descendre de chaise. (Impératif d'*epoumbi.*)

ꭓꭓꭓ. *epihe.* Rassasié.

ꭓꭓꭓ. *epoumbi.* Descendre de cheval, de chaise, ou de quelque lieu élevé. Descendre à une auberge.

ꭓꭓꭓ. *epouboumbi.* Faire descendre quelqu'un. Faire descendre quelque chose que ce soit d'un lieu élevé. Mettre à bas la charge d'un mulet, ou toute autre chose semblable.

ꭓꭓꭓ. *epounembi.* Aller descendre.

ꭓꭓꭓ. *ebountchimbi.* Venir descendre. Venir descendre à une auberge. Lorsque les esprits descendent et viennent manger. Lorsqu'ils viennent, qu'ils arrivent.

ꭓꭓꭓ. *ebountoumbi.* Lorsque plusieurs personnes descendent à une auberge, descendent de cheval, de chaise. On dit aussi ꭓꭓꭓ. *ebounoumbi.*

ꭓꭓꭓ ꭓꭓꭓ. *ebouho sabouhou.* Très affairé. Très empressé. Ne savoir pas ce qu'on fait. Faire précipitamment quelque chose. Etre surpris de quelqu'un, et s'empresser soit pour aller au-devant de lui, soit pour le recevoir. Craindre de ne pas faire assez tôt. On dit aussi ꭓꭓꭓ, *ekcheme sakcheme.*

ebouboure pa y tchifoun. Douane qu'on paie en descendant dans un lieu.

ese. Ces hommes. Ces hommes-ci. (Pluriel de *ere.*)

eseingue. De ces hommes-ci.

eche. Pourquoi non? Maniere de parler pour assurer une chose, comme nous dirions : Assurément, Certainement, Pourquoi pas? Sans doute, etc. Par exemple, qui ne sait pas cela? qui en doute? Alors on dit : *eche satchi, eche tchitchi.*

eche setchi otchorakou. Je n'ai pas pu faire autrement. Il n'y avoit point de remede, etc. On dit aussi *oumainatchi otchorakou.*

echeke. Cela suffit. J'en ai assez. Refuser. Ne vouloir pas manger, etc.

echèhe. Écaille de poisson. (*Yu lin* en chin.)

echèhengue. Qui a des écailles.

esoukié. Ordonner à quelqu'un de crier à haute-voix en jetant quelque chose ; lui ordonner de crier.

echete. Beaux-freres. Les femmes des aînés appellent ainsi les freres cadets de leurs maris. (Plur. de *eche.*)

esoukiéboumbi. Ordonner à quelqu'un de crier à haute voix en jetant quelque chose. Ordonner de crier.

ETEN 99

echemelien. Un peu de côté. Qui est un peu de travers.

eche. Beau-frere. Les femmes des aînés appellent ainsi les freres cadets de leurs maris. Oter les écailles à un poisson.

esoukiembi. Crier à haute voix en jetant quelque chose. Faire tumulte, comme lorsque plusieurs personnes en colere parlent ou crient toutes à la fois. Crier.

esounguimbi. Etre en colere. Etre irrité. Crier de colere.

echen. Qui est de côté, de travers. Qui est tout-à-fait de travers.

echembi. Rendre quelque chose de travers. Racler quelque chose. Oter la peau, les poils, les écailles, etc.

echeboumbi. Faire racler, ôter les poils, la peau, les écailles. Faire tordre une chose, la rendre de travers.

echen ni po. Les appartements de côté. Cela se dit des appartements de l'empereur.

etengui. Qui aime à surpasser les autres. Bonne poutre. Qui excelle. Qui l'emporte sur les autres.

etenguilembi. Employer sa force. Employer son autorité et toutes ses forces pour faire ou pour faire faire quelque chose.

etenguileboumbi. Ordonner à quelqu'un d'employer toutes ses forces, tout son pouvoir.

etembi. Un arc qui a un côté trop dur, qu'on ne sauroit tendre comme il faut. Remporter la victoire sur l'ennemi. Vaincre. Gagner au jeu. Surpasser. Avoir plus de force.

etehe. Avoir vaincu. Avoir gagné. Avoir surpassé.

ete. Là-dessus. Cette chose. Sur cela.

etekirakou. Un homme qui ne fait rien. Un batteur de pavé. Un homme incorrigible.

etekepi. Lorsque le riz, le lait, ou autres choses semblables commencent à se gâter, à fermenter, qu'elles ont un goût d'aigre.

ete ainambi. Maniere de parler pour dire : Cela ne fait rien; Qu'est-ce que cela fait? etc. Qu'importe que cela soit ainsi?

eteri teteri. Après avoir écouté les uns et les autres, ne savoir que faire, à quoi se déterminer. Parler à quelqu'un en passant.

etelembi. Ne donner pas en entier ce qu'il faut. Frauder. N'être pas complet, entier, s'en manquer quelque chose. Ne pas donner entièrement, etc.

etelehe nimekou. Incommodé habituellement. N'avoir pas tous ses membres. Etre manchot ou borgne, etc. Restes habituels d'une maladie que l'on a eue.

ETOU

〰. *etelehengue.* Lorsqu'il s'en manque quelque chose. Lorsqu'une chose n'est pas entiere, etc.

〰. *eten.* Ce qui peut passer. Ce qui n'est pas extrêmement bon, qui n'est pas tout-à-fait entier. On dit aussi 〰 〰. *eten tatan.* Ce à quoi il manque quelque chose. Ce qui n'a qu'une partie. On dit encore 〰 〰. *eten tatoun.*

〰 〰. *eten tatoun.* Ce qui n'est pas entier. A quoi il manque quelque chose. On dit aussi 〰. *eten.*

〰. *etoukou.* Habillement.

〰 〰. *etoukou atou.* Habit. (*Fou y* en chin.)

〰 〰. *etoukou touchehi.* Habillements qui couvrent le bas du corps. (*Chang y* en chinois.)

〰 〰 〰. *eteri teteri poultchatambi.* Éviter quelqu'un qui nous cherche, ou en se cachant dans quelque endroit, ou en fuyant.

〰. *eteng.* Nom d'un poisson de mer appellé en chinois *choui hou yu*, tigre d'eau. Ce poisson a dessus le dos une épine ou un os tranchant comme un couteau : ses yeux sont brillants. Lorsque le poisson appellé *chen yu* [c'est une espece d'huître] mange les œufs du tigre d'eau, ses écailles s'ouvrent et se détachent. On dit aussi 〰 〰. *mouke tasha.*

〰 〰. *etouhengue niere.* Habillement fort léger. Un seul habillement. Habillement simple, qui n'est pas doublé.

etoukou halarakou. Suppression des menstrues dans les femmes.

etou. Faire mettre à la cangue. Ordonner à quelqu'un de s'habiller, de mettre un bonnet sur sa tête. (Impératif d'*etoumbi.*)

etoumbi. S'habiller. Mettre son bonnet. Mettre quelqu'un à la cangue. Écrire sur une tablette le crime dont quelqu'un est coupable.

etouboumbi. Ordonner à quelqu'un de s'habiller, de mettre son bonnet. Faire mettre à la cangue.

etouhoun. Lorsque le bras de la balance monte emporté par le poids de ce qu'on pese. Qui a beaucoup de force. On dit cela de quoi que ce soit qui est fort, qui est pesant, qui a une apparence fort pesante, etc.

etouhouken ni. Qui a un peu de force. Qui pese un peu plus qu'il ne faut.

etouhoun tahaboumbi. Conduire sa fille dans la maison de celui qui doit l'épouser, ou qui l'a épousée.

etouhouchembi. Employer sa force. Vouloir l'emporter sur les autres.

etouhoun tahabouha nialma. Une fille qui sort de sa maison pour aller la premiere fois chez son mari, a un nombreux cortege de parents ou d'amis de la famille. Les personnes qui composent la suite de cette fille sont ainsi appellées.

EDOUN

edoun. Vent. C'est le *ki* du ciel et de la terre, qui s'exhale, qui souffle.

edoun dambi. Faire du vent. Venter.

edouhoucheboumbi. Ordonner à quelqu'un d'employer, d'exercer sa force.

edoulehepi. Être perclus d'un côté.

edoun tektehe. On dit cela lorsque le vent se leve ou s'est levé. Lorsqu'on a mal à la tête, que le nez coule, qu'on tousse; on appelle cela, avoir pris le vent, c'est-à-dire être enrhumé. On dit encore ces deux mots lorsque quelque grand s'est enrhumé.

edoun koaiha. Il a pris le vent. Il s'est enrhumé. Le vent l'a fait malade.

edounguiembi. Battre le grain pour en ôter la poussiere et la paille. Vanner du côté d'où vient le vent.

edounguiéboumbi. Faire exposer au vent le grain qu'on vanne, afin qu'il emporte tout ce qui ne vaut rien.

edoun nakaha. Le vent a cessé.

edoun touambi. Chier. Faire ses nécessités. (*Tchou koung* en chinois.)

edoun toroko. Le vent n'est plus si fort. Le vent s'est appaisé.

edoun nesouken oho. Le vent s'est affoibli.

edoun faitakou. C'est ainsi qu'on

appelle les planches qui sont clouées au haut de la maison des deux côtés.

ᘙᐧᖃᘁ ᑎᔭᖅ ᐋᖅᑎᖅ, *edoun four sembi.* C'est le nom qu'on donne au vent qui souffle pendant l'été ; comme qui diroit : Vent qui souffle en été, vent brûlant.

ᘙᐧᖃᘁ ᑕᖏᑎᖅ, *edoun faitambi.* Mettre les voiles de maniere que le vent les prenne un peu de côté, lorsqu'on a le vent de bout.

ᘙᑎᘁ. *ele.* A plus forte raison. C'est encore plus. C'est bien pis. On dit aussi ᘙᑎᑎᘁ. *nememe.*

ᘙᑎᑏᖅ, *elengui.* On donne cette épithete à une femme paresseuse, qui ne sait ou ne veut rien faire, qui n'a point d'esprit.

ᘙᑎᑎᖏᑎᘁ. *elemanga.* Dire les choses autrement qu'elles ne sont. Mentir. A plus forte raison. Renverser les choses.

ᘙᑎᑖᘁ, *eletchoun.* Savoir se contenter de ce qu'on a. Content de son sort. Être rassasié.

ᘙᑎᑖᘁ, *elehoun.* N'aimer pas, ne pas desirer le bien d'autrui. Être content de son sort. Prendre patience dans sa pauvreté. Être content et tranquille. Avoir la véritable joie. Avoir le cœur dilaté, épanoui, etc.

ᘙᑎᘁ ᐃᘁ. *élen de.* Content, satisfait de ce qu'on a.

ᘙᑎᑖᘁ ᘙᑎᑎᖅ, *eletchoun akou.* Ne savoir pas se contenter de ce qu'on a. N'être pas content de son sort.

ॽ‍ਜੇਂਂ‍ੀ, *eletele.* Jusqu'à la satisfaction. Jusqu'à la satiété.

ॽ‍ਜੇਂਂ‍ੀ ਫਂੰੀੰ, *eletele boumbi.* Donner beaucoup. Donner abondamment.

ॽ‍ਜੇਂਂ‍ੀ ੰ‍ੰੰੀ, *eletele kaimbi.* Prendre beaucoup.

ॽ‍ਜੇੰੀ, *elembi.* Plein. Remplir. Mettre à suffisance et abondamment. Écouter. Entendre parfaitement bien. Remplir. Rassasier.

ॽ‍ਜੇਫਂੰੀ, *eleboumbi.* Faire remplir. Faire mettre abondamment et à suffisance.

ॽ‍ਜੇੰੰੀ, *elerembi.* Ouvrir ses habits du bas en haut, et montrer sa poitrine. On dit cela d'un homme ou d'un cheval trop gras à qui le cœur bat et palpite, pour peu qu'il marche vite, qui est fatigué, abattu, affoibli, et comme hébété.

ॽ‍ਜੇੰ, *elehe.* En abondance. Rempli. Rassasié.

ॽ‍ਜੇੰ ॽ‍ਜੇੰੰ, *elei elekei.* Qui n'a pas le pas assuré. Qui chancelle à tout bout de champ.

ॽ‍ਜੇੰ ॽ‍ਜੇੰ, *elei elei.* Qui va toujours de mal en pis. Continuellement.

ॽ‍ਜੇੰ, *elei.* Lorsqu'il s'en faut peu qu'une chose, qu'une affaire en soit là, qu'elle aille jusques-là. De mal en pis. A plus forte raison. Cela n'est-il pas bien ? Il a manqué un peu. Ce mot se prend en mauvais sens.

ॽ‍ਜੇੰੰ, *elekei.* Il a manqué un peu. Il a failli à mal faire. On dit aussi ॽ‍ਜੇੰ, *elei.*

, *emile.* Ce mot se dit pour exprimer le mâle des volatilles.

, *emileboumbi.* Ne pas dire ce qui est. Cacher la vérité. Couvrir quelque chose que ce soit. Serrer quelque chose. On dit aussi , *taliboume taltaboume.*

, *eli.* C'est le nom d'un poids appelé , *ly,* (en tartare et en chinois.) Il est composé de dix *hao.*

, *elou.* Espèce d'oignon. (*Tsoung* en chinois.)

, *elin.* C'est le nom qu'on donne à la chambre qui est au-dessus de celle qu'on habite, et immédiatement au-dessous du toit. Galetas. Grenier. Décharge.

, *elintoumbi.* Voir de loin les apparences. Observer bien les circonstances avant que d'entreprendre quelque chose.

, *elouri.* On dit cela d'un enfant, n'importe de quel âge, quand il a de l'esprit, de l'entendement et une bonne contenance.

, *elen de iska kai.* Ce qui ressemble à-peu-près à une autre chose. On dit aussi , *tchouo elen oho kai.*

, *elen de ischenaha.* Content, satisfait de ce qu'on pense, de ce qu'on fait; comme si l'on disoit : Cela suffit, il n'en faut pas davantage.

, *eme.* Mere. On dit aussi , *atcha*, et , *enie.*

, *emete.* Les meres. (Plur. du mot précédent.)

EMOU

⵨⵰⵶ ⴰⵓⵅ⵶ ⵀⵔⵉⵔⵓ ⵏ ⵅⵉⵖⵯ, *emou chourou salien ni tchikten.* On dit cela d'un tube quelconque dont on peut justement mesurer la longueur avec le pouce et l'index en les étendant.

⵨⵰⵰⵶ ⵓⵅⵯ, *ememou ourse.* Comme qui diroit : Ou quelques uns.

⵨⵰⵰⵶, *ememou.* Ou les hommes, ou les affaires. Ce mot signifie proprement Ou. Ou ceci, ou cela, etc.

⵨⵰⵨ⵏ, *emekei.* Maniere de parler pour exprimer la crainte. On dit aussi ⵨⵰ⵏ, *epekei.*

⵨⵰ⵅⵏ, *emoutchi.* Le premier. (*Y ty* en chinois.)

⵨⵰⵶, *emou.* Le premier des nombres. L'unité. Un. On dit aussi ⵨⵰ⵏ, *emke*, et ⵨⵰ⵏⵯ, *emken.* (*Y* en chinois.)

⵨⵰⵶ ⵀⵏⵯ, *emou anan.* Faire les choses à propos, l'une après l'autre jusqu'au bout. On dit aussi ⵨⵰⵶ ⵀⵏⵯ ⵏ ⵙ⵨⵰⵶ⵏ, *emou anan ni kamambi*, ou, ⵨ⵏ ⵀⵏⵯⵏ, *ilhi anambi*, ou ⵨ⵏ ⵀⵏⵯⵯ, *ilhi aname.*

⵨⵰⵰⵶ ⵓⵖⵯ, *ememou fonde.* Ou dans ce temps.

⵨⵰⵰⵶ⵖⵯ, *emembihete.* Pour les choses de peu d'importance, il n'y a point de temps déterminé. On dit aussi ⵙⵅⵓⵖⵏ ⵀⵏ, ⵨⵰⵰⵶ ⵓⵖⵯ, *tarouhai akou ememou fonde.*

⵨⵰⵶ ⵙⵏ, *emou yohi.* C'est le total d'un ouvrage. Un livre. Plusieurs choses quelles qu'elles soient qui sont ensemble et qui font un tout. Lorsqu'une chose, un instrument est accompli et qu'il n'y manque rien.

᠊ᡝᠮᡠ ᡴᡳᠶᠠ, *emou kia.* Rayon de miel tel que les abeilles le font ; comme des chambres ou des cellules. On dit aussi ᠴᠣᠣ ᡴᡳᠶᠠ, *tchouo kia*, et ᡥᡳᡨᡥᠠᠨ, *hithan.*

ᡝᠮᡝᠮᡠᠩᡤᡝ, *ememoungue.* Peut-être.

ᡝᠮᡠ ᡠᡶᡠᡥᡳ ᠰᠣᡠᠯᠠᠪᠣᡠ, *emou oufouhi soulabou.* On appelle de ce nom le surplus qu'on laisse en coupant la toile ou la soie.

ᡝᠮᡠ ᠣᠴᡳ, *emou otchi.* Premièrement. En premier lieu.

ᡝᠮᡠ ᠶᠠᠪᡠᠨ ᡝᠮᡠ ᠠᠴᡥᠠᠨ, *emou yaboun emou achchan.* Une action. Un mouvement.

ᡝᠮᡠ ᡴᠠᡵᡥᠠᠨ ᠨᡳ ᠴᠣᡠᡥᠠ, *emou karhan ni tchouoha.* Une partie de l'armée. Un parti de gens de guerre.

ᡝᠮᡠ ᡶᡠᡨᠠ, *emou fouta.* La longueur de dix *tchang* ou toises chinoises s'appelle un *cheng.* C'est une mesure qu'on emploie pour mesurer un champ. C'est aussi une enfilade de caches au nombre de 1000. On dit aussi ᡝᠮᡠ ᠣᡠᠯᠴᡳᠨ, *emou oultchin.*

ᡝᠮᡠ ᠮᡠ, *emou mou.* C'est une mesure appellée *mou* (en chinois.) Elle a dans sa longueur dix-huit *tchang,* et trois *tchang* en largeur.

ᡝᠮᡠ ᠣᡠᡨᠣᡠ, *emou outou.* Liaison d'une chose avec une autre. (*Y lyen* en chinois.)

ᡝᠮᡠ ᡳᡴᡳᡵᡳ, *emou ikiri.* Joindre une chose avec une autre. Une chose jointe à une autre.

ᡝᠮᡠ ᠮᠠᡵᡳ, *emou mari.* Une fois. On dit aussi ᡝᠮᡠ ᠴᡝᡵᡴᡳ, *emou tcherki.*

EMOU

ᘁᒉᑯ ᗡᓭᐢ ᘁᓪᑀ, *emou teken ouchen.* Un *mou* de terre. (ᘁᒉᑯ ᓨᓭ ᘁᓪᑀ, *emou mou ouchen.*)

ᘁᒉᑯ ᕐᐅᑌᐊᐧ ᐊ ᔭᐳᒻᐱ, *emou tchoulehen ni yaboumbi.* Faire directement une chose sans s'embarrasser des autres. Ne faire qu'une chose.

ᘁᒉᑯ ᒐᐃᒪᕆ, *emou tchimari.* On appelle un journal de terre, un terrain de six *mou.* C'est ce qu'un homme peut labourer avec la charrue dans l'espace d'un jour.

ᘁᒉᑯ ᐅᓪᒋᐣ ᒋᕁᐊ, *emou oultchin tchiha.* Un *tiao* de caches. Un millier de caches enfilées. On dit aussi ᘁᒉᑯ ᕗᑕ, *emou fouta.*

ᘁᒉᑯ ᐅᕐᑫᐣ, *emou ourhoun.* Une partie d'un pouce composée de cinq lignes, ou bien la moitié d'un pouce.

ᘁᒉᑯ ᓭᐁᕁᐁ ᓴᓕᐁᐣ, *emou sefere salien.* Une poignée entiere.

ᘁᒉᑯᓱ, *emoursou.* Simple. Une chose qui n'est point doublée, etc.

ᘁᒉᑯ ᐁᐅᕁᐊᐣ, *emou houfan.* De compagnie. Ensemble. Société de commerce.

ᘁᒉᑯᓱ ᐁᑐᑯ, *emoursou etoukou.* Un habit sans doublure. Un habit simple.

ᘁᒉᑯ ᐃᒋ, *emou itchi.* Un terme. Un objet. Une fin. Droit à son but. Droit à son terme.

ᘁᒉᑯ ᐊ ᐃ ᐊᕁᐅᕁᐁ, *emou i hafoure.* Un point de doctrine qui embrasse tous les autres.

ᘁᒉᑯ ᐊᕁᐊ, *emou haha.* Un terrain que cultive

un seul homme. Cinq journaux de terre contiennent trente *mou*. C'est le terrain que peut cultiver un homme dans l'espace d'une année.

᚜ᚓ ᚓᚓᚓ. *emou king*. Un *king* de terre ; c'est-à-dire 100 *mou*.

᚜ᚓ ᚓᚓᚓ. *emou kala*. C'est ainsi que s'appelle une demi-brasse, c'est-à-dire la moitié de la longueur que peut mesurer un homme ordinaire en étendant ses deux bras. Cette mesure est fixée à deux pieds cinq pouces ; ainsi la brasse est de cinq pieds.

᚜ᚓ ᚓᚓᚓ. *emou tedoun*. Un cabaret où les voyageurs se reposent la nuit. Une journée de chemin. Le chemin qu'on fait communément dans un jour.

᚜ᚓ ᚓᚓᚓ. *emou piha*. Une petite quantité. Un morceau. Une partie séparée de quelque chose.

᚜ᚓ ᚓᚓᚓ. *emou oksoun*. Un pas d'homme ou de bête. Un pas, deux pas, etc.

᚜ᚓ ᚓᚓᚓ ᚓ ᚓᚓᚓ. *emou souihen ni pantchimbi*. Vivre au jour la journée. Ne penser qu'à une chose par jour. Ne pas s'embarrasser l'esprit de choses fâcheuses, inquiétantes ou difficiles. Ne point penser au lendemain pour la vie, l'habit, etc.

᚜ᚓ ᚓᚓᚓ ᚓ. *emou erguen ni*. Boire d'un seul trait sans prendre haleine, ou du vin, ou du thé, ou telle autre chose que ce soit. Tout d'un trait. Tout de suite.

᚜ᚓ ᚓᚓᚓ. *emou karhan*. Une tige. Une branche d'arbre.

ᴠᴜᴛ ETCHE

ᴠᴜᴛ ᴀᴄᴛᴛʀᴘᴠ. *emou tchoukte.* Un quartier de viande. Un morceau de viande une fois plus gros qu'il ne faut.

ᴠᴜᴛ ᴊᴠᴛᴛxᴛᴛᴠ ᴀ ᴠᴛᴛᴠ. *emou karhan ni ilha.* Couper, rompre, ôter les rejetons qui viennent à côté des fleurs ou de la tige principale, afin qu'il y ait plus de fleurs sur la maîtresse tige, etc. On dit aussi ᴠᴜᴛ ᴊᴠᴛᴛxᴛᴛᴠ. *emou karhan.*

ᴠᴜᴛ ᴏᴀxᴛᴠ. *emou pourguin.* Une armée en déroute.

ᴠᴜᴛ ᴛᴏᴄᴠ ᴀᴛᴛᴠ. *emou tchouo kien.* Une affaire. Une chose. Une (ou) deux choses.

ᴠᴜᴛ ᴄᴛᴛᴠ. *emou fin.* C'est le nom qu'on donne aux plumes qui sont vers le bout des fleches. Une plume.

ᴠᴀᴏ. *etchi.* C'est une maniere de parler pour affirmer quelque chose, pour dire : Cela est ainsi ; C'est comme cela. On dit aussi ᴠᴛᴛᴜᴛ. *inou.*

ᴠᴀᴏ ᴠᴛᴛᴛʀxᴠ. *etchi ainara.* Maniere de parler pour dire, Cela sera ainsi?

ᴠᴀᴄᴛ. *etchike.* Oncle. Frere cadet du pere. On dit aussi ᴠᴀᴄᴠ. *eshen.*

ᴠᴀᴄᴛᴠ. *etchikese.* Oncles. Les freres cadets du pére. On dit aussi ᴠᴀᴄᴛᴠ. *eshete.* (Ces deux mots tartares sont les pluriels des précédents *etchike* et *eshen.*)

ᴠᴛᴛᴛᴏᴀ. *etchembi.* Se ressouvenir. (*Ki tcho* en chin.)

ᴠᴛᴛᴏᴀᴛᴏᴀ. *etcheboumbi.* Faire ressouvenir quelqu'un de quelque chose ; lui ordonner de ne pas l'oublier.

↭. *etchehe.* On appelle de ce nom le papier sur lequel est écrit quelque ordre de l'empereur, et la maniere dont on le porte.

↭. *etchen.* Maître. Seigneur. Souverain. Roi. Empereur, etc.

↭. *etchekou.* Conseiller d'un tribunal. C'est aussi le nom qu'on donne à celui des *han lin* qui fait à l'empereur le précis des affaires. Ministre en second. Secrétaire d'état.

↭. *etchesou.* Qui a bonne mémoire.

↭. *etchete.* Seigneurs. Rois. Maîtres.

↭. *etchelembi.* S'arroger par violence ou par force ce qui ne nous appartient pas. Se saisir d'une chose et ne vouloir pas la rendre. S'emparer d'un lieu. Vouloir qu'on adhere à ses volontés. S'emparer.

↭. *etcheleboumbi.* Ordonner à quelqu'un de s'emparer, de se saisir.

↭. *etcheledoumbi.* Lorsque plusieurs personnes s'emparent ensemble de quelque chose. On dit aussi ↭. *etchelenoumbi.*

↭. *etchihe.* C'est le nom qu'on donne au lait réduit en pâte. Espece de fromage.

↭. *elen telen akou.* Cela se dit de deux hommes qui sont d'une force égale, qui ne different pas, qui sont égaux ou peu s'en faut.

↭. *eïé.* C'est une espece de cave ou de serre dans laquelle on conserve les provisions. Fosse ou trappe à prendre les animaux.

〰〰, *ein.* Cours d'une riviere, d'un ruisseau.

〰〰 〰〰 〰〰, *ein sein akou.* Être froid à l'égard de quelqu'un, n'avoir pas d'affection pour lui. Etre indifférent.

〰〰, *eimbi.* Couler. Avoir son cours. N'être pas juste. On dit cela d'une balance qui donne moins qu'il ne faut.

〰〰, *eieboumbi.* Faire couler. Faire une balance qui donne moins qu'il ne faut. Faire jeter quelque chose dans l'eau pour qu'il suive le courant. Donner de la pente à une eau dormante ou arrêtée pour la faire couler.

〰〰 〰〰, *eiéfi sekiéfi.* Un homme foible, sans force, délicat, d'une complexion foible, qui a le corps fluet.

〰〰, *eiemelien.* Lorsqu'il y a dans la balance un peu moins qu'il ne faut, qu'il n'y a pas tout le poids.

〰〰 〰〰, *eiéboukou asou.* Mettre le filet sur la surface de l'eau.

〰〰 〰〰, *eiere oucheha.* Fusée de lumiere qui semble partir de quelque étoile.

〰〰 〰〰, *eier haïar.* Belle démarche. Lorsque quelqu'un marche d'une maniere agréable à voir. (〰〰 〰〰. *eyeri haïari.*)

〰〰, *eiertchembi.* On dit cela d'un homme qui est blanc de visage, qui n'a aucun défaut dans son extérieur, qui est leste et vif, etc.

𖣠, *eichepi*. Un débauché qui croupit dans la débauche. Un homme qui fait toutes sortes de mauvaises actions et qui veut persister dans sa maniere de vivre.

𖣠, *eierchembi*. Un homme ou une chose qui tombe en pourriture, qui a une mauvaise odeur, et que personne ne peut supporter. Un homme qui vomit et qui a mal au cœur.

𖣠, *eierchetchouke*. Odieux.

𖣠, *eiercheboumbi*. Être haï de quelqu'un. Faire bafouer quelqu'un.

𖣠, *eke ya*. Maniere de parler pour dire : Cela est... On s'en sert lorsque le mot qu'on veut dire ne vient pas.

𖣠, *eke*. C'est une maniere de parler lorsqu'on pense à quelque chose qu'on ne peut pas ou qu'on ne veut pas exprimer, comme si l'on disoit : Ce... Lorsqu'on a oublié le nom de quelqu'un, et qu'on tâche de le trouver. Cela.... C'est... (𖣠, *eke si tchiou*.)

𖣠, *ehe*. Mauvais. Méchant. Malin.

𖣠, *ehe oua*. Mauvaise odeur.

𖣠, *ehe hafan*. Mauvais magistrat.

𖣠, *ehoou*. Cela est-il mauvais?

𖣠, *ehe inengui*. C'est l'épithete qu'on donne à un jour pluvieux et froid, à un jour où il fait mauvais temps.

EKI

ꝏ̄ꝏ̄ꝏ̄. *ehe soukdoun.* Intempérie de l'air qui cause des maladies. Mauvais air.

ꝏ̄ꝏ̄ꝏ̄. *ehetchoumbi.* Dire en cachette du mal de quelqu'un. Médire. Calomnier.

ꝏ̄ꝏ̄ꝏ̄. *ehetchouboumbi.* Faire dire du mal de quelqu'un. Faire calomnier. Etre calomnié.

ꝏ̄ꝏ̄ꝏ̄. *ehelingou.* Un homme qui n'a aucun talent. Un homme inutile, bête, sot, qu'on ne peut employer à quoi que ce soit.

ꝏ̄ꝏ̄ꝏ̄. *eherembi.* Le temps change [quand il devient mauvais.] Lorsque des freres, ou que le mari et la femme ne sont pas d'accord. Lorsqu'après avoir été fort uni avec quelqu'un, on est ensuite en désunion ou en discorde. Se brouiller avec quelqu'un. Etre irrité.

ꝏ̄ꝏ̄ꝏ̄. *ehereboumbi.* Semer la zizanie. Mettre deux personnes mal ensemble, et les envenimer par des rapports indiscrets ou malicieux ou faux, par des calomnies. Semer la discorde.

ꝏ̄ꝏ̄ꝏ̄. *eherentoumbi.* Lorsque le commun est devenu mauvais.

ꝏ̄ꝏ̄ꝏ̄. *eiun.* On appelle ainsi les femmes qui sont plus âgées que soi. La sœur aînée.

ꝏ̄ꝏ̄ꝏ̄. *eiute.* Les sœurs aînées.

ꝏ̄ꝏ̄ꝏ̄. *ekisaka.* Etre en silence et en repos.

ꝏ̄ꝏ̄ꝏ̄ ꝏ̄ꝏ̄. *ekisaka oso.* Ordonner à quelqu'un le silence, la retraite.

ERE

ekin. Rebuté, perdu, cassé. Cela se dit d'un mandarin ou d'un homme en place qui a été cassé. (*Kué* en chinois.)

ekiembi. Oter quelque chose. Diminuer une chose.

ekiehe. Il a été cassé. On dit aussi ce mot d'une enflure ou tumeur qui a diminué. Par exemple, Cette partie du corps n'est plus enflée. On dit encore *ekikepi* ou *ekiehepi.*

ekiehoun. Ce qui n'est pas complet. Ce qui est petit. Trop peu. Ce qui manque.

ekindere koutchou. Mauvais ami. C'est un proverbe pour exprimer le mépris qu'on a pour quelqu'un. [Comme on dit: Ami de bouteille.]

ekiembou. Ordonner d'ôter quelque chose, de diminuer. (Impératif du verbe suivant.)

ekienboumbi. Couper. Rogner. Faire couper. Faire rogner, diminuer.

ekiénié. Faire diminuer. (Impératif du verbe suivant.)

ekiéniembi. Diminuer. Ce mot s'applique particulièrement aux choses qu'on fait diminuer par le moyen du feu.

ekiéniéboumbi. Faire diminuer. Faire consumer, etc.

ere. Ce, cet, etc. Cela.

ere ania. Cette année.

ERE

ere pia. Cette lune, (ou ce mois.)

ere tchimari. Aujourd'hui le matin. (*enengui erte.*)

ereni. De ce. De cela.

erei tchalin. Pour cela. Pour cette raison.

erepe. Prenez cela. Tenez cela.

eremou. Nom d'une herbe médicinale avec laquelle on fait des combustions. Cette plante vient dans des lieux incultes : sa couleur tire sur le jaune : ses feuilles sont obscures : sa tige a une grosse moëlle. L'aurone.

ere nialma fisikan. Paroles d'éloge. Cet homme deviendra en peu de jours fort habile.

ere mini nimekou. Le défaut que j'ai rend tous mes efforts inutiles. Je ne puis rien faire de bien. C'est mon défaut.

erebe ainambi. Comment faire cela ? Maniere de parler. Comment terminer cette affaire ?

ereou. Est-ce cela ? Est-ce ainsi ?

eretchi. En général, du, des, etc.

eretchi amache. Dans la suite.

ere nialma te totori pi. Cet homme n'a pas un extérieur brillant, mais il a une grande capacité.

ere ai temoun. Lorsqu'on parle à

quelqu'un et qu'on lui dit : Qu'y a-t-il en cela d'extraordinaire ? Maniere de parler.

~~~. *ere outchou pe tonki.* Injure, pour dire : Pendard qui mérite d'avoir la tête coupée.

~~~. *eretchouke.* Penser à ce qu'on doit faire. Faire des châteaux en Espagne.

~~~. *eretchoun.* Faire signe du doigt qu'une personne est recommandable. Lorsque le commun pense à une même personne, cela veut dire qu'une personne est recommandable, qu'on se la montre au doigt comme une personne extraordinaire.

~~~. *eretchoun akou.* Il n'y a pas d'espérance.

~~~. *erembi.* Oter par petits filaments la peau de l'arbre appellé *hoa.* Penser à ôter la peau du *hoa* par petits filaments, ou par couches minces. Espérer.

~~~. *ereboumbi.* Ordonner à quelqu'un d'ôter la peau de l'arbre *hoa* par petits filaments ou par petites tranches. Ordonner de montrer au doigt, etc., de penser à une chose, etc., d'espérer.

~~~. *erehountchembi.* Penser souvent à une même chose ; ne s'entretenir que de cette pensée.

~~~. *erehountcheboumbi.* Ordonner de penser souvent à une chose.

~~~. *erin.* C'est le nom qui exprime le temps, la saison, l'heure composée de huit parties appellées *ke* en chinois.

eritari. A chaque saison. A chaque heure. On dit aussi 〰〰, *erin tome.*

erilembi. Quand le temps sera venu. En son temps. On dit aussi 〰〰, *erileme.*

erin forhoun. Fortune d'un homme, bonne ou mauvaise.

eri. Ordonner à quelqu'un de balayer. Lorsqu'il y a près de nous quantité de choses qu'on reconnoît en disant : N'est-ce pas ceci ? N'est-ce pas cela ? Maniere de parler lorsqu'on a dit quelque chose, et qu'un autre la dit aussi ; on s'écrie : N'est-ce pas ce que j'avois dit ? On se sert encore de 〰〰, *ere ouakeou.*

eiéhé sohin. Lorsqu'aux bords des toits l'eau qui tombe gele, et demeure ainsi suspendue en glaçons.

erikou. Espece de ballet fait avec plusieurs branches de bambou jointes ensemble. On appelle aussi de ce nom les ballets qu'on fait avec la paille du millet et du *kao leang.*

erikou oucheha. Proverbe qui signifie ballet des étoiles. Le *mao sing* (en chinois) est une constellation du nombre des vingt-huit appellées *sou.* On dit cela pour exprimer qu'un homme est devenu fort pauvre. Comete.

erihe. Chapelet que portent les bonzes et les mandarins. Il a balayé.

erikou chouchou. Lorsque les épis du

kao leang pendent, que la peau commence à devenir noire et mince. La farine de ces grains sert à faire du pain ; et avec la paille on fait des ballets. Ce sont ces ballets qu'on appelle de ce nom.

erimbi. Balayer.

eriboumbi. Faire balayer.

eroun. Question. Torture. Châtiment. Punition. (*Hing* en chinois.)

eroun koro. Mettre à la torture. Punition méritée.

eroun soui. Murmure, lorsqu'on est en peine ou qu'on a quelque chagrin.

eroulembi. Appliquer quelqu'un à la torture, à la question.

erouleboumbi. Faire appliquer quelqu'un à la torture.

eroun nikeboumbi. Etre appliqué à la question, à la torture. (*Hing tchao* en chinois.)

erou. On dit cela d'un homme fort qui fait l'exercice de terrasser son adversaire en entrelaçant ses jambes dans les siennes, et qui n'est point fatigué et ne craint point.

erouen. C'est le nom d'un instrument dont se servent les menuisiers pour percer des trous. Espece de perçoir ou de vrille : on s'en sert en y mettant des cordes.

erouetembi. Faire des trous. Percer.

EFOU

efen. Biscuit. Pain. Nom général de toutes les choses faites avec de la pâte qu'on a mise sur du papier avant que de la faire cuire.

eroueteboumbi. Faire percer.

efebouhe. Qui est devenu aveugle. Qui a perdu la vue. On dit aussi *toho oho.*

efehen. Espece de hache plus grosse que les haches ordinaires. (*antchikou.*)

efin. Comédie. Jeu. Amusette. (*Ouan hi* en chinois.)

efimbi. Donner la comédie. Jouer la comédie. Rire. S'amuser.

efiboumbi. Faire jouer la comédie. Faire rire.

efitchembi. Lorsque plusieurs personnes donnent la comédie, jouent la comédie.

efikou. Instruments de la comédie. On dit encore *efikou intchekou.* Lieu du jeu ou de la comédie. (*efin.*)

efiche intcheche. Un homme léger, badin, polisson. Un diseur de bons mots, de quolibets, de paroles qui font rire. Un bouffon.

efou. Beau-frere. Le mari de la sœur aînée. Le frere de sa propre femme. Le mari de la sœur aînée de sa propre femme. C'est aussi le nom qu'on donne aux maris des filles des *régulos* et comtes, et aux maris des filles de l'empereur, appellés en chinois *fou ma.*

efoute. C'est le pluriel du mot précédent.

efoule. Faire briser, gâter, détruire, mettre à bas quelque chose. Faire rompre, déchirer, découdre quelque chose. (Impératif du verbe suivant.)

efoulembi. Déchirer, rompre, briser, gâter, découdre quelque chose. Se corriger.

efouleboumbi. Faire déchirer, rompre, découdre quelque chose.

efoulehe. C'est le parfait du verbe précédent (c'est-à-dire d'*efoulembi*.)

efoutchen. Homme qui a terni la réputation de quelqu'un, qui a calomnié quelqu'un. Un calomniateur. Un médisant. Un homme gâté. Une chose gâtée.

efoutchembi. Gâter. Détruire. Etre corrompu. Etre gâté. N'avoir pas une bonne réputation. Gâter. Détruire quelque chose, une maison, etc. Découdre.

emou erkouen. Un cycle de douze ans, nommé *ki* en chinois. L'espace de 12 ans.

elehoun soula. Etre sans affaires, sans aucun embarras. Etre à l'aise.

etché. Un bœuf. Un mâle. Souvenez-vous. (Ce mot, pris dans cette derniere acception, est l'impératif du verbe *etchembi*.)

ereingue. De cela.

eioungue. Fille aînée.

, edoun de cachehalaboufi. Etre renversé par le vent.

, etetei. Claquer des dents lorsqu'il fait grand froid.

, ei sere herguen.

, ei. C'est la maniere dont un supérieur appelle son inférieur. C'est aussi une maniere de se moquer de quelqu'un en riant.

, ei ei. C'est le ton que prennent ceux qui rient, qui se moquent de ce que dit un autre.

, eikte. C'est le nom d'un fruit de couleur rouge qui a le goût acide et qui est juteux. On l'appelle aussi , oulan hat.

, eite. Rênes qu'on met aux bêtes de charge. On dit aussi , longto.

, eiten. Quoi que ce soit. Tout en général.

, eiten tchaka. Toute chose, quoi que ce soit, etc.

, eiten peita. Quelque affaire que ce soit. Toutes les affaires.

, eiterekou. Hypocrite. Trompeur. Qui ment. Qui trompe.

, eiterembi. Tromper quelqu'un, lui en imposer par un extérieur droit. Mentir, etc. Tromper quelqu'un en matiere de doctrine, de mœurs, etc.

, eitereboumbi. Ordonner à quelqu'un de tromper. Etre trompé.

〜〜〜〜〜〜, *eiterchembi.* Tromper quelqu'un en faisant en sorte qu'il ne le sache pas.

〜〜〜〜〜〜, *eitereme.* Presque. Tromper quelqu'un.

〜〜〜〜〜〜 〜〜〜〜〜, *eitereme yaboumbi.* Faire quelque chose que ce soit par tromperie. Aller par ruses.

〜〜〜〜〜〜, *eiteretchi.* S'il trompe. Presque. En général.

〜〜〜〜〜〜, *eiteretchipe.* En général. Presque.

〜〜〜〜〜, *eimembi.* Etre indisposé contre quelque chose.

〜〜〜〜〜, *eimete.* C'est l'épithète qu'on donne à un enfant qui est formé pour son âge tant pour l'esprit que pour le corps. Qui est fort. Qui est indisposé contre quelqu'un.

〜〜〜〜〜〜, *eimeboumbi.* Etre méprisé ou haï de quelqu'un.

〜〜〜〜〜, *eimetchouke.* Méprisé. Haï. On dit aussi 〜〜〜〜〜, *hatatchouka.*

〜〜〜〜〜, *eimebourou.* Terme de mépris pour dire: Haïssable, méprisable. C'est une injure qu'on dit à quelqu'un. (*Yen* en chinois.)

〜〜〜〜〜, *eimetchoun.* Haïssable. Méprisable.

〜〜〜〜〜, *eimetere.* Chose méprisable. (*Yen ou* en chinois.)

〜〜〜〜〜, *eimeterakou.* Qui n'est pas méprisable.

〜〜〜〜〜, *eitchipe.* Il en sera toujours de même. Manière de parler. Eh bien! cela est ainsi. Qu'importe que cela soit ainsi? Cependant.

⵲⵲⵲. *eitchi.* Comment? au contraire. Particule de doute. Ou c'est ceci, ou c'est cela. *Eitchi*, etc.

⵲⵲⵲. *eiken.* Le mari. L'homme.

⵲⵲⵲. *eihen.* Ane. (*Lu tsée* en chinois.)

⵲⵲⵲ ⵲⵲⵲, *eihen potcho.* Couleur rouge foncée. Rouge tirant sur le noir (⵲⵲⵲ ⵲⵲⵲. *misoun potcho.*)

⵲⵲⵲ ⵲⵲⵲. *eihen tchouse.* Étoffe de couleur rouge tirant sur le noir.

⵲⵲⵲, *eihoun.* Butor. Hébété. Sot, qui n'a aucune adresse, qui n'est bon à rien.

⵲⵲⵲. *eifoun.* Bouton qui vient sur la chair après que quelque esprit a sucé le sang.

⵲⵲⵲. *eifou.* Sépulture. (*Fen mou* en chinois.)

⵲⵲⵲. *eimpe.* Nom d'une herbe sauvage dont les feuilles sont longues et grandes. Au bout de la tige il y a un épi dont les grains mis dans l'eau bouillante, ou cuits et assaisonnés, sont fort bons à manger.

⵲⵲⵲ ⵲⵲⵲. *eifoun tektehe.* Les esprits ont sucé et il est sorti un bouton. On dit aussi ⵲⵲⵲. *eifounehe.*

⵲⵲⵲ ⵲⵲⵲ ⵲⵲⵲. *er sere herguen.*

⵲⵲⵲. *ersoun.* Laid. Qui a une figure hideuse et qu'on ne sauroit voir avec plaisir.

⵲⵲⵲, *ersoulen.* Nom qu'on donne aux boisseaux

faits avec du bois de saule. Paniers où l'on met des marchandises, etc., lorsqu'ils sont faits de bois de saule.

༄༅་, *erchembi.* Embrasser, porter sur ses épaules un petit enfant, le garder, le conduire, le tenir. Avoir des boutons sur le visage ou le corps. Petite vérole. Rougeole. Avoir la petite vérole, la rougeole. On dit aussi ༄༅་ ༄༅་ ༄༅་, *atchike ningue erchembi.*

༄༅་, *ercheboumbi.* Ordonner de garder, de tenir un enfant.

༄༅་, *erpenehepi.* Avoir des boutons sur les levres.

༄༅་, *erpe.* Boutons qui viennent sur les levres. On dit aussi ༄༅་, *tcherpe.*

༄༅་, *erte.* Le grand matin. L'aurore. Cela se dit aussi d'un riz qui, semé après l'autre, est plutôt mûr. Le premier s'appelle *tchoung*, lorsqu'étant semé le premier, il mûrit avant l'autre.

༄༅་, *erteken.* Un peu matin. De grand matin.

༄༅་ ༄༅་, *erteken ni oso.* Appellez, faites lever cet homme de grand matin. Maniere de parler.

༄༅་, *ertemou.* Vertu. Habileté. (*Te tsai* en chin.)

༄༅་ ༄༅་, *ertemou mouten.* Habileté universelle. (*Tsai neng* en chinois.)

༄༅་, *ertele.* Jusqu'aujourd'hui. Jusqu'à présent.

༄༅་, *erteou.* De grand matin?

erkengue. Tout ce qui a vie.

ertemoungue. Qui a de la vertu. Qui est véritablement vertueux.

erse. De cette maniere. De cette sorte. Le pluriel de *ere.* On dit aussi *ere tcherki.*

ertoumbi. S'appuyer. Se confier. Se fier. Avoir confiance.

ertoun. Appui. Soutien, comme une mere est le soutien de son enfant. Confident, etc. On dit aussi *nikekou,* et *aktatchoun.*

ertouhepi. Qui a servi d'appui, de soutien, de caution, etc.

erguen temchembi. Etre fort malade. Respirer à peine. N'avoir plus qu'un souffle de vie. Etre près de mourir.

erguen. Le principe de la vie. Le *ki* qui est dans le corps et qui l'anime.

erguen yataha. Il ne respire plus. Il a perdu la vie. Il est mort.

erguen peié. Le *ki* qui anime le corps. (*Chen ming* en chinois.)

erguen terken. Tromperie. Fourberie. On dit aussi *ere tere seme.* Dire autrement qu'on ne pense. Donner le change. Ne pas répondre *ad rem.*

erke. Bonne apparence. Bonnes actions.

erguen kaimbi. Ronfler en dormant. Roupiller. (*Hou ki* en chinois.)

ᜊᜓᜃ᜔ᜎᜒ. *erguen chelembi.* Mépriser la vie jusqu'au point de ne pas craindre de la perdre. Ne craindre la mort d'aucune façon.

ᜊᜓᜃ᜔ᜎᜒ. *erguengue tchaka.* Principe de la vie dans les hommes et dans les animaux. (*Cheng ling* en chinois.)

ᜊᜓᜃ᜔ᜎᜒ. *erguembi.* Se reposer. Avoir besoin d'un peu de repos. Vouloir se reposer un peu. Prendre quelques jours de délassement en se divertissant, en ne faisant rien qui puisse occuper. Procurer du repos à quelqu'un. Ne pas l'inquiéter, etc.

ᜊᜓᜃ᜔ᜎᜒ. *erguentembi.* Avoir besoin de repos. On dit aussi ᜊᜓᜃ᜔ᜎᜒ. *erguembi.*

ᜊᜓᜃ᜔ᜎᜒ. *erguerakou.* Vouloir tout faire sans prendre aucun repos. Actif. Diligent.

ᜊᜓᜃ᜔ᜎᜒ. *ergenterakou.* Vouloir tout faire sans prendre du repos.

ᜊᜓᜃ᜔ᜎᜒ. *erguetchoun.* Repos. Tranquillité.

ᜊᜓᜃ᜔ᜎᜒ. *erguendoumbi.* Se reposer. Prendre du repos. Cela se dit de plusieurs personnes qui, après avoir travaillé, se reposent en même temps. On dit aussi ᜊᜓᜃ᜔ᜎᜒ. *erguenoumbi.*

ᜊᜓᜃ᜔ᜎᜒ. *ergueke.* Il a pris du repos. Avoir pris du repos.

ᜊᜓᜃ᜔ᜎᜒ. *erguen hetoumbi.* Vivre au jour la journée. N'avoir que ce qu'il faut pour vivre, pour ne pas mourir de faim.

ᜊᜓᜃ᜔ᜎᜒ. *erguetche.* Nom d'un oiseau aquatique dont

le mâle s'appelle *yuen* et la femelle *yang* (en chinois.) Il a la tête rouge avec quelques taches blanches, la queue noire, et le reste du plumage rouge ou pourpre. Le mâle et la femelle ne se quittent jamais. Si l'un des deux meurt, l'autre ne sauroit lui survivre. (Voy. ᡳᡨᠴᡳᡶᡠᠨ ᠨᡳᠶᡝᡥᡝ, *itchifoun niehe*, ᡥᡳ ᡨᡝ, *hi tche*.)

ᡝᡵᡤᡠᡝᠴᡝᠮᠪᡳ. *erguechembi*. Manger jusqu'à être rassasié, jusqu'à n'en pouvoir plus, jusqu'à ne pouvoir presque plus respirer.

ᡝᡵᡤᡠᡝᠯᡝᠮᠪᡳ. *erguelembi*. Menacer d'une punition corporelle, d'une punition soustractive de quelque chose. En imposer par sa contenance. Intimider. Presser quelqu'un quoiqu'il fasse déja vîte. Lier les mains derriere le dos à quelqu'un et le soulever en l'air. [C'est une espece de question qu'on donne aux coupables.]

ᡝᡵᡤᡠᡝᠯᡝᡨᡝᡳ. *ergueletei*. Vouloir opiniâtrément une chose. Entêté comme un bœuf.

ᡝᡵᡤᡠᡝᠯᡝᠪᠣᡠᠮᠪᡳ. *ergueleboumbi*. Etre menacé d'une punition soustractive, ou d'un châtiment corporel.

ᡝᡵᡤᡠᡝᠮᠪᠣᡠᠮᠪᡳ. *erguemboumbi*. Ordonner du repos à quelqu'un. Faire reposer un cheval. Faire prendre du repos à un homme.

ᡝᡵᡤᡠᡝᠮᠪᠣᡠᡵᠠᡴᠣᡠ. *erguembourakou*. Ne vouloir pas qu'un homme se repose, ne vouloir pas qu'il prenne un moment de repos.

ᡝᡵᡥᡝ. *erhe*. Grenouille.

ᡝᡵᡤᡠᡳ. *ergui*. Ce côté. Cet autre côté.

ᡝᡵᡴᡳ. *erki*. Qui commence à avoir de la force, à se

17

fortifier. On dit cela d'un homme qui veut porter un plus grand poids que les autres. On le dit aussi des efforts que font les enfants lorsque leurs pere et mere leur tiennent les mains pour les faire marcher. S'essayer à marcher.

↦↤. *erkilembi.* Qui emploie toute sa force. Employer toute sa force. (*Young kiang* en chinois.)

↦↤. *erguite.* Sur ce côté. Sur cet autre. Sur. Au-dessus.

↦↤ ↦↤. *ergoun ni ania.* Le jour de sa naissance qui revient chaque année. Anniversaire.

↦↤. *erhoue.* Le dessus de la tente fait de peau de mouton qu'on a teinte en rouge.

↦↤. *ergoume.* Espece de collet qui ressemble à des ailes de chauve-souris, et que les mandarins portent les jours de grande cérémonie, ainsi que les habits sur lesquels il y a des dragons et autres animaux en broderie. C'est-à-dire, porter les habits de cérémonie.

↦↤. *ergoun.* Le bord de l'ouverture du bonnet. C'est aussi l'espace de douze ans appelé *ki*. On donne aussi ce nom à la division d'une circonférence quelconque, grande ou petite. Comme si l'on disoit : ↦↤ ↦↤ ↦↤. *terei ergoun toutou.* On appelle encore de ce nom l'ouverture d'un filet lorsqu'elle est ronde. On dit pour lors ↦↤ ↦↤ ↦↤. *asou i angai ergoun.*

↦↤ ↦↤. *ergoun de torhome.* Tourner en rond pour moudre ou polir quelque chose.

EN

ᛝ ᛝ. *en sere herguen.*

ᛝ. *en.* Lorsque quelqu'un parle et qu'on est d'accord avec lui. On dit aussi ᛝ ᛝ ᛝ. *en en seme.*

ᛝ ᛝ ᛝ. *en en seme.* Accorder à quelqu'un ce qu'il dit.

ᛝ. *enteke.* En général, de cette sorte, comme cela. On dit aussi ᛝ ᛝ. *ere kese.*

ᛝ ᛝ. *enteheme tchoulgue.* Au commencement du monde. Dans les premiers temps.

ᛝ. *enteheme.* Au commencement des temps. Anciennement. Au commencement. Il y a un temps infini. On s'en sert aussi pour exprimer les cinq vertus capitales. Éternellement. A perpétuité.

ᛝ. *entekengue.* De cette maniere. De cette sorte. On dit aussi ᛝ ᛝ. *ere kesengue.*

ᛝ. *entehe.* Il est mort. Il n'est plus. On dit encore ᛝ. *poutehe,* et ᛝ. *poutchehe.*

ᛝ. *enteselaha.* Il manque quelque chose. Il s'en manque tant soit peu. Cela n'est pas complet.

ᛝ. *enteboukou.* Faute. Défaut. Erreur. Péché extérieur. Crime intérieur.

ᛝ ᛝ. *enteboukou oufaratchoun.* Avoir commis une faute. Etre en faute. Etre coupable.

ᛝ ᛝ. *enteri senteri.* On dit ce mot d'une chose qui n'est pas entiere, qui a été cassée.

ᛝ. *enteboumbi.* On dit cela d'un homme

ou d'un cheval qui, ayant soif ou faim, court boire ou manger. Il est en faute. Avoir commis une faute matérielle. Avoir un défaut.

ᴧ‑ᴐ‑ᴇ. *endembio.* Vous voudriez me le cacher? Vous croyez que je ne sais rien de notre affaire? On dit aussi ᴧ‑ᴐ‑ᴇ. *endereou.*

ᴧ‑ᴐ‑ᴇ. *entereou.* Avec un peu de réflexion l'on vient à bout de connoître l'intérieur par l'extérieur. Maniere de parler pour dire, A-t-il pu le cacher?

ᴧ‑ᴐ‑ᴇ. *enterakou.* Avec la réflexion il n'est rien qu'on ne puisse savoir. Alors on emploie ces mots, ᴧ‑ᴐ‑ᴇ ᴧ‑ᴇ. *enterakou sambi.* On sait cela sans qu'on le dise. On le sait aussi bien que si on l'avoit entendu. Prévoir une chose future et en parler comme d'une chose passée. Comme si on disoit, Cela ne sauroit être autrement. Savoir parfaitement une chose.

ᴧ‑ᴐ‑ᴇ. *entouri.* Esprit. (*Chen* en chinois.)

ᴧ‑ᴐ‑ᴇ. *entouri ouetchekou.* Esprit de la terre. (*Chen ki* en chinois.)

ᴧ‑ᴐ‑ᴇ. *entouri houtou.* Mauvais esprit.

ᴧ‑ᴐ‑ᴇ. *entouringue.* Saint. Sage. (*Cheng* en chinois.)

ᴧ‑ᴐ‑ᴇ ᴧ‑ᴇ. *entouri nialma.* Homme sage, vertueux.

ᴧ‑ᴐ‑ᴇ ᴧ‑ᴇ. *entouringue nialma.* Saint homme. (*Hien gen* en chinois.)

ᴧ‑ᴐ‑ᴇ ᴧ‑ᴇ. *entouringue etchen.* Sage roi. Saint maître. (*Cheng kun* en chinois.)

entchehen. Le pouvoir. La puissance. La capacité d'un homme, son habileté, son adresse, sa science. Adresse des mains.

entchehengue. Un homme qui n'a point de droiture. Un homme qui a beaucoup d'extérieur, qui a de l'adresse et de l'habileté.

entchembi. Servir à table lorsqu'on a des hôtes et qu'on prend soin de leur servir les mets et le vin.

entcheboumbi. Ordonner à quelqu'un de bien servir les hôtes, de prendre le soin de leur donner à boire et à manger quand ils sont à table.

entchehechembi. N'avoir point de gravité dans la contenance. Avoir un cœur mauvais et inique. Ne faire rien de bien et n'avoir rien de bon. Prier quelqu'un de faire ce qu'on devroit faire soi-même, mais qu'on ne peut ou qu'on ne veut pas faire. On dit aussi *entchehetembi.*

entchou. Différent. Qui n'est pas de même, dissemblable. Qui n'a pas même apparence.

entchou inengui. Un autre jour.

entchoulembi. Différer d'un autre. Avoir une intention différente. Vouloir faire tout seul quelque chose.

entchouleboumbi. Ordonner à quelqu'un d'être différent.

entchou fatchou. Aimer beaucoup un enfant, et montrer à l'extérieur la tendresse qu'on a pour lui.

⸺, *entchou temoun*. Fausse doctrine. Doctrine qui n'est pas véritable.

⸺, *en tchen*. Préparer précipitamment une chose. On dita lors ⸺, *en tchen ni pelhehe*. Avoir tout chez soi. N'avoir pas besoin de faire ses provisions. Avoir tout préparé.

⸺, *en tchen ni pigere*. Avoir déja tout préparé. Avoir tout ce qu'il faut. On dit également ⸺, *pelherengue pi*.

⸺, *eng sere herguen*.

⸺, *eng seme*. C'est le cri que pousse un malade qui souffre.

⸺, *enguele senguele akou*. Un parent qui est froid à l'égard de son parent, qui ne lui donne aucune marque d'amitié lorsqu'il le voit.

⸺, *enguelembi*. Cher. Qui coûte plus d'argent qu'il ne faut. Plus cher qu'auparavant. Gouverner les affaires publiques. Avancer la tête pour voir quelque chose. S'approcher. Cela se dit des supérieurs qui s'approchent de leurs inférieurs.

⸺, *engueleboumbi*. Vendre plus cher qu'il ne faut. Ordonner à quelqu'un d'avoir soin des affaires du peuple. Faire sonder pour quelque affaire.

⸺, *engueleme touambi*. Avancer la tête pour voir quelque chose.

⸺, *enguelenembi*. Aller traiter les affaires du peuple. Etre sur ses gardes, comme quelqu'un qui marcheroit sur le bord de l'eau. Aller s'approcher, etc.

enguemou. La selle d'un cheval.

enguelekou. Ce qu'on voit de haut en bas d'une élévation.

engueleshoun. Petite élévation.

enguitchi. De guet-apens. A la sourdine.

enki tchonki. Ni plus ni moins. Tout au plus il y avoit ce qu'il falloit. Justement ce qu'il faut. On dit alors *arkan iska.*

engoule. Nom d'une herbe sauvage qui ressemble à l'oignon. Elle vient dans le sable.

enguete mo. Nom d'un arbre qui ne vient jamais droit. Il croît le long des rivages.

ek sere herguen.

ek seme [*mbi*]. Ce mot sert à désigner quelque chose. On le dit aussi lorsqu'on est extrêmement fatigué, et qu'on ne sauroit même prendre la peine de manger ou de boire. On le dit encore quand on est ennuyé, qu'on ne veut voir personne, etc.

ekchembi. Très vîte. Très promptement. On dit aussi *epchembi.*

ekcheme sakcheme. D'un air précipité. D'un air affairé, troublé par les affaires. On dit encore *ebouho sabouhou.*

ekgendoumbi. Lorsque le commun est troublé. On dit aussi *ekchenoumbi.*

ekchoun. N'aimer pas les façons de quelqu'un. C'est aussi le dernier marc qui reste après avoir exprimé deux fois la substance du riz dont on se sert pour faire le vin. Marc ou lie de quelque vin que ce soit. Quand on veut parler du marc de l'eau-de-vie, on ajoute le mot ᠪᠠᠴᠠ. *patchou*.

ᡝᡴᡨᡝᠮᠪᡳ. *ektembi*. Lorsque les chevaux, les bœufs, et autres animaux, frappent la terre du pied, et renvoient la poussiere, la grêle et les herbes derriere eux.

ᡝᡴᠴᡳᠨ. *ekchin*. Bords d'un ruisseau, d'une riviere. Le quai d'une riviere. C'est aussi une injure, comme qui diroit : Laid comme un diable.

ᡝᡴᠴᡳᠨ ᡨᠰᠣᠯᠣ. *ekchin tcholo*. Lorsqu'un homme a le cœur mauvais et qu'il ressemble à un diable.

ᡝᡴᡨᡝᡵᠴᡥᡝᠮᠪᡳ. *ekterchembi*. Etre audacieux. Entreprendre au-dessus de ses forces. Avoir une contenance fiere et orgueilleuse. Vouloir l'emporter sur les autres. Avoir un air méchant.

ᡝᡴ ᡨᠠᡴ ᠰᡝᠮᡝ. *ek tak seme*. Lorsqu'un homme a une mine fiere et orgueilleuse, et qu'il semble vouloir inspirer de la crainte aux autres.

ᡝᠰ ᠰᡝᡵᡝ ᡥᡝᡵᡤᡠᡝᠨ. *es sere herguen*.

ᡝᡧᡥᡝᠨ. *eshen*. Oncle. Frere cadet du pere. On dit aussi ᡝᡨᠴᡳᡴᡝ. *etchike*.

ᡝᡧᡥᡝᡨᡝ. *eshete*. Oncles. Freres cadets du pere. On dit encore ᡝᡨᠴᡳᡴᡝᠰᡝ. *etchikese*.

ᡝᡧᡠᠨ ᡴᡳᡠᡝᠨᠰᡝ. *eshoun kiuense*. Étoffe de soie crue, ou espece de gaze sur laquelle on peint. (*Cheng kuen* en chinois.)

ᠶᠣᡥᠣᠨ ᠯᡳᠩᠰᡝ. *eshoun lingse.* Étoffe de soie crue un peu plus épaisse que la précédente. (*Cheng ling tsee* en chinois.)

ᠶᠣᡥᠣᠨ. *eshoun.* Crud. Qui n'est pas cuit. Viande ou telle autre chose qui n'est pas cuite. Un cheval, un mulet qui n'est pas encore dressé, etc. Qui est neuf dans une chose qu'il n'a pas encore apprise comme il faut; par exemple, à lire, écrire, etc., compter, tirer de l'arc, etc.

ᠶᠣᡥᠣᡴᡝᠨ. *eshouken.* Qui croit un peu. Qui a déja un peu crû.

ᠶᠣᡥᠣᠷᡝᠮᠪᡳ. *eshourembi.* Négliger une chose. Changer de bien en mal. Lorsqu'un oiseau d'apprivoisé qu'il étoit devient farouche.

ᠶᠣᡥᠣᠷᡝᠪᡠᠮᠪᡳ. *eshoureboumbi.* Faire changer de bien en mal. Faire manquer quelqu'un à son devoir, etc.

ᠶᡝᡳ ᠰᡝᡵᡝ ᡥᡝᡵᡤᡠᡝᠨ. *ep sere herguen.*

ᠶᡝᠴᡥᡝ. *epche.* Préposition, ou postposition de temps. D'ici, de là. Faire venir quelqu'un ici. Depuis les temps les plus reculés jusqu'à ce jour. On dit alors ᡨᠴᡥᠣᡠᠯᡤᡠᡝᡨᠴᡥᡳ ᠶᡝᠴᡥᡝ. *tchoulguetchi epche.*

ᠶᡝᠴᡥᡝᡴᡝᠨ. *epcheken.* Approchez-vous un peu plus près, etc.

ᠶᡝᠴᡥᡝ ᡨᠴᡥᠠᡥᠴᡥᡝ ᠠᡴᠣᡠ. *epche tchache akou.* Un homme qui n'a rien de déterminé, indécis, qui ne fait aucune espece de chose, qui ne peut rien de soi-même. (ᠶᡝᠴᡥᡝ ᠠᡴᠣᡠ ᡨᠴᡥᠠᡥᠴᡥᡝ ᠠᡴᠣᡠ. *epche akou tcháche akou.*)

ᠶᡝᠴᡥᡝ ᠣᠰᠣ. *epche oso.* Maniere de parler lorsqu'on

donne ses ordres. Comme si l'on disoit : Il faut faire ainsi, entendez-vous?

༺༻. *epche foro.* Ordonner à quelqu'un de tourner la face d'un autre côté.

༺༻. *epchehe.* Extrême. Fort. De toutes ses forces. Alors on dit ༺༻. *housoun ni epchehe.* Réduit à l'extrémité. Alors on dit ༺༻. *erguen pigere epchehe.* Quoi qu'il en coûte, on peut faire cela. Alors on dit ༺༻. *moutere epchehe.*

༺༻. *epche tchou.* C'est une maniere d'appeller quelqu'un. C'est un supérieur ou un égal qui appelle ainsi les gens.

༺༻. *epchembi.* Etre troublé, embarrassé. Faire tantôt une chose et tantôt une autre. Ne garder aucun ordre. Ne savoir que faire dans l'embarras des affaires, etc. (༺༻. *ekchembi.*)

༺༻. *epteren.* Qui a un extérieur vertueux, et qui est très mauvais au fond du cœur. Hypocrite. Assassin. Empoisonneur. Malfaiteur. On dit de même ༺༻. *epterekou.* Affecter l'extérieur d'un homme de bien, quoiqu'on soit très mauvais, etc. (༺༻. *kachan ni nomhoun erdemou y epteren kai.*)

༺༻. *epterembi.* Tuer. Empoisonner. Voler. Faire du mal. Nuire.

༺༻. *epte.* Prendre des éperviers dans leur nid, les élever, et s'en servir ensuite pour la chasse des lievres.

ⲋⲉⲧ. *eptchi.* Le penchant d'une colline, d'une montagne, qui n'est pas unie. Les côtes des hommes, des animaux.

ⲋⲉⲧⲓⲗⲉ. *eptchileme.* Marcher sur le côté de la montagne. Ranger la montagne, marcher à côté.

ⲋⲉⲧⲣⲁⲕⲟⲩ ⲛⲓⲟⲛⲅⲁⲗⲁⲣⲁⲕⲟⲩ. *eptererakou niongalarakou.* Conserver le corps, les cheveux, le ventre en leur entier. Ne rien ôter ni couper, garder son corps en entier.

ⲉⲗ ⲥⲉⲣⲉ ϩⲉⲣⲅⲟⲩⲉⲛ. *el sere herguen.*

ⲉⲗⲃⲉⲙⲃⲓ. *elbembi.* Couvrir quelque chose. Envelopper, couvrir une maison avec de la paille, etc. Avoir un mérite qui couvre toute la terre. Couvrir une chose de haut en bas.

ⲉⲗⲃⲉⲃⲟⲩⲙⲃⲓ. *elbeboumbi.* Ordonner à quelqu'un de couvrir une chose.

ⲉⲗⲃⲉⲭⲟⲩ. *elbechou.* Calomniateur. Qui dit des injures. Qui fait des imprécations.

ⲉⲗⲃⲉⲕⲟⲩ. *elbekou.* Couvercle.

ⲉⲗⲃⲉⲫⲉⲙⲃⲓ. *elbefembi.* Dire à tort et à travers tout ce qui vient à la bouche. On dit aussi ⲉⲗⲃⲉⲛ ⲫⲉⲙⲃⲓ, *elben fembi.*

ⲉⲗⲃⲉⲛ ⲫⲉⲙⲃⲓ. *elben fembi.* Dire à tort et à travers ce qui vient à la bouche. Parler sans savoir ce qu'on dit. Faucher les herbes.

ⲉⲗⲃⲉⲛ. *elben.* Herbes dont on se sert pour couvrir les maisons.

↪ ↺ ↺. *elben ni po.* Hameau. Latrines. Chaumiere ou maison couverte de paille.

↪ ↺. *elben kouara.* Nom d'un oiseau qui ressemble à l'oiseau appellé *hen hou* (en chinois.) Il est un peu plus petit et a la figure d'un tigre. (↺, *yaboulan.*)

↪ ↺. *elpihe.* C'est le nom d'une espece de manteau fait avec la peau d'un animal semblable au renard, mais fort dormeur. Il est appellé *ho tsee.* On emploie la même peau pour faire des couvertures de lit, des matelas. Cette peau est semblable à celle du renard; elle est plus noire, tirant un peu cependant sur le roux. *Elpihe* est aussi le parfait d'*elpimbi.*

↪ ↺. *elpimbi.* Appeller quelqu'un à soi pour lui procurer du bonheur et du repos. Se réconcilier avec quelqu'un, lui rendre son amitié. Se rendre vassal ou sujet d'un prince. Se rassembler contre un ennemi commun.

↪ ↺. *elpiboumbi.* Ordonner à quelqu'un de se saisir d'un autre, etc.

↪ ↺. *elpinembi.* Ordonner à quelqu'un d'aller se saisir d'un autre.

↪ ↺. *elpindoumbi.* Venir tous l'un après l'autre se rendre vassaux d'un prince, le reconnoître pour souverain (↪ ↺. *elpinoumbi.*)

↪. *elden.* Ce mot signifie brillant, éclat, rayons du soleil, de la lune, des étoiles, des rivieres, et de toute autre chose. C'est aussi le brillant des vertus et de la sagesse.

ᠡᠯᡨᡝᡴᡝ, *elteke.* C'est le mot générique pour exprimer le brillant ou l'éclat de quoi que ce soit.

ᠡᠯᡨᡝᠩᡤᡝ, *eltengue.* C'est le nom qu'on donne à la couleur d'un homme qui fait plaisir à voir. C'est le brillant d'un homme, de son équipage, de sa contenance.

ᠡᠯᡨᡝᠩᡤᡝ ᠠᠮᠪᠠᠯᡳᠩᡤᡡ, *eltengue ambalingou.* Paroles d'éloge, telles que celles qui sont dans le *che king* en l'honneur de *Ouen ouang.* Comme qui diroit: Personnage au-dessus des autres hommes par ses vertus.

ᠡᠯᡨᡝᠮᠪᡠᠮᠪᡳ, *eltemboumbi.* Rendre une chose luisante et claire. Avoir un grand brillant. Faire honneur à ses ancêtres.

ᠡᠯᡩᡝᠨ ᡴᠠᠪᡨᠠᠪᡠᡥᠠ, *elden kaptabouha.* Brillant du soleil, de la lune, de l'eau, du métal, du vernis, etc. (ᡶᠣᠰᠣᡦᠠ, *fosopa,* ᡥᡝᠯᠮᡝᡤᡝᠮᠪᡳ, *helmegembi.*)

ᡝᠯᠴᡳᠨ, *eltchin.* Ambassadeur ou envoyé de l'empereur chez les rois étrangers. C'est aussi de ce nom qu'on appelle les ambassadeurs que les rois étrangers envoient à l'empereur pour payer tribut, etc.

ᡝᠯᠴᡝᠮᠪᡳ, *eltchembi.* Se battre, se disputer. S'opposer à ce que l'ennemi s'avance. Repousser l'ennemi, le battre.

ᡝᠯᠴᡝ ᡦᡝᡵᡳ, *eltche peri.* Espèce de poisson dont on emploie la peau des mâchoires pour appliquer sur les arcs. Ce poisson s'appelle en chinois *pao yu.*

ᡝᠯᠴᡝᠨᡩᡠᠮᠪᡳ, *eltchendoumbi.* Chercher à se nuire.

Cela se dit en particulier de deux ou plusieurs familles qui sont en litige et qui cherchent à se nuire. On dit aussi ⵏⵉⵢⵓⴼⵏ. *etchenoumbi.*

ⵍⴽⴼⵏ. *elkembi.* Brider un cheval ou toute autre bête de charge, lui mettre le bridon, l'emmuseler, et la conduire par la bride ou la corde sans monter dessus.

ⵍⴽⴱⴼⵏ. *elkeboumbi.* Ordonner à quelqu'un d'emmuseler, de brider une bête pour la conduire, lorsque nous marchons derriere.

ⵍⵎⵏ. *elmin.* jeune cheval qu'on monte pour la premiere fois, qui n'avoit point encore été sellé.

ⵍⵂ. *elhe.* Doucement. Tranquillement. En repos, sans trouble, ni confusion, ni tracas. Tranquille. (ⵍⵂ ⵂⵂ. *elhe hahi.*)

ⵍⵂⵓ. *elheou.* Maniere de parler pour demander à quelqu'un s'il se porte bien. Cette expression n'est en usage que d'un inférieur à son supérieur, ou du petit au grand.

ⵍⵂ ⵍⵂⵢ. *elhe alahai.* Faire une chose fort doucement. Ne pas se presser. Avoir une contenance douce, soit qu'on marche ou qu'on fasse quelque chose. Avoir le cœur content, sans soucis ni inquiétudes. On dit alors ⴰⵏ ⵏ ⵍⵂ ⵍⵂⵢ. *an ni elhe alahai.*

ⵍⵂⴽⵏ. *elheken.* Doucement. Sans se presser. Tranquillement. Sans inquiétude. Peu-à-peu, etc.

ⵍⵂ ⵏⵓⵂⵏ. *elhe nouhan.* Contenance grave, qui ne marque rien d'empressé.

ᚳᚠ, *elhechémbi.* Différer de faire une chose; la faire doucement, tranquillement, sans se presser.

ᚳᚠ, *elhecheboumbi.* Ordonner d'aller doucement, de ne pas se presser.

ᚳᚠ ᚳᛏ, *elhe taifin.* Grande tranquillité.

ᚳᚠ, *elki.* Ordonner de faire signe de la main pour appeler quelqu'un. Ordonner d'appeler quelqu'un.

ᚳᚠ, *elkimbi.* Appeler quelqu'un en lui faisant signe de la main. Agiter quelque chose qu'on tient entre ses mains; comme une épée, un bâton, etc. Espadonner. Faire les évolutions ou l'exercice du sabre.

ᚳᚠ, *elkiboumbi.* Ordonner d'appeler quelqu'un en lui faisant signe de la main. Ordonner d'espadonner, de faire des évolutions avec des instruments militaires.

ᚳᚠ, *elkin.* Riche en argent, en meubles, en terres, etc. On dit aussi ᚳᚠ ᚳᛏ, *elkin toumin.*

ᚳᚠ ᚳᛏ, *elkin ania.* Année fertile. Année abondante. (*Foung nien* en chinois.)

ᚳᚠ, *elkiéken.* Commode. Riche. Qui a de quoi.

ᚳᚠ, *elkindoumbi.* Faire signe de la main à quantité de personnes, lorsqu'on est plusieurs ensemble et qu'on fait des évolutions avec des instruments militaires, ou de danse. On dit aussi ᚳᚠ, *elkinoumbi.*

ᚳᚠ ᚳᛏ ᚳᛏ, *em sere herguen.*

ᚳᚠ, *emte.* A chacun, l'un après l'autre. A tous,

en général; et à chacun, en particulier. Donner à chacun une partie d'une chose à faire.

‌ ⵍ. *emte.* Plusieurs personnes ensemble. On dit aussi ⵍ. *emki.*

‌ ⵍ. *embitchi.* D'abord. En premier lieu. Ou comme ceci, ou comme cela, ou une fois, etc. On dit aussi ⵍ. *eitchi,* préposition.

‌ ⵍ. *emke.* Un. Une chose. On dit aussi ⵍ. *emou.*

‌ ⵍ. *emteli.* Un seul. Il n'y a qu'un seul homme. Qui n'a personne. Qui est tout seul.

‌ ⵍ. *emtengueri.* Une seule fois, etc. Chaque fois.

‌ ⵍ. *empi.* Nom d'une plante sauvage dont la tige et les feuilles sont comme celles de l'herbe médicinale appellée en chinois *ngai kia.* Nom général de quelques herbes sauvages; on en cultive aussi dans les jardins, et elles sont bonnes à manger. Espece de plante appellée *pei hao,* dont les feuilles sont fort tendres.

‌ ⵍ. *empirembi.* Parler à tort et à travers. Dire tout ce qui vient à la bouche, sans attention ni gravité, etc.

‌ ⵍ. *emtoupei.* Sans interruption. Ne s'embarrasser que de ce qu'on fait. Faire sans discontinuer. Ne vouloir faire que cela. Vouloir en venir à bout sans discontinuer.

‌ ⵍ ⵍ. *emke emken.* L'un après l'autre. Un à un. Une chose après une autre, etc.

ᴗ⳽ᴗ. *emki.* Beaucoup de personnes ensemble. Alors on met au-dessus ᴗᴗ. *ni,* ou ᴗ. *i;* c'est-à-dire le génitif. On dit aussi ᴗ⳽ᴗ. *emte.* Dans. Avec. De compagnie. Par exemple, manger avec quelqu'un, aller avec, ensemble, etc.

ᴗ⳽ᴗ. *emkeri.* Une fois.

ᴗ⳽ᴗ. *emhe.* Belle-mere du côté de l'homme et de la femme.

ᴗ⳽ᴗ. *emkilembi.* Etre avec quelqu'un. Faire de concert, de compagnie, etc.

ᴗ⳽ᴗ. *emhoun.* Un seul; c'est-à-dire un homme qui est parvenu à un certain âge sans avoir eu des enfants.

ᴗ⳽ᴗ. *emhoulembi.* Etre seul dans un endroit. Etre chargé seul d'une affaire. Etre seul ainsi riche et commode. Alors on dit ᴗᴗᴗ ᴗᴗ, *touoche kamtchi.*

sere herguen.

inekou. C'est encore comme cela. Lui-même. Toujours comme cela, comme auparavant, comme autrefois. La même année. Par exemple, le même mois, le même jour. Pronom, ce, cet, cette, etc. Le même, etc.

i. Il. Lui. Elle.

ini tchisoui. Sans doute. Certainement. De soi-même.

ini. Le génif de *i.* De lui, d'elle.

inekou ania. Cette année. (*Pen nien* en chinois.)

inekou pia. Cette lune. (*Pen yue* en chin.)

inekou inengui. Ce jour. (*Pen ge* en chinois.)

inengui. Le jour entier. Le jour seulement. C'est aussi le nom d'un poisson qui ressemble à celui que les Chinois appellent *pang teou yu*, et qui a la bouche quarrée; son corps ressemble au poisson appelé en tartare *soungata.*

inekou sile. Le bouillon de la viande qu'on a fait cuire. Le jus de la viande cuite.

inengui toulin. Le midi. Le milieu du jour.

inenguitari. Chaque jour. Tous les jours.

inenguishoun. Avant ou après midi.

ine mene. La droite et la gauche sont la droite et la gauche, comme il vous plaira. C'est un proverbe pour dire à quelqu'un de faire comme il lui plaira.

inou. Oui, c'est comme cela. (*Che*, *y*, *ye*, etc. en chinois.)

ihan. Depuis minuit jusqu'à trois heures. L'heure du bœuf.

ihan poula. Nom d'un arbre dont la peau est lisse et unie. Il a des épines. Il porte des fruits qui ressemblent aux haricots. Ses fruits sont noirs, et ils s'appellent *ipahan ni halmari.*

ihan pouren. Instrument de musique appelé *hao teou.* Il est fait comme une jambe de bœuf. Il est de cuivre, et s'accorde avec la trompette. C'est une espece de trompette dont le son est d'une octave plus bas que celui des trompettes ordinaires.

ihan toua. Amas de bois auquel on met le feu. Fagot de bois.

ihan mouchou. Nom d'un oiseau qui n'a que trois harpons ou serres à chaque patte. Il n'a point d'ergot.

ihan yaksarhan. Nom d'un oiseau beaucoup plus gros que celui qu'on appelle *yaksarhan.* Il se trouve dans les lieux où il y a de l'eau et beaucoup d'arbres.

ihan ountchehen. Nom d'un poisson plus grand que le *nang tsee yu* (des chinois.) Il a des épines sur le dos et la queue ronde; elle n'est point divisée par arêtes.

〰. *ihatchi.* Peau de bœuf.

〰. *ikoumbi.* Avoir peur. Aller de guet-apens pour surprendre; ou, de peur d'être pris, se courber. Raccourcir quelque chose, le rendre plus court, le rendre moins large.

〰 〰. *ikoume saniame.* Raccourcir, rendre moins large une chose.

〰. *ikourchambi.* Marcher à pas comptés. Marcher fort lentement et en levant pesamment les pieds. Cela se dit aussi de tous les insectes qui marchent fort doucement. Traîner les pieds.

〰. *ikoursoun.* La moëlle des os. C'est aussi la moëlle de l'épine du dos des animaux en particulier.

〰. *ikouboumbi.* Couper avec un couteau ou un autre instrument un peu d'une chose qui est trop élevée, d'une chose qui est trop large; en ôter de chaque côté pour la rendre plus étroite ; d'une chose trop longue en ôter un peu pour la rendre plus courte. Raccourcir, étrécir, etc.

〰 〰. *ipahan ni halmari.* Espece de savon dont on se sert pour se décrasser le visage, et pour décrasser quelque chose que ce soit.

〰. *ipahan.* Cela se dit d'un homme qui n'a point de gravité, qui est éventé, qui fait à tort et à travers tout ce qui lui vient à l'esprit. C'est aussi le nom qu'on donne à l'esprit malin.

ipahan tailaha. Possédé du démon.

ipahan hiaboun. Herbe aquatique qui pousse une tige fort longue, au bout de laquelle il y a une espece de fruit qu'on lave et qu'on fait délayer dans de l'eau; on le bat ensuite, et on en fait de l'amadou, ou bien on en met dans les matelas et couvertures au lieu de coton.

ipadan. Nom d'un arbre dont la tige sert à faire des bâtons de fleches et d'autres instruments. Ses feuilles sont rondes; sa peau est violette et bigarrée. On l'appelle aussi *chou ly mou* (en chinois), parcequ'il ressemble fort à cet arbre.

ipaktchi. Nom d'un arbre dont la cime est plate et unie et ne va pas en pointe. Son tronc est couvert d'épines; ses fruits ressemblent aux raisins sauvages et ne sont pas bons à manger.

ipe. Faire placer dans l'endroit convenable ceux qui doivent faire les cérémonies à l'empereur.

ipénembi. Aller en avant pour faire les cérémonies.

ipenoumbi. Se placer pour faire les cérémonies. Faire en commun les cérémonies de battre la tête devant l'empereur, etc.

ipembi. Aller en avant. Aller le premier. Etre placé devant les autres lorsqu'on fait les cérémonies. Cela se dit lorsque l'on va en campagne, et que les bêtes ont peu mangé, leur donner plus qu'à l'ordinaire à manger. Alors on dit ↭↭, *orho ipembi.* Chasser. Faire le cercle pour envelopper la bête. Dire d'aller devant. Ceux qui sont au centre vont fort doucement, tandis que ceux qui sont au-dehors vont fort vite.

↭. *ipeboumbi.* Ordonner de faire les cercles quand on est à la chasse. Ordonner de venir, d'aller où il faut, de donner aux chevaux, mulets, etc., un peu plus à manger qu'à l'ordinaire. Faire aller devant. Faire avancer quand on est à la chasse, etc.

↭. *ipechembi.* Aller lentement, à petits pas. Aller par un chemin fort étroit et avec beaucoup de circonspection. Aller un peu devant. On dit aussi ↭. *ipetembi.*

↭. *iperi.* La piece d'acier qui est derriere le casque.

↭. *ipete.* Arbre pourri.

↭. *ibourchembi.* Cela se dit des insectes de différentes couleurs qui sont sur les arbres et qui marchent sur les feuilles. Ce mot exprime proprement la maniere dont les différentes sortes de chenilles marchent.

↭ ↭. *ipiaha tchafambi.* Oter les grains des épis et les conserver pour les semer l'année d'après.

↭. *ipiata.* Mépriser, haïr, rejeter quelqu'un. On dit aussi ↭. *oupiata.*

ᡳᠫᡳᡝᠮᠪᡳ. *ipiembi.* Haïr quelqu'un, lui vouloir du mal, le détester. On dit aussi ᠣᡳᠫᡳᡝᠮᠪᡳ. *oupiembi.*

ᡳᠫᡳᠠᠪᡠᡵᡠ. *ipiabourou.* Haïr quelqu'un à la mort. On dit aussi ᠣᡳᠫᡳᠠᠪᡠᡵᡠ. *oupiabourou.*

ᡳᠫᡳᠶᠠᠴᡳᠣᠨ. *ipiatchoun.* Haïr. Vouloir du mal. On dit aussi ᠣᡳᠫᡳᠶᠠᠴᡳᠣᠨ. *oupiatchoun.*

ᡳᠫᡳᡠᠨ. *ipiun.* Avoir de l'aversion pour quelqu'un dans lequel on reconnoît quelque mauvaise qualité. C'est un dicton commun, on ne peut souffrir ceux qui ont les yeux mal-sains et chassieux; mais on porte compassion à ceux qui ont mal aux dents. Voici comme se dit le proverbe en tartare : ᠶᠠᠰᠠ ᠨᡳᠮᡝᡵᡝ ᠨᡳᠶᠠᠯᠮᠠ ᡳᠫᡳᡠᠨ, ᠨᡳᠶᠠᠯᠮᠠ ᠴᡳᠯᠣᠨ ᠣᠣᡳᡥᡝ ᠨᡳᠮᡝᡵᡝ. *iasa nimere nialma ipiun, nialma tchiloun oueihe nimere.*

ᡳᠰᠠ. *isa.* Ordonner à quantité de personnes de s'assembler, de se rendre à un même lieu.

ᡳᠰᠠᠮᠪᡳ. *isambi.* S'assembler dans un même lieu. Nouer ses cheveux sur sa tête. Cela se dit aussi lorsque les mandarins s'assemblent au palais de l'empereur. Rassembler ses cheveux et les nouer ensemble. Etre ensemble à discourir et à rire.

ᡳᠰᠠᠨ. *isan.* Assemblée dans un même lieu. Ce mot a seulement cette signification.

ᡳᠰᠠᠨᠴᡳᠮᠪᡳ. *isantchimbi.* Venir au lieu de l'assemblée.

ᡳᠰᠠᠨᠠᠮᠪᡳ. *isanambi.* Aller au lieu de l'assemblée.

ᡳᠰᠠᡩᠣᡠᠮᠪᡳ. *isadoumbi.* Lorsque le commun s'assemble. S'assembler en commun. (ᡳᠰᠠᠨᠣᡠᠮᠪᡳ. *isanoumbi.*)

isabou. Ordonner de s'assembler dans un lieu. Faire assembler.

isaboumbi. Ordonner de s'assembler, de se rendre dans un même lieu. De peu qu'on étoit se trouver en grand nombre. Ordonner à quelqu'un de nouer ses cheveux sur sa tête. Ramasser dans un même lieu plusieurs sortes de choses, etc.

isembi. Craindre. Ne pas oser.

isetchoun. Avoir peur. Craindre.

ise. Chaise à s'asseoir. (*Y tse* en chinois.)

ise i sektefoun. Coussin à mettre sur les chaises. (*Y tien* en chinois.)

isehepi. J'ai craint, tu as craint, il a craint.

isekou. Il a de la crainte. Cela s'entend d'une crainte respectueuse.

isekou akou. C'est un déterminé qui ne craint, comme on dit, ni dieu ni diable.

iselembi. Etre orgueilleux, babillard. Ne vouloir rien souffrir de la part de qui que ce soit. Rendre injure pour injure, coup pour coup. Ne rien craindre. Ne rien passer à personne.

iseleboumbi. Ordonner à quelqu'un de ne pas pardonner, de rendre injure pour injure, etc.

iselere foutarara. Cela se dit d'un fils qui se revanche contre son pere, et d'un cadet qui se revanche contre son frere aîné lorsqu'il en est battu.

ⵡⵃⵉⴰⴹ. *isebou.* Punir, donner une pénitence, battre. Inspirer de la crainte à quelqu'un, maltraiter de coups, etc.

ⵡⵃⵉⴰⴹⴼⴻⵏ. *iseboumbi.* Inspirer de la crainte, maltraiter fortement.

ⵡⵃⵏⴼⴻⵏ. *ichembi.* Etre à la veille de quelque chose. En avoir assez. Ce qui suffit. Oter les mauvaises herbes d'un champ, d'un jardin; les arracher. Arracher des fleurs, des plantes, des herbes jusqu'à la racine. Arracher les cheveux blancs. Arracher parmi de bonnes herbes celles qui sont mauvaises. Comme cela, ainsi. Pour quelque chose. Sur quelque lieu.

ⵡⵃⵏⴰⴹⴼⴻⵏ. *icheboumbi.* Parvenir. Etre arrivé. Avoir fait. Lorsque quelque chose ou quelque affaire que ce soit est faite ou finie. Dresser un épervier, lui apprendre à chasser en lui montrant un lievre ou tel autre animal. Arracher les cheveux blancs. S'être servi de quelque chose.

ⵡⵃⵏⴰⴹ. *ichebou.* Ordonner à quelqu'un de faire quelque chose, d'aller dans quelque endroit, de porter quelque chose.

ⵡⵃⵏⵟⵜⴶ. *ichetala.* Arrivé, parvenu ici ou là.

ⵡⵃⵏⴽⴽ. *icheka.* Fort près, qui n'est pas éloigné, qui arrivera bientôt. Suffisamment. Cela est fini, etc.

ⵡⵃⵏⵔⵏⵜ. *isinga.* Bien tempéré. Bien assorti. A suffisance. C'est aussi pour dire: Avoir habituellement à suffisance.

ⵡⵃⵏⵅⵉⵏ. *icherei.* Qui est près. Qui arrivera bientôt.

igerakou. Ce qui n'est pas parvenu à. Ce qui est différent. Ce qui n'atteint pas. Ce qui n'approche pas. Ce qui ne peut s'accorder avec quelque chose ou avec quelqu'un. Ce qui ne fait rien.

ichenambi. Etre arrivé dans un endroit. Aller dans un endroit.

ichenahale. Arrivé dans un endroit.

iche. Nom d'un arbre appellé en chinois *siao noan mou chou*. Il ressemble au pin : il est un peu plus dur et plus pesant. Les Mongoux se servent de la peau tendre de cet arbre pour en faire une liqueur qu'ils prennent en guise de thé. Ses feuilles tombent en hiver. Il croît dans les lieux froids. Son bois est incorruptible. Il est armé d'épines dont la piquure est très douloureuse. Le bois de cet arbre se change en pierre propre à aiguiser les couteaux et autres choses semblables, après qu'il a passé plusieurs années dans l'eau. L'expérience en est constante. On met de ce bois le long de la riviere appellée *he Loung kiang*, dans la Tartarie septentrionale, et il se change en pierre propre à aiguiser. Ordonner à quelqu'un d'arracher des herbes, des plantes, des arbres, etc.

ichehi. Ordonner de secouer une chose sur laquelle il y auroit de la poussiere.

ichehimbi. Secouer, faire tomber la poussiere. Cela se dit aussi des quadrupedes et des oiseaux qui se secouent, et font tomber la poussiere de leurs poils ou de leurs plumes.

ichehiboumbi. Ordonner à quelqu'un de secouer, d'ôter la poussiere.

ichehitaboumbi. Recevoir de mauvais traitements, des secousses.

ichehitambi. Ne pas aimer quelqu'un, lui donner des marques de mépris, de haine, lui montrer de l'aversion et de l'horreur.

ichentchimbi. Venir, arriver dans quelque endroit. Cela se dit aussi de quelque événement heureux ou malheureux, qui est arrivé.

isentchou. Déterminer un jour pour faire venir quelqu'un. Ordonner à quelqu'un de venir un tel jour.

isou. Piece de soie noire, unie et sans fleurs.

isouka. Espece de faucon ou d'épervier qui ressemble au *tche ma tiao* des chinois. Il a sur les plumes de la queue et des ailes une raie blanche.

isouhoun. Laid, petit, maigre. Ce mot s'applique aux enfants qui naissent et qui sont tels.

itarambi. Enfler, devenir boursoufflé. Avoir la maladie des vents et ne respirer qu'à peine. Avoir des points de côté et ne respirer qu'avec douleur.

itarchame nimembi. Avoir mal à l'estomac. Lorsque la bouche de l'estomac fait mal.

itarchambi. Avoir mal à l'estomac. Lorsque l'estomac fait mal.

ipahachambi. Faire des grimaces, des contorsions comme un fou. Ce mot se dit de ceux qui sont méchants, querelleurs, qui ne cherchent, comme on dit, que plaies et bosses, qui sont turbulents, et qui n'ont aucune qualité bienfaisante. Etre possédé du diable ; faire des contorsions, des grimaces, etc.

iningue. De lui.

iten. Bœuf de deux ans. Bœuf destiné à être immolé.

itou. Coq de montagne dont le corps est petit, la queue courte. Il y en a de trois sortes ; les uns ont le bec rouge, les autres l'ont blanc ; la troisieme sorte s'appelle coq de Bamboux. C'est apparemment notre coq de bruyere.

itoulhen. Nom d'un oiseau de proie qui prend les lievres.

itou. Etre de quartier pour faire son emploi. Etre de garde. Etre de mois, de jour, etc.

itou touogembi. Aller faire son emploi à son tour.

itou kaimbi. Pendant son semestre, à son tour, aller faire son quartier.

itou aliboumbi. Prier quelqu'un de tenir sa place, de faire son quartier, sa garde ; reprendre son quartier, sa garde, etc.

itou fekoumbi. Oublier de se rendre à son devoir lorsqu'on est de quartier. Ne pas faire son quartier, sa garde, etc.

ILA

itoumbi. Coller des plumes sur les fleches.

itourambi. Etre de garde, de quartier chacun à son tour. Tourner avec quelqu'un. Etre de semestre, de quartier, de garde à son tour.

itouraboumbi. Faire faire les quartiers, les gardes. Assigner à chacun le temps et le lieu où il doit monter la garde ou être de quartier.

idoun. Qui n'a pas bonne apparence. Qui n'est pas beau à voir. Qui n'a pas d'éducation. Ce mot se dit généralement de tout ce qui n'a pas bonne apparence, et en particulier d'un homme qui parle d'une maniere rustre et sans urbanité.

idoukan. Qui est un peu sauvage. Qui a un peu de rusticité. Qui est un peu sans agrément. Cela se dit aussi des choses.

ilan ertemou. Ce qui a en soi un principe de puissance, comme le ciel, la terre et l'homme.

ilambi. S'ouvrir, s'épanouir. Cela se dit des fleurs.

ilaka. Cette fleur s'est épanouie.

ilatambi. Remuer ses deux jambes d'une maniere extraordinaire. Sauter, gambader. Indéterminé; suivant le proverbe, trois cœurs entre deux pensées.

ilatame faitambi. Tourner une piece de soie ou de toile dessus, dessous, de toutes les façons, pour voir si elle suffit pour ce qu'on veut faire, et faire en sorte qu'il y en ait assez.

ᠶᡳᠯᠠᠨ ᠴᠠᡳᡶᠠᠨ. *ilan tchaifan.* La croupe d'un cheval, d'un mulet et d'autres animaux. Ce qui se trouve des deux côtés de la croupe ou, pour mieux dire, de la queue des animaux.

ᠶᡳᠯᠠᡶᡳᡥᠠ. *ilafiha.* Mauvaise lame de couteau qui se plie comme du plomb, qui est foible.

ᠶᡳᠯᠠᠨ. *ilan.* Trois. (*San* en chinois.)

ᠶᡳᠯᠠᠨ ᠨᡳᠶᠠᡴᡡᠨ. *ilan niakoun.* Trois génuflexions. (*San koei* en chinois.)

ᠶᡳᠯᠠᠩᡤᡝᡵᡳ. *ilangueri.* Trois fois. A trois reprises.

ᠶᡳᠯᠠᡥᠠ. *ilaha.* Oter la peau ou l'écorce des saules, comme on ôte les fils du chanvre. C'est un proverbe pour dire: Il est aisé de peler les saules.

ᠶᡳᠯᠠᡨᠠ. *ilata.* Toutes les trois fois. A chaque trois fois.

ᠶᡳᠯᠠᠨ ᡥᡝᠴᡝᠨ. *ilan hechen.* Les trois domaines ou les trois puissances du roi envers les sujets, du pere envers le fils, du mari envers la femme. (*San kang* en chinois.)

ᠶᡳᠯᠠᠨ ᡨᠠᠴᡳᡥᡳᠶᠠᠨ. *ilan tatchihien.* Les trois religions; savoir, celle des Lettrés, des *Ho chang,* et des *Tao che.*

ᠶᡳᠯᠠᠨ ᠪᠣᡩᠣᠨ. *ilan podoun.* Les trois artifices, ou les trois manieres de faire la guerre. (*San lio* en chinois.)

ᠶᡳᠯᠠᠨ ᠪᡳᠶᠠ. *ilan bia.* Les trois lunes. (*San yue* en chinois.)

ᠶᡳᠯᠠᠴᡳ ᠴᠠᠯᠠᠨ ᠨᡳ ᠣᠮᠣᠯᠣ. *ilatchi tchalan ni omolo.* Les descendants de la troisieme postérité.

ᠢᠯᠠᠴᠢ. *ilatchi.* Le troisieme. (*San ty* en chinois.)

ᠢᠯᠡᠲᠦ. *iletou.* Enfant qui n'a honte de rien, qui ne rougit de rien, qui ne craint point, qui est hardi. Homme éclairé qui fait bien toutes choses, et qui les fait à propos, qui ne craint rien, qui ne trouve rien de difficile, qui va droit à son but, qui a de la droiture, qui dit ouvertement ce qu'il pense, qui fait les choses l'une après l'autre, qui les fait à propos et sans confusion.

ᠢᠯᠡᠲᠦᠬᠡᠨ. *iletouken.* Qui est un peu éclairé.

ᠢᠯᠡ. *ile.* Pour prendre les bêtes fauves il y a de grands et de petits filets. Lacet. Filet. On dit aussi ᠣᠡᠴᠠᠨ. *ouechen.* Ordonner à quelqu'un d'ôter les filaments du chanvre. Ordonner à quelqu'un de lécher.

ᠢᠯᠡᠮᠪᠢ. *ilembi.* Oter les filaments des deux especes de chanvre. Lécher.

ᠢᠯᠡᠪᠦᠮᠪᠢ. *ileboumbi.* Ordonner de lécher. Ordonner d'ôter les filaments du chanvre.

ᠢᠯᠡᠲᠦ ᠬᠣᠤᠯᠬᠠ. *iletou houlha.* Voleur public qui s'en va hardiment et armé.

ᠢᠯᠡᠲᠦ ᠴᠣᠣᠬᠠ. *iletou tchouha.* Ranger une armée en bataille. Armée bien disposée, bien disciplinée.

ᠢᠯᠡᠲᠦ ᠻᠢᠶᠣᠣ. *iletou kiao.* Chaise à porteur dans laquelle on est à couvert. Chaise à porteur dans laquelle on est à découvert, ayant seulement le siege.

ᠢᠯᠡᠲᠦᠯᠡᠮᠪᠢ. *iletoulembi.* Faire une chose qui ne sauroit manquer d'être sue. Éclater, venir à la connoissance du public.

ᎦᏘᎦᎥᎥᏫᎤᎾᏓᏐᏰᏂ. *iletouleboumbi*. Ordonner de manifester, de faire éclater une chose, de faire en sorte qu'elle parvienne à la connoissance du public.

ᎦᏘᏂᏐᎤ. *ilengou*. Langue. On appelle aussi de ce nom le petit bout de bois ou la cheville qu'on met dans les narines percées des bœufs, chameaux, etc., pour leur servir de bride. Grains de fer ou de plomb qu'on met dans les fusils pour tirer les oiseaux. Trappe à prendre les oiseaux, etc.

ᎦᏘᎸᏂ. *ilerembi*. Attacher un cheval ou telle autre bête avec une corde fort longue, de façon qu'il puisse paître au loin. Faire le tour.

ᎦᏘᏱ. *ilin*. Etre debout dans le lieu où il faut être bout. Etre droit, etc.

ᎦᏘᎣ. *ili*. Ordonner à quelqu'un de se tenir dans un endroit, de rester debout.

ᎦᏘᏃᎥᎥ. *ilimbi*. Etre debout. Etre droit, etc.

ᎦᏘᏃᏓᏐᎥᎥ. *iliboumbi*. Ordonner d'être debout, d'être droit, de rester dans un endroit, de ne pas changer de place, de ne pas entrer, d'élever un édifice ou telle autre chose. Après le sacrifice, lorsqu'on fait finir la musique. Lorsqu'on finit et qu'on se leve. Redresser. Dresser quelque chose.

ᎦᏘᏰᎥᏂ. *ilinambi*. Aller être debout. Aller demeurer. Aller redresser. Aller apprendre une bonne doctrine.

ᎦᏘᎥᏱᏴᎥᎥ. *ilintchimbi*. Venir attendre. Venir être debout, etc.

ilintchambi. Gâter une affaire pour l'avoir traitée négligemment et lentement. Attendre un peu à faire quelque chose. Cela se dit aussi d'un petit enfant auquel on apprend à marcher, qui ne sauroit encore se tenir debout. Etre debout.

ilitchambi. Etre rangé de suite et debout.

ilimbaha. Etre accoutumé, comme on dit, de longue-main, à telle eau, à telle nourriture. Etre accoutumé avec telles personnes, à leurs manieres, à leurs façons de parler, etc. Etre accoutumé avec quelqu'un. Avoir l'usage, le maniement adroit de quelque chose que ce soit. Lorsque les enfants connoissent quelqu'un, qu'ils sont accoutumés à le voir, Etre accoutumé, etc.

ilihanga. Étoffe de soie ou de gaze qui n'est ni trop mauvaise, ni trop bonne, ni trop fine, ni trop épaisse.

ilihanga akou. Étoffe de soie qui est foible, mince, qui est peu gommée, ou qui ne l'est point du tout.

ilimpahaboumbi. Ordonner à quelqu'un de s'accoutumer à quelque chose, de se faire à telle eau, à tels mets, à tels instruments, à telles choses, etc.

ilimelien. Apparence d'un homme qui se tient debout. Contenance d'un homme qui est debout.

imata. Seulement, en général, en commun.

On dit aussi ⟨⟩, *ouroui*; ⟨⟩, *ioni*; et ⟨⟩, *kemou*.

⟨⟩, *imahou*. C'est une espece de mouton ou de chevre qui ressemble au mouton ou à la chevre de montagne. Il est de couleur grise tirant sur le jaune. Il se tient dans le creux des montagnes.

⟨⟩, *imata si tchapchambio*. N'y a-t-il que vous qui ayez de l'avantage en cela?

⟨⟩, *imata si pahambio*. N'y a-t-il que vous qui ayez obtenu cela?

⟨⟩, *imete*. Espece de clous qu'on met sur les boucliers, beaucoup plus petits que les clous qu'on met sur les fauteuils ou les chaises.

⟨⟩, *imiaha*. Insecte. On dit aussi ⟨⟩, *oumiaha*.

⟨⟩, *imiembi*. Assembler. On dit aussi ⟨⟩, *isambi*. Toutes sortes de bonheurs qui viennent à la fois.

⟨⟩, *imiesoun*. Ceinture. On dit de même ⟨⟩, *oumiesoun*.

⟨⟩, *imielembi*. Nouer la ceinture. Serrer la ceinture. On dit aussi ⟨⟩, *oumiélembi*.

⟨⟩, *imiahanambi*. Qui engendre les vers. Lorsque les vers se sont mis sur quelque chose. On dit aussi ⟨⟩, *oumiahanambi*.

⟨⟩, *itchakou*. Qui ne s'accorde pas avec notre façon de penser. Différent de ce que nous croyons, pensons, voulons, souhaitons. Qui ne paroît pas d'humeur douce, agréable, etc.

ITCHE

ᢖᡳᠴᠠᠩᡴᠠ. *itchanga.* Qui est uni, d'accord. Qui est de facile accord. Qui fait tout aisément. Qui est bon à manger.

ᢖᡳᠴᠠᡴᡡᠯᡳᠶᠠᠨ. *itchakoulien.* Qui ne s'accorde pas avec nos sentiments. Qui a une physionomie colere.

ᢖᡳᠴᠠᡴᡡᠴᠠᠮᠪᡳ. *itchakouchambi.* Ne pas aimer. Rejeter un homme qui n'adhere pas à nos idées, dont la façon de penser ne s'accorde pas avec la nôtre.

ᢖᡳᠴᡝ. *itche.* Le premier jour. Ordonner à quelqu'un d'avoir soin d'une chose, de la rendre propre. Faire teindre quelque chose. Numérique.

ᢖᡳᠴᡝ ᠪᡳᠶᠠ. *itche pia.* Cette lune. La lune présente. La lune où nous sommes.

ᢖᡳᠴᡝᠩᡤᡝ. *itchengue.* Qui est neuf. Qui est propre. (*Sin ty* en chinois.)

ᢖᡳᠴᡝᠮᠪᡳ. *itchembi.* Teindre une chose qui n'a encore aucune couleur particuliere, comme les poils des bonnets d'été qu'on teint en rouge. Teindre en blanc une toile, une étoffe. Teindre la toile, la soie, et toutes sortes d'étoffes propres à faire des habits.

ᢖᡳᠴᡝᡴᡝᠨ. *itcheken.* Qui est un peu neuf, un peu propre.

ᢖᡳᠴᡝᠮᠯᡝᠮᠪᡳ. *itchemlembi.* Changer le vieux en neuf. Quitter le vieux pour prendre le neuf. Raccommoder. Renouveller. Se corriger.

ᢖᡳᠴᡝᠮᠯᡝᠪᡠᠮᠪᡳ. *itchemleboumbi.* Ordonner de prendre le neuf, de raccommoder, de renouveller, etc.

ᢖᡳᠴᡝᠪᡠᠨ. *itcheboun.* Avec les méchants on devient

méchant. Fréquenter un mauvais homme, c'est le moyen de devenir mauvais. Se pervertir.

itcheboumbi. Faire changer quelqu'un en mal, le faire devenir mauvais, débauché et libertin; le faire devenir un très mauvais garnement.

itchebourakou. Ne pas suivre les mauvais exemples de ceux avec qui on est. Ne pas se laisser pervertir.

itchi. La main droite. Une pensée qui approuve et une pensée qui rejette, indéterminée, indécise. Au côté droit. Sans résolution fixe. Sans bon sentiment. Qui a quelque chose à la main. Qui est à ce qu'il fait. Qui a la bonne doctrine à cœur.

itchichambi. Penser à quelque chose que l'on aime. Ne penser qu'à ce qu'on aime. Lorsqu'on a oublié une chose et qu'on pense à se la rappeller, prier quelqu'un de nous la suggérer. Lorsque l'on rappelle une chose que l'on doit faire, la communiquer à ceux qui doivent la faire. Penser à part-soi.

itchi paharakou. Etre rebuté de tous côtés. Il ne sait de quel côté se tourner.

itchi atchaboume oueilembi. Après avoir pensé à une chose, la faire lorsque les circonstances le demandent.

itchi atchaboume kisourembi. Parler de ce qu'on aime. Lorsque l'on aime une chose on en parle volontiers.

itchitai. Lancer la fleche de la main droite.

ITCHI

༶༶༶༶. *itchihi.* Petites taches qui se trouvent sur une chose fort blanche. Chose qui est sale. Grains étrangers ou petites pierres qui se trouvent dans le riz. On appelle aussi de ce nom les petites marques ou les taches que le thé laisse dans la tasse après qu'on l'a bu. Tache sur quelque chose que ce soit. Un défaut dans une pierre précieuse. Une déchirure. Une fente, etc. On dit aussi ༶༶༶༶ ༶༶༶༶, *itchihi tachehi.*

༶༶༶. *i tchi.* Lorsqu'on a fait quelque chose dont on se repent. Comme si l'on disoit: Comment ai-je pu parler de la sorte? Comment ai-je pu faire cela?

༶༶༶ ༶༶༶ ༶༶༶, *itchi kani akou.* Lorsqu'on n'est pas d'accord avec quelqu'un. On dit aussi ༶༶༶ ༶༶༶, *kani atcharakou.*

༶༶༶ ༶༶༶ ༶༶ ༶༶༶ ༶༶༶ ༶༶༶, *i tchi pi ainou outou kisourehe.* Hélas! comment ai-je pu parler de la sorte?

༶༶༶ ༶༶༶, *itchihi akou.* N'avoir aucune mauvaise idée. Cette chose n'a aucun défaut, aucune tache, etc. Qui est entier. Qui est parfait dans son espece.

༶༶༶༶. *itchihiambi.* Raccommoder une chose, la rendre propre, la nettoyer. Faire quelque chose après avoir délibéré à part-soi. Avoir un emploi. Lorsqu'une femme accommode ses cheveux, ses habits, qu'elle se lave et s'attife. Préparer ce qu'il faut pour l'enterrement. Après que quelqu'un est mort; on le lave, on l'habille, etc.

༶༶༶༶. *itchihiaboumbi.* Ordonner à quelqu'un de préparer, de raccommoder, de nettoyer quelque chose lorsqu'on est plusieurs ensemble; lui donner un emploi.

itchihiendoumbi. Raccommoder, préparer, nettoyer quelque chose, étant plusieurs ensemble. (*itchihianoumbi*.)

itchihiatchambi. Faire quelque chose à propos et d'une maniere conforme à la doctrine et aux mœurs; penser aux moyens de le faire comme il faut.

itchihiara hafan. Mandarin d'un tribunal. Espece de conseiller. (*Lang tchoung* en chinois.)

itcha. Espece d'insecte qui pique les chevaux et les bœufs.

itcha tchetchike. Nom d'un oiseau dont le plumage est verd : il est plus grand que le *tchintchipa*. Lorsque ces deux sortes d'oiseaux s'accouplent, leurs petits sont d'une plus petite espece qu'eux.

itcha niéhé. Espece de canard sauvage qui ressemble au *sotchili niéhé*. Son corps est petit; sa chair est odoriférante. On l'appelle aussi *nioutchan niéhé*.

itcharchambi. Polir. Limer. Avoir un air riant. Se plaire en quelque chose. Avoir une jolie physionomie. Avoir bonne grace, etc.

itchasha mahala. Homme riche qui porte un bouton à fleurs.

ᠢᡨᠴᡳᡳ, *itchifoun.* Peigne à peigner. (*Chou tsée* en chinois.)

ᠢᡨᠴᡳᡳ ᠨᡳᡵᡠ. *tchifoun nirou.* Espece de fleche qui ressemble à une lance. La pointe de cette lance est unie et n'a point d'ailes aux côtés : elle est faite comme le dos d'un peigne.

ᠢᡨᠴᡳᠯᠠᠮᠪᡳ. *itchilambi.* Ce mot se dit des chevaux, mulets et autres bêtes qui sont accoutumées ensemble, qui s'accordent bien.

ᠢᡨᠴᡠ. *itchou.* Un habit de peau long ou court, qui n'a aucun dessus de toile ou d'étoffe. Cet habit s'appelle (en chinois) *pi toung tsée.* Comme qui diroit, tuyau de peau.

ᡳᡵᠠ. *ira.* Espece de fil en deux ou trois doubles. Deux ou trois fils tors ensemble et qui sont forts. Ce mot signifie, fort.

ᠢᡨᠴᡳᠯᠠᠪᡠᠮᠪᡳ. *itchilaboumbi.* Faire en sorte que des bêtes s'accordent entre elles.

ᠢᡨᠴᡳᡳ ᠨᡳᠶᡝᡥᡝ. *itchifoun niéhé.* Avoir les ailes étendues. Espece d'oiseau appellé *yuen yang* (en chinois.) C'est une espece de tourterelle qui a la tête rouge ou couleur de pourpre, le tour des yeux blanc. Sa tête approche beaucoup de celle du phénix ; aux deux côtés de la tête s'élèvent deux plumes, qui forment deux especes d'ailes élevées. Le mâle et la femelle ne se séparent jamais. On dit aussi ᡝᡵᡴᡝᠴᡥᡝ ᠨᡳᠶᡝᡥᡝ. *erketche niéhé.*

ᠢᡨᠴᡳᠮᠪᡳ ᠣᡠᡝᡴᡨᠴᡳᠮᠪᡳ. *itchimbi ouektchimbi.* Qui est bien

tissu. Savoir bien tramer, bien ourdir. Qui sait bien traiter les affaires sans être embarrassé ni par le nombre, ni par la difficulté. Qui sait ranger les affaires comme des fils de soie ou comme des cheveux bien peignés. On dit aussi ⵉⵜⵛⵉⵔ ⵓⴻⴾⵜⵛⵉⵔ, *itchire ouektchire.*

ⵉⵜⵛⵉⵎⴱⵉ, *itchimbi.* Peigner ses cheveux. Peigner la soie, les cheveux ou telle autre chose. Mesurer le ciel. Redresser des cheveux ou des fils de soie. Ourdir une toile de quelque matiere qu'elle soit. Passer la navette entre les fils droits pour y mettre les fils transversaux, etc.

ⵉⵜⵛⵓ. *itchou.* Ordonner à quelqu'un d'effacer quelque chose. On dit aussi ce mot d'un enfant qui n'est ni grand ni petit. (Impératif d'*itchoumbi.*)

ⵉⵜⵛⵉⴱⵓⵎⴱⵉ, *itchiboumbi.* Faire peigner. Faire redresser les cheveux ou les fils. Faire ourdir la toile.

ⵉⵜⵛⵉⵛⵓⵏ. *itchishoun.* Qui n'oseroit désobéir par respect. Faire promptement quelque chose que soit.

ⵉⵜⵛⵓⵎⴱⵉ, *itchoumbi.* Dorer. Vernir. Brunir. Bronzer. Se farder. Coller. Enduire de colle, etc.

ⵉⵜⵛⵓⴱⵓⵎⴱⵉ, *itchouboumbi.* Faire dorer. Faire vernir, bronzer. Faire coller, etc.

ⵉⵜⵛⵓⵔⴰⵎⴱⵉ. *itchourambi.* Coller. Vernir. Bronzer, etc.

ⵉⵜⵛⵓⵎ ⵜⴰⵔⵉⵎ, *itchoume tarime.* Ne pas dire ouvertement le mal de quelqu'un; mais en parlant d'autre chose faire entendre encore pis que ce qui est réellement. Médire à la sourdine. On dit aussi 〰︎. 〰︎ 〰︎. *itchoume tarime kisourembi.*

〰︎, *iguen.* Les deux bouts de l'arc.

〰︎ 〰︎, *iguen choukoumbi.* Coller ensemble tout ce qui est nécessaire pour faire un arc.

〰︎, *ira.* Espece de grain appellé *ta hoang mi* (en chinois.) C'est celui de tous les grains qui est le plutôt mûr.

〰︎, *iren.* Nom d'une espece de cerf qui ressemble à celui qu'on appelle 〰︎, *pouhou*, ou 〰︎, *oroun.* On appelle aussi de ce nom les ondulations ou vestiges que les poissons laissent sur l'eau en nageant, ou bien les petites vessies qui se forment sur l'eau lorsque le poisson la rejette, ou qu'il souffle.

〰︎, *ireshoun.* Cela se dit des chevaux et autres animaux qui ont la croupiere élevée et le devant bas.

〰︎, *irahi.* Ondulations ou frisures de l'eau lorsqu'elle est légèrement agitée par un petit vent. Ce sont aussi les atômes qu'on voit dans les endroits par où le soleil fait passer ses rayons.

〰︎ 〰︎, *irahi tektehe.* Les ondulations qui se font sur la surface de l'eau, comme de petites frisures, lorsqu'un petit vent souffle.

〰︎, *iroukou.* Nom d'une espece de filet très long. On appelle aussi de ce nom un filet rond dont les bords sont environnés de plomb pour qu'il aille aisément au fond de l'eau.

〮〴〵〶〮. *iroumbi.* Aller au fond de l'eau. Être submergé. Être au fond.

〮〴〵〶〮. *irouboumbi.* Faire aller au fond. Faire submerger. Faire rester quelqu'un au fond de l'eau.

〮〴〵〶〮. *irouhapi.* Changer de bien en mal.

〮〴〵. *iroun.* Les tuiles qui présentent leur convexité sur le toit. Un champ élevé. Chemin ou sentier qui est dans ou entre des terres semées. Ce mot veut exprimer un endroit élevé qui a des deux côtés des ruisseaux ou canaux pour faire écouler les eaux. Monceau de terre, collines, tuiles, cavernes, etc.

〮〴〵. *ikiri.* Avoir fait deux garçons de suite. Les deux côtés d'un chemin. On dit aussi 〮〴〵. *ouontouri.* De suite. Sans interruption. Alors on dit 〮〴〵 〮〴〵. *emou ikiri.* D'une seule portée faire deux enfants.

〮〴〵 〮〴〵. *ihita ienli.* Viande coupée par morceaux. Les restes de la viande quand on en a ôté le principal et le meilleur. On dit aussi 〮〴〵. *ihita.*

〮〴〵, *ifimbi.* Coudre. On dit aussi 〮〴〵. *oufimbi.*

〮〴〵 〮〴〵. *inengui tome.* Chaque jour. On dit aussi 〮〴〵. *inenguitari.*

〮〴〵. *isaboun.* Assemblée. Amas. (*Hoei* en chin.)

〮〴〵. *ifin.* Cousu. (*Foung* en chinois.)

〮〴〵 〮〴〵 〮〴〵, *i kounirakou ainaha.* Il n'a pas pensé comment il devoit faire cela. Maniere de parler.

〜〜〜 〜〜〜〜〜 〜〜〜〜. *i kounirakou ainara.* Maniere de parler pour dire: Il n'a pas pensé comment il falloit finir cette affaire.

〜〜〜 〜〜〜 〜〜〜. *ir sere herguen.*

〜〜〜〜〜. *irhachembi.* Cela se dit d'une femme qui a les yeux comme un chat et en mouvement comme la queue d'un rat: c'est-à-dire qui fait la belle femme, qui est en mouvement comme les eaux en automne, qui fait des circuits, qui a les yeux bien partagés pour les couleurs. Femme qui regarde un homme avec des yeux voluptueux, etc.

〜〜〜. *irha.* Qui est coupé par morceaux. Ce qu'on a coupé par bandes avec des ciseaux. Différents morceaux d'étoffes.

〜〜〜. *irguen.* Le peuple, les sujets, etc. (*Min*, etc., en chinois.)

〜〜〜 〜 〜〜〜. *irguen ni pantchin.* Qui est devenu peuple. (*Min cheng* en chinois.)

〜〜〜〜. *irgueboun.* Ton de voix. Ensemble, de compagnie. Qui déclame. Qui lit à haute voix. Qui dit quelque chose par métaphore, etc.

〜〜〜〜〜. *irgueboumbi.* Faire des métaphores. Faire des vers.

〜〜〜〜. *irkimbi.* Exciter la colere de quelqu'un. Provoquer quelqu'un à la colere. Faire faire du mal à quelqu'un. Induire quelqu'un à mal.

〜〜 〜〜〜 〜〜〜. *in sere herguen.*

〜〜. *in.* Ce que les Chinois appellent *yn*, c'est-à-dire le deuxieme principe des choses, ou la matiere en repos, etc.

〰️ 〰️. *in yang.* L'*yn* et l'*yang*, les deux principes des choses, ou la matiere en repos, et la matiere en mouvement. L'*yn ki* s'étant partagé, l'*yang ki* vient. L'*yang ki* disparoissant, l'*yn ki* prend sa place.

〰️. *intahoun.* Un chien. L'heure du chien. Gros chien. Chien ordinaire. (*Keou* en chinois.)

〰️ 〰️. *intahoun chendambi.* Levrier. Détacher les levriers pour les lancer.

〰️ 〰️. *intahoun ni terhouo.* Mouche de chien. (*Keou yng* en chinois.)

〰️ 〰️. *intahoun fekoun.* Cela se dit des chevaux et autres animaux qui grattent la terre comme les chiens.

〰️ 〰️. *intahoun kintehe.* Nom d'un arbre qui vient sur les bords des ruisseaux. Son écorce est comme peinte : elle est rouge et a de petites taches blanches.

〰️ 〰️. *intahoun natchin.* Nom d'une espece d'épervier ou faucon qui ressemble au *touo eulh* et au *ya kou* (des Chinois) : il a de grandes ailes. Il se tient dans les lieux sauvages, et tue promptement les bêtes qu'il a prises. On l'apprivoise aisément.

〰️ 〰️. *intahoun soro.* Nom d'une espece de jujubier dont le fruit est âpre.

〰️ 〰️. *intahoun tchetchike.* Nom d'un oiseau qui a le bec fort long. Son plumage est de différentes couleurs : sa tête est comme celle du phénix. Il ressemble au ⟨⟩ ⟨⟩. *on tchetchike*, et au ⟨⟩ ⟨⟩. *tai chang*.

⟨⟩ ⟨⟩. *intahoun moutchou*. Espece de vigne dont les fruits sont minces et foibles, qui ressemble aux vignes sauvages. Ses rameaux tendres sont fort doux.

⟨⟩ ⟨⟩, *intahoun holdoun*. Nom d'un arbre qui ressemble fort au pin. Il a beaucoup de petites branches : il ne devient pas haut : il n'a aucun fruit. Ses feuilles sont de quatre en quatre.

⟨⟩, *inde*. Lui, à lui. Ordonner à quelqu'un, par exemple, de se reposer.

⟨⟩, *indeki*. Qui pense à se reposer.

⟨⟩, *indembi*. Aller se reposer dans un lieu étranger, autre part que chez soi, dans une auberge.

⟨⟩, *indeboumbi*. Faire reposer quelqu'un, lui ordonner de rester, de passer la nuit.

⟨⟩, *indehen*. Avoir la fievre. (*Yao tsi* en chin.)

⟨⟩ ⟨⟩, *intou tchetchike*. Nom d'un oiseau dont la tête et le corps tirent sur le rouge. Son ramage est fort long, et il chante souvent.

⟨⟩, *indan*. On appelle ainsi une fleche qui est environnée de plumes, mais qui n'a point de fer. Fleche brisée. Fleche armée de plumes et dont on a ôté le fer.

⟨⟩, *intchambi*. Hennir. Cela se dit du hennissement des chevaux.

〰〰〰. *intchi.* Plus.

〰〰〰〰. *intchaha.* Espece de mouton, ou de chevre jaune, d'une plus petite espece que les autres.

〰〰〰〰. *intchembi.* Rire. (*Siao ye* en chinois.)

〰〰〰. *intchekou.* Il y a en cela du bon, de l'avantage, de la convenance. On met avant, le mot 〰〰〰. *apche.* Risible. Qui fait rire. Qui excite à rire. Dire des choses qui font rire. Dire des choses risibles.

〰〰〰〰. *intchetchembi.* Rire en commun. Lorsqu'un grand nombre de personnes rient ensemble.

〰〰〰〰. *intchendoumbi.* Lorsque tout le monde rit à la fois. On dit aussi 〰〰〰〰. *intchenoumbi.*

〰〰〰〰. *intcheboumbi.* Faire rire quelqu'un. Être moqué.

〰〰〰〰. *intchekouchembi.* Rire de quelqu'un, se moquer de lui.

〰〰〰 〰〰〰. *intchekou arambi.* Faire des choses qui font rire, pour faire rire.

〰〰〰. *intchiri.* C'est une espece de bonnet d'été à l'usage des femmes. C'est aussi le nom d'une espece de gaze de soie fort fine dont les femmes font des voiles pour se couvrir le visage. C'est encore le nom d'une espece de gaze attachée à la coeffure des femmes, et qu'elles laissent tomber pour se couvrir le visage en été.

〰〰 〰 〰〰〰. *in ni simen.* La moëlle des os dans les femmes. La liqueur que les femmes répandent dans l'acte vénérien.

〜〜〜, *indahoulambi.* Lutter. S'exercer à la lutte. Lorsque deux hommes s'entrelacent mutuellement les jambes.

〜〜〜, *ing sere herguen.*

〜〜〜, *ing.* Camp. Lieu où les soldats sont rangés de cinq en cinq. (*Yng*, etc. en chinois.)

〜〜〜, *ingaha.* On appelle ainsi le duvet ou les petites plumes des oiseaux qui sont rompues en petits brins. C'est aussi le nom qu'on donne au poil qui est sur la tige de la plante aquatique appellée *pou*. Poil follet.

〜〜〜, *ing lo.* Houppe de bonnet, ou flocon de soie qui est sur le bonnet. (*Yng lo* en chinois.)

〜〜〜, *ingali.* C'est le nom d'un oiseau qui va toujours en troupe, qui ressemble au moineau. Son plumage est de couleur de cendre obscure : son jabot est noir : sa poitrine blanche. Lorsqu'il marche sa queue hausse et baisse.

〜〜〜, *ingari.* Fleurs de saule. (*Lieou su* en chinois.)

〜〜〜, *ingtori.* Cerise. Cerisier. (*Yng tao* en chinois.)

〜〜〜, *ik sere herguen.*

〜〜〜, *iktan.* Amas de biens, de choses, de meubles. Monceau. Choses amoncelées.

〜〜〜, *iktambi.* Amasser quantité d'affaires pour les traiter ensemble. Amasser quantité de choses. Faire un monceau.

iktaka mouke. Eaux amassées. Amas d'eau.

iktakapi. Lorsqu'on s'est laissé acculer. Traiter plusieurs affaires à la fois. Avoir plusieurs choses amassées.

iktaboumbi. Ordonner à quelqu'un de faire un amas, d'amasser. On dit aussi *iktamboumbi.*

iktabouhapi. Avoir amassé quantité de choses, d'affaires à traiter, de façon qu'on en soit comme accablé.

is sere herguen.

isha. C'est le nom d'un oiseau appellé *bonze des montagnes.* Il ressemble au *hi tsio* des montagnes. C'est une espece de pie, en latin *parra*, oiseau de mauvais augure. Son corps est un peu plus petit et sa queue un peu plus courte. Son plumage est varié. Cet oiseau est fort goulu. On compare un gourmand à cet oiseau, en disant : Il est plus goulu que le *chan hi tsio.*

ishou. Un peloton de fil, ou bien un bâton entouré de fil de la longueur d'un pan ou d'une main ouverte d'un bout à l'autre. Entourer de fil une corde; ou bien une corde entourée de fil, etc. C'est le nom qu'on donne au petit bâtonnet entouré de soie ou de fil, ou de toute autre chose, qui est dans la navette. Un peloton de soie ou de fil, ou de toute autre chose dont on fait les toiles, les étoffes, les pieces de soie, les gazes, etc.

. *ishoun.* Qui s'accorde avec quelque chose, avec quelqu'un.

. *ishoun edoun.* Avoir le vent contraire. Aller contre le vent. Avoir le vent dans le visage.

. *ishoun ania.* Année qui vient. (. *tchitere ania.*)

. *ishoun pia.* La lune prochaine. (. *tchitere pia.*)

. *ishounde.* Tout à la fois. Ensemble.

. *ishoun tchashoun.* Souffleter quelqu'un de colere. Se battre. Se quereller. Se maltraiter. Tordre un mouchoir ou telle autre chose mouillée pour en exprimer l'eau, etc.

. *ishoun tchashoun tehepi.* Ce qui ne s'accorde pas. Être assis dos à dos. Faire les choses de travers.

. *ishoun sefere.* Qui a les deux poings ou les deux mains fermées d'une égale grosseur.

. *ishoun moutouri.* Avoir sur l'habit de cérémonie des figures de dragon, etc., sur l'estomac, sur le dos, sur les bras.

. *ishelin.* Étroit. Qui n'est pas large. Cela se dit d'une étoffe, d'un lieu, etc.

. *ishelieken.* Qui est un peu étroit. (*Leao tchai* en chinois.)

. *ip sere herguen.*

. *ipkachambi.* Aller doucement, d'un

pas fort lent. (ᓂᕐᑑᖅ ᓂᕐᑑᖅ ᒪᑦᑭᒃᑕᖅ, *matchike matchike ipchembi.*)

ᒪᑦᑕᖕᐱ, *ipkambi.* Raccourcir quelque chose. Abréger. Approcher.

ᒪᑦᑲᐅᑕᖕᐱ, *ipkaboumbi.* Ordonner à quelqu'un de raccourcir, d'abréger, d'approcher quelque chose.

ᒪᑦᐱ, *ipte.* Nœud d'un arbre. Excrescence, etc. (On dit encore ᑯᖡ. *foushou*, et ᒧᑦᖡ. *mouchouhou.*)

ᒪᑦᐱᓂᐊ, *iptenehe.* Lorsqu'un arbre est prêt à pourrir ou à tomber par morceaux. (ᒪᑦᐱᓂᒦ ᓂᐊᖕᐱ, *ipteneme niambi.*)

ᔪ ᓯᕆ ᐊᒃᖑᓇ, *yeou sere herguen.*

ᔪᓕ, *yeoule.* Ordonner à quelqu'un d'huiler quelque chose. (Impératif du verbe suivant.)

ᔪᓕᖕᐱ, *yeoulembi.* Frotter quelque chose avec de l'huile qui a bouilli. Mettre de l'huile sur quelque chose que ce soit. (*Yeou* en chinois.)

ᔪᓕᐅᑕᖕᐱ, *yeouleboumbi.* Ordonner d'huiler, de mettre de l'huile sur quelque chose.

ᔪᓕᕆ ᕙᒃᓱ, *yeoulere fakche.* Vernisseur. Qui sait appliquer de l'huile, du vernis sur quelque chose. (*Yeou tsi tsiang* en chinois.)

ᔪᑕᓐ, *yeoudan.* Habit de pluie. Couverture pour garantir de la pluie.

ᔪ ᑲᖕ ᑦᔨᖕ, *yeou kang tching.* C'est le nom d'une espèce de toile de couleur brune. (*Yeou kang tsing* en chinois.)

ᜪᜧ. *yu.* C'est le nom d'un instrument de musique qui ressemble à un tigre, sur le dos duquel il y a des chevilles. Lorsqu'on a fini une partie de la musique, on passe un instrument de bambou, ou, pour mieux dire, un bambou divisé en plusieurs parties ou branches sur les chevilles de ce tigre.

ᜪᜧ ᜮᜦᜧ ᜱᜲᜧ, *il sere herguen.*

ᜲᜫᜧ, *ilha.* Faire mettre de la différence. Faire distinguer. (Impératif du verbe suivant.)

ᜲᜫᜦᜧᜨ, *ilhambi.* Mettre de la différence entre un homme vertueux et un autre qui ne l'est point, etc. (*Fen pié* en chinois.)

ᜲᜫᜦᜧᜧ, *ilhatchoun.* Qui sait distinguer un homme vertueux d'avec celui qui ne l'est pas. Mettre une différence, ou, pour mieux dire, qui sait mettre une différence, qui a le don de discernement.

ᜲᜫᜧᜨ, *ilhou.* Qui est dans un bon état. Qui est comme il doit être.

ᜲᜫᜦᜰᜨ, *ilhaboumbi.* Subir le jugement de quelqu'un. Être connu pour ce qu'on est. Ordonner de mettre une différence.

ᜲᜫᜦᜧ, *ilhaboun.* Qui a le don de discernement. Qui connoît parfaitement le bon et le mauvais de quelqu'un.

ᜲᜫᜦᜧ, *ilhaha.* Avoir distingué. Avoir discerné.

ᜲᜫᜦᜧᜨ, *ilhatoumbi.* Savoir mettre une différence entre chacun.

ᜲᜫᜦᜧᜨ, *ilhachambi.* Aller se promener chez

un parent; chez un ami. Aller voir quelques personnes. Aller sans aucune affaire chez quelqu'un uniquement pour se promener.

ᡳᠯᡥᠠ ᡳᠯᠠᡴᠠ. *ilha ilaka.* Cette fleur s'est épanouie.

ᡳᠯᡥᠠ. *ilha.* Fleur. C'est aussi le nom qu'on donne aux fleurs qui sont derriere le bonnet de cérémonie que portent les grands lorsqu'ils vont au palais. (*Hoa* en chinois.)

ᡳᠯᡥᠠ ᡳ ᠰᡳᠮᡝᠨ. *ilha i simen.* Liqueur qui se trouve dans les fleurs. (*Hoa ye* en chinois.)

ᡳᠯᡥᠠ ᠰᡳᡥᠠᡥᠠ. *ilha sihaha.* Fleur fanée.

ᡳᠯᡥᠠᠨᠠᠮᠪᡳ. *ilhanambi.* S'épanouir. S'ouvrir. Cela se dit d'une fleur. Lorsque la vue s'affoiblit. Lorsqu'on a regardé long-temps une même chose la vue est fatiguée et on ne voit pas clair. On dit aussi ᡳᠯᠠᠮᠪᡳ. *ilambi.*

ᡳᠯᡥᠠᠩᡤᠠ. *ilhanga.* Parsemé de fleurs.

ᡳᠯᡥᠠᡳ ᠰᠣᡴᠣ. *ilhai soukou.* Parsemé de beaucoup de fleurs.

ᡳᠯᡥᠠᠩᡤᠠ ᠴᠣᡦᡳᠨ. *ilhanga chopin.* Pain qui a des fleurs. On dit cela des petits pains chinois sur lesquels on met l'empreinte de quelques fleurs.

ᡳᠯᡥᠠᠩᡤᠠ ᠴᡠᠰᡝ ᠮᠣ. *ilhanga tchouse mo.* Un roseau ou un bambou marqueté de différentes couleurs. (*Pan tchou* en chinois.)

ᡳᠯᡥᠠ ᡳ ᡶᡝᠯᡥᡝᠨ. *ilha i felhen.* Machine à mettre des fleurs. Compartiment en bois ou autre chose pour étayer les fleurs.

ᠣᠯᠬᠤᠮᠤᠬᠡ. *ilhamouke.* C'est le nom d'un fruit. L'arbre qui le porte a ordinairement deux ou trois branches qui sortent de son tronc, non loin de la racine. Lorsque les feuilles sont sorties, les petites branches portent ces fruits dont le goût est entre le doux et l'aigre.

ᠣᠯᠬᠠᠷᠢ. *ilhari.* C'est ainsi qu'on appelle une espece de banderole où sont les cinq couleurs. Cette banderole est de papier; on l'emploie pour évoquer les eprits. Elle se met sur un arbre ou bâton qu'on plante dans un vase.

ᠣᠯᠬᠠᠷᠢ ᠲᠤᠴᠢᠪᠤᠮᠪᠢ. *ilhari toutchiboumbi.* Lorsqu'on a arboré la banderole où sont les cinq couleurs, et que la pythonisse ou devineresse bat sur le tambour pour écarter l'esprit malfaisant, comme qui diroit pour délivrer le possédé par la puissance d'un esprit plus fort.

ᠣᠯᠫᠠᡴᠣ. *ilpakou.* Truelle dont se servent les maçons pour unir les murailles, le sol, ou telle autre chose.

ᠣᠯᠫᠠᠨ. *ilpan.* Matériaux qu'emploie un maçon pour les murailles, les *kang*, etc.; comme chaux, pierres, terre, etc.

ᠣᠯᠫᠠᠴᠠᠮᠪᠢ. *ilpachambi.* Montrer le bout de la langue en riant. Mettre le bout de la langue sur les levres lorsqu'on rit, ou, pour mieux dire, avoir un air riant.

ᠣᠯᠫᠠᠮᠪᠢ. *ilpambi.* Maçonner. Employer des matériaux, comme pierres, terre, chaux, etc.; pour faire des murailles, des *kang*, etc.

ᡳᠯᡦᠠᠪᡠᠮᠪᡳ. *ilpaboumbi.* Faire maçonner.

ᡳᠯᡦᠠᡵᡳᠯᠠᠮᠪᡳ. *ilparilambi.* Rire tout bas, sans éclat, et sans que les lèvres changent beaucoup de leur situation ordinaire.

ᡳᠯᡨᠠᠮᡠ. *iltamou.* Qui a un air fin et ingénieux. On dit aussi ce mot d'un cheval qui semble entendre tout ce qu'on lui dit, et d'un homme qui, en parlant, ne dit rien qui ne soit bien, et qui a une démarche délibérée.

ᡳᠯᡨᠠᠮᡠᠩᡤᠠ. *iltamounga.* Qui a de l'harmonie, de la grace. Qui a un air fin et délibéré.

ᡳᠯᡨᡝᠨ. *ilten.* C'est le nom d'un ornement que portent les mandarins lorsqu'ils vont au palais les jours de cérémonie. [Cet ornement ressemble à des ailes de chauve-souris] ; il se met sur les épaules : il est ou de peau de zibeline, ou d'une étoffe de soie sur laquelle il y a de la broderie. Il est bordé d'or tout autour : il est aussi bordé de toute autre chose, suivant les facultés ou le degré du mandarin qui le porte.

ᡳᠯᡨᡝᡥᡝ. *iltehe.* La peau qu'on a ôtée du *toan mou.*

ᡳᠯᠮᠠᡥᠠ. *ilmaha.* Luette. (ᡴᡝᡴᡠ. *kekou.*)

ᡳᠯᠮᡝᠨ. *ilmen.* C'est ainsi qu'on appelle les morceaux de plomb ou les pierres qu'on met aux bords des filets pour les faire aller au fond de l'eau. Comme qui diroit, les jambes du filet.

ᡳᠯᠮᠠᡥᡡ. *ilmahou.* C'est ainsi que s'appelle le bout de bois où sont les fils de soie dont on se sert pour ourdir ou faire une piece.

ᠠᠯᡶᠣᡵᠣ ᠣᡠᡥᡝᡥᠠ, *ilmoho oucheha.* C'est le nom d'une étoile qui est du nombre des vingt-huit constellations et qu'on appelle (en chinois) *sing chen sing*, ou bien *tsan sing;* ou autrement les trois étoiles *san sing.*

ᠠᠯᠮᡠᠨ ᡥᠠᠨ, *ilmoun han.* Le premier des douze juges des enfers qu'on appelle (en chin.) *Yen ouang,* ou bien *Yen lo.*

ᠠᠯᡩᡠᠨ, *ildoun.* Avantage. (*Pien* en chinois.)

ᠠᠯᡩᡠᠨ ᡩᡝ, *ildoun de.* Occasion favorable.

ᠠᠯᡩᡠᠮᠪᡳ, *ildoumbi.* Être uni. Être d'accord.

ᠠᠯᡩᡠᠪᡠᠮᠪᡳ, *ildouboumbi.* Ordonner d'être uni, d'être d'accord.

ᠠᠯᡩᡠᡴᠠ, *ildouka.* Avoir été uni, d'accord avec quelqu'un. Avoir été lié d'amitié, familier avec quelqu'un.

ᠠᠯᡤᡠᠨ, *ilguin.* Peau sans poil. Peau dont on a ôté le poil. Peau tannée.

ᠠᠯᡥᡳ, *ilhi.* Dyssenterie. Ordre. Ce qui est bien rangé, bien disposé. C'est aussi le nom d'un mandarinat. Gouverneur en second d'une ville du premier ordre.

ᠠᠯᡥᡳ ᠣᡠᠴᡥᠣᡠ ᡨᠴᡥᡝᡵᡴᡳ, *ilhi outchou tcherki.* Un peu plus bas que le premier ordre, sans être tout-à-fait au deuxieme, n'importe de quel tribunal ou de quel grade.

ᠠᠯᡥᡳ ᡥᠠᡶᠠᠨ, *ilhi hafan.* Petit mandarin. (*Chao king* en chinois.)

ᠠᠯᡥᡳ ᠠᠨᠠᠮᠪᡳ, *ilhi anambi.* Augmenter en revenu. Avoir un *foung lou* plus considérable qu'auparavant.

Augmenter peu-à-peu en revenu. Augmenter par degré. Par degré. (〰〰 〰〰. *ilhi aname*.)

〰〰 〰〰. *ilhi heféliénembi*. Avoir la dyssenterie. Cette maladie est de deux especes, l'une par laquelle on rend une matiere rouge, et l'autre par laquelle on rend une matiere blanche.

〰〰. *ilhinembi*. Avoir la dyssenterie. (*Ly tsi* en chinois.)

〰〰. *ildéfoun*. C'est le nom de l'os qui est à la nuque du cou.

〰〰 〰〰. *ildoufoun kirangui*. L'os de dessus la tête de l'homme, le crâne. On appelle aussi de ce nom l'os de dessus la tête du cochon. Cet os sert à une superstition. Lorsque quelqu'un est malade, on fait vœu de sacrifier à un esprit un cochon. On prend le crâne du cochon qu'on plante au bout d'une perche, et qu'on met devant l'esprit.

〰〰. *ilmerekepi*. Lorsqu'un cheval ou telle autre bête casse la corde qui le tenoit attaché et se sauve. S'enfuir. Se détacher.

〰〰 〰〰 〰〰. *im sere herguen*.

〰〰. *imbe*. Prenez-le. C'est l'accusatif de 〰. *y*, qui signifie *il, lui*.

〰〰. *imtchin*. C'est le nom du tambour dont on se sert pour évoquer l'esprit qu'on souhaite, pour être guéri de quelque maladie. On appelle, en chinois, ce tambour *tai ping kou* ; c'est-à-dire, tambour de tranquillité. (On dit encore 〰〰. *ouentoun*.)

〜〜. *imseke.* Nom d'un animal aquatique. Castor. Les petits du castor.

〜〜. *imtchichambi.* Battre sur le tambour appellé *tay ping.* Battre sur le tambour dont on se sert pour évoquer l'esprit Tigre. Battre sur le tambour dont on se sert pour évoquer un esprit quelconque. On dit aussi 〜〜. *ouentouchembi.*

O

〰〰〰, *sere herguen.*

〰. *o.* Cri qu'on emploie pour répondre, appeller. Mortier. Aisselle. (On dit aussi 〰. *oho.*)

〰 〰 〰, *o à semé.* C'est un cri qu'apprennent les enfants à la mamelle.

〰〰, *onoun.* C'est le nom du bouc jaune ou d'une espèce de mouton dont la toison est jaune.

〰〰, *ohakou.* Quand on n'a pas encore fait une chose. C'est une maniere de parler pour dire: Cela n'est d'aucun usage, on n'a pas fait encore usage de cela, je ne consens pas à cela, je n'en conviens pas, je ne l'ai pas fait, etc.

〰. *oho.* Mortier. On dit aussi 〰. *o.* On appelle aussi de ce nom les habits de guerre, ou plutôt les cuirasses qui sont couvertes de petites lames d'acier; comme qui diroit, parsemé de clous, ferré de toutes parts.

〰. *oho.* Les aisselles. On dit aussi 〰. *o.* C'est une maniere de parler pour exprimer le passé. Cela est arrivé de cette maniere, de cette façon.

〰 〰 〰, *oho choumin achcharakou.* Lorsqu'on tire la fleche, il faut que l'aisselle gauche soit tendue, ne soit point flexible.

〰 〰, *o mien.* Les aisselles. (On dit encore 〰, *o*, et 〰. *oho.*)

oho ta. La partie de l'habit qui couvre les aisselles.

ohoni. De cette façon? De cette maniere? Façon de parler interrogative.

ohopi. Ce qui est passé. Cela s'est fait ainsi, de cette maniere.

ohote. La particule *si* qui dénote le subjonctif. Particule conditionnelle. Si cela est ainsi. On dit *outou ohote.* Cette particule est pour le présent. Quand. Avant que. Après que.

ohongue. Comme cela. De cette façon. Ainsi.

oholtohoun. Lacet pour prendre les oiseaux et les autres bêtes.

olholtchome hoaitambi. Faire un lacet, un nœud à la ceinture, ou à toute autre chose.

oholio. Ordonner à quelqu'un de tenir une chose dans ses deux mains. Ordonner à quelqu'un de tenir une chose sur une main.

oholiombi. Porter quelque chose que se soit sur sa main ou dans ses deux mains.

ohotono. C'est le nom d'un animal qui ressemble au rat; il a les yeux plus gros : il est plus petit que le *hoang-chou* [la fouine ou la belette]; sa queue est plus courte. Cet animal ne se trouve qu'au-delà de la grande muraille.

opihia yenli. C'est la moëlle ou la

chair qui est dans l'os qu'ont les bêtes, et qu'on appelle *pi pa kou* en chinois.

ᠣᠬᠣᠷᠴᠣᠮᠪᠢ, *ohorchombi*. Avoir des envies de vomir. Quand on a mal au cœur et qu'on fait des efforts sans cependant vomir.

ᠣᠪᠣ. *obo*. Ordonner de laver, de jeter de l'eau sur quelque chose. (Impératif de ᠣᠪᠣᠮᠪᠢ, *obombi*.)

ᠣᠪᠣᠨᠣᠮᠪᠢ, *obonoumbi*. Aller laver.

ᠣᠪᠣᠪᠣᠮᠪᠢ, *oboboumbi*. Ordonner de laver, de jeter de l'eau sur quelque chose.

ᠣᠪᠣᠮᠪᠢ, *obombi*. Laver, jeter de l'eau sur quelque chose. (*Si* en chinois.)

ᠣᠪᠣᡴᠣ, *obokou*. Bassin dont on se sert pour se laver le visage. (*Si lien pen* en chinois.)

ᠣᠪᠣᡴᠣ ᡝᡶᡝᠨ, *obokou efen*. Espece de biscuit qui se fait avec de la farine de bled, du sucre, du vin blanc, du jaune d'œuf ; on mêle tout cela ensemble, et on y ajoute des jujubes dont on a ôté la peau.

ᠣᠪᠣᠩᡤᡳ, *oboungui*. Boucles ou vessies qui se forment sur la surface de l'eau. Boucles qui se forment lorsqu'on verse de l'huile. Boucles qui se forment sur le crachat, au bord des levres de ceux qui bavent. Espece d'écume.

ᠣᠪᠣᠩᡤᡳᠨᠠᠮᠪᡳ, *obounguinambi*. Écumer. Baver, etc.

ᠣᠪᠣᠩᡤᡳ ᠠᡵᡴᡳ, *oboungui arki*. Espece d'eau-de-vie des Mantchoux.

ᠣᠪᠣ, *obou*. Faire faire. Ordonner de faire. C'est

la terminaison des mots qui prescrivent de faire quelque chose. Marque de l'impératif. Ce mot s'emploie pour les choses qu'on fait faire.

oboumbi. Faire, traiter une affaire.

oubouhapi. Avoir fait une affaire.

oso. C'est un ton impératif. Comme si l'on disoit : Faites cela de cette maniere, entendez-vous? Faites comme cela, eh!

osohoun. Petit. Petite lune. On dit aussi *atchike*. (*Siao* en chinois.)

osohokoun. Un peu petit. (On dit aussi *osokoun*.)

o cho seme. Démonstration de tendresse envers un petit enfant. Comme si l'on disoit, *o cho*.

oso akou. C'est une maniere de parler. Avant de dire ce qu'on pense. Avant que d'avoir parlé. Avant que d'avoir dit. Avant de partir. Avant. Auparavant. C'est une négation comme, ne pas. Il signifie plutôt, non seulement. Quoiqu'on écrive *oso akou*, on prononce *oso nakou*.

ocho. Espece de gant qu'on met pour empêcher que les serres des oiseaux de proie qu'on porte sur le poing ne fassent mal. Il y a deux especes de gants. Les uns n'ont que trois doigts, et les autres en ont cinq. (*papouha*.)

ochoho. Nom général qu'on donne aux

griffes des quadrupedes et aux serres des oiseaux, etc.

ochoholombi. Prendre avec les griffes, avec les serres.

ochohoungo. C'est le nom générique des griffes, serres, harpons, ongles de tous les animaux.

otolo. Jusqu'alors. Jusqu'à ce que. Jusqu'à cette façon. Quand. (*ischtala*, *outou otolo.*)

oton. Qui n'a ni anse ni pied. Vase à tenir de l'eau ou telle autre chose. Vase entier.

otori. Lorsqu'à la deuxieme ou troisieme lune on fait la petite chasse, et qu'on mange du gibier frais. Il y a peu de monde à cette chasse. Ce mot signifie, manger des choses fraîches.

otorilambi. Manger des choses fraîches. Cela se dit des choses qu'on mange à la petite chasse qu'on fait au printemps lorsque peu de personnes se trouvent ensemble.

otoli. On appelle ainsi les petits crochets ou clous qui tiennent le mors de la bride d'un cheval.

olo. Corde de chanvre qu'on fait lorsque le chanvre est en maturité. On le met d'abord dans l'eau comme pour le faire pourrir, et lorsque les filaments se détachent, on commence à les employer. Il y a quatre especes de chanvre: la premiere s'appelle *hounta*, la deuxieme *sichari*, la troisieme *namouri*, et la quatrieme *yehe*. Les feuilles de ces especes de chanvre sont minces et longues. Ordonner à quelqu'un de marcher dans l'eau.

ᠣᠯᠣᠮᠪᠠ. *olombi*. Retrousser ses habits lorsqu'on est obligé de passer dans l'eau. Nager. Passer une riviere ou à gué ou à la nage.

ᠣᠯᠣᠪᠣᠮᠪᠠ. *oloboumbi*. Ordonner à quelqu'un de passer dans l'eau, de traverser l'eau.

ᠣᠯᠣ ᠹᠣᠶᠣ. *olo foyio*. Le tissu de la semelle des souliers ou chaussures tartares. Ces semelles sont faites d'une espece d'herbe qui ressemble au chanvre : elle vient dans les masures ; sa couleur est blanche.

ᠣᠯᠣᠬᠣᡳ. *olohoei*. C'est le cri qu'on jette lorsqu'on saute, ou, pour mieux dire, c'est ainsi qu'on appelle ce cri.

ᠣᠯᠣᠴᠣᠨ. *olochon*. Espece de pantalon qui est en même temps culotte, bas et souliers : il est fait d'une peau dont on a ôté le poil, ou de cuir.

ᠣᠯᠣᠨ. *olon*. Sangle de cheval.

ᠣᠯᠣᠨᠲᠣᠣ. *olontouo*. Espece de bas qui vont jusqu'au haut de la cuisse. On met ces bas pour grimper sur les montagnes. On dit aussi ᠺᠠᠷᠣᠨ, *karoun*.

ᠣᠮᠢ. *omi*. Faire boire. Ordonner à quelqu'un de boire. (Impératif du verbe suivant.)

ᠣᠮᠢᠮᠪᠠ. *omimbi*. Boire de l'eau, du thé, du vin, du bouillon, etc. Ce mot exprime aussi fumer du tabac. (*In* en chinois.)

ᠣᠮᠢᠪᠣᠮᠪᠠ. *omiboumbi*. Faire fumer. Faire boire.

ominambi. Aller boire.

omitchimbi. Venir boire.

omitchambi. Boire plusieurs ensemble. Fumer plusieurs ensemble.

omilambi. Monter à cheval pour passer une riviere.

omilaboumbi. Ordonner à quelqu'un de monter à cheval pour passer une riviere.

omi sangua. Les rats de campagne se creusent des demeures bien avant dans la terre, où ils font leurs provisions. Les deux mots tartares signifient, terriers ou trous des rats sauvages.

omin. Année de disette, de famine, où l'on n'a recueilli aucun grain.

omihon. Qui a le ventre vuide parcequ'il n'a rien mangé. Affamé. Qui meurt de faim.

omiholombi. Etre dans la disette des vivres. N'avoir pas de quoi manger.

omiholoboumbi. Affamer quelqu'un, ne pas lui donner de quoi vivre.

oliha. Ombrageux. Un cheval ou tout autre animal qui a peur de tout. Homme pusillanime, craintif.

olihatambi. Craindre sans raison et sans aucun sujet.

olime yaboumbi. Marcher à côté du chemin par respect pour quelqu'un, ou parceque le chemin est embarrassé.

OTCHI

ᴠᴏᴛᴏᴛ6. *omolo.* Petit-fils.

ᴠᴏᴛᴏᴛᴏᴏ ᴇᴛᴛᴛᴠ ᴏ ᴠᴏᴛᴏᴛᴏ ᴏᴛᴛᴠ, *òmohouei pihan ni otoli hetchen.* C'est le nom d'un pays à l'orient de la montagne appelée *Tchang po chan.* C'est la patrie des ancêtres de la dynastie régnante. *Tay Tsou Kao Hoang Ty,* bisaïeul de *Kang hi,* demeuroit là, lorsque les divisions s'éleverent dans l'empire : il vint à ᴏᴛ6 ᴠᴛᴛᴠ. *Hetou ala.*

ᴠᴏᴛ6. *omo.* Lac, étang, réservoir, piscine, amas d'eau. Tout cela s'entend des eaux qui ne coulent point.

ᴠᴏᴛᴏᴛᴏ. *omoche.* Petits-fils.

ᴠᴏᴛᴏᴛᴏ ᴛᴛᴠ. *omoche mama.* C'est le nom d'un esprit femelle qu'on invoque pour avoir des enfants. Cet esprit s'appelle en chinois *Tsée soun niang niang.*

ᴠᴏᴛ6 ᴏᴛᴏᴠᴏᴠ, *omo tapsoun.* Nom qu'on donne au sel qui se fait avec l'eau d'un étang, après qu'on l'a fait bouillir. Ce sel s'appelle en chinois *hon yen,* et le sel marin *hai yen.*

ᴠᴏᴛᴠ. *ome.* Ce mot est une particule explétive.

ᴠᴏᴛᴏ. *otchi.* Particule; si, d'abord, comme. On ne s'en sert qu'au milieu de la phrase.

ᴠᴏᴛᴏᴏᴛᴠ. *otchipe.* Quoique. Bien que. Avant on met le mot ᴠᴛᴏᴠᴛ6. *outou.* On dit aussi ᴏᴛᴏᴏᴛᴠ. *pitchipe.*

ᴠᴏᴛᴛᴠ. *otchir.* Nom d'une espece de chapelet à l'usage des bonzes. Il y a au commencement une espece de médaille qui représente la tête de *Fo*, et sur cette tête est la bouche du même *Fo*.

〰️, *ora*. Espece de manteau dont les grands et l'empereur se servoient autrefois : il n'avoit point de manches ; il étoit plissé par le bas, et ouvert par les côtés, par devant et par derriere.

〰️. *otchotcho*. C'est une maniere de parler quand on méprise quelqu'un. Comme si l'on disoit : Cet homme n'est pas compté. Ce n'est pas un homme. Il ne doit pas être regardé comme un homme.

〰️. *otchombi*. Mettre sa bouche ou ses levres sur un enfant. Baiser. Donner des baisers.

〰️. *otchoro*. Être en place. Régner. Être au nombre des sages. Certainement. On met avant le mot 〰️. *tchi*.

〰️ 〰️. *otchoro tchakade*. C'est une maniere de parler pour exprimer la raison pourquoi. Comme si l'on disoit : C'est pourquoi cela est ainsi. 〰️ 〰️ 〰️. *outou otchoro tchakade*.

〰️. *otchorolame*. Suivant les occurrences déterminer de faire ou de dire quelque chose. Marque du futur.

〰️, *otchorakou*. Il ne faut pas. Il ne convient pas. Cela ne se peut pas. Cela ne se doit pas. On dit aussi 〰️. *otchirakou*.

〰️. *otchorakoun*. Cela ne se peut pas ? par interrogation.

〰️. *otchorahou*. Je crains que cela ne se

puisse pas. Je pense que cela ne se peut pas. On le dit après la phrase.

ᠣᠶᠣ. *oyio*. C'est le nom de l'étoffe dont on se sert pour couvrir le dessus des bonnets d'été, qui s'appellent ᠪᠣᠷᠣ ᠣᠶᠣ. *poro y oyio*. On appelle aussi du mot *oyio* le dehors du bonnet d'hiver nommé ᠮᠠᠬᠠᠯᠠ ᠣ ᠣᠶᠣ. *mahala y oyio*. C'est le mot générique pour exprimer la couverture des bonnets quels qu'ils soient. C'est aussi le mot qui exprime l'arête de tout le dessus, ou la toile qui est des deux côtés de la tente ronde dont se servent les Tartares lorsqu'ils sont en guerre. Ces deux pieces sont pour les mettre à couvert de la pluie; et on appelle encore ainsi toute chose qui est faite en recourbant. Nom d'un insecte fort petit et de couleur presque rousse; il a des ailes, et vient dans le fumier. Le dessus des maisons. Le dessus de l'impériale d'une chaise, etc.

ᠣᠶᠣ ᠺᠠᠶᠢᠮᠪᠢ. *oyio kaimbi*. Jeter des morceaux de viande en l'air. On pratique cette cérémonie après le sacrifice. On prend de la chair de la victime, et avant de la présenter aux assistants, on en jette quelques morceaux en l'air. Chair destinée aux esprits. C'est une superstition en usage chez les Tartares. Ils font vœu, par exemple, de sacrifier une victime pour obtenir la guérison d'une maladie; et pour se rappeler son vœu, on met au bout d'un bâton qu'on place sur le plancher, un morceau de viande en attendant.

ᠣᠶᠣᠮᠧ. ᠰᠠᠬᠠᠮᠪᠢ. *oyiome sahambi*. Mettre sur les portes le toit qui les couvre, ou, pour mieux dire, l'avant-toit. Faire une voûte ou des ceintres aux ponts.

oyiombi. Plier, courber, recourber quelque chose que ce soit. Faire une chose en cercle.

oyioboumbi. Faire courber quelque chose. Ordonner à quelqu'un de courber une chose, de faire un cercle.

oyioho. Le cercle est fait. Avoir recourbé, avoir fait un cercle. Agiter un enfant dans son berceau, le bercer.

oyioungo paita. Chose essentielle.

oyioungo. Essentiel. Qui a un dehors, une couverture.

oyioki. Arriver promptement, quoiqu'on ait reçu ordre d'aller doucement. Finir un ouvrage prestement, quoiqu'on ait reçu ordre de le faire à l'aise. Aller plus vite qu'on ne l'exige.

oyiomboumbi. Arriver plutôt qu'on ne s'attendoit, en faisant chaque journée un peu plus grande qu'à l'ordinaire. Faire une fois plus d'ouvrage qu'il ne faut pour le temps, de sorte qu'il n'en reste plus qu'une petite partie à faire.

oyio oyio. C'est la maniere dont on appelle les chiens.

otchoroungue. Cela est ainsi.

oyiun te ichenaha. Qui n'a pas

de quoi vivre, ou qui n'a rien. Qui a le ventre vuide.

ꟷꟷꟷ. *oyiokopi.* Avoir fait la plus grande partie de l'ouvrage, de sorte qu'il ne reste plus que peu de chose. Avoir fait la plus grande partie du chemin. Être extrêmement fatigué.

ꟷꟷꟷ. *oyiombourakou.* Qui est vif. Qui est impatient. Qui est capable de peu de chose. Qui n'a point de consistance. Qui n'est pas essentiel. Qui fait les choses très lentement, comme s'il n'y avoit rien d'essentiel.

ꟷꟷꟷ. *oyiomboure peïta ouaka.* Affaire qui n'est point essentielle.

ꟷꟷꟷ. *okini.* Maniere de parler pour faire faire une chose comme on la veut.

ꟷꟷꟷ. *oki yoro.* Bouton qu'on met à la pointe des fleches qui servent à l'exercice.

ꟷꟷꟷ. *orin.* Vingt. (*Eulh che* en chinois.)

ꟷꟷꟷ. *orita.* Chaque vingtaine. Toutes les vingtaines.

ꟷꟷꟷ. *oritchi.* Le vingtieme.

ꟷꟷꟷ. *ori.* Espece de chapelet fait de verre.

ꟷꟷꟷ. *orima.* Espece de poisson de mer qui ressemble au *loung kan yu* (des Chinois.)

ꟷꟷꟷ. *oron de.* District. (*Kué chang* en chin.)

ꟷꟷꟷ. *orountcho y nialma.* Chasseur. Qui va à la chasse du cerf.

ꟷꟷꟷ. *oroun.* C'est le nom qu'on donne à l'endroit

du ciel où il ne paroît point d'étoiles. C'est aussi le nom qu'on donne à la moëlle des os tant des hommes que des femmes. Moëlle des os des femmes, ou semence que les femmes répandent dans l'acte vénérien. On dit aussi ⌢⌢ ⌢ ⌢⌢, *in ni simen*. District d'un mandarin, d'un tribunal. Comme si l'on disoit : Ce district est bon, ⌢⌢ ⌢⌢. *sain oroun*. C'est le nom d'une espèce de cerf dont la femelle ainsi que le mâle ont des cornes. Ils mangent d'une herbe appellée *tay*; c'est la mousse qui vient sur les arbres et dans les endroits humides. On apprivoise facilement cet animal, et on s'en sert comme d'une bête de charge; on le bride. On dit aussi ⌢⌢. *iren*. C'est aussi le nom d'une étoile.

⌢⌢ ⌢⌢. *oroun akou*. Il n'y a point d'ombre. Il n'y a point de borne. Il n'y a point de terme. Il n'y a point de district.

⌢⌢⌢. *oroungo*. Nom d'un animal qui ressemble à la chevre jaune; il est plus petit, et a les cornes fort longues et plates. Il est de couleur noire.

⌢⌢⌢. *orombi*. Oter la superficie de quelque farine que ce soit qui est délayée dans l'eau ; ramasser cette pellicule, etc.

⌢⌢⌢⌢. *oroboumbi*. Ordonner de ramasser la pellicule qui s'est formée sur la superficie de la farine délayée dans de l'eau.

⌢⌢⌢. *oroko*. La pellicule s'est formée et amassée.

ᴠᴏᴄᴀʙ. *oromou.* Pellicule qui se forme sur le lait.

ᴠᴏᴄᴀʙ. *oropouhangue.* Fromage, ou espece de pain fait avec de la crême de quelque lait que ce soit.

ᴠᴏᴄᴀʙ. *orolombi.* Élever quelqu'un au degré de mandarinat; le faire mandarin non seulement de nom, mais de fait. Commander. Être substitué à la place d'un autre dans un mandarinat. Avoir sa place non seulement pour quelques jours, mais être véritablement mandarin de cet endroit, de ce district. Remplacer quelqu'un dans une charge, dans un emploi. Le véritable sens de ce mot est, remplacer quelqu'un dans un mandarinat, être mandarin avec district, etc.

ᴠᴏᴄᴀʙ. *oke.* La femme du cadet du pere. Tante. On dit aussi ᴠᴏᴄᴀʙ. *ouhoume.*

ᴠᴏᴄᴀʙ. *okte.* Les femmes des cadets du pere. Tantes. On dit aussi ᴠᴏᴄᴀʙ. *ouhoumete.*

ᴠᴏᴄᴀʙ. *ofi.* Parceque. Cette particule signifie la raison pourquoi. Bâton qu'on met avec un lacet pour prendre les faisans par les pieds. Lacet. Parcequ'il étoit en place, etc. Alors on dit ᴠᴏᴄᴀʙ ᴠᴏᴄᴀʙ. *outou ofi.*

ᴠᴏᴄᴀʙ. *ofoho.* Soc de la charrue, ou le fer de la charrue.

ᴠᴏᴄᴀʙ. *ovoro.* Nez. (*Pi* en chinois.)

ᴠᴏᴄᴀʙ. *ovoro y sanga.* Narines, ou bien trous du nez. (*Pi koung* en chinois.)

〰〰, *ovoro niaki.* Morve. (*Pi ty* en chin.)

〰〰. *ovoro y toupe.* La pointe du nez. On dit aussi 〰. *songuiha.*

〰〰. *ovoro feteri feterilambi.* Branler le nez. Lorsqu'on entend des paroles risibles, le nez brandille et remue un peu. Les mots tartares expriment ce mouvement.

〰〰. *ovoro toura.* Nom qu'on donne au cartilage qui est au milieu des deux narines, qui sépare le nez en deux.

〰〰. *ovorotoumbi.* Semer la zizanie, la discorde, en employant pour cela de mauvais discours.

〰〰. *ovoroungo.* Homme à deux visages, qui dit à celui-ci le mal que cet autre peut avoir dit de lui, et à cet autre, ce que celui-ci a dit contre lui. Mauvaise langue. Semeur de zizanie.

〰〰, *oi sere herguen.*

〰 *oi.* Maniere d'appeller quelqu'un dont on ne sait pas le nom. C'est aussi une maniere de crier après les bêtes qui ne vont pas ou ne font pas comme on voudroit.

〰. *oihori.* Qui n'a point de gravité, de consistance. Qui fait les choses avec nonchalance, paresse, etc. Qui regarde quelqu'un avec dédain. Dédaigneux.

〰〰. *oihori nialma piheou.* C'est une maniere de parler pour dire de quelqu'un qui a de l'adresse et qui fait bien ordinairement : Comment est-il arrivé qu'il ait manqué en cela, lui qui fait si bien ordinairement? il faut qu'il ait eu bien du malheur, ou qu'on l'ait mal servi. C'est une maniere d'excuser quelqu'un que l'on aime.

ⵓⵎⵉⵓⵡⵍⵎⴱ. *oihorilambi.* Être paresseux. Être négligent. Être indifférent. N'avoir point d'attention pour les choses même les plus essentielles. Dédaigner quelqu'un ou quelque chose que ce soit.

ⵓⵎⵉⵓⵡⵍⴰⴱⵎⴱ. *oihorilaboumbi.* Être méprisé, dédaigné.

ⵓⵎⵉⵓⵡⵍⵀⴱ. *oihorilahapi.* Ne pas attraper la bête qu'on a blessée.

ⵓⵎⴱⵓⵡⴱ [ⵡⴱ. ⵡⵉ.] *oipokopi* (*mbi, me.*) On dit cela d'un vieillard qui est tombé en enfance, qui fait comme les enfants. Vieux. Décrépit. Radoter. (ⵓⵎⴱⵓⵡ. *oipoko.*)

ⵓⵎⴱⴱⵓⵡⴱ. *oipoboumbi.* Tromper un vieillard tombé en enfance, lui faire faire des enfantillages ou des jeux d'enfants. Se reposer.

ⵓⵎⴳⴱⵓⵡⴱ [ⵏⵉ.] *oitoboumbi* (*ha.*) Faire par nécessité. Être forcé à quelque chose.

ⵓⵎⵓ. *oilo.* Extérieur d'un homme. Superficie.

ⵓⵎⵉⵓⵅⴱ. *oilorki.* La couverture. La superficie.

ⵓⵎⵉⵓⵅ. *oilori.* A l'improviste. Sans raison. Par hasard.

ⵓⵎⵉⵓⵅ ⵜⵛⴼⵀ. *oilori tchafaha.* Il l'a dégradé sans raison. Il l'a cassé sans raison.

ⵓⵎⵉⵓⵅ ⵏⵎⴱⵓⵀ. *oilori nambouha.* Il s'est rendu

lui-même à l'ennemi sans sujet. Il a été pris sans sujet, sans raison. Il a été pris par hasard.

╌╌╌ ╌╌╌, *oilori teleri.* Sans attention. Sans gravité. Qui ne pense, ne fait, ou ne dit que des bagatelles et des riens. Sans politesse. Paresseux. Lambin. Qui fuit, qui évite les affaires, ou qui les fait négligemment.

╌╌╌, *oilokoun.* Être vieux. Surface de quoi que ce soit.

╌╌╌, *oilohoun.* Homme qui n'a point de résolution, qui ne sait pas faire les affaires, qui n'a point de gravité, de consistance, de politesse; qui n'a point de discernement.

╌╌╌, *oilohotombi.* Qui marche sans gravité. Qui n'a qu'une contenance légère.

╌╌╌. *oifo.* Homme léger, qui remue toujours, qui est toujours en mouvement.

╌╌╌ ╌╌╌ ╌╌╌, *or sere herguen.*

╌╌╌. *or.* C'est le cri du tigre. C'est aussi le ton qu'on prend lorsqu'on vomit.

╌╌╌ ╌╌╌, *or ir.* C'est le ton que prennent les lamas *ho chang* et *tao che* lorsqu'ils récitent leurs prieres en commun, ou qu'ils chantent.

╌╌╌, *orho.* Herbe. (*Tsao* en chinois.)

╌╌╌. *orhotcho.* On appelle ainsi un enfant qui vient de naître, lorsqu'il a le corps fort petit.

╌╌╌ ╌╌╌, *orho ta.* C'est le nom d'une plante médicinale qui croît à plus de deux pieds ; elle n'a que cinq ou six rameaux qui s'élevent en forme de calice : à chaque tige il y a cinq feuilles : sa fleur et ses graines sont rouges. Cette plante est fort chere. On parle sur-tout de sa racine qui est en usage dans la médecine. C'est le *gen chen* (des Chinois.)

ᠣᡵᡥᠣᠨ, *orhoun.* Nom de la plume qu'on met à la queue des faucons pour les rendre plus jolis. Cette plume est agitée par le vent : c'est pourquoi on l'appelle *piao-ling* (en chinois.)

ᠣᡵᠰᠣᠨ ᠨᡳᠮᡝᠮᠪᡳ. *orsoun nimembi.* Douleur que sentent les femmes, lorsqu'après leurs couches, la partie par laquelle l'enfant tenoit dans leur sein, est excoriée.

ᠣᡵᡩᠣ. *ordo.* Nom qu'on donne aux appartements de l'empereur, où il n'y a ni portes ni fenêtres. Nom général des appartements de l'empereur. Les appartements de tout autre ne peuvent pas être ainsi appellés.

ᠣᡵᡴᡳ. *orki.* Les deux taillants ou le taillant des deux côtés d'une fleche, d'une épée.

ᠣᡵᡤᡠᡳᠯᠠᠮᡝ ᡴᠣᠠᡳᡥᠠ. *orguilame koaiha.* Lorsque la fleche n'a fait qu'effleurer la peau de l'ennemi, qu'elle ne lui a fait qu'une légere égratignure. On dit aussi ᠣᡵᡤᡠᡳᠯᠠᠮᡝ. *orguilame.*

ᠣᡵᡥᠣ ᠮᠣᡠᡴᡝ ᠠᠮᡨᠴᠠᡵᠠᡴᠣᡠ, *orho mouke amtcharakou.* Maladie des chevaux, mulets et autres bêtes, qui les empêche de baisser la tête ; de sorte qu'ils ne peuvent pas atteindre à la crèche ni à l'abreuvoir : ils ont le cou roide.

〰〰. *on sere herguen.*

〰〰. *on.* Chemin. Journée de chemin. La lettre chinoise *tcheng* signifie proprement les lieux où l'on se repose chaque jour. Auberge.

〰〰. *on kaime yaboumbi.* S'efforcer de marcher. Doubler les journées quand on fait voyage. Doubler le pas.

〰〰. *on tosombi.* On dit cela d'un cheval et autre bête qui a beaucoup de force, et qui fait beaucoup de chemin en peu de temps et sans être extrêmement fatigué.

〰〰. *ontorahou.* Craindre le désordre.

〰〰. *ondombi.* Mettre tout en désordre. Déranger. Faire ce qu'il ne faut pas. On dit alors 〰〰 〰〰, *palai ondombi.* Calomnier. Accuser calomnieusement. Imputer un crime à quelqu'un.

〰〰. *ontcho.* Large. En largeur et non pas en longueur. Qui n'est pas étroit.

〰〰 〰〰. *ontcho oumiesoun.* Ceinturon de peau à l'usage des gens de guerre ; ils y mettent le sabre, l'arc et la fleche. Ce ceinturon de peau en dehors est doublé de toile ou de soie, ou de toute autre chose.

〰〰. *ontchoto.* Ordonner de corriger quelqu'un doucement, de lui épargner la correction.

ontchotombi. Pardonner à quelqu'un, ne pas le punir.

ontchokoun. Peu large. Pas trop large.

ontchohoun. Qui porte la tête ou le visage en l'air. Qui regarde en l'air, et qui semble dédaigner les hommes, auxquels il manque souvent de faire politesse. Dormir le visage en haut. Superbe. Qui paroît ou qui est orgueilleux.

ontchohoun oumouchouhoun. Baisser la tête. Faire signe de la tête en la baissant.

ontchohoun touambi. Aller le nez au vent en branlant la tête et remuant le bonnet; ne faire attention à personne.

ontchohochombi. Montrer une large poitrine. Aller en se quarrant, et regarder les gens comme si on ne les voyoit pas; c'est-à-dire marcher d'un pas superbe.

ong sere herguen.

ong seme. C'est le bruit que fait le bouton de bois percé qui est au bout des fleches qui servent à l'exercice.

ongo. Lieu où il y a de l'eau et de l'herbage, et où les chevaux peuvent paître.

ongombi. Oublier. Ne pas se ressouvenir.

ongoboumbi. Ordonner d'oublier.

ongolo. Riviere ou ruisseau qui coule dans un lit oblique ou tortueux, ou, pour mieux dire, qui coule à côté de son lit par des saignées ou des canaux qu'on a faits, ou parceque le lit est trop petit pour la quantité d'eau. Maniere de parler pour exprimer ce qui s'est passé, ou ce qui est fait le plus anciennement. Auparavant. Avant tout. Anciennement. On met au-dessus quelqu'une des terminaisons *ra, re, ro*, par exemple, Avant que d'aller, *kenere ongolo*; et ainsi des autres. Il sert pour le plusque-parfait. Avant qu'il eût fait cela, etc.

ongochoun. C'est ainsi qu'on appelle le *tsi yu*, espece de petit poisson que les Mongoux appellent *keltehe*.

ongoro orho. Nom d'une herbe. Comme qui diroit, l'herbe d'oubli. D'autres l'appellent herbe d'union et de concorde; d'autres, herbe qui fait oublier les tristesses que l'on a.

ongoro. Nom de l'os qui est au-dessus de la tête. L'homme en naissant a au-dessus de sa tête un petit os qui a un trou; dans ce trou est un autre os qui est aussi percé. Les cochons en ont un de même, et l'os qu'ils ont s'appelle *king kou*. On prend cet os de cochon qu'on pend au-dessus du berceau des petits enfants pour les empêcher d'avoir peur. Les animaux ont tous des trous aux os de la tête, dans lesquels il y a de petits os. Si les enfants portent sur eux ces petits os ils n'oublient rien.

ongousou. Homme qui n'a point de mémoire, qui ne se souvient de rien.

ᠣᠩ *ongnika.* Nom d'une bête fauve appellée en chinois *tsoui cheng :* elle ressemble à l'ours, mais elle est beaucoup plus petite. Sa couleur tire sur le jaune, et elle est tachetée de blanc. C'est un animal très intelligent.

ᠣᠩᠣᠷᠣ ᠮᠠᠩᠭᠠ. *ongoro manga.* Qui oublie très aisément.

ᠣᠩᠭᠣᠨ. *ongoun.* C'est ainsi que s'appelle la partie du cheval et des autres animaux qui est après le cou, ou le commencement du dos. On appelle aussi de ce nom le vuide que fait la selle sur le cheval.

ᠣᠩᠭᠣᠯᠣᠬᠠᠨ. *ongoulokon.* Avant. Qui n'a rien qui soit avant. Qui est un peu avant.

ᠣᠩᠭᠣᠴᠣᠨ. *ongoutchoun.* Nom d'un instrument de musique qui ressemble à un violon, et qui a deux ou quatre cordes.

ᠣᠩᠭᠣᠷᠣ ᠴᠡᠴᠡᠭᠡ. *ongouro tchetchike.* Nom d'un oiseau qui est dans les lieux où il y a beaucoup de pins. Il se nourrit des graines ou des pignons qui sont dans les pommes de pins. Quand les fouines, ou l'espèce de rat sauvage appellé *tiao chou*, veulent manger du fruit des pins, cet oiseau les en empêche par ses cris.

ᠣᠩᠲᠣᠷᠢ. *ongtori.* Homme grossier, rustique, qui n'a point d'éducation.

ᠣᠩᠬᠢᠬᠠ. *ongkiha.* Cela se dit des bêtes fauves qui prennent la fuite lorsqu'elles ont entendu les hommes, ou qu'elles les ont sentis. Comme si l'on disoit, par exemple : Il s'est sauvé.

〜〜〜 〜〜〜 〜〜〜. *ok sere herguen.*

〜〜〜. *ok.* Cri de crainte, lorsqu'on est supris par quelque accident. Cri que l'on fait lorsque l'on s'efforce de vomir.

〜〜〜. *okchembi.* Vomir, lorsqu'on a mangé quelque chose qui ne convient pas à l'estomac et qu'on le rejette. Avoir envie de vomir. Vomir le sang.

〜〜〜. *okson.* Le pas d'un cheval, d'un homme.

〜〜〜. *okcheboumbi.* Faire vomir quelqu'un. Sortir du fourreau. Cela se dit des épées, sabres, etc., qui sortent d'eux-mêmes du fourreau. On le dit aussi lorsque les fleches, etc., sont tombées d'elles-mêmes du carquois, et des autres armes qui sont tombées d'elles-mêmes de la ceinture.

〜〜〜 〜〜〜. *okson foulibourakou.* Qui a fait un faux pas en marchant. Qui est tombé.

〜〜〜 〜〜〜. *okson sain.* On dit cela d'un cheval et des autres bêtes qui marchent bien et d'une maniere agréable à voir.

〜〜〜. *oksombi.* Aller le pas. Cela se dit des chevaux. Marcher.

〜〜〜. *oksoboumbi.* Faire aller le pas.

〜〜〜. *oksotchombi.* Cela se dit d'un enfant qui apprend à marcher. Marcher à pas comptés.

〜〜〜. *okto.* Médecine. Remede que prennent les hommes ou les animaux. Poudre à canon.

〜〜〜 〜〜〜. *okto y siren.* Meche ou amorce qu'on met au fusil. Moulinet de poudre.

ᡒᡴᡑᠣᠯᠣᠮᠪᡳ. *oktolombi.* Empoisonner. Donner du vin empoisonné.

ᡒᡴᡑᠣ ᠨᡳᡵᡠ. *okto nirou.* Fleche empoisonnée. On prend de l'herbe appellée *tsao ou*, qu'on fait bouillir long-temps; on frotte ensuite de cette liqueur-là, ou, pour mieux dire, on aiguise le fer de la fleche avec cette eau, qu'on verse sur la pierre peu-à-peu ; et lorsque quelqu'un a été blessé et qu'il sort du sang, il est mort. C'est l'aconit qu'on emploie. Il s'appelle en chinois *tsao ou*.

ᡒᡴᡑᠣ ᡶᡠᡧᡠᠪᡠᠮᠪᡳ. *okto foushouboumbi.* Faire des mines. Enterrer non loin des villes de la poudre dans des canaux qu'on creuse sous les murailles pour les renverser.

ᡒᡴᡑᠣᠮᠪᡳ. *oktombi.* Rencontrer. Cela se dit des soldats ou d'une armée qui rencontre l'armée ennemie. Repousser. Recevoir avec cérémonie.

ᡒᡴᡑᠣᠨᠣᠮᠪᡳ. *oktonombi.* Aller au-devant de l'ennemi. Aller au-devant.

ᡒᡴᡑᠣᠨᠴᡳᠮᠪᡳ. *oktontchimbi.* Venir à la rencontre de l'ennemi, de quelqu'un.

ᡒᡴᠴᡳᠨ. *oktchin.* Couvercle. Ce qui couvre quelque chose que ce soit. Casque des cancres. Dessus d'une boîte, etc.

ᡒᡴᠴᡳᠯᠠᠮᠧ. *oktchilame.* Mettre un couvercle, couvrir quelque chose.

ᡒᡴᠴᡳᠯᠠ. *oktchila.* Faire mettre le couvercle. Faire couvrir quelque chose.

oktorohoun pantchiha. On dit cela d'un homme ou d'un cheval qui, après avoir souffert long-temps la faim, ne sauroit plus rien manger.

oktchiha. Nom d'une herbe aquatique appellée (en chinois) *tchang pou.* Elle vient dans l'eau. Sa racine est blanche ; ses feuilles sont fort longues et étroites. On en fait des nattes et d'autres choses semblables. Elle s'appelle aussi *pou lou* (en chinois); et en tartare *oktchiha oulhou.*

oktchosalaha (mbi, me.) Lorsqu'on a parlé sans avoir songé à ce qu'il falloit dire, ou qu'on fait quelque chose sans avoir prévu quoi que ce soit, sans attention.

oktchosalame koro paha. Pour n'avoir pas prévu ce qu'il falloit. Faute d'avoir pris les moyens nécessaires. Souffrir de son imprudence, de son peu de prévoyance, etc.

oktomo. Courroie qui tient les étriers. Courroie à laquelle les brancards de la chaise sont attachés, qui se met sur la selle du cheval.

oktoro koumoun. Nom de la musique que l'on fait lorsque l'empereur, après avoir sacrifié aux esprits du ciel ou de la terre, est de retour au palais.

os sere herguen.

oshoun. Sévére. Rigide. Cruel. Méchant. Orgueilleux. Mauvais.

ᜧᜨᜩᜪᜫ. *oshotoumbi.* Faire de mauvaises actions, des cruautés, des tyrannies, etc.

ᜧᜨ ᜪᜫ ᜧᜨ. *ot sere herguen.*

ᜧᜨᜪ. *otho.* C'est ainsi qu'on appelle les plumes qui sont recourbées en dehors sur la queue des canards mâles.

ᜧᜨ ᜪᜫ ᜧᜨ. *op sere herguen.*

ᜧᜨᜪ. *ophia.* Bâton long d'une brasse, qui, d'un côté, est un peu arrondi, et uni de l'autre. On cloue sur un des côtés la peau de quelque poisson, au-dessus de laquelle on met un hameçon. Ce bâton est attaché à une corde; on le jette dans l'eau : les oiseaux aquatiques, et en particulier le *tiao*, se jettent sur cette peau qu'ils croient être un poisson, et se prennent à l'hameçon.

ᜧᜨ ᜪᜫ ᜧᜨ. *oou sere herguen.*

ᜧᜨᜪ. *oouha.* Nom d'un poisson qui a sur le dos treize épines ou écailles. En chinois il se nomme *hoa ki yn.*

ᜧᜨᜪ. *ooutcha.* Nom d'un poisson dont le corps est petit, les yeux rouges, et la bouche fort grande.

ᜧᜨᜪ. *oouri.* Le principe du sang, de la sueur, du souffle et de la vie. Sperme. Moëlle des os. Humeur.

ᜧᜨᜪ ᜪᜫ. *oouri simen.* Les humeurs du corps. Vivacité.

ᜧᜨᜪ ᜪᜫ. *oouri soukdoun.* Principe de la vie.

Souffle animé. Lorsqu'on a mangé du gingembre le *ki* se réveille.

ol sere herguen.

olhoun. Sec. Qui n'est pas humide. Lieu où il n'y a point d'eau, aride. (*Kan* en chinois.)

olhoun pouta. Riz sec. (*Kan fan* en chinois.)

olhoun mongoun. Le gosier. Le canal par où l'on respire. On dit de même *pouke mongoun*, et *housha mongoun.*

olhoun feïé. C'est ainsi qu'on appelle les marques ou meurtrissures qui sont sur le corps après qu'on a été frappé, qu'on a reçu la question. On dit aussi *louhoulebouhepi.* Contusion.

olhopa. Extrêmement attentif.

olhoboumbi. Ordonner d'être attentif, de craindre, d'être sur ses gardes.

olhombi. Craindre. Avoir peur. On met au-dessus la particule *te.* Être attentif, sur ses gardes. La crainte respectueuse, comme celle du ciel, des sages, et des supérieurs.

olhocho. Ordonner à quelqu'un d'être attentif, diligent, sur ses gardes, etc.

olhochombi. Craindre par respect. Respecter et craindre.

olhotchoun. Crainte. Sujet de crainte. (*Ko ouei* en chinois.)

⸺. *olhokon.* Un peu attentif. Un peu sur ses gardes.

⸺. *olhoho.* Avoir été attentif.

⸺ ⸺. *olhokon oho.* Il a craint. Il a eu soif. Il a eu faim.

⸺. *olboro yenli.* La chair qui est jointe avec la graisse dans les mâchoires des ours, etc.

⸺. *olpo.* C'est un habillement qu'on porte seulement à cheval lorsqu'on va en voyage. S'il est de peau, il s'appelle ⸺. *tehele.*

⸺. *oltchi.* Prisonnier. Homme pris en guerre.

⸺. *oltchilambi.* Prendre. Prendre en guerre les hommes, etc.

⸺. *oltchilaboumbi.* Être pris. Être fait prisonnier.

⸺. *olfihien.* On dit cela d'un homme qui ne sait pas prendre patience, qui ne sait rien souffrir, qui ne peut rien faire de difficile, etc. qui fait les choses sans gravité. On dit aussi ⸺. *olpihien.*

⸺ ⸺ ⸺. *om sere herguen.*

⸺. *ombi.* Quand on veut louer quelqu'un qui sait bien traiter les affaires. Comme si l'on disoit : Il a de l'intelligence, du savoir-faire, etc. Il fait bien tout ce qu'il fait. Il fait les choses comme il faut, etc. Faire. Opérer.

⸺. *ombihe.* Il a fait les choses comme il falloit.

ombio. A-t-il fait comme cela? Faut-il faire comme cela?

ombini. Maniere de parler pour dire, Cela ne suffit pas. Il ne mérite pas, etc.

ombikai. Ce qui suffit.

omchoun bia. Onzieme lune. Lune du solstice d'hiver.

omtchoko. A qui il manque un peu de la levre. Qui a les levres coupées. Bec de lievre.

omkia. Nom d'une bête qui ressemble à la fouine, ou rat jaune. Elle a des ailes de peau. Il y en a qui ressemblent au renard. Ces animaux se tiennent dans les forêts.

ou sere herguen.

ou. Épines qui sont sur les arbres. Cri des esprits.

ou ou. Cri de ceux qui pleurent.

ouei nimaha. Nom d'un poisson de mer dont le corps ressemble à celui du *pe fou si lin yu* [c'est-à-dire du poisson au ventre blanc et aux écailles fines]; il a des taches blanches et rousseâtres : il est long de quatre mains ouvertes ou de quatre *tcha*.

ouna. C'est le nom d'un fruit appellé en chinois *pou pan*. Il est rouge et doux. On s'en sert comme on fait du *keou ki*, qui est une médecine chaude. C'est proprement de ce fruit que se fait cette médecine.

ounaha. Un cheval, un mulet, un âne, etc., de l'année, qui n'a qu'un an.

〳〵〳〵 〳〵〵. *ounaha soumbi.* Avorter. Cela se dit des animaux qui mettent bas avant le terme.

〳〵〵. *ouneche.* Choses, meubles, ustensiles qui nous viennent de pere en fils depuis la troisieme ou la quatrieme génération.

〳〵〵. *ounengui.* Véritable. Certain. (*Nota.* L'auteur avoit d'abord donné une autre signification à ce mot, et la voici. « Qui a de la droiture. Qui est sin- « cere. Qui ne sauroit tromper ». Mais il a effacé cette explication pour y substituer les deux mots que j'ai laissé subsister.)

〳〵〵. *ounenguilembi.* Avoir de la droiture, de la sincérité, de la probité. Qui fait tout avec droiture. (*Nota.* Je dois prévenir le lecteur que cette explication me paroît fausse : 1°. parcequ'elle se rapporte avec la précédente qui étoit effacée; 2°. parceque l'auteur a également raturé celle-ci dans sa copie. Mais n'ayant point eu l'attention d'en indiquer une autre, il m'a laissé dans l'embarras. D'après divers renseignemens, je suis porté à croire que le verbe 〳〵〵. *ounenguilembi*, signifie, être certain.)

〳〵〵. *ounenguingue.* Qui est certain.

〳〵〵. *ounin.* Vache. (*Mou nieou* en chinois.)

〳〵〵 〳〵〵. *ounin honin.* Brebis. (*Mou yang* en chinois.)

〳〵〵. *ouniele.* C'est ainsi que s'appelle le poil qu'ont les gros cerfs sur la racine de la queue. Ces poils sont longs de cinq à six pouces. Ils sont jaunes ou de couleur d'or. On s'en sert pour border le haut des bas. Quand ce poil est mis en usage, on l'appelle ⵀⵉⵅⵉⴼⵢ, *sereme*.

ⵓⵓⵏⵓ. *ounou*. Faire porter quelque chose à quelqu'un. Faire porter l'épée sur l'épaule.

ⵓⵓⵏⵓⵎⴱⵉ. *ounoumbi*. Porter sur ses épaules du bois ou quelqu'autre chose que ce soit.

ⵓⵓⵏⵓⴱⵓⵎⴱⵉ. *ounouboumbi*. Ordonner de porter sur ses épaules. Faire porter à un autre le châtiment qu'on a mérité soi-même par ses fautes, etc.

ⵓⵓⵏⵓⵀⴰⵒⵉ. *ounouhapi*. Il a porté sur ses épaules, etc.

ⵓⵓⵏⵓⵔⴻ ⵀⵓⴽⵛⵀⴻⵔⴻ. *ounoure houkchere*. Porter sur sa tête, sur ses épaules, etc.

ⵓⵓⵏⵓⵏ. *ounoun*. Ce qu'on porte avec beaucoup de peine s'appelle ⴻⵎⵓ ⵓⵓⵏⵓⵏ, *emou ounoun*. (Fardeau. Onus.)

ⵓⵓⵏⵓⵜⵛⵀⵓⵏ. *ounoutchoun*. Un fils posthume. On dit aussi ⴰⵏⴰⴽⵓ ⴽⵓ. *anakou ku*.

ⵓⵓⵏⵓⵏ ⴼⵉⴰⵏⴰ. *ounoun fiana*. Machine qui sert à contenir ce qu'on veut porter sur ses épaules. On s'en sert sur-tout dans les montagnes. (ⴼⵉⴰⵏⴰ. *fiana*.)

ⵓⴽⴰⵎⴱⵉ. *oukambi*. Se sauver. Fuir.

ⵓⴽⴰⵏⵜⵛⵀⵓ. *oukantchou*. Fugitif. Qui s'est sauvé. Déserteur.

ⵓⴽⴰⵏ ⵜⵛⵀⴻⵜⵛⵀⵉⴽⴻ. *oukan tchetchike*. Nom d'un oiseau qui a la tête noire. Comme qui diroit : Tête noire. On

OUHOU 217

l'appelle aussi *tié tsiao*. Comme qui diroit : Oiseau de fer. Sa tête est bleue ; les deux côtés de sa queue sont blancs. Il vient au printemps. Il ressemble au moineau. C'est un oiseau de passage.

oukamboumbi. Faire fuir quelqu'un. Enterrer. Mettre la biere dans le lieu creusé en terre pour cela. On dit aussi *pourkimbi*, *somimbi*, et *oumboumbi*.

oukata. Amas d'herbes qui viennent autour d'un monceau de terre, ce qui forme une espèce de couverture à ce monceau. Des herbes ou des plantes qui, venues des deux côtés de quelque ruisseau ou monceau de terre, se joignent par le bout d'en haut. Ouvrage fait avec des herbes.

ouhoukou. Instrument de fer ou d'acier pour évuider quelque chose qui seroit déja percé, pour faire une grande cavité en dedans. Cet instrument a la pointe recourbée.

ouhoumbi. Évuider. Creuser. Faire un trou dans la chair. Vuider. Faire des yeux, etc.

ouhouboumbi. Faire évuider, creuser, etc.

ouhouien. Chose qui a été recourbée par le feu ou parcequ'on l'a évuidée. Ce qui est un peu concave.

ouhouma nirou. Qui a la pointe recourbée. Fleche qui a la pointe fendue et un espace au milieu creusé exprès. Cette fleche s'appelle *lang ya*

28

tsien. Comme qui diroit : Flèche faite en dent de loup.

〰. *ouhoultcha.* Nom d'un mouton sauvage qui ressemble aux moutons ordinaires. Ses cornes sont fort recourbées.

〰. *oupa.* Cet endroit.

〰. *oupa atarame.* Cette affaire, comment va-t-elle ?

〰. *oupade.* Cet endroit.

〰. *oupaingue.* De cet endroit.

〰. *oupape ainambi.* Maniere de parler pour dire : Où en est cette affaire ? Cette affaire en étant là, comment la traiter ?

〰. *oupakapi.* On dit cela de quelque chose que ce soit qui a de l'écume et qui n'a pas sa couleur naturelle. On dit aussi cela de la viande qui est gâtée ou corrompue. On le dit aussi de quelque chose que ce soit qui, par le laps de temps, a changé de nature, s'est gâté, corrompu, etc. (〰. *oupaka.*)

〰. *oupachambi.* Labourer. Remuer la terre. Changer de religion. Se révolter. Apostasier. Secouer l'autorité légitime. Renverser l'ordre. Mettre sens dessus dessous.

〰. *oupachaboumbi.* Faire labourer. Faire apostasier. Faire révolter. Faire renverser, etc.

〰. *pupara.* Chair gâtée, corrompue.

〰. *oupachakou.* Qui n'a point de détermination. Qui n'a rien de fixe. C'est le nom d'une espece de gâteaux ou de biscuits faits comme une pierre à aiguiser les couteaux; ils sont un peu plus longs : ils sont ouverts par le milieu, et cuits avec de la graisse. Il y en a de gros et de petits. On les appelle aussi ᙕᐧᖮ, *kouase*.

ᔑᐧᒋᕋᖮᕒᕈᑕᕋᕋ, *oupacharafoutarara*. Révolté. Rebelle.

ᔑᐧᒐᓕᐊᒥ, *oupaliambi*. Changer une chose de place, la poser dans un autre endroit. Mettre sens dessous une chose, la mettre de haut en bas. Changer d'affection. Renverser une chose quelle qu'elle soit. Tourner un habit pour qu'il paroisse comme neuf, ou bien faire de la doublure le dessus.

ᔑᐧᒐᓕᐊᐴᒥ, *oupaliaboumpi*. Traduire.

ᔑᐧᒐᒐᑕᒥ, *oupachatambi*. Faire tantôt d'une façon et tantôt d'une autre. Ne pas agir par système. Agir sans vue. Changer sa premiere façon d'agir. (ᔑᐧᒐᒉᑕᒥ, *oupachetambi*.)

ᔑᐧᒉᐊᑕ, *oupiata*. Haïssable. Qui mérite d'être haï. On dit aussi ᒉᐊᑕ, *ipiata*.

ᔑᐧᒉᐊᒐᓅ, *oupiatchoun*. Ne pouvoir souffrir quelqu'un, le haïr à mort. On dit aussi ᒉᐊᒐᓅ, *ipiatchoun*. Haine. Aversion.

ᔑᐧᒉᐊᒥ, *oupiambi*. Haïr quelqu'un, ne pouvoir le souffrir. On dit aussi ᒉᐊᒥ, *ipiambi*.

ᔑᐧᒉᐊᐴᒥ, *oupiaboumbi*. Être haï, détesté de quelqu'un. (ᒉᐊᐴᒥ, *ipiaboumbi*.)

ᔑᐧᒉᐊᒐᐧᑲ, *oupiatchouka*. Haïssable. Qui mérite d'être haï. (ᒉᐊᒐᐧᑲ, *ipiatchouka*.)

〰〰〰, *oupiabourou.* Très haïssable. On dit aussi 〰〰〰, *ipiabourou.*

〰〰, *oupioou.* Choses précieuses de la mer. Coquillages. Herbes de la mer qui n'ont point le goût salé.

〰〰 〰, *oupihia yenli.* La chair du trou du derriere des animaux.

〰〰, *oubou.* Division, séparation des *ki hia* ou de ceux qui sont sous les bannieres, et des Chinois. Partage des terres des magistratures. Division arithmétique. Procureur. Économe. Une paire. Deux paires, etc. Une ligne. Deux lignes. Un *fen*, etc. On dit aussi 〰〰 〰, *oubou sibia.*

〰〰 〰〰, *oubou koueibou.* Partager. Diviser quelque chose entre plusieurs. On dit aussi 〰 〰, *chan tabou.*

〰〰 〰〰, *oubou pantchiboumbi.* Accumuler les emplois sur la tête de quelqu'un. Donner plusieurs emplois à une même personne. Ranger par ordre. Partager.

〰〰, *ousatchoun.* Digne de compassion.

〰〰, *ousambi.* Haïr quelqu'un à mort, lui donner des marques de haine dans toutes les occasions, lui reprocher amèrement ses fautes. Avoir grande compassion de quelqu'un. Être affligé, triste jusqu'à ne pouvoir pas respirer. N'avoir pas obtenu ce qu'on attendoit, ce à quoi on avoit lieu et droit de s'attendre. On dit aussi 〰〰 〰〰 〰〰, *eretchoun akou ombi.*

ousaboumbi. Faire haïr quelqu'un : ordonner de lui souhaiter du mal, de lui dire des injures.

ousaka. Chose oubliée.

ousatchouka. Compatissant. Plaintif. Sujet de tristesse.

ousatala oho. Avoir de la rancune et de la froideur. Qui a de la rancune, etc.

ousatoumbi. Lorsque plusieurs personnes ont sujet d'avoir de la rancune, de la tristesse, du chagrin, et qu'elles en ont en effet.

ousamboumbi. Laisser frustrer quelqu'un de ses espérances. Faire en sorte que quelqu'un soit oublié, le laisser dans son état d'oubli général, ou de tristesse, de chagrin, etc.

ousata. Partie du poisson qui se trouve dans le ventre, et qui est d'un blanc différent du blanc que le poisson a à l'extérieur.

ouse. Graine de quoi que ce soit. OEufs de poux. Graine de coton, de courge, etc. Graine.

ousembi. Semer des graines. Planter.

ousenembi. Aller semer.

ouse oualiambi. Faire des œufs. Mettre bas. Cela se dit de tous les insectes.

ouseboumbi. Ordonner de semer, de planter.

ousenoumbi. Lorsque plusieurs personnes sement ensemble.

ousekou. Panier ou machine à porter les graines, lorsqu'on a remué la terre.

ousin. Terrain. Champ. On dit aussi *ousin bouta.*

ousin ni haha. Fermier qui a soin des terres.

ousin ni tchalin apalambi. Faire la chasse en été quand tout est en état dans les champs, et qu'on craint que les insectes ne causent du dommage; les chasser, les tuer, les prendre. Chasser les insectes.

ousin pochokou. Nom d'un insecte de couleur cendrée. Il a le dessous des ailes rouge. Il chante en volant. On dit aussi *tchatcharakou.*

ougema. Espece de cuirasse ou d'habillement militaire d'une toile faite avec une espece de chanvre qu'on met en plusieurs doubles, et qu'on pique d'une maniere fort étroite, etc.

ousin ouetchembi. Sacrifier. Lorsque les biens de la terre sont en danger de périr, ou parceque les insectes sont en grande quantité, ou à cause de la sécheresse, on fait des gâteaux, et on met du papier au bout d'un bâton dont on fait une banderole; on offre le tout pour obtenir la fertilité, ou pour être délivré des insectes ou de la sécheresse, etc.

ousinga. Un destin dur. Un homme qui a engendré un fils qui ne lui a pas survécu, et qui se trouve sans postérité parceque son petit-fils est mort aussi. C'est ce qu'on appelle un destin cruel, dur. De même un enfant qui perd pere et mere, freres et sœurs, dans sa tendre jeunesse, a un destin dur et cruel.

⎯⎯. *oucheha.* Nom des étoiles. Étoile en général. (*Hing* en chinois.)

⎯⎯ ⎯⎯. *oucheha fatchambi.* Lorsque la lueur des étoiles s'affoiblit et semble se précipiter.

⎯⎯ ⎯⎯. *ougen ni outchan.* Le milieu de deux champs. La séparation de deux champs.

⎯⎯ ⎯⎯. *oucheha yoou.* Nom d'un ulcere appellé en chinois *chou tchoang;* comme qui diroit : ulcere de rat. Les hommes, les chevaux et les autres animaux sont sujets à cette maladie. Écrouelles. Écrouelles ouvertes.

⎯⎯ ⎯⎯. *oucheha seri.* Lorsqu'il paroît peu d'étoiles. Étoiles en petit nombre.

⎯⎯ ⎯⎯. *oucheha keri kari.* Lorsque le ciel commence a être éclairé, les étoiles sont rares, il ne paroît que peu d'étoiles.

⎯⎯ ⎯⎯. *oucheha kerichembi.* Scintiller. Cela se dit de la lumiere des étoiles. On dit communément, Les étoiles ont le mouvement des yeux.

⎯⎯ ⎯⎯. *oucheha fichen.* Lorsque les étoiles paroissent en grand nombre, qu'elles paroissent toutes se toucher.

⎯⎯. *ouchehanga.* Homme délié, spirituel, qui prévoit les choses à venir, comme il sait les choses passées.

ouchehanga kourgou. Tigre. Loup. Rusé. Fin, etc.

ouchehin. Humide. Opposé à sec.

ouchehiken. Un peu humide.

ouchehimbi. Mouiller. Rendre humide. Mouiller avec de l'eau. Mouiller avec de la sueur.

ouchehiboumbi. Faire mouiller. Être mouillé.

ouchehiembi. Boire un bouillon ou toute autre chose. On dit aussi *oukiembi.*

ouchehieboumbi. Faire boire quelqu'un. On dit aussi *oukieboumbi.*

ouchehin de terpefi. Le terrain est humecté, humide, un peu mouillé.

oucheten hailan. Nom d'un arbre dont les feuilles sont un peu plus grandes que celles du *yu chou.* [L'ormeau.] Sa peau ou son écorce est comme celle du *noan mou.*

ousoun. Homme extraordinaire, qui fait toujours l'opposé de ce que font les autres. Original.

ousoukan. Un peu extraordinaire.

ousoutchilembi. Être extraordinaire, original, misanthrope. Qui ne parle que pour causer de l'ennui et du dégoût.

ousourchembi. Mépriser quelqu'un, ne pouvoir le souffrir, lui faire des rebuffades. Avoir de l'aversion pour quelqu'un, trouver mauvais tout ce qu'il fait, etc.

ousourchetchouke. Plein d'aversion, de mépris, de haine. On dit aussi ce mot pour exprimer le dégoût qu'on a pour quelque chose qu'on mange. Dégoûté.

ousourcheboumbi. Recevoir des rebuffades, des marques de mépris, de haine, etc.

ouchehie. Faire boire quelqu'un. On dit aussi *oukie*, et non pas, *ouchehien*.

ouchambi. Traîner la charrette, la chaîne. Tirer les filets. Tirer la bride. Gratter quelque partie du corps qui nous démange. On dit aussi *ouachambi*.

ouchaboun. Mêlé dans les affaires des autres. Souffrir pour quelqu'un. Être enveloppé dans les malheurs de quelqu'un. Qui porte la peine de ses débauches.

ouchaboumbi. Faire envelopper quelqu'un dans ses propres malheurs. Être enveloppé dans le malheur des autres. Faire gratter. Faire souffrir. Faire traîner la charrette, etc.

ouchatambi. Aider quelqu'un, le tirer à soi, employer ses forces pour l'entraîner. Faire de la peine. Faire marcher quelqu'un qui auroit de la peine à marcher. Embarquer quelqu'un dans ses propres affaires; lui causer de la peine, du chagrin.

ouchataboumbi. Faire souffrir quelqu'un ; lui causer de l'embarras, des peines, des chagrins, des malheurs, etc.

ᡍᠣᠴᡳᠪᠣᠷᠠᡥᠣ, *ouchabourakou*. Qui n'adhere point aux mauvaises idées qui lui viennent dans le cœur.

ᡍᠣᠴᠠᡣᠣ, *ouchakou*. Qui a la bouche dure. Cela se dit d'un cheval qui n'a pas de bouche, qui n'obéit point au frein.

ᡍᠣᠴᠠᡵᡴᡳ, *oucharki*. Nom d'un arbre que les Chinois appellent *chan ma hai chou*. Sa tige n'est pas fort élevée; elle s'étend au-dessus : ses fruits viennent en grappe comme les raisins : ils sont rouges; leur goût est aigre. Son bois sert à faire le dedans des arcs. On en fait aussi le bois ou la tige des fleches.

ᡍᠣᠴᠠᠨ ᡶᠠᠴᠠᠨ, *ouchan fachan*. Qui n'a rien de fixe, de déterminé. Qui parle *ab hoc et ab hac*. Qui fait les choses de travers. Un étourdi.

ᡍᠣᠴᡝ, *ouché*. Ceinture peu large. Qui n'a que peu de largeur. Ceinture dont se servent les femmes. Ceinture de culotte. Jarretieres. Bandes de peau. Courroies.

ᡍᠣᠴᡝᠮᠪᡳ, *ouchembi*. Piquer les mules, les bas, etc. Les piquer fort menu. Piquer les habits, les coudre de distance en distance par bandes.

ᡍᠣᠴᡝᠪᡠᠮᠪᡳ, *oucheboumbi*. Faire piquer un habit, des bas, des souliers, etc.

ᡍᠣᠴᡝ ᠴᠠᠪᠠᠨ, *ouche chaban*. Nœuds quadruples qu'on fait à des cordes fortes qu'on emploie pour piquer les bottes et les souliers, afin de les rendre propres à résister aux plus mauvais chemins.

ouchè tatakou selé. Ceinture ou ceinturon qui sert aux gens de guerre, et qui est armé de fer. Ces trois mots tartares expriment la partie de derriere de ce ceinturon qui est faite de fer.

outa. Faire rissoler du grain. On dit alors (*outa pele.*)

outala. Ces. De cette maniere. Cette particule se met avant que de parler de ce dont il s'agit. C'est l'article ce, ces. Toutes ces choses.

outala. (L'auteur n'a pas traduit l'explication chinoise de ce mot.)

outambi. Acheter. Se vanter. Se louer.

outaboumbi. Faire acheter.

outanambi. Aller acheter.

outantchimbi. Venir acheter.

outanoumbi. Acheter en commun.

outanaboumbi. Ordonner à quelqu'un d'aller acheter.

ou ta. Plus âgé qu'un autre. Aîné parmi les parents et les amis. (*ounga tanga.*)

ouden. Choses communes, qui appartiennent au commun. On dit aussi *ouden ni ba.* Lieu qui sert d'habitation au commun. Le milieu. L'endroit du milieu.

outelembi. Prendre pour le commun une chose qui n'en est pas; la regarder comme commune quoiqu'elle ne le soit pas.

228 OULA

outouri. Espece de signal qu'on fait après la chasse avec une queue ou de bœuf ou de tout autre animal.

outouri atchambi. Se réunir à la chasse. Cela se dit lorsque les deux bouts de ceux qui ont fait le cercle viennent à se réunir.

outouri fekchembi. Lorsqu'on fait promptement le cercle pour entourer les bêtes.

outoulihekou. Paroles obscures qu'on ne comprend pas.

ou toung mo. Nom d'un arbre.

outou. Combien? Après on met le mot *pitchibe*, ou bien le mot *seme*, lorsqu'on veut exprimer un certain nombre.

outou oursou. Combien d'étages, de voisins? etc.

outou tchouan. Combien de dixaines? Combien en compte-t-on?

outoute. Combien chacun en a-t-il eu? etc.

outoutou. Beaucoup. Souvent. Plusieurs.

outoutchi. Lorsqu'on demande à quelqu'un combien il a compté. Combien?

outoungueri. Combien de fois?

outouen. Le petit d'un ours. Le petit d'une autre espece d'ours appellé *keou hioung* (en chinois). Il n'est parlé ici que du mâle.

oula. Nom du *kiang*, de la riviere appellée *Kiang.* On dit aussi *kiang.*

ᠣᡠᠯᠠᠨ. *oulan.* Fosse. Fossé. Grand fossé. Grande cavité. La cavité de la cuisse de l'homme, du cheval, et des autres animaux.

ᠣᡠᠯᠠ ᠴᠣᠣᠰᠣ. *oula chousou.* Provisions de bouche pour soi et pour les bêtes lorsqu'on va au-delà de la grande muraille. On dit aussi ᠴᠣᠣᠰᠣ. *chousou.*

ᠣᡠᠯᠠᠨ ᠬᠠᡨ. *oulan hat.* Nom d'un fruit de couleur rouge et d'un goût aigrelet. Il est juteux. On dit aussi ᡝᡳᡴᡨᡝ. *eikte.*

ᠣᡠᠯᠠᠨ ᠣᡠᠯᠠᠨ. *oulan oulan.* Bruit public. Lorsque tout le monde en parle. Chose dont on parle continuellement.

ᠣᡠᠯᠠᠨ ᠶᠣᡥᠣᠷᠣᠨ. *oulan yohoron.* Ruisseau qui sépare un champ d'avec un autre. Petit canal d'arrosage.

ᠣᡠᠯᠠᠨᠠ. *oulana.* Nom d'un fruit. On dit de même ᠮᠠᠮᠣᡠᡴᡳᠶᠠ. *mamoukia*, et ᡫᠣᡠᠯᠠᠨᠠ. *foulana.* C'est une espece de poire.

ᠣᡠᠯᠠᠮᠪᡳ. *oulambi.* Promulguer de bouche en bouche. Dire à quelqu'un. Instruire. Enseigner.

ᠣᡠᠯᠠᠪᠣᡠᠮᠪᡳ. *oulaboumbi.* Faire dire. Faire publier. Faire instruire.

ᠣᡠᠯᠠᠨᡨᠣᡠᠮᠪᡳ. *oulantoumbi.* Lorsque plusieurs personnes disent ou publient une même chose.

ᠣᡠᠯᠠᡨᠠᠮᠪᡳ. *oulatambi.* Lorsque les chameaux, les bœufs et les autres animaux ont la plante des pieds écorchée et qu'ils boitent. Boiter. Pour les chevaux et les mulets, on dit aussi ᠨᡳᠶᠠᡥᠠᠴᠠᠮᠪᡳ. *niahachambi.*

ᠣᡠᠯᡝ. *oule.* Nom d'une herbe fort mauvaise. Espece d'herbe dont la racine est presque blanche : les feuilles en sont larges, et les fleurs blanches.

oulembi. Coudre en long. Faufiler.

ouleboumbi. Prendre de l'encre au bout du pinceau. Donner à manger à quelqu'un. Nourrir une bête. Donner à manger. Faire coudre en long. Faire faufiler, etc.

oule oumiaha. Nom d'un insecte dont le corps est jaune; les ailes sont étroites et longues. Son corps et ses ailes sont mous. On se sert de ces insectes pour mettre au bout de l'hameçon pour pêcher ou bien pour prendre des oiseaux.

ouletchembi. S'écrouler. Rouler. Lorsqu'une pierre tombe. Lorsqu'une muraille s'écroule. Tomber en ruine. S'entr'ouvrir et tomber. Cela se dit des murailles et des autres ouvrages de terre ou de pierre.

oulengou. Nom d'un gros grain qui est au bas du chapelet que portent les *lamas* et *hochang*, sur lequel est la tête de *Fo.* Le nombril. On dit aussi *tchoungourou.*

oulin. Provision d'argent, meubles, ustensiles, denrées, etc.

oulin ni nialma. Qui a soin de l'argent, des provisions, meubles, denrées, ustensiles, etc.

oulin nadan. Richesses en meubles; argent, ustensiles, provisions, etc.

oulintoumbi. Donner de l'argent aux mandarins, aux juges, etc., pour n'être pas puni de quelque faute que l'on a commise. Se racheter à prix d'argent lorsqu'on a mérité la mort ou quelqu'autre châtiment. C'est un usage assez commun en Chine. Obtenir à prix d'argent une charge, un emploi.

༺༻ ༺༻. *oulin kitambi.* Lorsqu'on offre des sacrifices. Offrir à l'esprit de l'argent, des meubles, des denrées, de la chair, etc.

༺༻ ༺༻. *oulin paien.* Qui a beaucoup de richesses, de meubles, de provisions, etc.

༺༻. *oulin.* Tube fait avec du *hoa pi chou*, espece d'arbre dont on ôte l'écorce par couche, et dont le tronc est tout écorce, de maniere qu'on peut l'ôter couche par couche. (༺༻. *apsa.*)

༺༻. *ouli.* Nom d'un fruit de couleur jaune. Corde de l'arc. Faire serrer quelque chose.

༺༻ ༺༻. *ouli mo.* Nom d'un arbre dont le fruit est petit, noir, agréable et doux. Il s'appelle indifféremment *kan tang, tang ti, yu li.* Quand il est d'une espece à faire de gros fruits, il est appelé des deux noms précédents. Quand il est d'espece à faire de petits fruits, il s'appelle *tou li* et *kang tang* (en chin.)

༺༻. *oulimbi.* Sacrifier. Offrir des sacrifices. Offrir tant aux esprits du ciel qu'à ceux de la terre. Mettre une corde dans une chose percée, l'attacher, la lier. Enfiler des caches, etc. Ce mot ne signifie pas proprement sacrifier, ni offrir aux esprits; mais il signifie fournir les choses qui doivent être offertes.

༺༻. *ouliboumbi.* Faire fournir les choses nécessaires aux sacrifices. Faire enfiler.

༺༻ ༺༻. *ouli atchaboumbi.* Mettre une corde à l'arc. Changer la corde de l'arc.

◌◌◌. *oulou.* OEuf sans germe. Fruit sans graine, qui est vuide. Une pie ou un cheval pie, parceque leur couleur est violette, tirant sur le bleu, et mêlée de blanc. On dit ◌◌◌ ◌◌◌. *oulou morin,* cheval pie.

◌◌◌ ◌◌◌. *oulou ouentouhoun.* C'est cet espace immense qu'on appelle ciel.

◌◌◌ ◌◌◌. *oulou oumhan.* OEuf qui ne peut point produire, qui n'a pas de germe.

◌◌◌ ◌◌◌. *oulousou kouroun.* Un royaume entier. On dit aussi ◌◌◌ ◌◌◌. *kouptchi kouroun.*

◌◌◌. *oulountchou.* Nom d'une plante sauvage dont on exprime l'eau qui a un goût amer.

◌◌◌. *ouloume.* Nom d'un poisson qui n'a guere que la longueur d'une ouverture de main. Son corps est rond; ses écailles sont petites et menues. Il ressemble au *pei fou si lin yu*, c'est-à-dire au poisson qui a le ventre blanc. Ce poisson se prend aisément à l'hameçon. Il est fort bon à manger.

◌◌◌. *oulounehepi.* Cela se dit lorsque les épis du bled, du millet, etc., sont devenus noirs et gâtés; qu'il n'y a presque plus rien dans les épis.

◌◌◌ ◌◌◌ ◌◌ ◌◌◌ ◌◌◌. *ouloume poutara se sirke asou.* Nom d'un filet qu'on jette dans l'eau qui coule fort doucement : ce filet a des trous fort petits quoiqu'il soit fort grand. Il y en a de sept façons différentes, que l'on emploie de la même maniere. Leur nom général est ◌◌ ◌◌◌ ◌ ◌◌◌. *se sirke i asou.*

◌◌◌. *oulouri.* Nom d'un fruit mollasse qui vient

au bout d'une espece de roseau ou rotin : sa couleur tire sur le noir ; son goût est doux et agréable ; il a beaucoup de graines. On l'appelle aussi *yang tsao* et *joan tsao yang tsao*. Comme qui diroit, tetton.

ᕓᑦᕐᖅ ᑲᓚ, *oulou ouala*. Proverbe pour dire qu'un homme parle fort mal, parle gras, ne sait ce qu'il dit, est obscur et confus dans ses discours.

ᕓᑦᖁᕐᖅ ᑭᑕᒻᐱ, *ouloun kitambi*. Cela se dit lorsqu'en été les bêtes vont se cacher dans les lieux où il y a des élévations, des montagnes et des vallons, des eaux, des prairies, etc.; et se mettent à couvert des mouches et autres insectes qui pourroient les piquer, et que les chasseurs vont les chercher là. Le sens propre est, aller chercher la bête au gîte.

ᕓᒪᐃ, *oumai*. Non. Particule négative.

ᕓᒪᐃ ᐊᑯ, *oumai akou*. Non, point du tout.

ᕓᒪᐃ ᓴᕐᑯ, *oumai sarkou*. Je n'en sais rien. Je ne le sais pas. Je n'en sais rien du tout.

ᕓᒪᐃᓇᒥ ᒧᑕᕋᑯ, *oumainame mouterakou*. Qui ne veut point changer. Qui ne sauroit changer. Qu'on ne sauroit détourner de son projet.

ᕓᒪᐃᓇᑦᒋ ᐅᑦᒍᕋᑯ, *oumainatchi otchorakou*. Cela ne se peut autrement. Il n'y a point de remede, etc.

ᕓᒪᐃᓇᕐᑯ, *oumainahakou*. Cela n'y fait rien. Il n'importe pas, etc. (ᕓᒪᐃᓇᕋᑯ, *oumainarakou*, ᐦᐅᐊᖑᐃᐊᕋᑯ, *hoanguiarakou*.)

ᕓᒪᐣ, *ouman*. Le creux que les chevaux, mulets,

ânes, chameaux, ont à la plante des pieds. La gencive.

ouman chentambi. Faire dégeler. Lorsque la terre est prise, et qu'avec un instrument de fer on fait un creux dans lequel on jette des matieres combustibles auxquelles on met le feu, et que la terre d'alentour dégele peu-à-peu.

oume. Non. Je ne le veux pas. On ne met point ce mot qu'on n'y joigne après quelques terminaisons en *ra*, *re*, *ro*. Exemple; *oume tchoboro.*

oure kounire. Ne pensez pas.

oumeche. Très. C'est le superlatif fort. Très fort. Très véritablement, etc. On dit aussi *hon,* et *tchatchi.*

oumegelembi. Aller au-delà. Surpasser, etc.

oumegeleboumbi. Faire surpasser. Faire aller au-delà, etc.

oumerlembi. Espece de cochon ou de truie qui ne fait pas de petits, parcequ'elle est trop grasse. Ne mettre point bas. Ne faire point de petits à cause de la graisse. Cela se dit des truies.

oumerlehepi. Truie qui, pour être trop grasse, ne sauroit faire de petits.

oumehen kirangui. Os qui s'emboîte dans celui de la cuisse.

oumiahanambi. On dit cela d'un fruit dans lequel les vers s'engendrent. On dit aussi *imiahanambi.*

ᡠᠮᡳᠶᠠᡥᠠ, *oumiaha.* Insecte. On dit aussi ᡳᠮᡳᠶᠠᡥᠠ, *imiaha.*

ᡠᠮᡳᠶᠠᡥᠠᠯᠠᠮᠪᡳ, *oumiahalambi.* Faire des flocons de soie de différentes couleurs, tels que ceux qui sont aux cordons des bourses et aux autres ornements. Tisser. Faire des cordons. Envelopper les cordons de soie de quelqu'autre couleur. On dit aussi ᡨᠣᡠᡴᠴᡳᠯᠠᠮᠪᡳ, *touoptchilambi,* et ᡴᠣᡴᠴᡳᠮᠪᡳ, *koktchimbi.*

ᡠᠮᡳᠶᡝᠯᡝᠮᠪᡳ, *oumielembi.* Mettre la ceinture. On dit aussi ᡳᠮᡳᠶᡝᠯᡝᠮᠪᡳ, *imielembi.*

ᡠᠮᡳᡝᠰᡠᠨ, *oumiesoun.* Ceinture qu'on met sur la robe. Ceinture dont on se ceint les reins.

ᡠᠮᡳᡝᠯᡝᠪᡠᠮᠪᡳ, *oumieleboumbi.* Ordonner de mettre la ceinture. Faire mettre la ceinture, etc. On dit aussi ᡳᠮᡳᡝᠯᡝᠪᡠᠮᠪᡳ, *imieleboumbi.*

ᡠᠮᡠᡵᡳ, *oumouri.* Cordons de soie qui servent à fermer et à ouvrir les bourses qu'on porte à la ceinture.

ᡠᠮᡠᡨᡠ, *oumoutou.* Orphelin. Qui n'a point de pere.

ᡠᠮᡠᡥᡡᠨ, *oumouhoun.* Le dessus du pied.

ᡠᠮᡠᡥᡡᠨ ᡨᡠᡥᡝᡴᡝᠪᡳ, *oumouhoun touhekepi.* On dit cela d'un homme qui a eu grande peur, ou parcequ'il a vu un tigre, ou parceque ses pas ont été chancelants, ou parcequ'il ne sauroit marcher.

ᡠᠮᡠᠴᡠᡥᡡᠨ, *oumouchouhoun.* Couvrir quelque chose. Couvrir son visage. Baisser la tête. Cacher son visage. Mettre sa tête sur quelque chose, en sorte que le visage soit caché.

⟨⟩, *outcha.* Aloyau de bœuf. Gigot de mouton. Cuisse de cerf qu'on a fait cuire : ou bien, queue de bœuf, de cerf, de mouton qu'on a fait bouillir. Autrement, c'est-à-dire pour les autres animaux, on dit ⟨⟩ ⟨⟩ *ouentchehen kirangui.*

⟨⟩, *outché.* Maisons, chambres, appartements qui ont une porte; ou mieux, portes des chambres. (*Fang men* en chinois.)

⟨⟩, *outchalaha.* Viande ou chair de bœuf, de mouton, etc., qu'on a fait sécher à l'air. On dit ⟨⟩ ⟨⟩, *outchalaha yenli.*

⟨⟩, *outcharaboun.* Chose qui s'est trouvée par hasard. Bonne ou mauvaise rencontre.

⟨⟩, *outcharambi.* Rencontrer quelqu'un. Trouver quelque chose par hasard.

⟨⟩, *outcharaboumbi.* Être rencontré. Ordonner d'aller à la rencontre.

⟨⟩, *outcharan.* Rencontre. Véritable rencontre. Rencontre d'une chose à laquelle on ne s'attendoit pas. Bonne aventure. Bonne fortune. Mauvaise aventure. Mauvaise rencontre.

⟨⟩, *outchika.* Étui ou couverture qu'on met sur l'étui de l'arc. Nageoires des poissons. On dit alors ⟨⟩, *fethe*, pour les nageoires qui sont dans la partie d'en bas. Les nageoires de la partie d'en haut, ou les premieres nageoires, s'appellent ⟨⟩, *outchika.*

⟨⟩, *outchilen.* Arbre appellé en chinois *hou-*

tchen. Il est plus haut que le *tchen tsee chou*. Cet arbre n'a point de branches, ce n'est qu'une tige extrêmement foible ou flexible. On en fait des cannes pour pêcher les poissons. Il a des fruits plus petits que ceux du *tchen tsee chou*; ils sont triangulaires, et leur peau est très mince. Espece de noisettier; du moins la noisette s'appelle en chinois *tsen tsee*.

ᐁᑐᒡ, *outchoun*. Chanson. (*Ko ku* en chinois.)

ᐁᑐᒡᐁ, *outchoule*. Ordonner à quelqu'un de chanter. (Impératif du verbe suivant.)

ᐁᑐᒡᐃᒥ, *outchoulembi*. Chanter. Dire une chanson. Chanter en chœur.

ᐁᑐᒡᐅᠪᒥ, *outchouleboumbi*. Faire chanter. Ordonner de chanter.

ᐁᑐ, *outchou*. Ordonner de broyer. Faire broyer, délayer. Faire mêler des liqueurs ensemble. (Impératif du verbe suivant.)

ᐁᑐᒥ, *outchoumbi*. Mêler deux liqueurs ensemble. Mêler plusieurs choses ensemble, etc. Pétrir.

ᐁᑐᠪᒥ, *outchouboumbi*. Ordonner de mêler plusieurs choses, plusieurs liqueurs ensemble. Faire un mélange. Faire pétrir.

ᐁᑐᑕᒥ, *outchoutambi*. Mêler plusieurs choses ensemble, sans s'embarrasser si ce mélange convient ou non, ou si les choses qu'on a mêlées sont bonnes ou mauvaises.

ᐁᑐᕆ, *outchouri*. Occasion. Circonstance favorable.

ᡠᠴᡳ *outchouri nashoun.* Circonstance favorable. Bonne occasion.

ᡠᠴᡠᠯᡝᠮᡝ ᡥᡡᠯᠠᠮᠪᡳ. *outchouleme houlambi.* Chanson victorieuse que l'on chante après qu'on a vaincu l'ennemi; un chantre à cheval entonne, et les autres le suivent. Cela se pratique pendant le retour. Chanter les chansons de la victoire.

ᡠᠴᠠᠨ. *outchan.* Cime des arbres. Extrémité des branches. L'extrémité, le bout de cette branche. Le bout de cette autre. L'extrémité d'un champ. Le commencement, les bornes d'un champ. Le commencement d'un district. Les bornes d'un district, etc. Les bornes des deux côtés d'un champ, d'un jardin, etc.

ᡠᠴᠠᠨ ᠶᠠᠯᡠ. *outchan yalou.* Petits sentiers qui sont dans les champs. Ceux qui vont du nord au sud se nomment *tsien* (en chinois) : ceux qui vont de l'est à l'ouest s'appellent *ma.* En tartare il n'y a pas cette différence, et on les nomme indifféremment ᡠᠴᠠᠨ ᠶᠠᠯᡠ. *outchan yalou.*

ᡠᠴᠠᠨ ᠴᠠᠯᠠ. *outchan chala.* Fraction arithmétique. Reste d'un nombre entier, de quelque autre chose. Par exemple, 100 caches, plus 3, etc. Reste d'une étoffe dont on a fait un habit. Ces restes servent à rapiécer, etc. Reste des tiges du bled et autres graines qu'on a coupés. Ce qui paroît encore sur la surface du champ après la moisson. Superflu de quelque chose. Chose qui n'est pas essentielle et qui reste.

ᡠᠴᡝᠨ ᠴᠣᡠᡥᠠ. *outchen tchouoha.* Chinois qui sont enrôlés sous les bannieres. (*Han kun* en chinois.)

outchen. Pesant. Qui n'est pas léger. Grave. Empesé. (*Tchoung*, etc., en chinois.)

outcheken. Un peu pesant.

outchen tchinktchi. Très pesant.

outchelembi. Être grièvement malade. Être considérablement riche. Faire un présent considérable. Récompenser très honorablement. Avoir grande opinion de quelqu'un. Enfin, ce mot exprime un excès tant en bien qu'en mal.

outcheleboumbi. Être affecté considérablement ou par quelque malheur, ou par quelque bonheur. Faire ressentir à quelqu'un quelque bien ou quelque mal considérable.

outchen be etere morin. Cheval qui peut porter un grand fardeau, qui peut faire un chemin considérable ainsi chargé.

outchi. Ordonner à quelqu'un de faire manger, de conduire au pâturage. (Impératif de *outchimbi.*)

outchihe ama. Pere nourricier. Homme qui n'ayant point d'enfant, adopte celui d'un autre qu'il nourrit, et dont il prend le soin.

outchihe eme. Mere adoptive. Mere nourriciere, qui nourrit, qui a soin d'un enfant étranger.

outchihe ku. Nourrisson. Fils adoptif.

outchima. Animal domestique. Il y en a

six; le cheval, le bœuf, la brebis, la poule, le chien et le cochon. On entend aussi par ce mot les oies domestiques, les canards, etc., et autres bêtes semblables.

outchimbi. Nourrir. (*Yang tche* en chin.)

outchinembi. Aller nourrir.

outchiboumbi. Faire nourrir. Être nourri.

outchindoumbi. Nourrir beaucoup de personnes ou d'animaux; les nourrir en commun. (*outchinoumbi.*)

outchin. Enfants qui naissent dans la maison. Cela se dit des enfants qu'ont les esclaves. On le dit aussi des poulains et des veaux, etc., qui naissent dans la maison.

outchin tahan. Poulain qui est né dans la maison.

outchima erikou. Herbe appellée *tiao tchou tsai* (en chin.) On en fait des balais lorsque cette plante est vieille, etc.

outchirhi. Nom d'un animal qui ressemble au chat sauvage : sa couleur tire sur le noir : sa peau est marquetée.

outchou. Tête. Le premier, etc. Le plus gros des grains de l'espèce de chapelet que portent les bonzes, lamas, etc.

outchou sentchehe. La mâchoire inférieure des cochons, moutons ect.; on en ôte le poil; après quoi on la fait bouillir, et on la mange.

outchou langtanahapi. Homme qui a une grosse tête.

outchou tcherki hia. Gardes du premier ordre.

outchoulambi. Être le premier. Être à la tête.

outchoulaboumbi. Ordonner d'être à la tête, d'être le premier.

outchou nimembi. Avoir mal à la tête.

outchou be tonki. Dire des injures à quelqu'un. Souhaiter du mal à quelqu'un. Comme si l'on disoit; Pendard qui mérite d'avoir la tête coupée.

outchou lieliembi. Avoir perdu le nord. Ne savoir où l'on est. Avoir perdu la tête.

outchoulaha amban. Le plus ancien des ministres. Le premier ministre.

outchou lieliechembi. Avoir des éblouissements. Le proverbe dit : Il a des vertiges, etc.

outchou tenkiboufi [mbi.] Avoir la contenance d'un homme malade. Aller la tête baissée, et heurter contre les passants, où contre quelqu'autre chose.

outchou eterakou. Qui ne sauroit lever la tête. Qui a toujours la tête baissée.

outchounga tanga. Le chef d'un parti. Le premier d'une compagnie.

outchoungue. Du premier.

ouiakan. Un peu rare. Un peu clair semé.

ouiachambi. Ruminer comme les bœufs, les moutons, les chameaux, etc.

ouiachan. Espece de poisson appellé *ngni tsieou yu* (en chin.) C'est un petit poisson qui se trouve dans la boue.

ouiachanahapi. Douleur que l'on ressent aux nerfs du creux de la main ou de la plante des pieds. On dit aussi *ouiachan tektehepi.*

ouialtchambi. Ramper comme les serpents de différentes especes. Se glisser. Couler comme l'eau. Ce mot se dit des insectes et des vers qui rampent et qui n'ont point de jambes.

ouien. La jointure des deux côtés d'une barque avec le fond. Chose où il y a un peu d'eau, qui est rare, foible. Un homme qui n'a que peu de force. Cheval, etc., qui a les reins foibles. Tout ce qui est rare, qui n'est pas épais. Du riz délayé, etc.

ouien pouta. Du riz, ou de la farine de riz délayée dans de l'eau dont on fait une espece de bouillie fort légere. Espece de bouillie fort légere faite avec quelque farine que ce soit.

ouie. Faire tanner les peaux, les faire accommoder, laver, etc. Nom d'un poisson de mer qui ressemble au poisson à ventre blanc, qui a les écailles fort menues, et qui est marqueté ; celui dont il s'agit est blanc.

ᠣᠣᠢᠮᠪᠢ. *ouimbi.* Ramollir une chose, la rendre molle en la froissant, etc. Mêler ensemble du vermicelle et des germes de bled, les broyer ensemble avec du sucre : on fait cuire le tout. Arrêter le cheval par la bride en tirant des deux mains les deux côtés de la bride. Tanner, laver, etc., la peau des chevaux, des mulets, etc.

ᠣᠣᠢᠪᠣᠣᠮᠪᠢ. *ouieboumbi.* Faire ramollir quelque chose. Faire tanner, accommoder les peaux. Faire arrêter un cheval par la bride.

ᠣᠣᠢᠶᠡᠷᠡ ᠹᠠᡴᠴᠠ. *ouiere fakche.* Tanneur qui accommode les peaux.

ᠣᠣᠶᠣᠨ. *ouiun.* Neuf, nombre. (*Kieou* en chinois.)

ᠣᠣᠶᠣᠨ ᠬᠡᠩᡴᡳᠨ. *ouiun hengkin.* Les neuf battements de tête qu'on fait à l'empereur. (*Kieou Keou* en chin.)

ᠣᠣᠶᠣᠨ ᠪᡳᠶᠠ. *ouiun pia.* La neuvieme lune. (*Kieou yue* en chinois.)

ᠣᠣᠶᡠᠴᡳ. *ouiutchi.* Le neuvieme.

ᠣᠣᠶᠣᠨ ᡨᠠᡦᡴᡠᡵᡳ. *ouiun tapkouri.* Les neuf marches ou degrés qui sont avant que d'arriver au trône de l'empereur.

ᠣᠣᠶᠣᠨ ᡴᡳᠩ. *ouiun king.* Les neuf dignités. Les tribunaux de l'empire. Les neuf *king* sont de grands tribunaux du dedans, qui consistent en *pou, tou, tcha, yuen,* etc.

ouiungueri. Neuf fois.

ouiuntchoute. Chaque neuvieme dixaine.

ouiuntchoutchi. La neuvieme dixaine.

ouiuntchou. Quatre-vingt-dix, ou neuf dixaines. (*Kieou che* en chinois.)

ouiun tchafambi. Avant les sacrifices, s'y préparer par des cérémonies ou d'autres sacrifices, deux jours de suite.

ouiute. Chaque neuf fois. Chaque neuvaine.

ouiulembi. Punition en usage chez les Mongoux. Quand quelqu'un est accusé, on compte combien de fautes ou de crimes il a commis, et pour chaque faute il doit donner neuf bêtes.

ouiu. Hai yien yu, etc. (en chinois). C'est le nom d'une pierre précieuse qui se trouve dans le ventre d'un poisson.

ouiurchembi. Avoir bonne grace en riant. Remuer les levres d'une maniere agréable lorsqu'on rit, etc.

ouiun ein. Les neuf sectes, dont la premiere s'appelle *jou kia*, la secte des lettrés; la seconde *yn yang kia*, secte des devins ou sorciers; la troisieme s'appelle *fa kia*, secte des sorciers, elle est plus adonnée aux diableries que la précédente; la quatrieme *ming kia*, secte des éclairés; la cinquieme *mei tsée kia*, secte des *mei tsée*; la sixieme *tsoung heng kia*, secte qui vient à bout de ses fins par toutes sortes de voies ; la septieme *tsa kia*, la secte qui renferme toutes les autres ; la huitieme *noung kia*, secte des laboureurs ; la neuvieme *tao kia*, secte des *tao che*.

ᡜᡳᠣᡥᡝ. *ouhe*. Couverture. Principe. Gouvernement. Tout ensemble en général. Tout uni. D'accord comme une même famille. On dit aussi ᡜᡳᠣᡥᡝ ᡥᠣᠣᠯᡳᠶᠠᠨ. *ouhe hoalien*. Plusieurs têtes dans un bonnet, comme dit le proverbe. On dit encore ᡝᠮᡠ ᠣᡥᠣ. *emou oho*, et ᡜᡳᠣᡥᡝ ᡨᠠᡴᡡ. *ouhe takou*.

ᡜᡳᠣᡥᡝᠯᡝᠮᠪᡳ. *ouhelembi*. Être ensemble, de compagnie. Ne pas faire la différence du mien et du tien. Être fort uni avec quelqu'un. Avoir tout en commun, etc.

ᡜᡳᠣᡥᡝᡵᡳ. *ouheri*. En tout. En général. En commun.

ᡜᡳᠣᡥᡝᡵᡳ ᠪᡝ ᠪᠠᡳᡨᠴᠠᡵᠠ ᡳᠶᠠᠮᡠᠨ. *ouheri be paitchara iamoun*. Nom d'un tribunal qui a inspection sur tous les malfaiteurs. On l'appelle (en chinois) *tou tcha yuen*. Ce tribunal peut être comparé à celui de notre grand prévôt.

ᡜᡳᠣᡥᡝᡵᡳ ᡨᠠ. *ouheri ta*. Le gouverneur des neuf portes.

ᡜᡳᠣᡥᡝᡵᡳᠯᡝ. *ouherile*. Ordonner de mettre tout ensemble, tout pêle-mêle.

ᡜᡳᠣᡥᡝᡵᡳᠯᡝᠮᠪᡳ. *ouherilembi*. Gouverner seul un grand empire. Être seul à gouverner, etc. Mettre tout ensemble. Assembler.

𖫵. *ouhereme.* Une partie du principal qu'on divise.

𖫵. *ouhelentchimbi.* Venir de compagnie. Venir ensemble.

𖫵. *ouhei.* Tout ensemble, en général, en commun. N'avoir qu'un cœur et qu'une ame. De concert, d'un commun accord.

𖫵. *ouhen.* Belle-sœur. Femme du frere cadet.

𖫵. *ouhete.* Les belles-sœurs. Les femmes des freres cadets.

𖫵. *ouki.* La femelle du castor.

𖫵. *oukie.* Ordonner à quelqu'un de boire de quelque liqueur ou de l'eau, etc.

𖫵. *oukimbi.* Boire. Prendre quelque chose de liquide. On dit aussi 𖫵. *ouchehimbi.*

𖫵. *oukieboumbi.* Ordonner de boire.

𖫵. *oukou.* Nom d'un filet à prendre les poissons, les oiseaux, etc. Quand on veut prendre des oiseaux, on a des appeaux dans des cages : on couvre ces cages avec le filet; l'oiseau qui est dans la cage fait venir les autres, et on les prend. Petit filet qu'on fait avec du *bambou* ou avec d'autres bois. L'ouverture en est fort petite; une fois que les poissons sont entrés dedans, ils ne peuvent plus en sortir, parceque tout autour du bois il y a des especes de crocs ou d'hameçons.

𖫵. *oukoumbi.* Aller au tribunal, ou, pour

mieux dire, suivre, ou environner, ou presser le mandarin qui va à son tribunal.

ᠣᡠᡴᡠᠯᡝᠮᠪᡳ. *oukoulembi.* Baisser son bonnet sur le visage, etc., lorsqu'il fait froid. On dit aussi ᡦᠣᡠᡴᡠᠯᡝᠮᠪᡳ, *poukoulembi,* et ᡦᠣᡠᡮᡠᠯᡳᠮᠪᡳ, *poutchoulimbi.*

ᠣᡠᡴᡠᠯᡝᠪᡠᠮᠪᡳ, *oukouleboumbi.* Ordonner à quelqu'un de baisser son bonnet sur son visage, etc.

ᠣᡠᡴᡠᡥᡝ ᠶᠣ. *oukouhe yo.* Petits ulcères qui viennent sur le corps des chevaux, et qui sont pleins de sang ou de pus.

ᠣᡠᡴᡠᡥᠣ ᠶᠣ. *oukouho yo.* De même que ci-dessus; c'est-à-dire que ces deux mots ont le même sens que les deux précédents.

ᠣᡠᡴᡠᡵᡳ. *oukouri.* Nom d'un poisson qui est dans les mers orientales : il est meilleur à manger que le *pang teou yu* : ses écailles sont fort petites. Il ressemble au *pei souo yu.*

ᠣᡠᡴᡠᡥᠣᡠ. *oukouhou.* Nom d'un fruit rouge plein de petites graines en dedans. Nom d'un autre fruit rouge.

ᠣᡠᡴᡠᠨᠣᡠ. *oukounou.* Un cercle de gens. Beaucoup de gens attroupés.

ᠣᡠᡴᡠᠨᡮᡳᠮᠪᡳ. *oukountchimbi.* Venir rendre hommage à l'empereur; venir lui offrir des présents. Plusieurs étoiles qui en environnent une principale et qui semblent lui rendre hommage. Environner. Entourer. Faire un cercle, etc.

ᠣᡠᡴᡠᠨᡩᡠᠮᠪᡳ. *oukoundoumbi.* Faire ensemble un cercle. Faire plusieurs à la fois un cercle, etc.

ouhou. Ordonner à quelqu'un de couvrir une chose, de plier une chose.

ouhoumbi. Couvrir, plier une chose.

ouhouboumbi. Faire couvrir, faire plier une chose.

ouhoume. La femme du frere cadet du pere. On dit aussi *oke.*

ouhoumete. Les femmes des freres cadets du pere. On dit aussi *okete.*

ouhouken. Arc foible qu'on tend facilement. Foible. Débile, etc.

ouhoukelien. Un peu foible.

ouhouketembi. Avoir l'air d'un homme foible.

oura. Le derriere. L'anus. (*Pi kou* en chin.)

oura teboumbi. Soutenir quelqu'un par derriere, lorsqu'il est arrêté par d'autres qui sont devant.

oura toumbi. Frapper sur le derriere.

oura foultchin. Au bas du derriere il y a deux os élevés, c'est ainsi que s'appellent ces os. Les os du derriere.

ourambi. Résonner, retentir comme les échos des montagnes. Résonnement de quoi que ce soit. Voix de l'homme. *ourkilame.* Son de voix. Avoir une meurtrissure et du sang extravasé dans l'endroit qui a été frappé.

ᴏᴜʀᴇ

ourakapi. Avoir été frappé, blessé, de sorte qu'il y ait des meurtrissures et du sang extravasé. Avoir du sang extravasé.

ouran. Voix aiguë, élevée comme celle des femmes. Son que rend un creux, une cavité. Écho des montagnes. Bruit qu'on entend après le coup, etc. et qui semble se propager.

ourantambi. Faire du bruit, résonner, retentir.

ourahilame tontchimbi. Redire, répéter, rapporter quelque chose. Bruit d'une chose. Entendre dire quelque chose.

ourahilambi. Entendre parler des affaires des autres. Vouloir savoir les affaires des autres.

ourahilaboumbi. Ordonner à quelqu'un de parler de nos affaires.

ourembi. Être fâché du mal d'autrui. Porter compassion à quelqu'un qui souffre, qui est dans l'affliction. Savoir faire quelque chose que ce soit. Être rompu à faire quelque chose, à accommoder les grains, à préparer quoi que ce soit, à planter, à semer, etc. Être rompu à manier un cheval, à tirer de la fleche à cheval. Son opposé (en chinois) est *cheng*, c'est-à-dire être neuf à quelque chose.

ourehepi. Il est accoutumé, il est rompu à cela. Un lettré qui est rompu dans tout ce qui concerne la littérature. Homme qui est accoutumé avec quelqu'un, qui est de même humeur, de même tempérament, qui pense de même, etc.

ᚳᛠᛟᛞᚾ. *oureboumbi.* Donner à quelqu'un une affaire difficile à traiter, le matter, le faire craindre. Faire bouillir la soie pour la rendre flexible et plus propre à être mise en œuvre; la mettre dans de l'eau où il y a de la cendre, et la faire fermenter quelques jours dans cette eau dans un endroit chaud, pour la rendre plus flexible; on la lave ensuite, et on s'en sert. Être continuellement sur ses livres. Apprendre avec application et constance. Ordonner à quelqu'un de s'accoutumer, de se rompre dans quelque chose que ce soit.

ᚳᛠᛇ ᛟᚱᚱᛁᛋ ᚳᚻᛁ. *ourehe pantchiha kese.* Qui ressemble beaucoup. Qui n'est pas différent.

ᚳᛠᛇ ᚳᚻᛁ. *ourehe ouchen.* Grains qui sont dans leur état de maturité, qui viennent chaque année. Récolte des grains, etc.

ᚳᛠ. *ouri.* Espèce de grenier ou de machine fort grande dans laquelle on met les grains, etc.

ᚳᛠᛁᛋ. *ouriha.* L'écorce tendre d'un arbre. On dit aussi ᚳᛠᛁᛋ ᛉᚳᛟ. *ouriha notho.* Les petits fruits qui sont sur les pins. Fruit de l'arbre qu'on appelle *tchen* en chinois. Pepin ou la peau du pepin.

ᚳᛠᚠᚾ. *ourimbi.* s'écrouler. (*Pong* en chinois.)

ᚳᛠᛁᛇ. *ourilehe.* Cela se dit d'un faisan qui est si gras qu'il ne peut plus voler, et des rats qui ont amassé quantité d'herbes dans leurs trous.

ⵓⵔⵓ. *ourou.* Cela est ainsi, oui.

ⵓⵔⵓ ⵓⴽⴰ. *ourou ouaka.* Cela n'est pas ainsi. Non.

ⵓⵔⵓⵎⴱⵉ, *ouroumbi.* Avoir grande faim. On dit aussi ⵢⴰⵜⴰⵀⵓⵛⴰⵎⴱⵉ, *yatahouchambi.*

ⵓⵔⵓⴽⴱⵉ, *ouroukepi.* Avoir eu faim.

ⵓⵔⵓⵛⵔ ⵓⴽⵛⵔ, *ourouchere ouakachara.* Cela n'est pas ainsi.

ⵓⵔⵓⵛⵎⴱⵉ, *ourouchembi.* Assurer quelque chose. Louer quelqu'un, lui dire qu'on l'aime. Faire bien quelque chose.

ⵓⵔⵓⵀⴽⵓ, *ourouhakou.* Ainsi. Donc. Certainement. Tout-à-fait.

ⵓⵔⵓⵉ. *ouroui.* C'est toujours la même chose. Il a toujours le même sentiment. Cela est toujours ainsi. Cependant. Seulement. On dit aussi ⵜⵛⵏ ⴽⵎⵓⵏⵉ, *tching kemouni.*

ⵓⵔⵓⵉ ⵓⵜⵓ ⵓⵔⵓⵉ ⵜⵓⵜⵓ. *ouroui outou ouroui toutou.* C'est seulement de cette façon. Seulement de cette façon. Seulement de cette autre.

ⵓⵔⵓⵏ, *ouroun.* Belle-fille. Femme du fils.

ⵓⵔⵓⵙⴰ, *ourousa.* Belles-filles. Femmes des fils.

ⵓⵔⵓⵛⵎⴱⵉ, *ourouchambi.* S'acquitter des devoirs de belle-fille. Belle-fille qui est exacte à remplir ses obligations.

ⵓⵔⵓⵍⵜⵎⴱⵉ, *ouroultembi.* Courir. Lorsque plusieurs chevaux courent ensemble, galopent. Éprouver plusieurs chevaux en les faisant courir.

ouroulteboumbi. Faire courir des chevaux. Ordonner de faire courir des chevaux, de s'exercer à la course.

oufa. Vermicelle. Farine. (*Mien* en chinois.)

oufa tchai. Espece de bouillie. (*Mien tcha* en chinois.)

oufambi. Faire de la bouillie. Broyer le grain. Faire de la farine.

oufaha. Avoir fait de la farine. Avoir fait de la bouillie.

oufaboumbi. Ordonner de faire de la bouillie, de broyer les grains pour faire de la farine.

oufaratchoun. Erreur. Péché. Faute. Avoir commis une faute. Être en faute, etc.

oufaraki. Qui a plusieurs petites fautes, plusieurs défauts, erreurs, etc.

oufaraboumbi. Faire commettre des fautes à quelqu'un. Ordonner à quelqu'un de perdre son gain. Occasionner de la perte à quelqu'un, etc.

oufarambi. Faire une faute. Commettre un péché, etc.

oufaraha. Avoir péché. Avoir fait une faute. Avoir fui. Avoir perdu. N'avoir plus. Avoir perdu la vie, son capital, son argent, son commerce, son fonds, etc.

oufimbi. Coudre. On dit encore *ifimbi.*

oufire taboure sain. Femme qui entend fort bien l'art de coudre, qui a les mains délicates, qui coud bien, etc.

oufiboumbi. Ordonner de coudre. Faire coudre. On dit aussi *ifiboumbi.*

oufouhou. Les six parties du foie et les deux enveloppes. Le foie.

oufouhou efen. Farine apprêtée avec des œufs, qu'on mêle avec de l'eau, de la graisse ou de l'huile, et qu'on fait bouillir, pour la manger ensuite.

oufouhou ouehe. Pierre ponce qui se forme de l'écume de l'eau du *Kiang* et des autres rivieres. Cette pierre est pleine de petits trous. On l'emploie à accommoder les peaux des zibelines. Cette pierre s'appelle en chinois *choüi ty che.*

oufouhi. Faire un peu plus grand qu'il ne faut. Lorsqu'on fait un habit, par exemple, laisser un peu plus d'étoffe qu'il ne faut de peur qu'il ne soit trop étroit. Division arithmétique. Une partie. Une portion. Une ligne, etc. On dit aussi *oubou.* Par exemple, *touocheka oufouhi*, recevoir sa portion. *toutchike oufouhi*, donner sa quote-part. *tchoboho oufouhi*, donner sa part des marques de douleur, etc. *tchirhaha oufouhi*, avoir sa part de la joie, du repos, etc. On dit encore *moutoun.*

ouman tapaha. On dit cela d'un

chameau qui ne peut plus marcher, parceque les pieds lui font mal ou qu'il a mal aux jambes.

ouhala. Bourses de l'homme où sont les testicules. (*Chen mang* en chinois.)

oula yaloure chouchou tchetere. Courir la poste. Marcher sans interruption, sans s'arrêter.

oucheha oroun. Nom d'une étoile. Planetes. (*Sing tchen* en chinois.)

ouiun tchoupki. Les neuf signaux. (*Kieou kao* en chinois.)

ourehe. Être accoutumé, rompu à quelque chose. Affligé. Qui a le cœur navré.

ourehe pantchiha. Très semblable. Qui n'a pas la moindre différence.

oumiaha achchambi. Sortir de terre. Cela se dit des vers et insectes qui sortent de terre au printemps.

ourountere. Ventre affamé. Qui a grand'-faim. (*Ki* en chinois.)

o sere herguen.

olen. Chambre. Demeure. Maison. On dit aussi ᡦᠣ. *po*, et ᡦᠣ *po olen.* (*Fang yu* en chinois.)

oren. Mânes des hommes. Homme qui représente les ancêtres auxquels on fait les cérémonies, et les esprits auxquels on sacrifie. Image ou statue de Fo et des autres idoles, etc.

~~~, *oren touiboumbi.* Brûler des morceaux de papier qui représentent des pièces de monnoie. Brûler des habits de papier, des bonnets de papier, des ornements de tête à l'usage des femmes, lorsqu'on est à la sépulture pour appaiser les mânes, etc.

~~~, *olot.* Nom du royaume des Mongoux. On l'appelle en chinois *ngue lou te.*

~~~. *our sere herguen.*

~~~. *ourhan.* Long bâton armé d'une corde dont on se sert pour gouverner les chevaux.

~~~, *ourhalambi.* Gouverner. Prendre avec une corde où il y a une espèce de nœud, et qui est au bout d'un long bâton, les chevaux et autres bêtes qu'on a peine à gouverner.

~~~, *ourhalaboumbi.* Ordonner de prendre les chevaux, etc.

~~~, *ourse.* Le commun. Le général. Particule qui désigne le pluriel, qui termine la phrase, qui fait le participe lorsqu'elle est ajoutée aux verbes, qui marque l'ordre, etc.

~~~, *ourhoumbi.* Cela se dit des chevaux, etc., qui ont peur de la moindre chose, à qui tout fait ombrage, etc.

~~~, *oursan.* Cela se dit des oignons et autres plantes semblables qui, après l'hiver, commencent à

germer. Cela se dit aussi des autres grains qui poussent, des vieilles racines qui sont restées en terre, ou des grains qui sont tombés pendant la moisson. Grains. Lorsqu'on a coupé les grains, et que les vieilles racines poussent des germes. Cela se dit aussi lorsqu'on a coupé des branches d'un arbre et qu'il en repousse de petites. On dit aussi ⵔⵙⵏ ⵔⵙⴽⵒ. *arsoun arsoukapi.*

ⵔⵓⵜⵓ. *ourhoutou.* Cheval qui se cabre, qui a peur de tout ce qu'il voit, qui se sauve, qui prend le mors aux dents. On le dit aussi des autres animaux ou bêtes de somme.

ⵔⵙⵏⴳ. *ourseingue.* Du commun. (*Nialmaingue,* ⵏⵉⴰⵍⵎⴰⵏⴳ.)

ⵔⵙⵏⵎⴱⵉ. *oursanambi.* Pousser. Cela se dit des plantes, des arbres, etc., qu'on a coupés, et de la racine desquels d'autres rejetons viennent la deuxieme année, etc.

ⵔⵙⵏ ⵛⵏⵜⵎⴱⵉ. *oursan chentambi.* Ne pas finir sa phrase, son discours, en laisser un peu. Laisser un membre de phrase. On dit de même ⵔⵙⵏ ⵛⵏⵜⵎ ⴽⵉⵙⵔⵎⴱⵉ. *oursan chintame kisourembi.*

ⵔⵙⵓ. *oursou.* Étage. Combien y a-t-il d'étages? (ⵓⵜⵓ ⵔⵙⵓ. *outou oursou.*) Numérique des choses qui sont l'une sur l'autre. Rang. On dit aussi ⵎⵔⵙⵓ. *emoursou.* Un rang.

ⵔⴳⵏ. *ourguen.* Long d'une ligne. Court d'une ligne, d'une partie, etc. Partie. Division de quelque chose que ce soit.

ⲟⲩⲣⲕⲓ. *ourki.* Piece de bois transversale qui sert à tenir les voiles. (Espece de vergue.)

ⲟⲩⲣⲕⲓⲛ. *ourkin.* Homme de grande réputation, de grand crédit, de grande autorité. Bruit qui s'étend au loin. Grosse voix qu'on entend de loin. Bruit que fait un cheval en courant. Homme qui fait beaucoup de bruit par ses exploits, son autorité, son crédit, sa vertu, ses actions, etc. Alors on dit ⲛⲓⲁⲗⲙⲁ ⲓ ⲟⲩⲣⲕⲓⲛ ⲇⲉ ⲓⲁⲃⲟⲩⲙⲃⲓ. *nialma i ourkin de iaboumbi.*

ⲟⲩⲣⲕⲓⲗⲁⲙⲃⲓ. *ourkilambi.* Avoir bonne opinion de soi-même et vouloir être estimé des autres. Se vanter. Se louer. Faire soi-même son éloge. Faire parade de ses belles qualités, etc.

ⲟⲩⲣⲕⲓⲛⲅⲩⲉ. *ourkingue.* Grosse voix comme celle qui sortiroit d'un gros vase de terre. On dit de même ⲟⲩⲣⲕⲓⲛⲅⲁ. *ourkinga.* Gros bruit. Grosse voix; ou, comme on dit, Voix de tonnerre.

ⲟⲩⲣⲕⲓⲗⲁⲣⲁⲕⲟⲩ. *ourkilarakou.* Qui ne rend aucun son. Qui n'est pas bien aise qu'on le loue. Qui cache ses belles qualités.

ⲟⲩⲣⲅⲟⲩⲛ. *ourgoun.* Joie. Alégresse. Satisfaction. Félicitation.

ⲟⲩⲣⲅⲟⲩⲛ ⲥⲉⲡⲧⲭⲉⲛ. *ourgoun septchen.* Joie. Alégresse. Plaisir, etc.

ⲟⲩⲣⲅⲟⲩⲛⲧⲭⲉϩⲉ ⲥⲉⲙⲉ ⲟⲩⲁⲧⲭⲓⲣⲁⲕⲟⲩ. *ourgountchehe seme ouatchirakou.* Être très content, très aise. Avoir une joie inexprimable, etc.

ⲟⲩⲣⲅⲟⲩⲛⲧⲭⲉⲙⲃⲓ. *ourgountchembi.* Se réjouir. Être très aise, etc.

ᴏᴜʀɢᴏᴜɴᴛᴄʜᴇʙᴏᴜᴍʙɪ. *ourgountcheboumbi*. Faire en sorte que quelqu'un se réjouisse, soit bien aise, etc.

ourgountchentoumbi. Lorsque le commun se réjouit, est bien aise, etc. (*ourgountchenoumbi*.)

ourhou. Qui penche d'un côté. Qui n'est pas droit. On dit aussi *ourhou keike*.

ourgoun ni toro. Présent qu'on fait à quelqu'un, par exemple, lorsqu'il a été élevé, etc. (*Ho'ly* en chinois.)

ourhoun. Cinq lignes. Une partie d'un pied, d'un pouce. On dit, par exemple, *emou ourhoun*. Une partie, une moitié d'un pouce. (*Ou fen* en chinois.)

ourhoumbi. Faire tort à quelqu'un. Qui a un mauvais cœur, un cœur double. Qui n'est pas droit. On le dit aussi de quelque chose que ce soit qui n'est pas droit, qui penche d'un côté. Rejeter la faute sur un autre.

ourhou akou. Qui ne penche d'aucun côté.

ourhouhepi. Qui a changé de bien en mal.

ourhoutou. Qui a le corps tout de travers, etc.

ourhouboumbi. Faire quelque chose de travers. Rendre une chose de travers, etc.

ourhougembi. Ne faire attention qu'à

une chose; rejeter les autres. Faire caresse à quelqu'un au préjudice d'un autre.

ᴠᴏ̄ᴋ, *ourhou haihou.* Qui s'écarte du vrai chemin. Qui ne va pas son droit chemin. Qui marche de côté.

ᴠᴏ̄ᴋ, *ourhou harchakou.* Cacher la faute de quelqu'un qu'on aime. Être aveugle sur les fautes et les défauts de celui qu'on aime.

ᴠᴏ̄ᴋ, *ourhouri haihari.* Qui est de travers. Qui n'est pas droit. Marcher très doucement. Ne pas continuer son chemin. Très doucement.

ᴠᴏ̄ᴋ, *ourke.* Homme de papier. On se sert pour cela d'un morceau de papier dont on fait la figure de celui qu'on veut endormir, et on souffle dessus. Sortilege qu'on fait pour endormir, etc.

ᴠᴏ̄ᴋ, *ourkechen.* Un cerf d'une année.

ᴠᴏ̄ᴋ, *ourke faitambi.* Faire un homme de papier pour évoquer l'esprit des tigres.

ᴠᴏ̄ᴋ, *ourkoutchi.* Faire toujours de même. On dit aussi ᴠᴏ̄ᴋ, *ourkoultchi.* Être toujours de même. Ne faire jamais qu'une même chose. On dit encore ᴠᴏ̄ᴋ, *emtoupei.*

ᴠᴏ̄ᴋ, *ourketembi.* Être ingrat. Montrer de l'ingratitude. Oublier les bienfaits qu'on a reçus, ne pas les reconnoître.

ᴠᴏ̄ᴋ, *ourgoun ni toro henkilembi.* Rendre hommage, faire des présents, féliciter. Souhaiter la bonne année, etc., à l'empereur seulement. Pour les autres personnes, on ne se sert pas de ces termes.

⁓. *ouen sere herguen.*

⁓, *ouen.* Étable à cochons. Lieu où demeurent les cochons, où on leur donne à manger, où ils dorment.

⁓. *ouente.* Quoi, pas encore? Encore. C'est encore de bonne heure.

⁓, *ouentan.* Lorsqu'au printemps il a tombé beaucoup de neige, et qu'il vient à geler, les chevaux ne sauroient marcher, et les hommes sont obligés de se servir de patins.

⁓. *ouentanaha.* Lorsque la neige est tombée en grande quantité au printemps, et que la gelée est venue par-dessus. Aller à la chasse.

⁓. *ouentachambi.* Lorsque la neige du printemps a gelé. Examiner les endroits où peuvent être les bêtes. Lâcher les chiens, etc. Aller à la chasse.

⁓. *ouentanambi.* Lorsque la neige du printemps a gelé. Aller à la chasse.

⁓, *ouentaraka.* Lorsqu'il est tombé de la neige beaucoup plus qu'auparavant. Lorsque les branches ou les ceps des vignes, ou les rameaux des courges, etc., se déploient et s'allongent.

⁓. *ouenta yenli.* La chair qui est des deux côtés de l'épine du dos.

⁓, *ouenteou.* Quoi! ce n'est pas encore assez? ce n'est pas encore, etc.

OUEN

𖼀, *ouentehen.* Une petite planche. La petite partie d'une planche, d'une regle.

𖼀, *ouentehelembi.* Prendre des morceaux de bambou et frapper sur quelqu'un.

𖼀, *ouentouhoun.* Vuide. Où il n'y a rien.

𖼀, *ouentouhouken.* Qui est presque vuide. Qui est un peu vuide, un peu creux.

𖼀 𖼀, *ouentouhoun atchilambi.* S'éxercer à la lutte. Cet exercice est purement tartare. Les deux combattants se mettent les deux mains sur les épaules l'un de l'autre, s'entrelacent les jambes, et cherchent à se culbuter.

𖼀, *ouentouhoulembi.* Perdre son temps et sa peine. Travailler inutilement. Ne rien faire. Être oisif.

𖼀, *ouentouhouleboumbi.* Faire perdre le temps et la peine de quelqu'un. Ordonner à quelqu'un d'être oisif.

𖼀, *ouentouhouri.* Travailler inutilement. Faire en vain quelque chose. On dit aussi 𖼀, *mekele.* En vain. Inutilement.

𖼀, *ouentouchembi.* Frapper de la main sur le tambour pour évoquer quelque esprit. Cela se dit de ceux qui, pour se divertir, etc., apprennent cette espece d'exercice superstitieux.

𖼀, *ouentoun.* Tambour de main [comme nous dirions, tambour de Basque]. Les femmes se servent dans leurs maisons de ce tambour lorsqu'elles veulent évoquer quelque esprit.

ouentou. En long et en large. C'est le long perpendiculaire qui vient ou qui descend en droite ligne de haut en bas, etc.

ouentouri. Les deux bords d'un chemin. Les deux côtés d'un chemin. On dit de même *ikiri*.

ouentourakou. Nom d'une espece d'étoffe de soie où il y a des figures de grands dragons, et une ligne de fil d'or en haut et en bas. Il n'y a qu'un seul gros dragon qui tient du haut en bas.

ouentoustan soutche. Nom d'une étoffe de soie de couleur rouge, parsemée de fleurs d'or ou de couleur d'or. Les ambassadeurs de *Hami* sont habillés de cette étoffe lorsqu'ils rendent hommage à l'empereur en lui venant payer le tribut.

ouentcha. Faire vendre.

ouentchambi. Vendre.

ouentchaboumbi. Faire vendre.

ouentchantchimbi. Venir vendre.

ouentchanambi. Aller vendre.

ouentchanoumbi. Vendre en commun. Lorsque plusieurs personnes vendent.

ouentchehen kirangui. Os que les animaux ont à la racine de la queue. Os pubis.

ouentchehen ni ta. La racine de la queue. L'os pubis. (*Ouei kou* en chinois.)

ouentchehen hetembi. Courir

après quelqu'un. Poursuivre quelqu'un, comme on dit, l'épée dans les reins.

ᠣᠣᠨᠲᠴᠡᠬᠡᠨ, *ouentchehen.* La queue, le derriere de la charrette. La queue de quoi que ce soit. La fin d'un discours, d'une phrase. La queue d'un cheval et de toute autre bête. La queue des lettres chinoises.

ᠣᠣᠨᠲᠴᠡᠬᠡᠨ ᠲᠣᠣᠠᠨᠲᠴᠢᠬᠢᠶᠠᠺᠣᠣ, *ouentchehen touantchihiakou.* La pouppe d'un vaisseau. Le derriere d'une barque. Le gouvernail.

ᠣᠣᠨᠲᠴᠡᠬᠡᠨ ᠲᠣᠣᠠᠨᠲᠴᠢᠬᠢᠶᠠᠺᠣᠣ ᠲᠴᠠᠹᠠᠮᠪᠢ, *ouentchehen touantchihiakou tchafambi.* Tourner le gouvernail pour diriger la barque du côté où l'on veut aller. On dit aussi ᠬᠣᠣᠲᠡ ᠲᠴᠠᠹᠠᠮᠪᠢ, *houte tchafambi.*

ᠣᠣᠨᠲᠴᠡᠬᠡᠨ ᠴᠣᠯᠮᠢᠨ ᠫᠣᠣᠬᠣᠣ, *ouentchehen colminpouhou.* Chasse-mouche fait d'une queue de cette espece de cerfs appellés *mi lou* (en chinois). Ils ont la queue extrêmement longue.

ᠣᠣᠨᠲᠴᠡᠬᠡᠨ ᠠᠴᠣᠴᠠᠮᠡ ᠢᠠᠪᠣᠣᠮᠪᠢ, *ouentchehen achchame iaboumbi.* Faire trotter un cheval un peu plus vite pour arriver plutôt; le faire aller un peu plus vite.

ᠣᠨ ᠰᠡᠷᠡ ᠬᠡᠷᠭᠦᠨ, *on sere herguen.*

ᠣᠨ ᠲᠴᠡᠲᠴᠢᠺᠡ, *on tchetchike.* Nom d'un oiseau qui est de couleur de cendre. Il ressemble à celui qu'on appelle ᠢᠨᠲᠠᠬᠣᠣᠨ ᠲᠴᠡᠲᠴᠢᠺᠡ, *intahoun tchetchike.* Son corps est un peu plus petit.

ᠣᠣᠩ ᠰᠡᠷᠡ ᠬᠡᠷᠭᠦᠨ, *oung sere herguen.*

ᠣᠣᠩ, *oung.* Bruit que rend une cloche quand on frappe dessus.

ounga. Ancêtres. Peres. On dit de même et *ounga tanga.*

oungachambi. Rendre hommage. Respecter ses ancêtres, ses pere et mere, et ses supérieurs.

oungala. L'ouverture, le trou de l'oreille. L'ouverture d'un fusil. La bouche d'un canon. Le trou qui est au centre des arbres. Autrefois *Hoang Ty* trouva l'art de faire des barques en voyant un tronc de bois creux qui flottoit sur l'eau.

oungalanga mo. Planche de bois sur laquelle on frappe. (*Pang* en chinois.)

ounkembi. Quelque ustensile que ce soit qui est renversé, qui est de côté. Une charrette qui verse. Renverser la tasse après qu'on a bu, pour montrer qu'il n'y reste plus rien.

ounkeboumbi. Faire renverser une porcelaine, etc. Faire verser. Être renversé. Être à l'envers. Quelque chose que ce soit qui est dans une situation opposée à son état naturel.

oungkeshoun. Qui est un peu renversé, etc.

oungue. Nom d'une herbe sauvage qui ressemble à l'oignon; elle est un peu plus petite : elle a un goût un peu amer. Elle ne vaut pas l'oignon.

oungui. Faire chercher quelqu'un. Faire examiner une affaire. Envoyer. (Impératif du verbe suivant.)

ounguimbi. Envoyer quelqu'un. Envoyer à la suite. Aller après quelqu'un. Envoyer, déléguer, etc.

ounguiboumbi. Envoyer quelqu'un. Ordonner d'envoyer, etc.

ounguilakou. Ce qui, dans le cochon et dans le sanglier, enveloppe les reins. Ce qui sort de la tête des reins, et qui joint la partie protubérante.

ounguitoumbi. Lorsque le commun envoie. Lorsque plusieurs personnes envoient, etc.

oungou. Jeter le premier l'os de cerf, et le jeter plus loin que les autres. C'est un jeu des Tartares.

oungou mafa. Le bisaïeul. (*Tseng tsou* en chinois.)

oungou mama. La bisaïeule. (*Tseng tsou mou* en chinois.)

ounkan. Lorsqu'il est tombé beaucoup de neige sur des herbes qui sont couchées dans l'eau, que cette neige les couvre, et qu'il vient à geler.

ouguin. Nom du trou qui est au fer de la bêche, par où l'on fait entrer le manche, qu'on rend solide en y ajoutant un clou ou tel autre morceau de fer. C'est le trou des instruments auxquels on met un manche. Nom du trou dans lequel on met le manche du marteau, etc.

oung ouang. Qui parle du nez. Qui nasille en parlant.

ᚳᚳᚳ ᚳᚳᚳ ᚳᚳᚳ. *ouk sere herguen.*

ᚳᚳᚳ. *ouksa.* Maniere de parler pour dire qu'on n'y pensoit pas. On dit aussi ᚳᚳᚳ, *kounihakou.* Comment donc? Sur-le-champ. A l'improviste, etc.

ᚳᚳᚳ ᚳᚳᚳ, *ouksa kenehe.* Il est allé sur-le-champ. Il est parti à l'improviste. Il s'est séparé à l'improviste, etc.

ᚳᚳᚳ, *ouksalambi.* Séparer des gens qui devroient être ensemble, comme le mari et la femme, le pere et les enfants, etc. Ressort. Arc qui est débandé, qui a fait son effet. Débander, etc. Ouvrir une partie d'un livre. Découvrir, etc. Pardonner une faute. Lorsque la fleche est déja partie, qu'elle n'est plus sur la corde de l'arc. Oter ses souliers, par exemple, etc.

ᚳᚳᚳ, *ouksalaboumbi.* Ordonner à quelqu'un de séparer, etc., de pardonner, d'ouvrir, séparer, partager des choses qui sont jointes, etc. Faire débander un arc, etc.

ᚳᚳᚳ. *ouksala.* Faire ôter quelque chose que ce soit. (Impératif de ᚳᚳᚳ. *ouksalambi.*)

ᚳᚳᚳ, *oukchen.* Espece de cuirasse à l'usage des cavaliers et des fantassins.

ᚳᚳᚳ. *oukcheleboumbi.* Ordonner de mettre la cuirasse. Faire cuirasser. Ordonner aux troupes d'endosser la cuirasse.

ᚳᚳᚳ, *oukchelembi.* Mettre la cuirasse. Se cuirasser.

ᠣᠺ, *oukchelendoumbi.* Lorsque le commun, le grand nombre se cuirasse, met la cuirasse. On dit aussi ᠣᠺ, *oukchelenoumbi.*

ᠣᠺ, *ouksen.* Les petites attaches des drapeaux.

ᠣᠺ, *ouksoun.* Qui est de la même race que l'empereur. On appelle ainsi tous ceux dont les ancêtres sont les mêmes que ceux de l'empereur, et qui portent une ceinture jaune.

ᠣᠺ, *ouksoura.* Une branche. Cela se dit des familles qui se partagent en différentes branches. On dit alors ᠣᠺ ᠣᠺ, *emou ouksoura*, une branche.

ᠣᠺ ᠣᠺ, *ouksoun ni herguen.* Grande dignité, grade des parents de l'empereur.

ᠣᠺ, *ouktou.* Larmes qui coulent le long des joues et qui sont comme des fils de soie. Pleurer amèrement. Être au désespoir et se plaindre amèrement, etc.

ᠣᠺ, *ouktoun.* Homme en repos, en silence, qu'on vient détourner, et qui se fâche ou s'impatiente.

ᠣᠺ ᠣᠺ, *oukdoun bo.* Appartement qui n'a point de fenêtres. Caverne. Lieu souterrain, etc.

ᠣᠺ, *ouktchambi.* Laisser tomber quelque chose. Cette chose, etc., est tombée. Séparer. Cette chose s'est partagée, par exemple, en deux, trois, etc. Cette chose, etc., s'est divisée, est tombée, etc. Expier ses fautes. Effacer ses fautes.

ᠣᠺ, *ouktchaboumbi.* Faire tomber. Faire partager, diviser, etc.

ouksounga. Qui a beaucoup de parents. Famille fort nombreuse.

ouktchaha. Expier ses fautes. Péché effacé. Cette chose, etc., est tombée.

ouksoun moukoun. Une famille. Cela s'entend de la famille de l'empereur seulement. (*Tsoung tsou* en chinois.)

oukdoun. Caverne. Lieu souterrain. (*Yng kou* en chinois.)

out sere herguen.

outhai. D'abord. Sur-le-champ. Dans le moment. Promptement. Sans délai, etc.

outou. Comme cela. De cette sorte.

outou toutou seme. De cette sorte. De cette autre.

outou otchi. Si cela est ainsi, etc.

outou otolo. Cela étant ainsi. Quand cela sera ainsi.

outouche oso. Maniere de parler quand on dit à quelqu'un de faire quelque chose de telle maniere, etc.

outou tabala. Ce n'est que comme cela.

ous sere herguen.

oushambi. Vouloir du mal. Haïr quelqu'un. Avoir de la haine dans le cœur contre quelqu'un.

oushatchoun. Fâché contre quelqu'un. En colere contre quelqu'un, etc. Colere. Haine.

oushaboumbi. Faire mettre en colere quelqu'un. Faire haïr. Être haï, etc.

oushatambi. Se fâcher un peu. Haïr un peu.

oushatoumbi. Lorsque le commun est en colere, hait, etc. (*oushanoumbi.*)

oushe. Sperme. Moëlle des os dans les hommes. (*Yang tsing* en chinois.)

oul sere herguen.

oulhan. Arc qui n'a point de vuide dans le centre. Arc excellent.

oulha. Animal. Bête. (*Cheng keou* en chinois.)

oulha touakiara. Celui qui garde les bêtes. Celui qu'on nourrit et qu'on entretient pour garder les bêtes.

oulhambi. Humecter, mouiller la main. Mouiller un pinceau dans de l'encre. Tremper dans l'eau. Mettre quelque chose que ce soit dans de l'eau. Comme lorsqu'on a la maladie appellée *mordachen*, on trempe une cache dans l'eau, et on racle le bras, par exemple, jusqu'à ce qu'il en sorte un peu de sang; alors on est guéri.

oulhaboumbi. Faire tremper dans l'eau. Faire mouiller.

. *oulha mouke orho te entebouhepi.* Cela se dit lorsqu'une bête a extrêmement soif, et qu'elle court à l'eau sans qu'on puisse la retenir. Courir à l'abreuvoir.

. *oulhou.* Nom d'une herbe aquatique. Roseau. Jonc. Cette plante vient dans l'eau : elle est formée de nœuds qui sont de distance en distance : le dedans est creux. On en fait des nattes, etc.

. *oulhouma.* Coq ou poule sauvage. Faisan. (*Yé ki* en chinois.)

. *oulhouma alhan.* Espece de filet long de deux *tchang* cinq pieds, c'est-à-dire de vingt-cinq pieds, et qui a quatre *tchang*, c'est-à-dire quarante pieds, de circonférence. On s'en sert pour prendre les faisans.

. *oulhouma kouthouri.* Espece de cage faite de branches d'arbres, dans laquelle on met les oiseaux appellés *houng teou tsiao* (en chinois.)

. *oulden.* Éclat, rayon de lumiere. Lorsqu'avant le soleil levé on apperçoit une lueur du côté de l'est. L'aurore.

. *ouldeke.* Le ciel est devenu blanc. Le jour a paru. Il est jour. Il fait clair.

. *ouldefoun.* Nom d'un instrument dont on se sert pour ramasser le fumier. Pelle de bois.

. *oulme.* Aiguille à coudre. (*Tchen* en chin.)

. *oulme i sen.* La tête de l'aiguille. Le

bout de l'aiguille qui est percé. (*Tchen pi tsée* en chin.)

ᡠᠯᠮᡝ ᡨᠴᡳᡤᠴᡳ. *oulme tchiptchi.* Étui d'aiguilles. Étui à mettre des aiguilles. (*Tchen tcha tsée* en chinois.)

ᡠᠯᠮᡝ ᡥᡡᠯᡥᠠᡨᡠ. *oulme houlhatou.* Espece de mouche qui a une grosse tête transparente, des yeux très saillants hors de la tête, un col court, quatre ailes et six pieds. Elle se tient dans les lieux humides et sur la surface de l'eau. (*Tsing ting* en chinois.)

ᡠᠯᡦᡳᠮᠪᡳ. *oulpimbi.* Sauter d'un arbre à l'autre. Cela se dit des zibelines qui sautent d'un arbre à l'autre, etc.

ᡠᠯᡨᠴᡳᠨ. *oultchin.* Une enfilade de caches, telle qu'un millier de caches enfilées ensemble, et qu'on appelle en chinois un *tiao* de caches. En tartare on dit ᡝᠮᡠ ᡠᠯᡨᠴᡳᠨ. *emou oultchin.*

ᡠᠯᡴᡳᠶᡝᠨ. *oulkien.* L'heure appellée *hai* (en chin.) L'heure du cochon. La douzieme heure chinoise.

ᡠᠯᡴᡳᠶᡝᠨ ᠣᡵᡥᠣ. *oulkien orho.* Nom d'une plante dont la tige est mince, les feuilles sont vertes et en grande quantité.

ᡠᠯᡴᡳᠶᡝᠨ ᡨᠴᡝᡨᠴᡳᡴᡝ. *oulkien tchetchike.* Nom d'un oiseau de couleur verte, qui a le bec long, la queue courte. On l'appelle aussi ᡥᠠᡳᠯᡠᠨ ᡨᠴᡝᡨᠴᡳᡴᡝ. *hailoun tchetchike,* et ᡨᠰᡠᡳ ᡨᠴᡝᡨᠴᡳᡴᡝ. *tsoui tchetchike.*

ᡠᠯᡴᡳᠶᡝᠨ ᡨᡠᠮᠪᡳ. *oulkien toumbi.* Aller à la chasse du sanglier pendant l'hiver.

ᡠᠯᡴᡳᠶᠠᡨᠠ ᠨᡳᡥᡝᡥᠠ. *oulkiata nicheha.* Nom d'un poisson dont la peau est marquetée.

ᡠᠯᡴᡳᠶᠠᡨᠴᡳ. *oulkiatchi.* Peau de cochon. Couenne.

ᡠᠯᡥᡳ. *oulhi.* manche de l'habit.

ᓍᓕᑦᒥ, *oulhimbi.* Je sais. Savoir. Entendre. Je suis au fait. Comprendre.

ᓍᓕᐳᒥ. *oulhiboumbi.* Faire entendre. Ordonner de savoir. Promulguer. Publier.

ᓍᓕᓱ. *oulhisou.* Qui a de l'esprit. Qui est entendu. Qui sait dès qu'il a entendu une fois. Qui a beaucoup de conception. Qui entend à demi-mot. Éclairé, etc.

ᓍᓕ ᐊᓱ. *oulhi asou.* Espece de filet qui a beaucoup de manches ou de poches. On s'en sert pour prendre les poissons, qui se trouvent dans les poches.

ᓍᓕᑐᓐ. *oulhiton.* Manches postiches que mettent les gens de guerre. Elles sont parsemées de petits clous. Manches postiches quelconques.

ᓍᓕᑦᔪᓐ. *oulhitchoun.* Qui sait bien une affaire. Savant dans quelque chose.

ᓍᓕᑦᔪᓐᒐ. *oulhitchounga.* Homme éclairé, qui sait bien ce qu'il sait, etc.

ᓍᓕᑦᔪᓐ ᐊᑯ. *oulhitchoun akou.* Homme qui ne sait rien de rien, qui est bouché, qui a une conception dure. Bête, etc.

ᓍᓕᓐᒉᒥ. *oulhintchembi.* Apprendre un peu. Savoir un peu. Un peu éclairé. Qui sait le commencement d'une chose.

ᓍᓕᓐ. *oulhin.* Doucement. Peu vite. Comme l'eau qui coule doucement, qui pénetre imperceptiblement, insensiblement. (*Tsien* en chinois.)

ᓍᓕᓐ ᓍᓕᓐ. *oulhin oulhin.* Doucement.

Lentement. Doucement. Par degrés. On dit aussi ᴛᴏᴠ ᴛᴏᴠ ɴ. *tchoun tchoun ni.*

ᴠᴏʟᴋᴏᴜᴍᴇ. *oulkoume.* Flocon de poils rouges qui pendent au cou des chevaux des mandarins.

ᴠᴏʟʜᴏᴜ. *oulhou.* Hermine. Espèce de rat. Nom général des rats ou animaux dont la peau sert à doubler les habits, à faire des bords de bonnets. On les teint en noir, et on en ôte le ventre où il y a beaucoup moins de poil.

ᴠᴏʟʜᴏᴜɴ. *oulhoun.* Bord qu'on met à l'ouverture du haut des habits; autrement dit, collet. Bord qu'on met aux couvertures de lits : il est d'une autre couleur que le reste. Anneau qu'on met au bout du manche d'un couteau, près du fer. Espèce de camail que mettent les mandarins les jours de cérémonie : au dessus de ce camail il y a de la peau de zibeline, au milieu des dragons brodés, et aux bords un filet d'or. La peau pendante que les bœufs ont à leur cou. On dit encore ᴋᴇʟʜᴇ. *selhe,* et ᴋᴀɴᴅᴀ. *kanda.* Petite muraille élevée sur les murailles des villes, et qui est comme le dessus des murailles. Alors on dit ʜᴏᴛᴏɴ ɴɪ ᴏᴜʟʜᴏᴜɴ. *hoton ni oulhoun.* Anneau qu'on met au dessus du fer des sabres, entre la garde et le fer.

ᴏᴜʟʜᴏᴜ ɪ ʜɪᴛᴀ. *oulhou i hita.* Nattes faites de roseaux. (*Ouei pao* en chinois.)

ᴏᴜᴍ ꜱᴇʀᴇ ʜᴇʀɢᴜᴇɴ. *oum sere herguen.*

ᴏᴜᴍʜᴀɴ. *oumhan.* OEuf. Graisse et sang qui sont dans les os de la cuisse des bêtes. Moëlle des os de la cuisse des bêtes. Moëlle des os en général. Lorsqu'on veut exprimer la moëlle qui est dans l'épine du dos, on dit 〰〰. *ikoursoun.*

〰〰. *oumhan chouki.* Moëlle des os. Graisse.

〰〰. *oumhan touroun.* Biscuit, ou espece de biscuit fait avec des œufs, de la farine et de la graisse ou de l'huile.

〰〰. *oumhan tchiao ping.* Espece de gâteau fait avec des œufs, du sucre blanc et de la farine.

〰〰. *ouhan kirangui.* Os de la cuisse des hommes. Os de la cuisse des bêtes, qui s'étend depuis le genou jusqu'à la croupiere.

〰. *oumboumbi.* Enterrer un mort. On dit aussi 〰. *oukamboumbi,* 〰. *pourkimbi,* et 〰. *somimbi.*

〰. *oumbouri tchoumbouri.* Cela se dit de l'inégalité qui est entre les herbes et les arbres, dont les uns sont hauts, les autres bas, etc.

〰. *oumbou.* Espece d'alise. Fruit rouge d'un goût aigrelet.

〰. *oumbou erhe.* Espece de grenouille qui a la poitrine rouge, et qui vient dans les eaux exmement froides.

NA

〰, *sere herguen.*

〰, *na.* La terre. (*Ty* en chinois.)

〰, *nakambi.* Se défaire d'un mandarinat. Cesser de faire quelque chose que ce soit. Ce mot se dit aussi des poules qui se perchent sur quelque chose pour dormir. Lorsqu'elles dorment sur quelque chose.

〰, *naka pai.* Discontinuer un ouvrage commencé, une chose commencée.

〰, *nakabou.* Faire cesser quelque ouvrage commencé.

〰, *nakaboumbi.* Ordonner à quelqu'un de discontinuer un ouvrage. Faire cesser. Priver quelqu'un de ses revenus. Exiler quelqu'un. Casser quelqu'un de son emploi, lui ôter son mandarinat.

〰, *nahan.* Lit de repos. Lit. (*Kang* en chinois.) 〰, *foushou nahan,* lit près du feu. 〰, *tchoulerki nahan,* lit du côté du midi. 〰, *ouarki nahan,* lit près de la muraille de l'est. 〰, *terki nahan,* lit du côté de la muraille de l'ouest, appelé encore 〰, *amba nahan.* 〰, *amarki nahan,* c'est le lit ou *kang* du côté du nord.

〰, *nahan ni iroun.* La cavité du lit. Le vuide qui est sous le lit.

〰, *nahan ni hosori.* La fumée et les cendres qui sont sous le lit.

𖿢𖿢𖿢𖿢𖿢, *nahalambi.* Être alité. Garder le lit parcequ'on est malade.

𖿢𖿢 𖿢𖿢𖿢𖿢𖿢, *na pechekepi.* L'eau de la pluie qui imbibe peu-à-peu la terre. La terre est humectée et amolie par l'abondance de la pluie.

𖿢𖿢 𖿢 𖿢𖿢𖿢, *na i kien.* La doctrine de la terre, c'est-à-dire l'art de deviner par l'inspection des choses de la terre, par l'aspect ou les différentes choses qui sont auprès d'un terrain sur lequel on veut bâtir, par exemple, ou dont on veut faire une sépulture. (*Ty ly* en chinois.)

𖿢𖿢 𖿢𖿢𖿢𖿢, *na ouchehin.* Terre qui est encore un peu humide, qui a encore un peu d'eau, qui n'est pas encore seche.

𖿢𖿢 𖿢𖿢𖿢𖿢𖿢, *na terpehoun.* Lorsque la terre, après les pluies, est encore un peu mouillée.

𖿢𖿢 𖿢𖿢𖿢𖿢𖿢, *na olhoun.* Terre seche. (*Ty kan* en chinois.)

𖿢𖿢 𖿢𖿢𖿢𖿢𖿢𖿢, *na kenkehepi.* La terre est extrêmement seche faute de pluie.

𖿢𖿢 𖿢𖿢𖿢𖿢𖿢𖿢, *na sengsekepi.* La terre, après la pluie, est couverte de boue qui est bientôt séche.

𖿢𖿢 𖿢𖿢𖿢𖿢𖿢, *na soulhoumbi.* La terre fermente lorsqu'au printemps l'*yang ki* monte. La terre est humide et ouverte ; elle n'est pas ferme.

𖿢𖿢𖿢𖿢𖿢𖿢, *nasambi.* Penser à une chose faite, et avoir regret de ne l'avoir pas faite autrement. Se repentir. Avoir du regret.

nasaboumbi. Ordonner à quelqu'un de se repentir, d'avoir du regret.

nasatchoun. Repentir.

nasatchouka. Chose dont on doit avoir du regret.

nasatchouka ousatchouka. Repentir sincere. Contrition.

nasan. Pe tsai en chin. Salé. Herbes salées.

nasan kitambi. Saler les herbes.

nasan henke. Espece de chambre qu'on fait avec les feuillages des courges, des melons, etc., où ceux qui gardent ces fruits passent la nuit. Concombre.

nasin. Espece d'ours qu'on appelle aussi *tay* (en chinois.)

nadan. Sept. Nom de nombre. (*Tsi* en chin.) Grande perche garnie de différentes sortes de papier avec lesquelles on représente des pieces d'or et d'argent qu'on emporte à la sépulture le premier 7ᵉ. jour, et le septieme 7ᵉ. jour; c'est-à-dire le septieme et le quarante-neuvieme jour après la mort ou l'enterrement. On brûle tous ces papiers en l'honneur du mort. Richesses ou abondance d'habits. On dit aussi *oulin.*

nadan oucheha. Les sept étoiles du boisseau septentrional. L'ourse. (*Pei teou tsi hing* en chinois.)

nadantchi. Le septieme.

𝼂. *nadata*. Les septiemes. Chaque septieme.

𝼂. *nadantchou*. Soixante et dix. (*Tsi che* en chinois.)

𝼂. *nadantchoute*. Les soixante et dix. Chaque soixante et dixieme.

𝼂. *nadan bia*. La septieme lune. (*Tsi yue* en chinois.)

𝼂. *nadangueri*. Sept fois.

𝼂. *namou*. La mer. On dit aussi 𝼂. *mederi*. (*Hai* en chinois.) Herbes qu'on mange crues. Salade.

𝼂. *namou oulguien*. Cochon de mer. Il y en a dans le fleuve du *Kiang* qui savent rendre hommage au vent.

𝼂. *namouri*. Nom d'une espece de chanvre dont le dehors, avant qu'on l'ait dépouillé, est violet et parsemé de taches noires. Il ressemble à la plante qui produit le millet. On ne le coupe que lorsqu'il a ces taches noires.

𝼂. *namalambi*. Se servir de l'aiguille. Coudre.

𝼂. *namalaboumbi*. Faire coudre.

𝼂. *naman*. Aiguille ou lancette à saigner les chevaux. Cette lancette a la forme d'un poinçon. On en fait de fer, de pierre, etc., pour saigner les hommes. On dit aussi 𝼂. *nama*.

𝼂. *nama sirtan*. La pointe ou la tête de

la fleche. Cette tête est large et courte; le fer qui s'emmanche dans le bois est long, et rempli d'espece de dents.

〰〰. *nama kita.* Petite hallebarde ou lance que portent ceux qui précedent les généraux d'armée, qui marchent devant pour conduire, qui sont censés savoir les chemins, etc.

〰〰. *namachan.* Familles qui, de longue-main, sont étroitement unies, qui se visitent souvent, etc. On dit aussi 〰〰. *tahantouhai.*

〰〰. *nami.* Habit de peau de cerf ou d'autre animal dont on a ôté le poil.

〰〰. *natchin.* Nom d'un oiseau de proie qui ressemble au *hai tsing.* Cet oiseau prend les canards sauvages, etc.

〰〰. *natchia.* Ordonner à quelqu'un de plaindre un autre qui souffre ou qui a souffert. Faire faire des compliments de condoléance.

〰〰. *natchihiambi.* Avoir compassion de quelqu'un, le consoler dans ses peines, l'aider, le secourir.

〰〰. *natchihiaboumbi.* Faire avoir de la compassion. Faire secourir. Faire aider, etc.

〰〰. *namarambi.* Être avare. Chercher son avantage en tout. N'être jamais content de ce qu'on a. Vouloir vendre plus qu'il ne faut par esprit d'avarice. Après le marché conclu ou l'affaire faite, vouloir qu'on augmente encore le prix.

⹀, *namaraboumbi.* Faire revenir quelqu'un sur un marché déja conclu; vouloir qu'il retire un plus grand avantage, qu'il vende plus cher, etc. Être rançonné dans ce qu'on achete.

⹀, *naratchoun.* Avare. Qui desire le bien, les richesses.

⹀, *narambi.* Desirer, souhaiter les biens de ce monde. N'être pas libéral. Ne dépenser pas aisément.

⹀, *naratchouka.* Quel dommage ! Il est dommage. C'est grand dommage, etc. On dit encore ⹀, *hairatchouka.*

⹀, *narakapi.* Cela se dit aux personnes d'honneur et de distinction qui ont maigri, qui n'ont pas bon teint. C'est une parole de respect.

⹀, *narachambi.* Ne pas aimer à dépenser. Être avare, etc.

⹀, *narahountchambi.* Ne penser qu'à épargner, qu'à amasser, etc. On dit aussi ⹀, *narachambi.*

⹀, *narangui.* Cependant. Quoi qu'il en soit. Enfin, etc.

⹀, *nari.* La femelle de l'ours. Espece d'ours beaucoup plus gros que les ours ordinaires.

⹀, *natcheou.* Toile où il y a des pieces. Toile brodée. (*Na tcheou* en chinois.)

⹀, *nai sere herguen.*

〰︵⚬ᡶᏱᠾ. *naihoumbi.* Baisser quelque chose que ce soit pour le renverser, le renverser peu-à-peu. Un arbre qui baisse, dont les branches et le tronc ne sont pas droits.

〰︵⚬ᡋᏱᠾ. *naihouboumbi.* Ordonner à quelqu'un de faire baisser quelque chose, de plier quelque chose.

〰ᠻᡴᠾ. *naimisoun.* Habit de peau qui n'est pas véritable. Faux habit de peau, c'est-à-dire un habit qui n'a que les bords de peau, etc. (〰ᡆ. *afin.*)

〰ᠷ〰ᠾ. *nairahoun.* Un homme qui n'est pas méchant. Un bon homme. Un homme foible, etc.

〰ᠷ ᠻᡴ ᠺᠾ. *nur sere herguen.*

〰ᠷᠾ. *narha.* Rateau de fer. Rateau de bois, etc.

〰ᠷᠾᏱᠾ. *narhambi.* Se servir du rateau pour applanir le terrain. Préparer le terrain avec le rateau pour le rendre plus propre à être ensemencé.

〰ᠷᠾᡋᏱᠾ. *narhaboumbi.* Faire employer le rateau pour applanir le terrain.

〰ᠷᡠᠾᡋᏱᠾ. *narhouchaboumbi.* Ordonner à quelqu'un de faire les choses en détail, de les faire avec attention, etc.

〰ᠷᠾᠾ. *narhoun.* Délicat. Fin. Menu. Une affaire délicate. Un ton aigu, etc. Petit. Qui n'est pas capable de grandes choses. Dans l'exercice de la fleche, être allé près du but, etc.

〰ᠷᡠᠾᏱᠾ. *narhouchambi.* Avoir attention. Être

attentif à ce qu'on fait. Faire les choses avec beaucoup d'attention. Entrer dans le détail de ce qu'on fait. Faire les choses en secret et sans bruit. Avertir en secret. Faire quelque chose à la sourdine. Ne dépenser point mal à propos. Être circonspect. On le dit aussi du bois des fleches qui est plus mince au bout qu'ailleurs.

~~~~~~~ ~~~, *narhoun ouehe.* Pierre qu'on a polie, et qu'on a rendue brillante.

~~~~~~~ ~~~, *narhoun paita.* Affaire secrete. Affaire importante dont on ne parle point.

~~~~~~~ ~~~, *narhoun touha.* Petit intestin par lequel l'urine s'écoule. (*Siao tchang* en chinois.)

~~~~~~~ ~~~, *narhoun hountchi.* Peau d'agneau.

~~~~~~~ ~~~, *narhoun nimekou.* Phthisie. Maladie qui vient dans le bas-ventre lorsqu'on a pris le froid, et qui vous fait souffrir comme si on vous arrachoit les entrailles. Espece de colique.

~~~~~~~ ~~~ ~~~, *narhoun edoun touambi.* Pisser. Verser de l'eau. On dit aussi ~~~, *chetembi.*

~~~ ~~~ ~~~, *nan sere herguen.*

~~~, *nantambi.* Vouloir sans raison ce qui appartient à d'autres. Demander sans raison. Demander tout ce qu'on voit, etc.

~~~, *nantaboumbi.* Faire demander quelque chose. Demander au nom d'un autre qui n'en sait rien.

~~~, *nantouhoun.* Puant. Qui sent mauvais. Qui pue, etc. Lambin.

〜〜〜〜〜, *nantouhourambi.* Puer. Sentir mauvais.

〜〜〜〜〜. *nantouhouraboumbi.* Gâter quelque chose. Tacher. Faire gâter. Être taché. Être gâté, sali, etc. On dit 〜〜 〜〜〜, *touoche nantouhoun.* Exercer des vexations. Vexer.

〜〜 〜〜 〜〜, *nang sere herguen.*

〜〜〜〜. *nankou.* Espece de trappe dont on se sert pour prendre les rats, les fouines et autres animaux. Elle est faite avec une planche au haut de laquelle on met un clou; sur ce clou est encore une autre planche : entre les deux planches on place l'appât; lorsque l'animal veut le manger, la planche tombe dessus lui, et il est pris. Souricière, ou machine à prendre les rats et autres animaux.

〜〜〜. *nanguin.* Les appartements qui sont sur les côtés d'une grande cour. Appartements qui n'ont point de murailles en-devant. Galerie couverte.

〜〜〜〜. *nanguichambi.* Faire bien ce qu'on fait. Être respectueux, bon, grave, bienfaisant.

〜〜 〜〜 〜〜. *nak sere herguen.*

〜〜〜. *naktchou.* Oncle maternel. Frere de la mere. (*Mou kieou* en chinois.)

〜〜〜. *naktchouta.* Oncles maternels.

〜〜 〜〜 〜〜. *nas sere herguen.*

〜〜〜〜. *nashoun.* Temps favorable. Temps de prospérité, lorsqu'on est en guerre. Bon temps. Temps où tout va bien, etc. Bonnes affaires, etc. Occasion.

〰〰. *nashoulambi.* Profiter de l'occasion.

〰〰. *nashoulaboumbi.* Avoir l'occasion favorable. Ordonner à quelqu'un de profiter de l'occasion favorable.

〰〰. *nam sere herguen.*

〰〰. *namboumbi.* Être arrêté. Être fait prisonnier. Être découvert et pris quoiqu'on se soit caché, etc. Être poursuivi et pris lorsqu'on se sauve. Se jeter entre les mains de ceux qui nous cherchent pour nous arrêter : tomber en leur pouvoir.

〰〰. *nambouha nambouhai.* Importun, qui sans aucune raison demande qu'on lui donne. Parasite. Homme qui se fourre par-tout pour attraper quelque chose, un repas, par exemple. On dit aussi 〰〰. *paha pahai.*

〰〰. *namki.* Ce qu'on met immédiatement sur le dos du cheval avant que de lui poser la selle.

〰〰. *ne sere herguen.*

〰〰. *ne.* (M. Amyot ne donne point l'explication de ce mot.)

〰〰. *nene.* Ordonner à quelqu'un de marcher devant, d'être devant. On dit aussi 〰〰. *nende.*

〰〰. *neneme.* Devant. Avant. (*Sien* en chinois.)

〰〰. *nenehe.* Les anciens rois. Les rois antérieurs. Les premiers. Avant. Les anciens temps. Autrefois.

〰〰. *nenehe tchalan.* Les ancêtres. Les hommes qui ont vécu avant nous. Les anciens temps.

NEM

༺༻༼༽, *nenehe ania.* Les années précédentes. Les années passées. On dit aussi ༺༻༼༽, *seipeni ania.*

༺༻༼༽, *nenehe pia.* La lune passée.

༺༻༼༽, *nenehe inengui.* Les jours passés. (*Sien ge* en chinois.)

༺༻, *neche.* Maniere de parler pour dire, C'est ce temps-là même, cette heure même. Précisément dans ce temps-là, etc.

༺༻༼༽, *nesouken.* Qui a une figure aimable, fine, délicate. Homme de probité, qui s'accorde avec tout le monde, et qui a de la gravité.

༺༻༼༽ ༺༻, *nesouken oho.* Diminuer peu-à-peu, comme lorsqu'il tombe une grosse pluie ou qu'il fait grand vent, et que peu-à-peu la pluie ou le vent devient moins considérable.

༺༻༼༽ ༺༻, *nesouken nemein.* Qui ne contredit jamais. Qui est d'accord de tout ce qu'on veut. Cela se dit d'un homme foible qui ne sauroit prendre sur soi de contredire, etc.

༺༻, *nemein.* Foible. Homme qui parle par détours, qui n'ose dire hardiment sa pensée.

༺༻༼༽, *nemeieken.* Qui est un peu foible. Qui cherche quelquefois des détours, etc.

༺༻, *neme.* Faire ajouter quelque chose. Faire mettre quelque chose de plus.

༺༻, *nemembi.* Oter la peau des grains. Monder les grains. Surpasser. A plus forte raison. Ajouter. Mettre quelque chose par-dessus le nombre, etc.

〰〰, *nememe*. Au contraire. Tout à l'opposé. A plus forte raison. On dit aussi 〰〰, *elemanga*.

〰〰, *nemendoumbi*. Ajouter en commun quelque chose.

〰〰, *nemehen*. Lorsqu'on change une chose de moindre valeur qu'on a, contre une chose de plus grand prix, ajouter quelque chose pour faire la compensation.

〰〰, *nemeboumbi*. Ordonner à quelqu'un de monder les grains. Faire monder les grains, leur faire ôter la peau. Faire ajouter quelque chose.

〰〰, *nemerhen*. Habit de pluie fait avec des herbes, à l'usage des gens de la campagne. (*Souo y* en chinois.)

〰〰, *netchin*. Quand tout est dans l'ordre. Quand tout est tranquille. Droit. Uni. Qui ne sauroit contredire par foiblesse ou autrement. Également. Partager également ses dons, par exemple. Qui n'est point incliné d'aucun côté. Qui est toujours égal. Qui est d'humeur égale, etc.

〰〰, *netchiken*. Qui est uni. Qui est un peu uni.

〰〰, *netchimbi*. Attaquer quelqu'un, le provoquer. Insulter ses supérieurs. Se révolter. Quand on est chez soi on reste tranquille; quand on sort, on est exposé à chercher querelle, ou à provoquer quelqu'un.

Empiéter sur le bien d'autrui. S'emporter sans raison contre quelqu'un.

〰〰〰. *netchiboumbi*. Ordonner à quelqu'un d'empiéter sur le bien d'autrui. Être attaqué, provoqué, insulté par quelqu'un. Faire attaquer, insulter. Voir qu'un autre empiete sur notre bien.

〰〰〰. *netchinembi*. Aller empiéter sur le bien d'autrui. Aller insulter quelqu'un.

〰〰〰. *netchintchimbi*. Venir attaquer, insulter quelqu'un. Venir empiéter sur le bien de quelqu'un.

〰〰〰. *netchihimbi*. Tâcher de radoucir les esprits irrités. Vouloir se réconcilier avec des gens qui nous veulent du mal. Applanir les eaux comme fit le grand *Yu* après le déluge. Raboter pour rendre quelque chose uni. Combler des creux ou cavités pour applanir le terrain.

〰〰〰. *netchihieboumbi*. Faire unir. Faire applanir.

〰 〰. *ne tche*. Qui est aisé à faire. Affaire essentielle qu'on doit faire à tel temps déterminé. Chose essentielle qui presse.

〰 〰 〰. *ne tche pelhehe*. Choses essentielles qu'on a préparées sans peine, peu-à-peu. On dit aussi 〰 〰 〰. *en tchen ni pelhehepi*, etc.

〰〰〰. *nekelin*. Mince. Qui n'est pas épais.

〰〰〰. *nekelieken*. Un peu mince.

〰〰〰. *nekelin chouopin*. Espece de gâteau fait avec des noyaux de fruits, ou simplement avec des noix, du sucre, du lait de chienne, du saindoux, etc.

༁༁༁. *nekelembi.* Porter un petit enfant sur ses mains, dans le creux de ses mains seulement.

༁༁ ༁༁༁, *neke nekelembi.* Laisser une partie, un peu d'une chose bonne; comme un enfant à la mamelle, qui marche tout doucement lorsqu'on lui apprend à mettre un pied devant l'autre.

༁༁. *nekou.* Se regarder comme frere et sœur. Cela se dit d'une femme qui reconnoît un homme pour son frere, et qui le respecte comme tel.

༁༁༁. *nekoulambi.* Retirer du profit, de l'avantage d'une chose. Lorsqu'on pense à ses propres affaires, chercher aussi son avantage et celui des autres. Procurer de l'avantage à quelqu'un. Faire quelque chose au profit de quelqu'un. Être bien aise d'un accident qui est arrivé suivant nos désirs; comme lorsqu'on entend dire qu'un homme qu'on ne pouvoit souffrir est mort ou a éprouvé quelque châtiment, etc.

༁༁༁. *nekoulaha.* Suivant notre intention. A notre entiere satisfaction. Comme nous le souhaitions.

༁༁. *nehou.* Servante. (*Niu pi* en chinois.)

༁༁, *nehoutchi.* Servante. On dit aussi ༁༁, *nehou.*

༁༁༁ ༁༁. *nehoutchi mama.* Servante âgée. Femme d'un domestique, laquelle est déja âgée.

༁༁, *nere.* (Impératif de ༁༁༁. *nerembi.*) Ordonner à quelqu'un d'endosser un manteau, de mettre un habit sur ses épaules. Trépied qu'on met sur le feu. Foyer. Creux que l'on fait en terre pour y mettre du feu, quand on veut faire cuire le riz, etc.

𖨚𖨚𖨚. *nerembi*. Mettre un habit qui n'a ni boutons ni manches, le mettre sur ses épaules. Endosser le manteau, la cuirasse.

𖨚𖨚𖨚. *nereboumbi*. Ordonner à quelqu'un d'endosser le manteau, de mettre quelque chose sur ses épaules. Lorsqu'on est à la chasse, ordonner à quelqu'un d'achever de tuer une bête qui est déja blessée Lorsque quelqu'un a déja quelque crime sur le corps, achever de le diffamer, en publiant par-tout sa faute, en l'aggravant, etc.

𖨚𖨚. *nerekou*. Espece d'habit qui n'a ni manches ni boutons; c'est un long manteau ou simplement une couverture qu'on met lorsqu'il pleut ou qu'il tombe de la neige. Il s'appelle, en chinois, *teou pong*. On en fait avec de la peau ou avec de la toile huilée.

𖨚𖨚 𖨚𖨚. *nere fetembi*. Camper. Se faire une cabane. Faire un trou en terre pour servir de foyer.

𖨚𖨚 𖨚𖨚. *nerekou nerembi*. Endosser le manteau de pluie, le *teou pong*, etc.

𖨚𖨚 𖨚𖨚 𖨚𖨚. *nei sere herguen*.

𖨚𖨚. *nei*. Sueur. Eau semblable à de la graisse qui sort du corps de l'homme quand il fait bien chaud. Ordonner d'ouvrir un passage au milieu d'une foule de personnes attroupées. (Dans ce dernier sens ᭑, *nei*, est impératif de ᭑, *neimbi*.)

ᭁ. *nei founiehe*. Les poils follets ou les petits poils qui sont sur le corps de l'homme.

ᭁ, *nei taran*. Sueur. On dit aussi ᭑, *nei*.

ᭁ, *nei yao*. Lentilles qui viennent sur le corps. Verrues. Boutons qui viennent en été. (*Fei tsee* en chinois.)

ᭁ. *nei yao tektehe*. Il lui est venu une lentille, une verrue, etc. Il lui est venu des boutons.

ᭁ. *neimbi*. Ouvrir la terre pour la rendre fertile. Ouvrir les sceaux. Ouvrir la porte, etc.

ᭁ. *neilembi*. Ouvrir l'esprit à quelqu'un en l'instruisant. Instruire. Enseigner.

ᭁ. *neiboumbi*. Faire instruire. Faire ouvrir.

ᭁ. *neiken*. Bien assaisonné. Bien tempéré.

ᭁ. *neikelembi*. Tempérer quelque chose que ce soit; comme les mets avec le sel, l'huile, etc.; les couleurs avec de l'eau, etc. Partager également ses affections. N'aimer pas plus l'un que l'autre.

ᭁ. *neikentchembi*. Tempérer également plusieurs choses, les rendre égales, etc.

ᭁ, *neikentcheboumbi*. Faire tempérer. Faire égaler, etc.

ᭁ. *neiketchilembi*. Tempérer également plusieurs choses, etc.

neiketchileboumbi. Ordonner de tempérer également, etc.

ner sere herguen.

nerki. Qui a de l'entendement, de la conception. Qui fait bien ce qu'il fait.

nerki nialmeou. C'est une maniere de faire un éloge. Quand on veut louer quelqu'un, on dit: C'est une personne éclairée, un homme d'esprit, etc.

nerkin. Un bon temps. Temps favorable. Bonne circonstance. Dans le temps. Dans le moment. Choisir un bon temps. Un moment.

nerkin te. Dans ce moment. Dans ce temps-là. Alors. On dit aussi *emou nerkin te.*

nen sere herguen.

nente. Ordonner de marcher devant. (Impératif de *nentembi.*)

nenten. Devant. Avant.

nentembi. Faire le premier. Marcher devant, etc. Devancer.

nenteboumbi. Faire marcher devant. Faire faire le premier, etc.

neng sere herguen.

nengue. Avoir une tache dans l'œil, au milieu de l'œil. Taie.

nengueleboumbi. Mettre un pied à

quelque chose. Mettre un piédestal, par exemple, pour élever quelque chose. Mettre une chose sous une autre pour l'élever.

⵰⵰⵰, *nenguereboumbi.* Élever une chose par le moyen d'une autre qu'on met dessous. Élever avec les mains.

⵰⵰⵰, *nenguereshoun.* Soutien. Appui de quelque chose que ce soit.

⵰⵰⵰, *neou sere herguen.*

⵰⵰⵰, *neoumbi.* Aller dans un pays étranger. Quitter sa patrie pour aller dans un autre lieu. Aller de pays en pays pour gagner sa vie. Cela se dit aussi des oiseaux, des bêtes, etc., qui sortent ou qui quittent leurs trous ou leurs cavernes ordinaires pour se retirer dans d'autres.

⵰⵰⵰, *neoure touki.* Petits nuages qui n'apportent ni vent ni pluie. Nuages blancs qui vont d'un côté et d'autre.

⵰⵰⵰, *nem sere herguen.*

⵰⵰⵰, *nemchembi.* Demander d'une manière importune sans être jamais content. N'être jamais rassasié. Vouloir toujours quelque chose de plus.

⵰⵰⵰, *nemchekou.* Homme insatiable qui n'est jamais satisfait, à qui il manque toujours quelque chose.

⵰⵰⵰, *nemkin.* Qui n'est pas méchant. Bon. Qui s'accorde avec tout le monde.

ⵡⵉⴼⵏⴼⴱ, *nemkimbi.* Coudre deux peaux l'une sur l'autre, le poil de l'une et de l'autre en dehors, pour en faire des habits. Mettre des bords de peau à un habit. Le bord d'en-bas d'un habit. Faire un habit qui ne soit ni trop large ni trop étroit à l'endroit qui est sous les aisselles. Coudre à un habit simple une piece sous les aisselles. Coudre les deux bords l'un sur l'autre à l'endroit de la couture.

ⵡⵉⴼⵏⵓⴱⴼⴱ. *nemkiboumbi.* Ordonner de coudre un dessus de peau sur une autre peau. Faire coudre une piece sur l'autre des deux qui sont sous les aisselles. On fait cela dans les habits qui n'ont pas de doublure.

ⵡⵉⴼⵙⵍⴼⴱ. *nemselembi.* Médire de quelqu'un. Quand on dit le mal de quelqu'un, on fait soi-même un mal. Augmenter ou vouloir qu'on augmente son salaire, etc. N'être pas content de ce qu'on reçoit, en vouloir davantage. Provoquer la colere de quelqu'un. Tâcher d'envenimer ou d'irriter davantage quelqu'un qui l'est déja. Avoir maladie sur maladie. Lorsqu'on est déja malade, avoir encore une autre maladie.

ⵡⵉⴼⵔⴰⴽⵓ. *nemcherakou.* Qui sait se contenter. Qui est content de son sort. Qui n'ambitionne plus rien.

ⵡⵉ ⵙⴻⵔⴻ ⵀⴻⵔⴳⵓⴻⵏ. *ni sere herguen.*

ⵡⵉ. *ni.* Cette syllabe est la marque du génitif. C'est aussi une maniere de parler, ou une finale dont on se sert pour terminer une phrase, etc.

ⵡⵉ ⴽⵉⵜⴰⵎⴱⵉ. *ni kitambi.* Marquer sur du papier pour se ressouvenir de quelque chose. Copier. Décrire.

〜〜〜〜. *niniarchambi.* Avoir les dents agacées. Cela arrive lorsqu'on a mangé des choses acides, les dents n'ont plus de force et ne sauroient faire leurs fonctions sur des choses solides.

〜〜〜. *nikan.* Chinois.

〜〜〜 〜〜. *nikan pithe.* Livre chinois. Écrit chinois.

〜〜〜〜 [〜〜]. *nikarame (mbi.)* Parler chinois. Parler la langue chinoise.

〜〜〜〜〜. *nikaraboumbi.* Faire parler chinois.

〜〜〜〜〜〜. *nikatchilarakou.* Qui n'a pas l'aprence, l'air, etc., d'un Chinois.

〜〜〜 〜〜. *nikan ouli.* Nom d'un fruit qu'on mêle avec du miel pour le manger. Il ressemble au *cha kouo* (des Chinois.)

〜〜〜 〜〜〜〜. *nikan oulhouma.* Nom d'un oiseau qui ressemble au 〜〜. *tché ki.* C'est une espèce de faisan ou de poule de montagne.

〜〜〜 〜〜〜. *nikan henke.* Espece de melon plus gros que les melons ordinaires. Son goût n'est pas si bon que celui des melons de Corée, qui ont en dessus la forme d'un tetton.

〜〜〜〜. *nichehai.* Joindre ceci, joindre cela. C'est joindre une chose à une autre. Lorsque tout un peuple se donne à un même maître, reconnoît un même prince pour son souverain. Lorsqu'on fait présent d'un cheval à quelqu'un, et qu'on lui donne en même temps tout l'équipage. On dit alors 〜〜〜 〜 〜〜 〜〜〜

〰 〰〰〰〰〰〰〰〰〰, *morin be tete boutchi tetendere enguemou nichehai ioni boutchina.*

〰〰, *nicheha.* Petit poisson. Les regles des cartes de papier, du jeu de cartes. Nom qu'on donne aux cartes sur lesquelles il y a des herbes peintes.

〰〰 〰〰, *nicheha efen.* Espece de pâtisserie faite avec de la farine des grains que l'on a laissés quelques jours dans l'eau pour les faire fermenter. On y joint du lait, etc.

〰〰, *nicha.* Qui pese beaucoup. Qui est fort pesant.

〰〰 〰〰, *nicha atchiha.* Charge d'un mulet, etc., qui est fort pesante.

〰〰 〰〰, *nicha tebou.* Faire porter une grosse charge, une charge pesante.

〰〰 〰〰, *nicha kita.* Faire porter une grosse charge, la faire presser pour qu'elle n'ait pas un si gros volume.

〰〰 〰〰, *nicha tebouhe.* Qui fait un fardeau très pesant, etc.

〰〰 〰〰, *nicha boumbi.* Donner beaucoup. Donner abondamment.

〰〰 〰〰, *nicha kaimbi.* Demander beaucoup de choses.

〰〰 〰〰, *nikan iao.* Nom d'un ulcere causé par la débauche. (〰〰 〰〰, *fiha yao,* 〰〰 〰〰, *chatchin yao.*

〰〰 〰〰, *nicha taha.* Bien emballé. Charge bien faite.

nichala. Se faire ôter les poux, les lentes. Faire battre quelqu'un. Faire battre fortement.

nichalambi. Oter les poux à quelqu'un. Battre quelqu'un avec violence.

nichalaboumbi. Ordonner à quelqu'un d'ôter les poux, de battre, etc.

nichan. Les coins d'une étoffe ou d'une toile qu'on laisse sans les teindre, où l'on met le cachet, telles marques ou lettres qu'on veut.

nicharhan. Tumeur dure.

nichekte. Herbes touffues qui viennent sous les arbres et qui couvrent la terre. Lieu sous les arbres couvert d'herbes. On dit aussi *terhi orho*, et *tepeie orho*. Ces herbes viennent à l'abri du soleil. C'est la mousse.

nisoumbi. Abaisser quelque chose que ce soit qui est dans ou sur un endroit élevé. Glisser sur la glace. Écarter le filet dans l'eau.

nisouboumbi. Faire abaisser quelque chose. Faire glisser. Ordonner de glisser.

nisountoumbi. Glisser en commun. Lorsque plusieurs personnes glissent. Lorsque plusieurs personnes abaisent, descendent quelque chose, si je puis me servir de ce terme.

nichoumboumbi. Mettre à une fleche le fer pointu. Armer de fer un manche de fleche, etc. Mettre à une fleche le bouton dont on se sert pour l'exercice. Mettre un manche à un instrument de fer quel qu'il soit. Joindre deux choses ensemble, comme la lame d'un couteau avec le manche, etc. Attacher, avec des chevilles ou des clous, plusieurs planches ensemble, etc. Agencer. Emmancher. Joindre. Mettre un couvercle, etc.

༦ནྀན. *nitan*. Chose qui n'a plus de goût, comme du vin dont toute la partie spiritueuse s'est évaporée, *caput mortuum*, etc. Lame d'un couteau, d'une épée, d'une hache, instrument quelconque qui est émoussé.

༦ནྀརམྦི. *nitarambi*. Changer de mal en bien. Se corriger.

༦ནྀརཀཔི. *nitarakapi*. La colere s'est appaisée.

༦ཏུམྦི. *nitoumbi*. Soupirer. Lorsqu'on est malade et qu'on souffre beaucoup [comme on dit chez nous *ai*.] Soupirer tout bas, ou, pour mieux dire, se plaindre tout bas lorsqu'on souffre beaucoup.

༦ལ. *nila*. Faire aiguiser, polir, etc.

༦ལམྦི. *nilambi*. Aiguiser, polir quelque chose que ce soit, du métal, par exemple, etc. Oter la rouille, etc.

༦ལབུམྦི. *nilaboumbi*. Faire polir. Faire aiguiser. Faire ôter la rouille.

༦ལུཀན. *niloukan*. Paroles de douceur, de modestie, de probité, de politesse, que tout le monde aime à entendre, qui ont du sel, etc. Propreté du corps.

༦མཧ. *nimaha*. Poisson. Les poissons dans l'eau courante ont les écailles blanches; dans l'eau dormante, ils ont les écailles noires. Un enfant qui vient au monde après avoir resté neuf mois complets dans le sein de sa mère, a beaucoup de cervelle dans la tête ; celui qui vient avant ce terme en a beaucoup moins.

ᠨᡳᠮᠠᡥᠠ ᠪᡠᡨᠠᡵᠠ ᠨᡳᠠᠯᠮᠠ, *nimaha poutara nialma*. Pêcheur. Qui s'occupe de la pêche. Vieillard.

ᠨᡳᠮᠠᡥᠠ ᠺᠠᡦᡨᠠᡵᠠ ᠴᠠᡴᠠᠨ, *nimaha kaptara chakan*. Fleche dont la pointe est armée de cinq crochets ou especes d'hameçons.

ᠨᡳᠮᠠᡥᠠ ᡳᠠᠰᠠ, *nimaha iasa*. Petits creux qui se font dans les doigts du pied, et que les Mantchoux appellent les *yeux des pieds*.

ᠨᡳᠮᠠᠴᠠᡴᠣᡠ, *nimachakou*. Petit bateau. Bateau de poste, qui ne peut contenir que deux hommes.

ᠨᡳᠮᠠᠴᠠᠨ, *nimachan*. Nom d'un oiseau que les Chinois appellent *tche ma tiao*, dont le plumage tire sur le noir. Il a la queue courte. Tout le plumage des ailes est tacheté de noir. Ses plumes servent à mettre aux côtés des fleches. Il y en a une autre espece qui a la queue blanche.

ᠨᡳᠮᠠᠨ, *niman*. Espece de mouton qui a la laine longue, la queue courte. Chèvre qui sent mauvais. Mouton qui a mauvaise odeur.

ᠨᡳᠮᠠᡨᠴᡳ, *nimatchi*. Peau de mouton. C'est la peau du mouton appellé ᠨᡳᠮᠠᠨ, *niman*.

ᠨᡳᠮᠠᠩᡤᡳ, *nimangui*. La neige. Lorsque l'*yang ki* est fort élevé dans le vuide des airs, et que de la terre qui est fort seche sort un autre *ki* froid qui monte jusqu'aux nuages, si dans ces nuages il se trouve de l'eau, cette eau se gele par parties fines comme des poils, et tombe ainsi sur la terre.

NIME

nimarambi. Neiger.

nimangui ouenke. La neige s'est fondue.

nimangui kialmambi. La neige est emportée par le vent, elle s'en va par tourbillons.

nimachan mouke. La neige réduite en eau. La neige fondue étant mêlée avec l'eau d'un fleuve, et coulant ensemble, est appellée (en chinois) *tao hoa choui,* c'est-à-dire, eau qui est de la couleur des pêches. Fonte des neiges.

nimalan. Mûrier. Arbre dont les feuilles servent à nourrir les vers à soie. On en mange le fruit dont le goût est doux.

nimekou. Défaut dans quelque affaire que ce soit. Par exemple, discordance dans la musique, dans la couleur, etc. Maladie. De travers. Un homme qui marche de travers, etc.

nimekoungue. Malade. Qui a quelque maladie.

nimembi. Ressentir quelque douleur, quelque mal, etc. Être malade.

nimekou tourguen. Maladie dangereuse. Maladie mortelle.

nimere pa i teisou tasambi. Traiter une maladie. Donner des remedes pour guérir une maladie.

nimekou te taroubouhapi. Maladif. Qui est presque toujours malade. Quelque chose qu'il fasse ou qu'il ne fasse pas, il est malade.

꼭꼭꼭 꼭꼭꼭꼭꼭꼭, *nimekou te kouchebouhapi.* Sa maladie est invétérée. C'est une vieille maladie. C'est une maladie bien enracinée, etc.

꼭꼭꼭 [꼭,] *nimekoulembi* [*he.*] Être malade. Avoir gagné quelque maladie.

꼭꼭꼭, *nimebou.* Faire frapper quelqu'un, le faire battre de maniere qu'il s'en ressente, etc.

꼭꼭꼭, *nimeboumbi.* Frapper quelqu'un de maniere qu'il lui en cuise.

꼭꼭꼭, *nimetembi.* Lorsque le commun ressent quelque mal, est attaqué de quelque maladie, etc.

꼭꼭꼭. *nimetchouke.* Qui est à craindre. Méchant. Scélérat. Envieux. Qui ne cherche qu'à nuire. Mal. Douleur insupportable. Ce qu'on doit haïr, fuir, etc. On dit aussi 꼭꼭꼭. *hatatchouka.*

꼭꼭꼭. *nimengui.* Graisse. (*Yeou* en chinois.)

꼭꼭꼭 꼭꼭, *nimengui noho.* Belle graisse. Graisse pure. Qui n'est que graisse. Qui est tout en graisse.

꼭꼭꼭 꼭꼭, *nimengui iasa.* Les deux petits creux qui sont aux deux côtés des fesses ou de l'os bertrand.

꼭꼭꼭, *nimenguilehe.* Qui est gras. Oter la graisse. Presser la graisse.

꼭꼭꼭. *nitchoumbi.* Fermer les yeux. Fermer, etc.

꼭꼭꼭. *nitchouchambi.* Cligner les yeux lorsqu'on voit quelqu'un, comme pour distinguer qui il est. On dit aussi 꼭꼭꼭. *nitchoulambi,* etc.

ᘆᓅᑦᖕ. *nitchouhe.* Perle. Elle vient dans les huîtres. Elle est blanche, brillante et ronde, mais un peu applatie par les bouts. Il y en a de grosses et de petites. Il a fermé les yeux; c'est-à-dire, il est mort. Il a perdu les yeux. Il est devenu aveugle.

ᘆᓅᕐᒃᕋᐱ. *nitcharambi.* Mettre quelque chose en charpie, comme on dit, ou en cannelle. Mettre quelque chose que ce soit en poussiere. Piler de l'ail.

ᘆᓅᕐᒃᕋᐴᒻᐱ. *nitcharaboumbi.* Faire réduire en cannelle. Ordonner de piler, de mettre en poussiere, etc.

ᘆᓅᒋ. *nitchi.* Prendre des détours pour éviter la boue pour éviter les lieux où il y a de l'eau ou de la boue.

ᘆᓅᑦᖕ. *nitchihe.* Grain mondé dont on a ôté la peau. On dit alors ᘆᓅᑦᖕ ᓴᐱᕝ. *nitchihe pele.* C'est proprement un grain concassé. C'est aussi les restes des grains après qu'on les a moulus, qui ne sont pas encore réduits en farine.

ᘆᓅᕐ ᒐᓐ ᑌᖕ. *nien kan tsee.* (*Nien kan tsée* en chinois.) Longue perche ou long bambou qui a cinq nœuds; le tuyau le plus haut est fort mince. On s'en sert pour prendre les oiseaux. Quand les bamboux sont trop courts, on en ajoute d'autres jusqu'à ce qu'ils puissent atteindre à la hauteur qu'on se propose: on enduit le dernier des tuyaux d'une espece de glu faite avec du *toung yeou*, [huile de l'arbre appellé *toung* en chin.], ou avec de l'huile du chanvre noir, ou avec de la colle de farine: on touche l'oiseau avec cela, et il ne peut plus voler.

〰〰〰. *niambi.* Se pourrir, se gâter. Cela se dit de la viande qui se gâte, qui sent mauvais, qui commence à se pourrir. Cela se dit aussi de quoi que ce soit qui se gâte, se pourrit, s'altere, etc.

〰〰〰. *niaha.* Cela est pourri. Cela est gâté, passé, etc. On dit aussi 〰〰〰. *niahapi.*

〰〰〰. *niaboumbi.* Faire gâter, faire pourrir quelque chose.

〰〰〰. *niarhoun.* Chose à manger qui est fraîche, comme un fruit nouvellement cueilli, une viande fraîche, un poisson nouvellement pris, etc.

〰〰〰. *niarhoukan.* Un peu frais. Qui est encore un peu nouveau, etc.

〰〰〰. *nianingtchitchi.* Nom d'une plante qui s'étend beaucoup, et qui monte sur les arbres : ses feuilles sont rondes. C'est un vésicatif pour toutes sortes de plaies.

〰〰〰. *niarhoulahapi.* Une femme qui est en couche, qui n'est accouchée que depuis un mois, qui est dans le premier mois de ses couches. On dit aussi 〰〰〰. *nikehepi.*

〰〰〰. *niahara.* Qui a des feuilles nouvellement ouvertes. Cela se dit des bourgeons et feuilles de mûriers qui sont fort tendres et propres à nourrir les vers à soie. C'est le nom qu'on donne aux rejetons des plantes, aux nouvelles feuilles des arbres, aux boutons des fleurs, etc.

〰〰〰. *niaharnahapi.* Il a de nouvelles feuilles, de nouveaux bourgeons, etc.

𝑛𝑖𝑎ℎ𝑎𝑐ℎ𝑎𝑚𝑏𝑖. Lorsqu'un cheval en courant sur un terrain dur et pierreux se fait mal aux pieds. Chasser. Lâcher les chiens contre le gibier. Cela se dit aussi des chevaux et autres animaux qui se sont fait mal aux pieds, et qui boitent.

𝑛𝑖𝑎ℎ𝑎𝑐ℎ𝑎𝑏𝑜𝑢𝑚𝑏𝑖. Faire aboyer un chien, le lancer sur le gibier pour qu'il le prenne. Faire prendre la bête, lorsqu'on est à la chasse.

𝑛𝑖𝑎ℎ𝑎𝑛. Les petits d'une chienne.

𝑛𝑖𝑎𝑘𝑜𝑢𝑛. Genoux. (*Kouei* en chinois.)

𝑛𝑖𝑎𝑚𝑎𝑛𝑖. Paroles de douceur qu'on dit à un enfant qu'on aime, et à un vieillard. On dit aussi *atake*, *tatake*, et *matake*.

𝑛𝑖𝑎𝑡𝑎. Qui est semé tard et qui vient tôt. Qui est semé tôt et qui vient tard. C'est l'adverbe tard. Tardif. Enfant qui semble être toujours de même taille. On dit aussi ce mot de quelque chose que ce soit qui croît fort lentement.

𝑛𝑖𝑎𝑡𝑎 𝑡𝑐ℎ𝑒𝑘𝑜𝑢. Grains tardifs qui ne viennent qu'après les autres. Grains qu'on recueille fort tard.

𝑛𝑖𝑎𝑟𝑖. Lieu qui ne seche point, qui est toujours humide. On dit aussi *lebengui pa*.

𝑛𝑖𝑎𝑚𝑎𝑛. Le cœur et le foie. Le cœur. Qui a la figure d'un cœur comme les boutons des fleurs. Le cœur des arbres, des plantes. Parents et supérieurs. Parents. Alliés.

𝑛𝑖𝑎𝑘𝑜𝑢𝑟𝑎. Faire mettre à genoux.

niakourambi. Se mettre à genoux.

niakouraboumbi. Faire mettre à genoux.

niaman tchaka. La bouche du cœur qui est entre les deux os de la poitrine, dans un endroit profond et enfoncé.

niaman hountchihin. Parent. Allié.

niamanga. Parent ou allié. Du parent ou de l'allié.

niaman iliha. Feuilles qui sortent du cœur des plantes des grains quand elles sont déja assez hautes.

niaman taribouha. Parent de loin. Un peu allié.

niaman tchafambi. Contracter une alliance. S'allier.

niamarambi. Respecter, rendre hommage aux parents, aux alliés, etc., qui viennent nous voir; les bien recevoir.

niamalambi. Aimer quelqu'un comme son propre parent. Respecter ses pere et mere et tous ses parents.

niaman toukchembi. Avoir des palpitations de cœur. Lorsque le cœur bat, palpite, etc.

niaman tchaka nimembi. Avoir mal au cœur, à la bouche du cœur.

NIA

𖼺. *niamartchambi.* Porter envie à quelqu'un qui a un bon cœur; ne pas l'aimer parcequ'il a un bon cœur, par envie, par jalousie, etc.

𖼺. *niaman kaptakou.* Poutre qui soutient la charpente, ou, pour mieux dire, colonne qui est appuyée sur la poutre du plancher, et qui est solidement liée par une échancrure qu'on fait à la poutre dans laquelle entre cette colonne.

𖼺. *niamanahapi.* Qui n'est qu'à demi cuit. Riz qui est cuit en dehors et dur encore en dedans, etc.

𖼺. *niamboulou.* Homme foible qui n'a point de forces, qui craint, etc.

𖼺. *niamachan.* Petit sentier qui seul est un peu sec, dans un lieu encore tout humide de la pluie nouvellement tombée. Lieu sec au milieu de l'eau, qui est comme une petite isle.

𖼺. *niamala.* Mousse qui vient sur le tronc des arbres, ou sur les pierres qui ont été long-temps mouillées par la pluie.

𖼺. *nientchan.* Espece de bouillie fort claire. Qui est pointu, pénétrant. Air vif.

𖼺. *niatchipa.* Nom d'une plante sauvage qui ressemble au *kou ma tsai* (des Chin.) Son goût est fort doux.

𖼺. *niache ienli.* La chair qui est entre les dents, ou la pointe des gencives qui s'étend entre les dents.

𖼺. *nientchambi.* Empeser quelque chose.

Gommer quelque chose. Employer la farine pour gommer, ou pour faire une espece de bouillie claire.

〜〜〜. *nientchanghangue*. Qui a de la force. Qui est robuste. Cheval infatigable, qui peut faire beaucoup de chemin, qui a une apparence forte, robuste.

〜〜〜. *nientchanga*. Cheval ou quelqu'autre bête que ce soit qui fait beaucoup de chemin sans se fatiguer, qui a beaucoup de force, qui est robuste, qui n'a pas besoin de repos après avoir bien fatigué. Toile ou étoffe quelconque qui est forte. Homme qui a de la force, qui est robuste, etc.

〜〜〜. *nientchan pitchaha*. On dit cela de quelque chose qui ayant été empesé ou gommé, redevient mou ; et des hommes qui se laissent abattre lorsque quelque affaire d'importance ne leur a pas réussi, qui perdent courage, qui craignent tout.

〜〜〜. *nientchan pilambi*. Perdre courage. Perdre ses forces, son espoir, etc.

〜〜〜. *nientchan akou*. Homme qui n'a ni courage ni forces, qui ne sauroit souffrir aucune fatigue, aucune peine, etc. Habit ou telle autre chose qui est foible, qui est sans forces.

〜〜〜. *nientchiha*. Herbes vertes.

〜〜〜. *nientchi hien*. Feuilles dont on fait des bâtons d'odeurs qu'on fait brûler dans le temps des sacrifices.

〜〜〜. *niangnia toutchike*. Lorsque

les nuages, après avoir été assemblés, se dissipent, et que le temps commence à s'éclaircir.

niaki. Pus d'un ulcere. Morve.

[ ] *niakinaha* [*mbi.*] Le pus s'est formé dans cette plaie.

niaki sirimbi. Se moucher.

niakitou. Enfant qui a toujours la morve pendante. Petit morveux. Homme qui a toujours la morve au nez.

niakinambi. Plaie ou ulcere qui suppure, qui a du pus. Suppurer.

niasoumbi. Ulcere qui mûrit, qui commence à donner du pus, à suppurer.

niakinaboumbi. Faire suppurer une plaie.

niasouboumbi. Faire suppurer de nouveau une plaie qui, après avoir été comme guérie, est devenue en plus mauvais état, etc.

niasouka. Faire suppurer une plaie, en y appliquant l'herbe appellée *ngai* (en chinois.) Plaie qui commence à s'amollir, à suppurer.

niasoukapi. Cette plaie, cet ulcere a du pus, suppure, etc.

niangoumbi. Mâcher quelque chose. On dit aussi *nianioumbi.* Murmurer tout bas contre quelqu'un. Grommeler entre ses dents.

nianioumbi. Murmurer entre ses dents

contre quelqu'un. Ce mot a le même sens que le précédent.

𝗑𝗑𝗑, *niangouboumbi.* Faire murmurer contre quelqu'un.

𝗑𝗑𝗑, *niangou tche pele.* Nom d'une espece de grains. (*Leang kou mi* en chinois.)

𝗑𝗑𝗑, *niangniahoun.* Cela se dit pour exprimer qu'un homme qui a envie de dormir ou qui est malade, souffre beaucoup, fait des grimaces et ouvre un peu la bouche d'ennui ou de douleur.

𝗑𝗑𝗑, *niangniarakapi.* Il est extrêmement fatigué. Il est malade. Il ouvre tant soit peu la bouche d'ennui ou de douleur.

𝗑𝗑𝗑, *niarhotcha.* Nom qu'on donne à une espece de faon de biche. Cette espece de cerf a le bois plat et mince. On l'appelle 𝗑𝗑𝗑, *kantahan.*

𝗑𝗑𝗑, *nialma.* (*Gen* en chinois.) Homme. Le creux qui est sous le nez entre les deux narines.

𝗑𝗑𝗑 𝗑𝗑𝗑, *nialma nimaha.* Homme-poisson. C'est un poisson qui n'est dans la mer que jusqu'à la ceinture. Sa partie supérieure ressemble à l'homme; de la ceinture en bas il est poisson.

𝗑𝗑𝗑, *nialmingue.* De l'homme.

𝗑𝗑𝗑, *niara.* Espece de vin doux qu'on emploie dans les sacrifices, ou dans les cérémonies qu'on fait aux ancêtres chez les Tartares.

𝗑𝗑𝗑 𝗑𝗑𝗑, *nialma oucheha.* Étoile appellée

gen hing (en chin.); elle est près des cinq étoiles du *tien ho* ou fleuve du ciel, que nous appellons la voie lactée.

ᠨᡳᠶᠠᠯᠮᠠ ᡥᡝᠨᡩᡠᡥᡝ ᡤᡳᠰᡠᠨ. *nialma hentouhe palame.* Tout le monde dit cela. C'est le *dictum* commun. C'est le bruit public.

ᠨᡳᠶᠠᠯᠮᠠ ᡳ ᠣᡵᡴᡳᠨ ᡨᡝ ᠶᠠᠪᡠᠮᠪᡳ. *nialma i orkin te iaboumbi.* Persuader à quelqu'un de croire ce que dit un autre.

ᠨᡳᠶᠠᠯᠮᠠᡳ ᠰᠠᡦᡳ. *nialmai sapi.* Éloges qu'on donne à un vieillard de cent ans. C'est un homme fort robuste, d'un bon tempérament, qui a toujours été sage, etc.

ᠨᡳᠶᠠᠯᠮᠠ ᡨᠠᡨᠠᡵᠠ ᠪᠣᠣ. *nialma tatara pô.* Auberges qui sont sur la route lorsqu'on voyage. On dit aussi ᡨᡳᠶᠠᠨ ᡶᠠᠩ. *tien fang.*

ᠨᡳᠨᡳᠶᠠᡵᡳᠯᠠᡥᠠ [ᠮᠪᡳ.] *niniarilaha* [*mbi.*] Lorsqu'un homme fait le moindre mouvement, et qu'il sent des douleurs dans les reins.

ᠨᡳᠶᡝᠨᡳᠶᡝᡥᡠᠨ. *nieniehoun.* Homme de peu de courage, qui n'a rien de déterminé, qui est foible, qui n'a point de cœur, etc.

ᠨᡳᠶᡝᡵᡝᡴᡝᠨ. *niereken.* Un peu foible. Un peu maigre.

ᠨᡳᠶᡝᡵᡝ. *niere.* Enfant qui en naissant est fort maigre. Foible. On dit aussi ce mot de toutes les choses foibles, sans forces. Habit hors de saison, trop mince pour la saison.

ᠨᡳᠶᡝᠨᡳᠶᡝ. *niénié.* Qui n'a point de courage. Qui ne

sait point prendre son parti. Qui n'a rien de déterminé. On dit aussi ce mot des serpents qui se retirent dans leurs trous pendant l'hiver, et qui y demeurent engourdis jusqu'au printemps. C'est un nouveau mot tartare. On dit encore ↭, *eniénié*, et ↭. *meihe poulounambi.*

↭. *nierengue.* Qui n'a point de forces. Qui vient d'un homme sans forces et sans courage.

↭, *nieniehountchembi.* Avoir le cœur foible. N'avoir point de détermination. Être foible, etc. On dit aussi ↭. *nieniehountembi.*

↭, *nialhountchambi.* S'évanouir. Tomber en défaillance, ou par défaut de nourriture, ou par l'excès de la chaleur.

↭. *niamanien.* Fleche de cheval. (*Ma tsien* en chinois.)

↭ ↭, *niamanien kaptan.* Attirail d'un soldat à cheval ; le carquois et les fleches.

↭. *niamniembi.* Tirer de la fleche à cheval. Tirer de la fleche contre les animaux, etc.

↭. *niamniaboumbi.* Ordonner à quelqu'un de tirer de la fleche à cheval, de tirer contre quelque bête.

↭. *niamnianambi.* Aller tirer de la fleche à cheval.

↭. *niamniatoumbi.* Lorsque le commun tire de la fleche à cheval. On dit aussi *niamnianoumbi,* ↭.

niamniara manga. Qui tire habilement de la flecle. Qui tire de la fleche avec force.

niamniara sain. Qui tire très bien de la fleche.

niamniara tchouken. Qui tire mal de la fleche, ou qui en tire comme le commun, ni bien ni mal.

niamniara ehe. Qui tire très mal de la fleche lorsqu'il est à cheval.

nierembi [*me, fi.*] Mettre un habit trop foible pour la saison. Ne mettre pas assez d'habits. Ce mot exprime aussi que les chevaux, bœufs, oies, canards, etc., nagent.

nienierchembi. Mordre foiblement quelque chose que ce soit. Mordre par façon, comme pour s'amuser.

niamniara mahala. But fait en forme de bonnet, sur lequel on s'exerce à tirer de la fleche à cheval.

niereboumbi. Faire nager une bête; lui faire passer l'eau à la nage.

niamtchiri. Mettre une bête morte sur la terre, qu'on a couverte auparavant de feuilles d'arbres, d'herbes, de tiges, etc., et la peler.

niengniéri. Le printemps.

nielekou. Espece de pierre ronde ou de meule dont on se sert pour passer sur les grains pour leur ôter la peau ou les monder.

〰〰. *niélekou ouehe.* Pierre longue et ronde qui est dans une aire; on s'en sert en la mettant sur les grains, pour empêcher ainsi que le vent n'emporte les épis. On l'appelle indifféremment, en chinois, *che koun tsee,* et *lieou tcheou tsee.* Espèce de pierre que l'on passe sur les toiles, les étoffes, etc., pour les rendre lisses et unies.

〰〰. *nielembi.* Lire un livre. Passer la pierre sur les toiles, étoffes, etc., pour les unir et les rendre lisses. Passer la pierre sur les grains pour leur ôter la peau, ou les faire sortir de l'épi.

〰〰. *niele.* Ordonner à quelqu'un de passer la pierre sur des toiles, des étoffes, etc.; sur des épis, des grains, etc. Ordonner de lire. (Impératif du verbe précédent.)

〰〰. *nieleboumbi.* Ordonner de passer la pierre sur des toiles, des étoffes, etc.; sur des épis, des grains, etc. Ordonner de lire.

〰〰. *nieletchembi.* Mettre une pièce sur une peau. Rapetasser une peau.

〰〰. *nietchen.* Pièce qu'on met sur quelque toile, étoffe, etc., qui est percée ou tachée. Pièces ou petits morceaux de toile, de soie, d'étoffe, etc., qui restent d'un habit, et dont on se sert pour rapiécer.

〰〰. *nietchembi.* Être de garde à son tour. Monter la garde. Être de quartier. Remplacer quelqu'un dans un emploi, dans une charge. Rapiécer un habit, etc. Prendre médecine pour reprendre des forces, ou pour rétablir le sang dans son état naturel de circulation.

nietche. Faire rapiécer, etc. (Impératif du verbe précédent.)

nietcheboumbi. Faire rapiécer. Ordonner de rapiécer, de monter la garde.

nietchetembi. Mettre toujours des pieces. Faire toujours l'emploi d'un autre, etc.

niektekepi. Le riz est gâté, a contracté une mauvaise odeur.

niehe toungue. Nom d'une plante sauvage qui rampe et dont les feuilles touchent la terre. Elle ressemble au *lieou soung tsai* (des Chinois.)

niehe. Canard. (*Ya tsee* en chinois.)

niehe tatara asou. Nom d'un filet à prendre les canards sauvages. Il est long de six brasses, haut de six pieds. On attache le bas ou le fond de ce filet contre terre : à l'entrée du filet on met des fils de fer; les canards venant à se poser sur le filet, on tire les fils de fer, le filet se ferme, et ils sont pris.

niokso. Couleur verte qu'on voit sur la surface de l'eau.

niektetchouke. Haine, aversion, crainte que l'on a de ces hommes pervers pires que des loups, qui sont médisants, qui font de mauvaises actions. Aversion, haine que l'on a contre quelque chose de mauvais, etc.

nio i pa. Oiseaux aquatiques qui se tiennent dans les lieux humides où il croît de l'herbe. On dit simplement ⵡⵉⵙ. *nio*. Ce sont des poules d'eau, et d'autres oiseaux semblables.

ⵡⵉⵙⵍⵓⵜⵙ. *nioloto*. Paroles de mépris que l'on dit lorsqu'on n'aime pas quelqu'un, etc.

ⵡⵉⵙ ⵜⵛⵓⵙ. *nio tchoko*. Nom d'un oiseau qui a le corps noir, parsemé de quelques taches rouges. Sa chair a des rayes blanches. Il fait son nid et sa demeure ordinaire dans les lieux aquatiques, au milieu des herbes qui sont dans l'eau.

ⵡⵉⵙⵓⵎⵃⵏ. *niombi*. Racler la chair et tout ce qui se trouve sur les os.

ⵡⵉⵙⴱⵓⴱⵎⵃⵏ. *nioboumbi*. Faire ôter la chair, etc., qui se trouve sur les os.

ⵡⵉⵀⵉ̇ⵏ ⵡⵓⴼⵉⵏ ⵏ ⵜⵓⵀⵓⵍⵙ. *niehe oumhan ni toholio*. Espèce de pâtisserie faite avec de la fine farine, des œufs de canards, du miel, du sucre; on y met aussi des noix, et on fait cuire le tout ensemble dans le saindoux.

ⵡⵉⵙⵜⵓⵓⵃ. *nieketche*. Poisson de mer mâle.

ⵡⵉⵙⵓⵃⵓⴼⵃⵏ. *niohoumbi*. Faire l'acte du mariage.

ⵡⵉⵙⴹ. *nikekou*. Se faire garder par ses gens, de peur d'être surpris par l'ennemi. S'appuyer sur quelqu'un. Cela s'entend moralement. Quelque chose que ce soit sur quoi on s'appuie. S'appuyer sur le dossier de la chaise.

ⵡⵉⵙⵏ. *nike*. Faire appuyer quelqu'un. Ordonner d'appuyer, de soutenir quelqu'un.

ⵡⵉⵙⵔⵃⵏ. *nikembi*. Appuyer la tête sur le chevet.

S'appuyer, se soutenir sur un bâton. Appuyer son corps sur le dossier d'une chaise, par exemple. Appuyer, soutenir quelqu'un. Avoir recours à quelqu'un comme à son soutien, comme à son appui ordinaire, etc.

ᴠᴍᏣᎶᎾᏫᏋᏂ. *nikeboumbi*. Charger quelqu'un de toutes sortes d'affaires. Se décharger sur quelqu'un du soin de toutes choses. Ordonner à quelqu'un de servir d'appui, de soutien à un autre. Confier à quelqu'un le soin des affaires. Avoir un lieu, une retraite assurée. Avoir des appuis, des soutiens, etc. Être maltraité, etc.

ᴠᴍᏣᎰᏋᏂ. *nikehepi*. Cela se dit d'un enfant qui est dans le premier mois de sa naissance. On dit de même ᴠᴍᏣᎡᎤᎶᎰᏋᏂ. *niarhoulahapi*.

ᴠᴍᏣᎶᏘᏫ. *niketeme*. Avoir tout juste ce qu'il faut. N'avoir ni trop ni trop peu. Avoir fait précisément ce qu'il falloit, ni plus ni moins. Être en présence d'un ennemi, sans que l'un ose attaquer l'autre. Se craindre mutuellement.

ᴠᴍᏣᎶᎤᏋᏂ. *nikendoumbi*. S'appuyer mutuellement. Se servir mutuellement de soutien.

ᴠᴍᏣᎸᏋᏂ. *nikechembi*. Boiter un peu. Cela se dit des hommes et des animaux. Ce mot n'exprime pas tant que ᏨᎤᎶᎤᏋᏂ. *tohochoumbi*, qui veut dire, boiter entièrement.

ᴠᴍᏝᎶ. *nirou*. Espece de grosse fleche dont on se sert pour tirer contre les bêtes féroces : elle est beaucoup plus grosse que la fleche dont on se sert pour tirer contre le but. Ordonner à quelqu'un de peindre, de crayonner quelque chose. (C'est alors l'impératif du verbe suiv.) *nieoulou*, ou *niourou*. Officier de guerre. Capitaine. Alors on dit ᚉᚉᚉ ᚉᚉᚉ. *niroui tchanguin.* Ce capitaine, que les Chinois appellent *tsouo ling*, est à la tête de cent soldats : il a après lui l'officier qu'on appelle *tai tsee*; celui qu'on appelle *tchoang ta*; celui qu'on appelle *po che kou*; celui qui est à la tête des autres à cheval et en cuirasse; un qu'on nomme ᚉᚉᚉ. *payara* en tartare, et *pai ya la* en chinois ; enfin les soldats de pied ou fantassins.

ᚉᚉᚉ. *niroumbi.* Peindre. Dessiner.

ᚉᚉᚉ. *nirouboumbi.* Faire peindre.

ᚉᚉᚉ. *niroi falha.* Cela se dit lorsqu'un grand mandarin assemble tous les autres mandarins, ses subalternes, dans un même lieu pour délibérer sur quelque chose; comme on diroit chez nous, le conseil de guerre.

ᚉᚉᚉ. *nirouhan.* Cachet. Sceau. Espece d'armoiries, ou fleurs que chacun met sur son cachet.

ᚉᚉᚉ, *nirou fakche.* Armurier. Celui qui fait des fleches.

ᚉᚉᚉ. *nimachan ouaska.* La neige s'est fondue et tombe en eau.

ᚉᚉᚉ. *niaolotchouka.* Chose bonne à manger, qui a bon goût, etc.

ᚉᚉᚉ. *niereme peie.* Aller à la guerre sans endosser la cuirasse ni mettre le casque. On dit aussi ᚉᚉᚉ, *niolmoun peie.*

〰️, *niekseke.* Lorsque la gelée a pénétré dans la terre et que la superficie se fend. On dit aussi 〰️, *nimperehe.*

〰️ 〰️, *niengnieri togembi.* Le commencement du printemps. (*Ly tchoun* en chinois.)

〰️ 〰️, *niengnieri toulin.* Le milieu du printemps. (*Tchoun fen* en chinois.)

〰️, *nimperehe.* On dit aussi 〰️, *niekseke.* Mot qui signifie que la gelée a pénétré, et que la superficie de la terre est fendue.

〰️ 〰️ 〰️, *niaman be outchimbi.* Nourrir ses parents, les entretenir.

〰️ 〰️ 〰️, *nir sere herguen.*

〰️, *nirha.* On dit cela de quelque peau que ce soit dont le poil est court, et qui est fort mince.

〰️, *nirhakan.* Poil un peu court sur une peau mince.

〰️, *nirhangue.* Qui est d'une peau mince, à poil court.

〰️, *nirkimbi.* Ce mot exprime que le cerf cherche la biche, ou que la biche cherche ses petits ou les appelle. On dit aussi 〰️, *ninkimbi.*

〰️ 〰️ 〰️, *nin sere herguen.*

〰️, *nintouhou.* Homme qui a la tête penchée sur une épaule, qui a le cou tors.

〰️ 〰️, *nintouhou hari.* Qui a le col tors. Ces deux mots ont le même sens que le précédent.

nintchouhoun. Odeur des viandes et du poisson. Odeur des poissons, chevrettes, etc., qui ne sont pas encore cuits. Odeur des bêtes qui sont fort maigres.

nintchou. Soixante. (*Lieou che* en chinois.)

nintchoute. Chaque soixantième. Tous les soixantièmes.

nintchoutchi. Le soixantième.

ninkimbi. Cela se dit d'un cerf qui cherche sa biche, ou de la biche qui cherche son faon. On dit aussi *nirkimbi.*

ninkime paimbi. Une biche qui cherche ses petits.

ning sere herguen.

ningkaboumbi. Avoir pris des vents. Être oppressé. Ne pouvoir presque pas respirer. On dit alors *soukdoun tchinkaboumbi.*

ningdan. Goître. Avoir une excrescence sous le menton.

ningdanga. Qui a un goître.

ningtcheou. Nom d'une espèce d'étoffe de soie inférieure au satin et au damas, mais d'un très bon usage. (*Ngning tcheou* en chinois.)

ningoute. Qui est au-dessus.

ningou. Au-dessus.

ningoun toptoun ilan

podoun. Les six préceptes de la guerre. Les trois manieres d'investir l'ennemi.

ningoun atchan. Les six parties du monde, qui sont le haut, le bas; ou bien le zénith, le nadir, le nord, le midi, l'est et l'ouest.

ningoun. Six, nombre. (*Lieou* en chin.)

ningoutchi. Le sixieme.

ningoute. Tous les sixiemes. Chaque sixieme.

ningoun pia. Sixieme lune.

Ningouta. Nom d'une des principales forteresses de la Tartarie orientale. (*Ngning kou ta* en chin.)

ningoun mouten. Les six arts, qui sont les manieres et usages, la musique, l'art de tirer de la fleche, l'art de monter à cheval et de conduire un char, l'écriture et l'arithmétique.

ninguia. Nom d'un fruit appelé *ling kio* (en chinois). Châtaigne d'eau. Ancre de vaisseau ou de barque. On dit aussi *ninguia sele.*

ninguia sele. Croc à accrocher. Fer de cheval. Ancre de vaisseau ou de barque.

ninguia boula. Nom d'une plante médicinale et épineuse dont les feuilles sont petites. Le fruit est armé de pointes. C'est le chardon ou la chausse-trape, ou le *murex.*

ningoungueri. Six fois.

ningue. De, du, marque du génitif.

nik sere herguen.

niktan. Nom d'une médecine appellée en chinois *ling tan.* Espece de remede empirique qui fait promptement son effet. Remede de l'immortalité. On dit aussi *lingtan*, (mot chinois tartarisé), et *niktan siktan.*

nikgembi. Lorsqu'on souffre un froid très aigu et que le cœur bat; comme nous disons, trembler de tous ses membres.

nikte. Dos d'un cheval, d'un mulet, etc.

niktchambi. Être gâté. Cela se dit de quelque chose que ce soit qui est gâté, rompu, etc. Être maltraité de coups ou de paroles. Être insulté. Faire porter à quelqu'un un affront, une insulte, etc. Alors on dit *i minde niktchambi kai.* Il a été payé de ma façon; il a été affronté par moi, etc. On dit aussi *fesheboumbi.*

niktchaboumbi. Ordonner à quelqu'un de faire un affront à un autre. Faire insulter quelqu'un, le faire maltraiter de coups ou de paroles. Faire détruire quelque chose. C'est à peu près le même sens que celui de *meitcheboumbi.*

nieou sere herguen.

nieou. Marque d'interrogation. Particule explétive, comme *mo, ma,* etc., (en chin.) On dit aussi *semeou.*

nieounieou. Nom de douceur, de mignardise

qu'on donne à un petit enfant qu'on aime. Cela revient au proverbe : Vous l'aimez comme la prunelle de votre œil.

ᖏᐅᓂᐅ ᖃᕆᕝ. *nieounieou faha.* La prunelle de l'œil. Ce qui est au milieu de l'œil. On dit de même ᔪᑦᓱᐅ ᖃᕆᕝ. *hotcho faha.*

ᖏᐅᒥ. *niombi.* Lorsqu'on boit et que la fraîcheur de l'eau fait ressentir des douleurs aiguës aux dents. Lorsqu'il fait bien froid, et qu'on le sent pénétrer jusqu'aux os. Lorsqu'on a pris le froid, et qu'on ressent des douleurs très vives à la chair qui est près des os.

ᖏᐅᒣ. ᖏᒥᒥ. *nieoume nimembi.* Lorsqu'on a pris le froid, et qu'on le ressent, sur-tout, à la jointure des os. Lorsqu'on a froid aux dents et qu'on y ressent des douleurs très vives.

ᖏᐅᓂᐅᕈ. *nieounieourou.* Espece de panier fait de branches de saules qu'on a pliées en rond. On se sert de ces paniers pour renfermer les choses dont on a besoin. Ils sont plus petits que ceux qu'on appelle ᑉᓗᕆ. *polori.*

ᖏᐅᒣ ᓴᐅᕈᕝ. *nieoume chahouroun.* Froid violent qui pénetre jusqu'aux os.

ᖏᐅᑲᕝ. *nieoukan.* Branche ou rameau de saule ou du *ngai kan* que les enfants garnissent de plumes, et dont ils se servent comme de petites fleches pour s'amuser. Petite fleche faite avec la tige d'une plante appellée *pong* (en chinois.)

ᖏᐅᐅᕝ. *nieouhoun.* Verdâtre. Qui tire sur le verd.

41

NIEOU

Nom de la deuxieme lettre de ce que les Chinois appellent *che kan*, ou les dix troncs.

ᡪᡳᠣᡥᡠᡴᡠᠨ, *nieouhoukoun*. Un peu verdâtre. Qui tire un peu sur le verd.

ᡪᡳᠣᡥᡠᠨ ᠴᡳᠯᡳ ᡦᠠᠨᠴᡳᡥᠠ, *nieouhoun tchili pantchiha*. Qui change de visage, de couleur. Qui a un visage qui dénote la colere.

ᡪᡳᠣᡥᡠᠨ ᠠᡦᡴᠠ, *nieouhoun apka*. Bleu de ciel. Ciel azuré. Le temps du printemps.

ᡪᡳᠣᠪᠣᡵᠣ, *nieouboro*. Verd obscur. Qui a une couleur très foncée.

ᡪᡳᠣᠪᠣᠮᠪᡳ, *nieoubombi*. Dire des paroles de badinage, des paroles comiques. Badiner avec quelqu'un.

ᡪᡳᠣᠯᠣᠮᠪᡳ, *nieoulombi*. Avoir du dégoût. Être dégoûté. Cela arrive lorsqu'on a mangé des choses fort grasses, et que le gosier est comme obstrué.

ᡪᡳᠣᠯᠣᠴᡠᡴᠠ, *nieoulotchouka*. Avoir mal au cœur, être dégoûté en voyant des choses trop grasses.

ᡪᡳᠣᠮᠣᠴᡠᠨ, *nieoumochoun*. Nom d'un poisson blanc, long de deux pieds. Ses petits s'appellent ᡥᠣᡨᠣᡵᡳ, *hotori*. Cette espèce de poisson ressemble au poisson appellé (en chin.) *pei fon si lin* ; c'est-à-dire, poisson qui a le ventre blanc et les écailles fines. Les côtés de ce poisson sont plats, unis et blancs : il est tacheté, et a fort peu d'arêtes.

ᡪᡳᠣᠴᠠᠨ ᠨᡳᠶᡝᡥᡝ, *nieoutchan niehe*. Nom d'une espece de canard sauvage. On l'appelle aussi ᡳᠴᠠ ᠨᡳᠶᡝᡥᡝ, *itcha niehe*.

NIEOU 323

ᖉᓆᖏᔆ *nieoumere*. Nom d'un poisson de mer que les Chinois appellent *ming fou yu*, qui a la tête ronde, la bouche comme le bec du faucon. Sa tête n'a point d'os, et son corps point d'arêtes ni d'écailles : il a huit jambes au bout de son corps, et n'a pas de queue.

ᖉᓆᖏᔆ *nieourombi*. Être meurtri. Avoir la chair violette pour avoir reçu des coups de bâton ou de fouet.

ᖉᓆᖏᔆ *nieouromboumbi*. Aiguiser du fer, de l'acier, etc. Limer du fer, etc. Polir.

ᖉᓆᖏᔆ *nieourombourakou*. Ce couteau n'est point aiguisé. Cette épée, ce sabre ne sont pas aiguisés.

ᖉᓆᖏᔆ *nieouroun*. Couleur rouge que l'on voit dans le ciel, lorsqu'après la pluie, les nuages se trouvant opposés au soleil, il se forme une lueur semblable aux rayons du soleil, qui a la forme d'un demi-cercle. On ne peut pas le montrer au doigt. [C'est une superstition.] Arc-en-ciel.

ᖉᓆᖏᔆ *nieouroun kotchika*. L'arc-en-ciel s'est formé.

ᖉᓆᖏᔆ *nieouroun samcheha*. L'arc-en-ciel est effacé, a disparu.

ᖉᓆᖏᔆ *nieouroko atali*. Comme l'arc-en-ciel. (Il faut lire, je crois, ᖉᓆᖏᔆ *nieouroun atali*.)

ᖉᓆᖏᔆ *nieouroko*. On dit cela lorsqu'une couleur se ternit et tire sur le noir. Lorsque la colère fait changer de couleur à quelqu'un. Lorsque quelqu'un voit quelque chose que ce soit, et qu'il en est dans l'admiration, qu'il ne sait plus ce qu'il fait, ni comment il marche, ni où il va. Lorsqu'au printemps les herbes et les arbres ont pris leurs couleurs.

nieouhe. Loup. On se sert de la peau de cet animal pour faire des habits et des couvertures.

nieouhe soube. Nom d'une plante dont les feuilles servent à faire ou à bourrer les selles des chevaux.

nieouhe yo. Nom d'une espece de dartre qui s'étend, et qui est comme un amas de petits boutons rouges.

nieouhoun. Couleur bleue; bleu obscur, bleu mêlé de violet ou de noir.

nieouhouken. Un peu noir. Tirant sur le noir. Noir mêlé de bleu, comme la couleur de l'huile.

nieouhoumbi. Battre la terre pour faire les fondements lorsqu'on veut élever une muraille pendant le printemps. Pilon à piler le grain, etc.

nieouhouboumbi. Faire piler, faire battre le grain. Faire battre la terre, les fondements, lorsqu'on veut bâtir.

nieouroun pouroubouha. L'arc-en-ciel est couvert par les nuages.

nieouari nieouori. Verd clair. Verd brillant. Quelque chose que ce soit de couleur verte, brillante, qui fait baisser les yeux.

nieouari nieouri. Verd brillant. On dit aussi *nieouari nieouari.*

nieouarichambi. Verd de bambou. Bambous verds.

nieouanguien. Verd. Verd d'herbe. Nom d'un des dix *kan*, que les Chinois appellent *kia*.

nieouanguien fiorhoun. Nom d'un oiseau dont le plumage est verd, et qui pue; il se nourrit des vers qui sont dans les arbres: il n'en mange que trois par jour. Il y en a de trois sortes; de verds, de chamarrés, et de noirs. Il n'est parlé ici que du verd.

nieouanguien tou i tchouoha. La banniere verte des troupes chinoises.

nieouanguien touri. Espece de haricot ou de feve de couleur verte. On l'appelle *tsing teou*, ou *tcha teou* (en chinois.)

nieouanguien kourtchen. Nom d'un insecte dont le cri est des plus fatigants pour l'oreille. On dit aussi *kerguen.*

nieouanguiakan. Un peu verd. Tirant sur le verd.

nieouanguien foulan. On appelle ainsi un cheval noir, ou tirant sur le noir.

nieouanguien foulha. Nom d'un arbre dont la peau ou l'écorce est verte. C'est le peuplier verd.

nieouantchihien. On dit cela de toutes les choses comestibles qui ont l'odeur des herbes. Qui sent l'herbe.

nieouhouchoulembi. Se mettre tout nu. Ne se mettre aucun habit sur le corps. Avoir les épaules nues. Être nu depuis la ceinture jusqu'en bas.

nieouhouchouleboumbi. Ordonner à quelqu'un de se mettre tout nu.

nieoukso. Nom d'une espece d'herbe, ou plutôt de la mousse qui se forme sur la surface de l'eau, et qui est comme du coton.

nieouktchi. Mousse qui vient sur les pierres des tours qui sont au milieu de l'eau. On dit aussi *niolmongui.*

niolmon. Mousse ou espece d'herbe qui vient sur la surface de l'eau.

niolmon peie. Lorsqu'on va contre l'ennemi sans cuirasse ni casque, qu'on a le corps à découvert. On dit aussi *niereme peie.*

niolmongui. Herbe ou mousse qui vient sur les pierres des tours qu'on a faites au milieu de l'eau. On dit aussi *nieouktchi.*

niolhoumbi. Galoper à cheval. Faire galoper un cheval.

niolhomboumbi. Lâcher la bride à un cheval, le laisser galoper à sa fantaisie, à toute bride.

niolhoutchembi. Affronter les dangers sans aucune crainte. N'avoir peur de rien. Se laisser emporter à son courage.

niolhoun. Le 16ᵉ jour de la premiere lune.

niong sere herguen.

niongnieou. Qui surpasse les autres en grandeur, en forces, en courage. Être le premier de tous parmi un grand nombre; comme dans les ailes des oiseaux il y a une plume de chaque côté qui est plus longue et plus forte que toutes les autres.

niongnieou tethe. La premiere, la plus longue, la plus forte des plumes des ailes des oiseaux et des volailles.

nieoungniaha i pe. Nom d'une plante sauvage que les Chinois appellent *ngo eulh che.* On la nomme encore en tartare *meihe chari.*

nioungniaha. Oie domestique. (*Ngo* en chinois.)

nioungatchambi. Avoir la peau écorchée par quelque coup de bois, de métal, de pierre, etc. Être blessé. Comme autrefois lorsque *Ouen ouang* avoit soin de son peuple, lui portoit compassion, comme on fait à un blessé. Avoir compassion.

nioungatcharahou. Craindre que quelqu'un ne soit blessé, lui porter compassion. Marque de tendresse.

nioungatchara atali. Avoir

soin du peuple, compatir à ses malheurs comme s'il étoit blessé.

〰〰〰. *nioungalambi.* Excorier un endroit de la peau déja blessé ou écorché. Sonder une plaie. Appliquer quelque chose sur une plaie. Racler une plaie, la nettoyer.

〰〰〰. *nioungalaboumbi.* Ordonner à quelqu'un de nettoyer une plaie, de racler, d'ôter ce qu'il y a dessus, etc.

〰〰〰. *nil sere herguen.*

〰〰〰. *nilhoun.* Qui est glissant et uni comme la glace, etc.

〰〰〰. *nilhoutambi.* Glisser. Qui glisse. Qui est glissant.

〰〰〰. *niltouboumbi.* Faire ensorte que le poil d'une peau tombe, etc. Une peau qui a du poil, si elle est mise sur un endroit chaud, étant mouillée, tout le poil tombe.

〰〰〰. *niltatchambi.* Racler un peu la peau qui a été blessée, la nettoyer.

〰〰〰. *niltatchaboumbi.* Être raclé. Avoir une plaie, et souffrir qu'on la racle ou qu'on la nettoie. Faire racler, nettoyer une plaie, une blessure, etc.

〰〰〰. *nilguien.* Nom général des pierres précieuses ou crystaux qui sont brillants et unis, qui ne sont pas communs. Cheveux des femmes, longs, luisants et fort épais.

〰〰〰. *no sere herguen.*

ꞌꞌꞌ. *nono.* Nom d'une plante aquatique dont le cœur est vuide : elle ressemble à l'oignon, et devient fort haute. Son fruit, placé au bout de la tige, est fort petit. Oignon d'eau.

ꞌꞌꞌ. *nokai.* Très, marque du superlatif. On dit aussi ꞌꞌꞌ. *oumeche.*

ꞌꞌꞌ. *nokai tcha.* Très aisé. Très facile.

ꞌꞌꞌ. *noho.* Terre unie sur laquelle il n'y a rien d'inutile. Terrain où il n'y a que de l'herbe; comme une piece d'eau où il n'y a point de terre. Alors on dit ꞌꞌꞌ ꞌꞌꞌ. *mouke noho pa.* Où il n'y a que des lettres. Où il n'y a point de mélange, de vuide; comme un lieu où il n'y a que des herbes, et pas autre chose. On dit alors ꞌꞌꞌ ꞌꞌꞌ. *orho noho pa.* Plein. Où il n'y a point de vuide.

ꞌꞌꞌ. *nota.* Sœurs cadettes. (Plur. de ꞌꞌꞌ. *non.*)

ꞌꞌꞌ. *nomin.* Nom d'une pierre précieuse. Nom d'une matiere qui se trouve au-dessus du ventre d'une espèce de poisson. Graisse ou espece d'huile qui se trouve dans le ventre des grenouilles.

ꞌꞌꞌ. *noran.* Fagot de bois, ou, pour mieux dire, monceau de bois, amas de bois qu'on fait dans un lieu sauvage. On dit alors ꞌꞌꞌ ꞌꞌꞌ. *mo i noran.*

ꞌꞌꞌ. *norambi.* Faire un monceau, un amas de bois ou d'herbes.

ꞌꞌꞌ. *norombi.* Rester dans son nid. Cela se dit des oiseaux qui ne sortent pas de leurs trous ou de leurs nids, et des hommes qui restent toujours dans un même lieu sans aller ailleurs. Rester toujours dans le même lieu, etc.

noroho. Qui est certainement dans son trou, dans sa caverne, dans sa maison. Cela se dit des hommes, oiseaux et quadrupèdes qui ne quittent pas leurs demeures où l'on est sûr de les trouver.

nofi. Numérique pour les hommes. Un, deux hommes. Exemple. *outou nofi*. Combien d'hommes ? *tchouo nofi*, deux.

non sere herguen.

non. Sœur cadette. On appelle aussi de ce nom toutes les filles qui sont moins âgées que celui qui leur parle.

nong sere herguen.

nongui. Faire ajouter. Faire mettre par-dessus. (Impératif du verbe suivant.)

nonguimbi. Ajouter. Augmenter. Mettre par dessus. Donner un point de diligence; comme l'empereur en donne aux mandarins, etc. Dire quelque chose de plus. Ajouter quelques paroles.

nonguiboumbi. Faire augmenter, ajouter, etc. Être ajouté, augmenté.

nonguinambi. Aller augmenter, ajouter, etc.

nonguitchimbi. Venir augmenter. Venir ajouter, etc.

nonguiboure koutchou. Bon ami. Grand ami.

༷༷༷. *nonguitoumbi.* Ajouter un peu de chaque chose. Augmenter chaque chose d'un peu.

༷༷༷ ༷༷༷ ༷༷༷. *nok sere herguen.*

༷༷༷. *noktchimbi.* Être en colere. Avoir de la rancune. Augmenter de jour en jour sa haine.

༷༷༷ ༷༷༷ ༷༷༷. *not sere herguen.*

༷༷༷. *notho.* Nom d'un fruit dont le dehors est dur comme la pomme de pin, ou comme les noisettes, ou comme les noix et autres fruits semblables. Écorce d'arbre. Peau de cheval, etc. Ce mot se dit de tout ce qui a la peau, l'écorce et l'extérieur durs.

༷༷༷ ༷༷༷ ༷༷༷. *nom sere herguen.*

༷༷༷. *nomhoun.* Cela se dit d'un bon homme, d'un homme qui n'est ni rusé, ni fin; qui est simple sans être imbécille. On le dit aussi d'une bête qui n'est point mauvaise, qui est douce.

༷༷༷. *nomhokon.* Qui est un peu simple sans être imbécille, etc.

༷༷༷ ༷༷༷ ༷༷༷. *nou sere herguen.*

༷༷༷. *noukambi.* Piquer avec la pointe de quelque chose. Enfoncer une pointe. Piquer quelque chose.

༷༷༷. *noukaboumbi.* Faire piquer. Faire enfoncer une pointe. Être piqué, etc.

༷༷༷. *noukatchouka.* Homme qui dit des paroles piquantes, grossieres, fortes, sans politesse; qui n'a aucun égard. Alors on dit ༷༷༷ ༷༷༷ *kisoun noukatchouka.* Paroles dures, piquantes, etc.

Ou simplement 〰. *noukatchouka.*

〰. *noukatchambi.* Lorsqu'une épine s'est fourrée dans l'habit, et qu'elle pique. Pincer quelqu'un avec la main. Avoir mal aux yeux, et y ressentir des douleurs comme si on les piquoit avec une épine.

〰. *nouhan.* Tranquille. Paisible. Grave. Qui est sans feu; comme si l'on disoit, Homme lent. On se sert alors de 〰 〰. *elhe nouhan.*

〰. *nouhalien.* Terrain bas, profond, etc.

〰. *nou peri.* Arc armé de fleche. Arbaléte. (*Nou koung* en chinois.)

〰. *noutourou.* Nom d'un oiseau qui ressemble au faisan de montagnes; ses pattes sont longues comme celles d'un lievre. Cette sorte d'oiseau paroît en hiver; il chante en volant, et ses ailes font un bruit harmonieux.

〰. *noutchan.* Les doigts fermés dans la main. Le poing fermé.

〰 〰. *noutchan achacharakou.* Avoir le poing fermé en tirant de la fleche. Ne pas branler lorsqu'on tire de la fleche.

〰. *noutchalambi.* Battre quelqu'un, lui donner des coups de poings.

〰. *noutehachambi.* Se battre avec quelqu'un. Lutter avec quelqu'un.

〰. *nouhen.* Laie qui ne met bas que trois petits. Espece de sanglier d'un an.

ᡯᡠᡥᡝᠴᡳ, *nouhetchi.* Peau de sanglier.

ᡯᡠᡥᡝᡵᡝ, *nouhere.* Petit chien de sept à huit mois.

ᡯᡠᡥᡝᡵᡝ ᡨᠠᡶᠠᡥᠠ, *nouhere tafaha.* Qui a la bouche quarrée. Nom d'un poisson qu'on appelle, Bouche quarrée, *pang teou yu* (en chinois.) On dit aussi ᡨᠠᡶᠠᡥᠠ, *tafaha,* et ᠠᡨᠣᡠᡥᠠ ᡨᠠᡶᠠᡥᠠ, *atouha tafaha.*

ᡯᡠᡥᡝᡵᡝ ᠮᠠᡶᠠ ᡯᡳᡥᡝ, *nouhere mafa tsihe.* Paroles que dit un vieillard à un petit enfant qu'il aime et qu'il veut empêcher de dormir; il l'agite, badine avec lui, etc. On dit encore ᡯᡠᡥᡝᡵᡝ, *nouhere.*

ᡯᡠᡴᡳᠮᠪᡳ, *noukimbi.* Exciter quelqu'un à la colere, à la vivacité. Tenter quelqu'un, le faire mettre en colere, etc.

ᡯᡠᡴᡳᠪᠣᡠᠮᠪᡳ, *noukiboumbi.* Ressentir les effets de la colere de quelqu'un. Être scandalisé. Être séduit par les mauvais exemples, les mauvais discours, etc., de quelqu'un. Faire tenter quelqu'un, le faire révolter, etc.

ᡯᡠᡥᠣᡠ, *nouhou.* Lieu qui est un peu plus élevé que le lieu le plus bas. Lieu uni. Raiz-de-chaussée. Courant de la riviere; comme lorsque *Yu Ouang* traversa neuf rivieres. On dit alors ᠣᡠᡳᡠᠨ ᡯᡠᡥᠣᡠ, *ouiun oukou.* (Peut-être doit-on lire ᡯᡠᡥᠣᡠ, *nouhou?*)

ᡯᡠᡵᡝ, *noure.* Vin jaune. Vin ordinaire fait avec des grains. (*Hoang tsieou* en chinois.)

ᡯᡠᡵᡝ ᡨᡝᠪᠣᡠᠮᠪᡳ, *noure teboumbi.* Faire du vin. Faire le vin jaune.

ᡯᡠᡵᡝ ᡨᡝ ᠰᠣᡴᡨᠣᡥᠣ ᡝᡵᡨᡝᠮᠣᡠ ᡨᡝ ᡝᡦᡳᡥᡝ, *noure te soktoho ertemou te epihe.* Paroles du *Che King,* qui signifient : Sa vertu est égale à l'ivresse d'un homme qui a bû beaucoup de vin, et à la satiété d'un homme qui a beaucoup mangé.

ᠨᡠᡵᡝ ᡥᡡᡥᠣ. *noure houho.* Ferment qu'on met dans de l'eau où il y a ce qu'il faut pour faire du vin. (*Tsieou ku* en chinois.)

ᠨᡠᡵᡝᡳ ᡝᡴᠴᡥᡠᠨ. *nourei ekchoun.* La lie du vin. Ce qui reste après qu'on a exprimé la matiere dont on fait le vin.

ᠨᡠᡵᠠᠨ. *nouran.* Vase dont on se sert pour faire l'eau-de-vie; il a un trou au milieu par lequel l'eau-de-vie se distille. Alambic.

ᠨᡠᡵ ᠰᡝᡵᡝ ᡥᡝᡵᡤᡠᡝᠨ. *nour sere herguen.*

ᠨᡠᡵᡥᡡᠮᡝ. *nourhoume.* De suite. Enfiler. Enfilades de choses. Temps couvert continu. Qui est long-temps le même. Années consécutives qui se suivent. Alors on dit en chinois *lien nien*, et ᠠᠨᡳᠶᠠ ᠨᡠᡵᡥᡡᠮᡝ, *ania nourhoume* en mantchou.

ᠨᡠᡵᡥᡡᠮᠪᡳ. *nourhoumbi.* Monter la garde plusieurs jours de suite. Faire son quartier plusieurs jours de suite sans se reposer. Joindre, lier plusieurs choses, etc.

ᠨᡠᠨ ᠰᡝᡵᡝ ᡥᡝᡵᡤᡠᡝᠨ. *noun sere herguen.*

ᠨᡠᠨᠴᡳᠪᡠᠮᠪᡳ. *nountchiboumbi.* Entendre l'explication d'un livre. Entendre les paroles des anciens. Entendre chanter, et s'endormir; c'est-à-dire, dormir en écoutant, etc. Alors on dit ᠨᡠᠨᠴᡳᠪᡠᠮᡝ ᠠᠮᡥᠠᡥᠠ. *nountchiboume amhaha.*

NOUNG

〰〰〰〰, *noung sere herguen.*

〰〰〰. *noungnekou.* Ce mot signifie simplement, attaque d'un homme qui insulte un autre sans raison ou autrement.

〰〰〰, *noungnembi.* Faire de la peine, du chagrin à quelqu'un; lui en causer, l'insulter, le provoquer, etc.

〰〰〰, *noungneboumbi.* Faire provoquer, insulter quelqu'un. Être insulté, provoqué, etc. Être bravé.

〰〰〰, *noungari.* Les plumes les plus petites des oiseaux, le duvet des oiseaux, les plumes qui sont à la racine du tuyau des grandes plumes. Les petites herbes. Les herbes les plus fines, etc. Les plus fins cheveux des hommes. Les poils des animaux les plus fins. Les petits poils, ou les poils follets, ou les duvets qui sont sous les grands poils de quelque peau que ce soit.

〰〰〰, *nounguembi.* Avaler comme font les baleines. Engloutir. Avaler sans mâcher. Avaler quelque chose que ce soit. Tout ce qui tombe ou passe par le gosier, etc.

〰〰〰, *nounguele.* Nom d'un arbre dont l'écorce est noire, les feuilles grandes, le bois fin et mou. On s'en sert pour la sculpture, etc., le *toan mou* des Chin.

〰〰〰, *noungue.* Faire avaler quelque chose. Ordonner à quelqu'un d'avaler quelque chose. (Impératif de 〰〰〰, *nounguembi.*)

༈ ནོག་ མིག་ ཅོག་. *nouk sere herguen.*

༈ ནོག་པོ་. *noukte.* Bagage que l'on porte lorsqu'on sort de chez soi pour voyager dans des lieux déserts. Voyager par eau. Quitter un lieu où il n'y a point d'herbes ni d'eau, pour aller dans un lieu où il y a de l'un et de l'autre.

ནོག་པོམ་. *nouktembi.* Changer de camp. Camper ailleurs. Décamper d'un endroit pour aller dans un autre. Cela se dit des troupes, et de qui que ce soit qui va d'un lieu où il n'y avoit point d'eau, dans un autre où il y en a.

ནོག་པོབོམ་. *noukteboumbi.* Faire quitter un lieu. Ordonner de quitter un lieu pour faire aller dans un autre. Faire quitter un lieu pour un autre où il y a de l'eau et de l'herbe.

ནོག་པོནེམ་. *nouktenembi.* Aller dans un endroit où il y a de l'herbe et de l'eau.

ནོག་པོཏཆམ་. *nouktentchimbi.* Venir dans un endroit où il y a de l'herbe et de l'eau.

ནོག་པོཏོམ་. *nouktentoumbi.* Lorsque le commun quitte un lieu pour un autre où il y a des herbes et de l'eau. Transmigrer ailleurs, etc. On dit aussi *nouktenoumbi,* ནོག་པོནོམ་.

ནོག་པོཧེ་. *nouktehe.* Il a transmigré ailleurs. Il a changé de demeure, etc.

ནོག་ཚིཤོན་. *nouktchishoun.* Homme mauvais, méchant, qui a beaucoup de force. Homme fort et intrépide.

NOUS

ꝟꝯꝑꝏꝉꝋ [ꝋꝉꝋ.] *nouktchimbi* [*kepi.*] Se sauver après une défaite. Lorsqu'on a sujet de craindre, quitter le lieu où l'on étoit pour se sauver dans un autre. Lorsqu'on est en colere, poursuivre son ennemi, etc.

ꝟꝯꝑꝏꝉꝋ ꝑꝏꝉꝋ, *nouktchimbi iaboumbi.* Aller avec intrépidité dans les lieux où personne n'ose aller. Aller droit au danger.

ꝟꝯꝑ ꝑꝯꝑꝯ ꝋꝉꝋꝯ. *nous sere herguen.*

ꝟꝯꝉꝋꝯꝋ, *noushoumbi.* Dissiper les malfaiteurs, les ennemis; les vaincre. Aller au-devant de l'ennemi pour le battre. Attaquer l'ennemi sans crainte.

ꝟꝯꝉꝋꝯꝉ ꝑꝏꝯꝋ, *noushoume toutchike.* L'eau qui déborde dans un vase. L'eau qui se répand, etc.

KA

〰〰, *sere herguen.*

〰, *ka.* Ordonner de faire un circuit, d'environner. Faire barrer le chemin pour empêcher qu'on ne passe outre, etc. (Impératif de 〰, *kambi.* Voyez la syllabe 〰, *kam.*)

〰, *kanahan.* Qui prend le nom et l'autorité d'un autre. Qui profite de la réputation, du pouvoir d'un autre pour s'en faire accroire, pour insulter, pour parler avec arrogance, orgueil, etc. Qui feint une raison de faire quelque chose quoiqu'il n'en ait aucune. Qui use de défaite. Qui feint. Qui se dit parent d'un grand, etc. On dit aussi 〰 〰, *kanahan arambi,* ou 〰 〰, *anahan arambi,* et 〰 〰, *anakou arambi.*

〰, *kani.* Couple, assemblage convenable.

〰, *kanirakou.* Qui n'est pas assemblé comme il faut. Assemblage peu convenable.

〰, *kani atcharakou.* Ne vouloir point se trouver dans les assemblées mauvaises, peu convenables, etc. On dit aussi 〰 〰, *itchi kani akou.*

〰 〰, *kani akou.* Qui a un cœur de bœuf. Qui a une mauvaise doctrine. Qui ne s'accorde pas avec les autres, etc.

〰 〰, *kaka kiki.* Lorsque plusieurs personnes rient. On dit aussi 〰 〰, *kiki kaka.*

KAKOU

ꜣ𓏲. *kaka.* Les ordures, la merde des petits enfants.

ꜣ𓏲𓎟. *kakambi.* Nettoyer, ôter les ordures qu'ont faites les petits enfants.

ꜣ𓏲𓎟𓎟. *kakaboumbi.* Faire nettoyer, faire ôter l'ordure des petits enfants.

ꜣ𓏲 𓎟𓏲. *kakari fakari.* Lorsque plusieurs personnes rient avec éclat, à gorge déployée. On dit aussi ꜣ𓏲 𓎟𓏲. *kaka faka.*

ꜣ𓏲 𓎟𓏲. *kaka faka.* Rire à gorge déployée. Grands éclats de rire.

ꜣ𓏲. *kanin.* Nom d'une herbe aquatique qui est comme une ceinture. On dit aussi 𓂝𓏲. *peihe.*

ꜣ𓏲. *kaninga.* Être de bon accord avec quelqu'un. Être bien accouplé. Qui est bien assorti.

ꜣ𓏲. *kahä.* Il a mis empêchement. Il a mis obstacle. Il a empêché. Il l'a arrêté. Avoir fait un circuit, etc.

ꜣ𓏲. *kahakou.* Qui n'a pas mis obstacle. Qui n'a pas empêché. Qui n'a pas fait un circuit, etc.

ꜣ𓏲. *kakou.* Digue, ce qu'on met dans un ruisseau pour empêcher que l'eau ne coule. (*Tcha* en chin.)

ꜣ𓏲. *kaboumbi.* Être empêché. Être arrêté. Faire arrêter. Faire faire un circuit, etc.

ꜣ𓏲. *kakour.* Grincement des dents. Claquement des dents.

ꜣ𓏲 𓎟𓏲. *kakour kikour.* Bruit qu'on fait

en perçant, en liant fortement, en sciant, etc., quelque morceau de bois.

kakoung. Serrer les dents. Qui emploie toute sa force en faisant quelque chose.

kakoung kikoung. Bruit que fait une charrette qui est beaucoup chargée, et un fardeau considérable qu'un homme porte sur ses épaules. On dit aussi ⌇⌇⌇, *kiakoung kikoung.*

kakoung seme. Faire quelque chose que ce soit en y employant toute sa force. On dit alors ⌇⌇⌇, *kakoung seme oueilembi.*

kaba. Cela se dit des choses qui jointes ensemble font un tout complet.

kaba ku. On appelle ainsi deux enfants jumeaux qui sont nés de la même portée.

kabari toumbi. Cela se dit des petites bulles que forme sur l'eau le mouvement de la bouche des poissons.

kabari. Chien basset qui a les jambes courtes et le corps petit. Grosse ou longue dent qui vient aux chevaux, mulets et ânes sous les naseaux.

kaparambi. Presser quelque chose, le comprimer, etc.

kaparaboumbi. Être comprimé. Être pressé.

kaparabou. Ordonner à quelqu'un de comprimer, de presser, etc.

〜〜〜, *kapahoun*. Chose comprimée, pressée. Nez écrasé. Bec plat comme celui des oies. Couché de tout son long. Qui a le corps plat ou mince.

〜〜〜 〜〜, *kapahoun oho*. Quelque chose que ce soit qui a été pressé, comprimé.

〜〜〜 〜〜〜. *kapahoun tetouhepi*. On dit cela de quoi que ce soit qui est étendu. Un homme étendu, couché. Une chose étendue, etc.

〜〜. *kapi*. Panier à ouvrage à l'usage des femmes, où elles mettent le fil et les autres choses. Ce panier a un couvercle. Les paniers qui n'ont point de couvercles s'appellent 〜〜〜, *nieounieourou*.

〜〜 〜〜. *kata fata*. Qui aime éperducment quelqu'un. Qui aime avec ardeur. Qui aime comme un pere aime ses enfants, un ami son ami ; qui a l'apparence et qui donne les démonstrations de cette amitié.

〜〜 〜〜 〜〜. *kata kiti seme*. Bruit que font les pantoufles, bottes ou autres chaussures, lorsqu'on marche sur un endroit sec, et que les bottes sont de peau, avec une semelle de bois, etc.

〜〜〜. *katambi*. Exprimer. Comprimer une chose qui est humide pour la faire sécher : lorsque cette chose est seche, elle est dure ou roide. Ce mot exprime proprement une chose qui s'est durcie en séchant.

〜〜〜. *kataboumbi*. Faire sécher une chose.

〜〜〜 〜〜. *kataha ienli*. Chair desséchée.

〜〜〜 〜〜. *katar seme*. Qui a l'apparence d'une chose seche. Cela se dit d'une muraille nouvellement faite et qui paroît être seche. On dit alors ᒋᑐᐧ ᐧᑕᒣᐧ ᐅᑯᐅᑎᐅᓴ, *katar seme olhoho.*

ᒋᑐᐧ ᐅᑕᐧ ᐅᒥᐅᐧ, *katar fatar seme.* Avoir toutes les apparences d'un homme qui est plein d'affection. On dit aussi ᐅᑕᐧ ᐅᒥᐅᐧ, *fatar seme,* et ᑯᑐᐧ ᐅᑕᐧ ᐅᒥᐅᐧ, *koutour fatar seme.*

ᒋᑕᐧ ᐅᒥᐅᐧ, *katang seme.* Qui paroît extrêmement fort et solide.

ᒋᑕᐦᐧ ᐅᐧ, *kataha fatou.* Nom d'un oiseau qui est ainsi appellé à cause de son chant dans lequel il semble dire ces deux mots ᒋᑕᐦᐧ ᐅᐧ, *kataha fatou.*

ᒋᑕᕋᒥ, *katarambi.* Aller doucement. Cela se dit d'un cheval qui va le pas de vache.

ᒋᑕᕋᐴᒥ, *kataraboumbi.* Faire aller le pas de vache à un cheval.

ᒋᑕᑭ ᑭᑎᑭ, *katak kitik.* Bruit que font les choses quand elles tombent de haut, etc.

ᒋᑕᑭ, *katak.* Bruit que fait un cadenas quand on le ferme.

ᒋᑕᓚᒥ, *katalambi.* Gouverner un homme. Traiter une affaire. Avoir soin.

ᒋᑕᓚᐴᒥ, *katalaboumbi.* Faire gouverner quelqu'un. Faire traiter une affaire. Être gouverné, etc.

ᒋᑐᐧ, *katon.* Par force. Quand on fait quelque chose par force. Quoiqu'on soit vieux et cassé, s'efforcer de marcher. Marcher avec peine.

ᒋᑐᐧᑦᒋᒥ, *katontchambi.* Quoiqu'on ne soit pas

KALA 343

bien aise ou qu'on soit malade, marcher cependant, faire tous ses efforts pour marcher. Cela veut dire, faire quelque chose par force, s'efforcer de faire quelque chose.

katouri. Cancre ou crabe. On dit aussi panghai. Il a dans la bouche huit especes de jambes qui lui servent à grimper sur la tige du *kao leang*, pour aller jusqu'à l'épi manger les grains.

katour kitour. Bruit qu'on entend quand la glace craque.

katourambi. Ne vouloir pas céder.- Disputer avec quelqu'un. Se fàcher. Se pousser. Rendre coup pour coup. Pour un coup, en rendre deux ou trois.

katourchambi. Disputer. Ne vouloir pas céder. Pousser. Se fàcher. Rendre deux coups pour un. On dit aussi katourambi.

kalar seme. Avoir une contenance gracieuse, bienfaisante, amicale, etc.

kalar kilir. Bruit que font deux ou plusieurs clefs qu'on porte à sa ceinture lorsqu'on marche. Bruit que font les grelots et autres instruments semblables de celui qui évoque les esprits.

kalar kalar. Espece de grive. Bruit que font plusieurs choses de métal qui se heurtent.

kalang. Bruit qu'on entend lorsqu'on jette une chose de métal sur une autre de métal aussi. On dit encore kialang. Bruit des cloches. Bruit de plusieurs choses.

𖼀𖼀 𖼀𖼀. *kalang kiling.* Bruit de plusieurs choses de métal qui se frappent. Bruit des pierres qu'on portoit au bonnet, lorsqu'elles se rencontroient. Bruit des pendeloques qui sont dans les *miao* et qui représentent des chevaux. Bruit de quelques instruments.

𖼀𖼀. *kalimbi.* S'élever bien haut. Cela se dit des oiseaux qui se sauvent et prennent leur vol bien haut pour éviter d'être pris, etc.

𖼀𖼀. *kalimou.* Nom d'un poisson. C'est la baleine. Poisson salé. Alors on dit 𖼀𖼀 𖼀𖼀, *po nimaha.*

𖼀𖼀 𖼀𖼀, *kaloumime koaiha.* Avoir effleuré la peau avec la fleche. Lorsque la fleche n'a pas entré. On dit simplement 𖼀𖼀. *kaloumime.*

𖼀𖼀 𖼀𖼀. *kalou moulou.* Lorsqu'on fait une chose ou qu'on traite une affaire dont on n'est pas bien au fait, et qu'on la fait ou qu'on la traite nonchalamment; comme disent les Italiens, così così.

𖼀𖼀 𖼀𖼀, *kame abalambi.* Chasse d'hiver. Lorsqu'on a vu une grande quantité de gibier dans un beau jour, et qu'on va à la chasse.

𖼀𖼀 𖼀𖼀, *kame kisourembi.* Imposer silence. Ne vouloir pas que quelqu'un parle. Rendre muet un homme; comme lorsque plusieurs parlent à la fois, contre un seul qui ne sait plus que dire.

𖼀𖼀 𖼀𖼀 𖼀𖼀, *katchar kitchir seme.* Bruit qu'on entend lorsqu'on marche sur un chemin pierreux. Bruit qu'on entend lorsqu'on mange quelque chose où il se trouve de petites pierres ou du sable.

ᚕᚏᚕ ᚁᚈᚖ. *katchar sembi.* Faire cuire à moitié le riz. Riz à moitié cuit. Os. Bois dur, épais et droit. Soie crue, forte, roide. Tige de l'herbe ou plante appellée en chinois *pé tsao*, qui est droite, longue et dure. On dit aussi ᚕᚏᚕ ᚁᚈ. *katchar seme.*

ᚕᚏᚕ ᚁᚈ. *katchang seme.* Comestibles qui sont durs.

ᚕᚏᚕ. *katchilan.* Grosse fleche dont on se sert pour tirer au but.

ᚕᚏᚖ. *katchiki. Pi ngao* (en chinois.) Habit de peau de cerf, etc.

ᚕᚏᚕ ᚁᚈ ᚈᚖ. *katchang seme manga.* Droit et dur, rude, etc.

ᚕᚏᚖ. *katchambi.* Couper, rompre quelque chose avec les dents.

ᚕᚏ. *kara.* Noir. Cheval noir, qu'on appelle (en chin.) *tié*, c'est-à-dire, cheval couleur de fer. Chien noir. Cheval appellé *ly*, c'est-à-dire de couleur noire obscure. (*Cara* en turc.)

ᚕᚏᚖ. *karapa.* Se défendre mutuellement. Se soutenir mutuellement. Se secourir mutuellement. Deux animaux qui s'entre-défendent, qui se soutiennent, etc.

ᚕᚏ ᚈ. *kara tchai.* Thé de couleur violette qu'on fait avec du lait. Thé au lait.

ᠬᠠᠷᠠ ᠲᠠᠷᠠ, *kara fara.* Qui a une mine redoutable. Qui a une physionomie colere, etc.

ᠬᠠᠷᠠ ᠬᠣᠨᠠ, *kara houna.* Nom que les Mongoux donnent à un arbre appellé par les Mantchoux *hasouran mo,* ᠬᠠᠰᠣᠷᠠᠨ ᠮᠣ, dont on emploie l'écorce ou la peau pour lier le fer de la fleche avec le bois.

ᠬᠠᠷᠠ ᠬᠡᠶᠢᠷᠡ, *kara keire.* Nom d'une espece de cheval qui est d'une couleur mêlée de rouge, noir et cendré. Cheval rouge à criniere noire. On l'appelle en chinois *tsao lieou ma.*

ᠬᠠᠷᠠ ᠹᠣᠯᠠᠨ, *kara foulan.* Cheval couleur de fer. Cheval qui est de couleur obscure, entre le violet et le noir.

ᠬᠠᠷᠠᠮᠪᠢ, *karambi.* Monter sur un lieu élevé pour découvrir quelque chose, des hommes, par exemple, des lieux, des oiseaux, des quadrupedes; pour savoir combien il y en a, etc.

ᠬᠠᠷᠠᠨᠠᠮᠪᠢ, *karanambi.* Aller sur un lieu élevé pour découvrir au loin.

ᠬᠠᠷᠠᠪᠣᠮᠪᠢ, *karaboumbi.* Faire monter sur une éminence, etc.

ᠬᠠᠷᠠᠨᠴᠢᠮᠪᠢ, *karantchimbi.* Venir sur un lieu élevé pour découvrir quelque chose.

ᠬᠠᠷᠠᠨᠲᠣᠮᠪᠢ, *karantoumbi.* Lorsque plusieurs personnes montent sur une éminence ou sur un lieu élevé pour découvrir quelque chose. On dit de même ᠬᠠᠷᠠᠨᠣᠮᠪᠢ, *karanoumbi.*

ᠬᠠᠷᠠᠨᠢᠲᠣᠨ, *karanitoun.* Nom d'une espece d'oiseau de proie qui ressemble au *hia kou;* il est très petit de corps, mais il a la tête grosse, les yeux noirs. Il prend les petits oiseaux de proie appellés *ngan tchoun*, etc. Il est adroit et leste. C'est une espèce de tiercelet.

ᛚᛚᛚ ᛚᛚᛚ. *karan kaltcha*. Nom d'un oiseau qui ressemble au corbeau : il a le plumage noir, le bec blanc : sa chair est par bandes blanches.

ᛚᛚᛚ. *karou*. Reconnoissance des bienfaits. Vengeance, etc.

ᛚᛚᛚ. *karoulan*. Reconnoissance. Vengeance.

ᛚᛚᛚ. *karoula*. Ordonner la reconnoissance.

ᛚᛚᛚ. *karoulaboumbi*. Ordonner la reconnoissance, etc.

ᛚᛚᛚ. *karou boumbi*. Rendre bienfait pour bienfait. Reconnoître.

ᛚᛚᛚ. *karou kaimbi*. Ressentir les effets de la reconnoissance de quelqu'un.

ᛚᛚᛚ. *karoun*. Avant-garde de l'armée. Corps de garde. Redoute placée devant le camp pour garder, pour découvrir si l'ennemi vient, etc.

ᛚᛚᛚ. *karoun tchouoha*. Soldats qu'on envoie à la découverte. Espions. Gardes.

ᛚᛚᛚ. *karoun ni pa*. Redoute ou lieu élevé d'où l'on peut observer l'ennemi.

ᛚᛚᛚ. *karoun ni tchoan*. Barques ou bateaux pour aller à la découverte.

ᛚᛚᛚ. *karoun ni nialma*. Espions. Gardes.

ᛚᛚᛚ. *karoun chentambi*. Mettre des espions quelque part. Envoyer des espions. Mettre des gardes.

karoun saboumbi. Avoir la petite vérole; lorsqu'elle commence à pousser.

karouchambi. Se défendre contre celui qui attaque. Cela se dit de ceux qui n'ont pas beaucoup de force, qui n'oseroient attaquer les autres; qu'on n'attaque pas impunément, qui se défendent.

kaki. Vin ou autre liqueur forte et nuisible. Habillement étroit, trop étroit. Homme méchant, qui a un mauvais cœur. Eau-de-vie qui est extrêmement forte, trop forte, etc.

kafour seme. Bruit qu'on entend lorsqu'on marche sur de la glace mince qui craque sous les pieds, ou sur de la neige qui commence à geler. Qui fait promptement ses affaires sans avoir besoin de délibérer; qui les fait avec adresse. Bruit sourd qu'on n'entend presque point, qui se fait lorsqu'on mange doucement.

kafour seme iaboumbi. Faire une affaire, et la bien faire sans hésiter, promptement et bien.

kafour seme moktchoha. Couper, rompre quelque chose que ce soit.

kafour kifour seme. Bruit qui se fait lorsqu'on marche sur la glace ou sur la neige. Qui a l'air empressé, affairé, etc.

karoulambi. Se venger. Reconnoître un bienfait.

KAI

〜, *kai sere herguen.*

〜, *kai.* Mot qu'on met à la fin d'une phrase, pour la terminer, et qui n'a aucun sens particulier.

〜, *kaikata.* Qui a les yeux de travers, louche.

〜, *kaikari.* Nom d'une espece de pierre, ou, pour mieux dire, de gros coquillage qu'on met au rang des pierres précieuses, qui est fort blanc, et dont on fait des grains de l'espece de chapelet que les mandarins portent au cou.

〜, *kaikarambi.* Loucher.

〜, *kaikarafi touambi.* Regarder de travers, en louchant.

〜, *kaipi.* Espece de panier à ouvrage à l'usage des femmes, fait de branches de saule et qui a un couvercle. Il est appellé en chinois *koang* ou bien *lo.* On y met les aiguilles, le fil, etc.

〜, *kailari orho.* Nom d'une médecine faite avec l'herbe appellée *y mou tsao*, à l'usage des femmes enceintes, auxquelles elle fait grand bien.

〜, *kailoun.* Nom d'une espece de cheval qui a la criniere et la queue noires, le corps tirant sur le rouge. Cheval blanc qui a la criniere noire.

〜, *kailou niongniaha.* Nom d'une espece d'oie; une des sept especes dont le jabot est blanc. On dit aussi 〜, *kiao niongniaha.* C'est une espece de grue.

〜, *kaitcha.* Ordonner à quelqu'un de crier.

Nom d'un instrument fait avec l'écorce de l'arbre appellé (en chinois) *hoa*, la base ou le fond en est quarré, l'ouverture d'en haut ronde. Espece de panier.

ᠺᠠᡳᠴᠠᠮᠪᡳ. *kaitchambi.* Crier comme lorsqu'on est à la guerre. Crier alerte. Crier pour animer. Crier.

ᠺᠠᡳᠴᠠᠪᡠᠮᠪᡳ. *kaitchaboumbi.* Faire crier alerte. Faire crier.

ᠺᠠᡳᠴᠠᠨᡨᡠᠮᠪᡳ. *kaitchantoumbi.* Lorsque tout le monde crie à la fois, pousse des cris, crie alerte. On dit aussi ᠺᠠᡳᠴᠠᠨᡠᠮᠪᡳ. *kaitchanoumbi.* Lorsque tout le monde crie.

ᠺᠠᡳᠴᠠᠨ. *kaitchan.* Cri que l'on pousse quand on apperçoit, dans la chasse de l'hiver ou du printemps, un cerf ou un chevreuil qui va contre le vent et du côté du soleil; on l'environne en poussant des cris : on lui lance le trait de dessus le cheval. Alors on dit ᠺᠠᡳᠴᠠᠨ ᠨᡳ ᡴᡳᠣᡠ. *kaitchan ni kieou.* Cri que pousse une seule personne qui est allée devant les autres dans le temps de la chasse, lorsqu'elle apperçoit la bête sur une colline. Après que le premier chasseur a crié, les autres crient aussi.

ᠺᠠᡳᠴᡳᡵᡳ. *kaitchiri.* Étui à contenir trois choses. Étui qu'on porte à sa ceinture, et qui contient le cure-dent.

ᠺᠠᡳᡨᡠ. *kaitou.* Un seul homme à cheval. Un seul homme qui marche à cheval. Alors on dit ᡳᠠᠪᡠᠮᠪᡳ ᠺᠠᡳᡨᡠ ᠮᠣᡵᡳᠨ ᠨᡳ. *iaboumbi kaitou morin ni.*

ᠺᠠᡵ ᠰᡝᡵᡝ ᡥᡝᡵᡤᡠᡝᠨ. *kar sere herguen.*

ꝛꝛꝛ ꝛꝛꝛ. *kar seme.* Méchant homme qui, ayant fait quelque faute, ne souffre point que personne le reprenne ou lui dise quelque chose, qui s'applaudit de tout, etc.

ꝛꝛꝛ. *karkalan.* Nom d'une espece d'arbre dont l'écorce sert à quelques ouvrages, le reste du bois ne sert point. On dit aussi ꝛꝛꝛ ꝛꝛ. *hasouran mo.*

ꝛꝛꝛ ꝛꝛ. *karka tchetchike.* Nom d'une espece d'oiseau aquatique appellé en chinois *ouei tcha tsee.* Il ressemble à une espece de faucon appellé *hoang yng:* et il est aussi oiseau de proie. Il a le bec long, et se tient dans les joncs.

ꝛꝛꝛ. *karkambi.* Se plier et se replier comme un gros serpent. Lorsqu'on racle le dessous d'un panier avec un bambou, comme si on jouoit d'un instrument de musique. Faire des minauderies en chantant. Racler quelque chose que ce soit avec du bambou ou du bois.

ꝛꝛꝛ. *karhama.* L'endroit ou la partie des chevaux et autres animaux où se fait la séparation du corps en deux parties. On l'appelle *ou tcha kou* (en chinois.)

ꝛꝛꝛ ꝛꝛꝛ ꝛꝛꝛ. *karhama hoalame niamniambi.* Quand on est à cheval, tirer des fleches derriere soi en tournant le corps.

ꝛꝛꝛ. *karmambi.* Embrasser le peuple. Aimer le peuple. S'aimer soi-même. Protéger, etc.

ꝛꝛꝛ. *karmaboumbi.* Faire embrasser. Ordonner de protéger, de défendre.

karmatambi. Aimer constamment. Embrasser toujours, etc.

karmantoumbi. Lorsque tout le monde aime, protege, défend, etc. (*karmanoumbi*.)

kartchambi. Heurter quelqu'un.

kartchaboumbi. Faire heurter quelqu'un. Être heurté par quelqu'un.

kartchantoumbi. Lorsque chacun s'entre-heurte. On dit de même *kartchanoumbi*.

kartchame koumbi. Cela se dit du mouvement ou petit frottement que font les cigales, sauterelles, et autres insectes semblables, quand ils veulent chanter.

kartchin. Nom d'un oiseau de proie qui ressemble au *see yao yng* (des Chinois.) Son corps et son plumage sont de différentes couleurs.

karki. Ordonner à quelqu'un de couper une partie d'une chose pour la rendre unie. Faire arracher les herbes.

karkimbi. Couper un peu d'une chose pour la rendre unie. Raboter. Arracher les herbes avec la main.

karkiboumbi. Faire raboter. Faire arracher les herbes avec la main.

kan sere herguen.

KANG

〜. *kanta.* La peau que les bœufs ont sous le cou. Cette peau est foible. On l'appelle aussi 〜. *selhe,* et 〜. *oulhoun.*

〜. *kantahan.* Nom d'un animal qui ressemble au cerf : ses cornes sont plattes, on en fait des anneaux pour ceux qui tirent de la fleche. Son cou est fort court : il a sur le dos une bosse comme les chameaux : il a la poitrine fort grosse. La peau du mâle et celle de la femelle sont semblables. La femelle s'appelle 〜. *enin,* et le mâle *kantahan.* Je crois que c'est l'*élan.*

〜 〜 *kantahan tohoma.* Piece de peau qu'on met des deux côtés du cheval, immédiatement sous les étriers qui pendent aussi des deux côtés.

〜. *kantarhan.* Le poitrail d'un cheval.

〜. *kantchambi.* Planter en terre l'épine du dos des cerfs, des moutons, etc.

〜 〜. *kantchiha niongniaha.* Nom d'une espece d'oie ou de cygne des sept especes : celle-ci est la petite espece; son bec est rouge : elle a sur la tête une espece de crête blanche.

〜 〜. *kantchiha ihan.* C'est une espece de bœuf dont le corps est blanc et la tête d'une autre couleur; ou plutôt, c'est ainsi qu'on appelle un bœuf blanc qui a la tête de toute autre couleur.

〜 〜 〜. *kang sere herguen.*

354 KANG

⟨⟨⟨⟩⟩⟩ ⟨⟨⟩⟩. *kang seme.* Parler à tue-téte ; comme on dit, parler à haute voix et d'un ton fort.

⟨⟨⟨⟩⟩⟩. *kangnambi.* Monter à poil un cheval, une mule, etc. D'une muraille sauter sur un cheval, ou monter à cheval de dessus une muraille.

⟨⟨⟨⟩⟩⟩. *kangkambi.* Avoir soif.

⟨⟨⟨⟩⟩⟩. *kangarambi.* Glisser un peu. Qui est un peu glissant. Ce mot n'est pas si fort et n'exprime pas tant que ⟨⟨⟨⟩⟩⟩ *kaltarambi.* Effleurer la peau de la bête qu'on a tirée. On dit aussi ⟨⟨⟨⟩⟩⟩ *kangarame,* et ⟨⟨⟨⟩⟩⟩ ⟨⟨⟩⟩ *kangarame koiha.*

⟨⟨⟨⟩⟩⟩. *kangarchambi.* La terre est glissante. Cela se dit lorsqu'après une pluie ou de la neige, il vient à geler. C'est ce que nous appelons du verglas.

⟨⟨⟨⟩⟩⟩. *kangachekou.* Un homme orgueilleux qui n'estime que soi, qui ne parle que de soi, qui se préfere à tout le monde.

⟨⟨⟨⟩⟩⟩. *kangachetambi.* Avoir bonne opinion de soi. Être plein de soi-même, quoiqu'on ne soit point estimable. Affecter l'homme d'importance.

⟨⟨⟨⟩⟩⟩ ⟨⟨⟩⟩. *kangou niehe.* Nom d'une espece de canard sauvage dont le bec est pointu : il se nourrit de poissons et de toutes sortes de viandes. Il est un peu plus gros que celui qu'on appelle ⟨⟨⟨⟩⟩⟩ ⟨⟨⟩⟩. *portchin niehe.*

⟨⟨⟨⟩⟩⟩ ⟨⟨⟩⟩. *kangour seme.* Bruit qu'on entend lorsqu'une muraille s'écroule. Cela se dit aussi de ceux qui, sans raison, cherchent querelle à tout le monde.

ꝏ. *kangour kingour.* Bruit qui se fait lorsque plusieurs maisons, murailles, etc., s'écroulent.

ꝏ. *kangsa.* Faire ôter les poils d'une peau. Faire épiler. On dit aussi ꝏ. *chouo.*

ꝏ. *kangsambi.* Oter les poils d'une peau. Épiler. Racler une peau et en ôter les poils. On dit aussi ꝏ. *chouombi.*

ꝏ. *kangsangui.* Homme qui parle d'une maniere qui annonce qu'il est plein de lui-même; qui marche sans gravité, qui parle et marche en petit maître.

ꝏ. *kangcheri.* La racine du nez des hommes, chevaux, etc. La partie du nez qui est plus basse que les yeux et plus haute que les narines. La partie de la bride qui passe sur le nez des chevaux, etc. Alors on dit ꝏ ꝏ. *hatala i kangcheri.*

ꝏ. *kangtarambi.* Tirer la bride à un cheval de sorte qu'il en porte la tête plus haute, et que son cou en soit recourbé.

ꝏ. *kangtarakapi.* Charrette ou chaise roulante dont le devant releve lorsqu'elle est trop chargée par derriere.

ꝏ. *kanguir seme.* Bruit que fait en tombant un morceau de cuivre, une porcelaine, et toute autre chose.

ꝏ. *kangtarchambi.* Marcher le nez levé.

C'est un homme qui marche droit, présentant une large poitrine et ayant une contenance fiere. Marcher fièrement.

〜〜, *kanguir kinguir.* Bruit que font les petites cloches, et autres choses semblables.

〜, *kanguili.* Homme mince, droit, et qui a cependant de la force et de l'adresse, etc.

〜, *kanguiri.* Garniture de buffet, de tiroir, garde-robe, etc., en cuivre ou autre matiere. Ce mot signifie seulement la partie à laquelle est attachée l'anse ou le morceau de cuivre qui tient l'anneau, etc.

〜, *kak sere herguen.*

〜, *kakchembi.* Perdre une chose. Se détacher. Cela se dit lorsqu'après avoir attaché ou lié une chose, elle se détache au premier mouvement. Crachat, flegme ou toute autre humeur qu'on crache, etc.

〜, *kas sere herguen.*

〜, *kas seme.* Bruit que font les flèches en effleurant seulement la chose contre laquelle elles sont lancées.

〜, *kas kis seme.* Qui a un air empressé dans sa démarche et dans tout ce qu'il fait. Qui a l'air empressé, affairé. Qui a un air propre, poli, leste. Qui paroît vif, alerte.

〜, *kaskan.* Qui regarde les hommes du haut en bas, d'un air dédaigneux. Alors on dit 〜, *ai kaskan,* ou 〜, *kaskanahapi.*

〜, *kap sere herguen.*

𑀓𑀸𑀧. *kap.* Cela se dit des chiens et autres animaux qui s'entre-mordent en badinant. On dit alors 𑀓𑀸𑀧 𑀲𑁂𑀫 𑀲𑀸𑀳. *kap seme saiha.*

𑀓𑀧𑀓𑀚𑀫𑁆𑀩𑀺. *kapkachambi.* Parler *ab hoc et ab hac.* Parler à bâton rompu devant les personnes de considération comme devant ses égaux ou inférieurs. Parler toujours mal à propos.

𑀓𑀧 𑀓𑀺𑀧 𑀲𑁂𑀫 𑀲𑀸𑀳. *kap kip seme saiha.* Cela se dit de plusieurs chiens qui se battent, qui aboient en même temps.

𑀓𑀧𑀚𑁂𑀢𑀫𑁆𑀩𑀺. *kapchetambi.* Parler *ab hoc et ab hac*, sans discernement, sans savoir ce qu'on dit, etc.

𑀓𑀮 𑀲𑁂𑀭𑁂 𑀳𑁂𑀭𑁆𑀕𑁂𑀦. *kal seré herguen.*

𑀓𑀮𑀓. *kalka.* Bouclier dont on se sert à la guerre pour parer les fleches, etc. Autre espece de bouclier sur lequel il y a des peintures qui représentent des têtes d'animaux. On le tient à la main pour parer les traits.

𑀓𑀮𑀓 𑀓𑀺𑀢. *kalka kita.* La lance et le bouclier.

𑀳𑀮𑁆𑀧𑀺𑀓𑀽. *halpikou.* Le fer triangulaire dont certaines fleches sont armées. Ces sortes de fleches vont très loin quand on les lance.

𑀓𑀮𑁆𑀧𑀺𑀫𑁆𑀩𑀺. *kalpimbi.* Se servir des fleches qui ont le fer triangulaire quand on veut tirer au loin. On dit aussi 𑀓𑀮𑁆𑀨𑀺𑀫𑁆𑀩𑀺. *kalfimbi.*

𑀓𑀮𑁆𑀧𑀺𑀦. *kalpin.* Les deux côtés qui sont sous le ventre, les deux aînes.

ᛕᚳᛟ. *kalpin toutchike.* Ventre d'un homme gras. Ventre qui descend, qui protubere beaucoup.

ᛕᚳᛟ. *kaltara.* On appelle ainsi un cheval qui a le museau, les yeux, le poitrail blancs, et le reste d'une couleur tirant sur le rouge. Cheval qui a les cuisses blanches. On appelle aussi de ce mot la variété des couleurs qui sont sur les plumes des oiseaux, etc. Le poli.

ᛕᚳᛟ. *kaltarambi.* Glisser. Cela se dit des chevaux qui glissent, et de toute autre chose qui glisse. Les pieds lui ont glissé.

ᛕᚳᛟ. *kaltarchara pa.* Lieu glissant. Endroit qui est glissant. On dit encore ᛕᚳᛟ. *kaltarara pa.*

ᛕᚳᛟ. *kaltashoun.* Homme d'un mauvais génie, d'un mauvais caractere, qui ne s'accorde avec personne, et qui n'est jamais content ni tranquille. Effronté.

ᛕᚳᛟ. *kaltara niehe.* Nom d'une espece de canard sauvage dont le plumage est fort uni : c'est ce qui lui a fait donner l'épithete de *kaltara.* (ᛕᚳᛟ. *portchin niehe.*)

ᛕᚳᛟ. *kaltaraboumbi.* Avoir glissé. Faire glisser.

ᛕᚳᛟ. *kaltarashoun.* Lieu glissant. Ce mot s'applique proprement aux endroits où il y avoit ci-devant beaucoup de boue que le froid a fait geler : ces endroits étant unis et hauts, si l'on veut en descendre, on ne sauroit le faire sans glisser.

ᒼ ᑲᓖᐅ. *kaltou moultou.* Tout juste. Ni plus, ni moins. Ni plutôt, ni plus tard. Ni trop, ni trop peu, etc. On dit alors ᒧᔑᐅᖅᒥᐅᓯ. *mouchouhouri oho.* On dit aussi ce mot lorsqu'une chose est tombée des mains, qu'on a laissé tomber une chose.

ᑲᓖᑦᔪᐊᓐ. *kaltchouhoun.* Qui a le front large et grand. La tête d'un homme qui est grosse et large.

ᑲᓖᑦᔪᐊᓯ. *kaltchoungui.* Homme fort, robuste, infatigable; qui n'est abattu par quoi que ce soit. Homme qui fait dans les regles tout ce qu'il fait, qui peut bien des choses, et qui se comporte toujours avec sagesse.

ᑲᓖᑦᔭ. *kaltcha.* Cheval qui a une raie blanche qui lui descend depuis l'entre-deux des oreilles jusqu'aux naseaux. Cheval qui a une tache blanche sur le front. Homme qui n'a point de cheveux sur le devant de la tête. Homme chauve. On dit cela des hommes ou des animaux qui ont quelque raie ou quelque tache blanche sur le front, ou qui ont quelque partie de la tête pelée, sans cheveux et sans poils.

ᑲᓖᑦᔭ ᓭᓕ. *kaltcha sele.* Le morceau de fer de la partie de la bride qui prend par dessus les naseaux.

ᑲᓖᑦᔪ. *kaltchou.* Espece de bâton qui a un crochet au bout, ou bien qui est fait en forme de crosse, qu'on porte lorsqu'il y a un corps mort sur une charrette.

ᑲᓖᕕᓂ. *kalfini.* Nom d'un poisson de mer qui ressemble à une semelle de soulier chinois; d'un côté il a des écailles, et de l'autre il n'en a point du tout. Cette espece de poisson va toujours avec sa compagne; ils sont collés l'un contre l'autre et nagent ainsi. On l'appelle en chinois *pi mou yu*.

ᴊᴠᴛᴦ. *kalfin*. Nom d'une espece de fleche qu'on lance contre un lieu élevé, et qui va très loin. C'est la fleche qu'on appelle fleche prompte, qui va loin. Quand on veut éprouver les forces et l'adresse de quelqu'un, on se sert de ces sortes de fleches. On dit ᴠᴛꜰ ᴊᴠᴛᴦ. *emou kalfin*, pour dire, une portée de fleche; comme nous disons chez nous, une portée de fusil.

ᴊᴠᴛᴦ ᴀᴀᴊ ᴄᴊᴄ. *kam sere herguen*.

ᴊᴠᴛᴦ. *kamni*. Gorge de montagne. Petite gorge. Passage étroit dans les montagnes. Passage qu'on ferme. Alors on dit ᴄᴏᴊᴄ ᴀ ᴊᴠᴛᴦ. *fourdan ni kamni*.

ᴊᴠᴛᴦꜰᴄ. *kamnimbi*. Joindre la paupiere d'en haut à celle d'en bas. Fermer les yeux. Joindre deux parties d'une même chose, d'une porcelaine cassée, par exemple. Comme aussi, lorsqu'on mâche quelque chose, on joint les dents d'en haut contre celles d'en bas. Serrer les levres comme lorsqu'on suce quelque chose.

ᴊᴠᴛᴦᴄ. *kamkou*. Étoffe de soie violette. Étoffe de soie dont on fait les bonnets.

ᴊᴠᴛꜰᴄ. *kambi*. Environner, entourer, enfermer quelqu'un. Lorsqu'on est à la guerre, faire des circonvallations pour se prémunir contre les surprises de l'ennemi. Faire des retranchements tout à l'entour du

KANA

camp. Se retrancher. Mettre des obstacles entre l'ennemi et soi, ou sa propre armée.

ꞌꞋꞌ ꞌꞋꞌ, *kamnime taboumbi.* Fermer le devant de son habit. Mettre les deux parties de l'habit long l'une sur l'autre pour empêcher qu'il ne s'ouvre; comme aussi lorsqu'on met des boutons. Ce mot seul veut dire en général, fermer, etc.

ꞌꞋꞌ, *kamboultchambi.* Qui est mou et humide. Terrain mou et humide.

ꞌꞋꞌ, *kamtou.* Le bonnet qu'on met sous le casque. Bonnet de feutre. Calotte.

ꞌꞋꞌ, *kamtchin.* Ce mot se dit lorsque deux personnes font une même affaire.

ꞌꞋꞌ, *kamtchiboumbi.* Ordonner à deux personnes de faire une même chose, de travailler à une même affaire. Ordonner à deux personnes d'être dans un même lieu, etc.

ꞌꞋꞌ, *kamtchimbi.* Faire plusieurs affaires, plusieurs choses. Être chargé de plusieurs affaires. Mettre plusieurs choses dans un même lieu. Ce mot se dit aussi lorsque certains insectes, après avoir volé et s'être reposés, levent les deux ailes, et les joignent ainsi levées l'une contre l'autre.

ꞌꞋꞌ ꞌꞋꞌ ꞌꞋꞌ, *ka sere herguen.*

ꞌꞋꞌ, *kana.* Va chercher cela. Va prendre. (Impératif du verbe suivant.)

ꞌꞋꞌ, *kanambi.* Aller prendre quelque chose. Aller chercher.

kanaboumbi. Ordonner d'aller prendre quelque chose.

kakahoun. Qui a toujours la bouche ouverte et qui ne dit mot.

kaha. Corbeau.

kakahoun oho. Petite fente qui s'est élargie insensiblement, et qui est devenue fort grande.

kaniou. Monstre. Qui a un corps difforme. Qui n'est pas comme ceux de son espece. Qui est extraordinaire. Qui est contraire au temps, aux mœurs, etc. On dit alors *ehe kaniou.*

kaniou, housoun, fatchouhoun, entouri. Monstre. Prodige en fait de forces. Rebellion du sujet envers le souverain. Prodige, ou monstre, ou fantôme, lorsqu'ils parlent.

kaniounga. Qui est seul de son espece. Monstre.

kaniounga kisoun. Barbarisme. Paroles sans suite et sans mesure.

kaniounga tchaka. Choses extraordinaires, qui n'ont point de pareilles.

kakarambi. Lorsqu'il y a de la division entre les parents, entre les alliés. Lorsqu'il se fait une fente à quelque chose.

kakaraboumbi. Ouvrir, fendre, diviser, rompre quelque chose.

KAHOU

kahari. Habit simple de dessous qui est de toile. Habit simple de dessous qui est de soie. Cuirasse pour les gens de guerre, qui n'a point de bras, et qui n'est que pour le corps. Espèce de cuirasse qui prend seulement la ceinture et qui couvre un peu les cuisses. (*kahari oukgen.*)

kaha yasa. Nom d'un fruit qui vient dans l'eau : il ressemble à la tête d'un poulet : il a un noyau qui est gros comme une noisette ; on ôte la peau et on mange le noyau.

kahou. On dit ce mot de quelque chose que ce soit qui avance, qui porte sur le devant, etc.

kahouchambi. Crier famine. Avoir un air affamé, l'air d'un homme qui meurt de faim. Lorsque ce qu'on mange ne sauroit descendre. Ne pouvoir avaler. Vouloir parler et ne pouvoir s'exprimer.

kahouchatambi. Avoir la figure d'un homme qui meurt de faim, qui est prêt à crier de faim ; d'un homme qui ne sauroit avaler ; d'un homme qui voudroit parler et qui ne sauroit s'exprimer, à qui les paroles manquent.

kahouchame paimbi. Ne pouvoir s'exprimer. Être tout interdit. Ne savoir comment s'y prendre pour faire quelque chose.

kahou fiha. Avoir la contenance, la figure d'un homme que la faim va faire mourir. Ressembler à un homme, ou, plutôt, voir un homme qui a toujours la bouche ouverte et qui ne dit mot.

kaha hengke. Nom d'une plante médicinale dont le fruit est rouge incarnat, couvert de petits poils, de la grosseur d'un gros cornichon et de figure ovale : il est plein de petites graines et fort juteux. Cette plante serpente à-peu-près comme la courge. Le fruit en est verd d'abord, et devient rouge quand il est mur : il est mollasse. On l'appelle de plusieurs noms (en chinois), *ouang koa,* reine courge, *tou koa* et *tien koa.* Sa racine est un préservatif contre la soif. Elle aide à la circulation du sang, etc. Ses graines guérissent de la dyssenterie, des hémorragies, etc.

kaha otoun. Courge amere (momordica.) Elle guérit les maladies chaudes. Espece de *ly tché.* Espece de raisin appellé raisin de lépreux, dont les pepins dégagent la respiration. Espece de courge.

kaha pao. Espece de truffe qui ressemble aux champignons. En vieillissant elle devient ronde; quand elle est seche, le dedans est comme de la cendre. Je l'appelle espece de truffe, parcequ'elle n'a ni racine apparente, ni graines, ni autres choses semblables qui constituent les plantes.

kaha tchetchike. Nom d'une espece d'oiseau qui ressemble au corbeau, mais qui est plus petit : il est noir : il chante la nuit, ou, pour mieux dire, un peu avant que le jour ne commence à paroître. Son chant est fort.

kahounga. Quelque chose que ce soit qui penche sur le devant, qui avance. Les cornes des animaux qui vont en se recourbant. Le cou des chameaux qui est recourbé. Les cornes des bœufs qui sont recourbeés.

ᠺᠠᠫᠠ. *kapa*. Le triple acier, ou les trois feuilles d'acier qui sont sur les épaules des cuirasses.

ᠺᠠᠫᠤᠯᠠ. *kapoula*. Gourmand, goulu, friand, qui aime les bons morceaux.

ᠺᠠᠰᠠ. *kasa*. Ordonner de médire, de dire des injures, etc. (Impératif du verbe suivant.)

ᠺᠠᠰᠠᠮᠪᠢ. *kasambi*. Vouloir du mal à quelqu'un. Dire des injures. Pleurer. On dit aussi ᠰᠣᠩᠭᠣᠤᠮᠪᠢ. *songoumbi*.

ᠺᠠᠰᠠᡥᠠ. *kasaha*. Lorsqu'on a fait quelque perte par la mort de quelqu'un. Être affligé, se lamenter, se plaindre, murmurer contre le sort, etc.

ᠺᠠᠰᠠᠪᠤᠮᠪᠢ. *kasaboumbi*. Souffrir les injures de quelqu'un, ses plaintes. Ordonner de se plaindre, etc.

ᠺᠠᠰᠠᠴᠤᠨ. *kasatchoun*. Murmures, plaintes, imprécations, injures qu'on reçoit, etc.

ᠺᠠᠰᠠᠨ. *kasan*. Restes des viandes que laissent les tigres, renards, loups, faucons, et autres animaux, après avoir mangé et s'être rassasiés.

ᠺᠠᠰᠠᠨ ᠲᠤᠯᠢᠪᠤᠮᠪᠢ. *kasan touleboumbi*. Superstition des Tartares. Lorsque quelqu'un est malade ou pour quelqu'autre raison, ils tuent un petit cochon, et le pendent à la muraille qui est du côté de l'ouest, pour l'offrir à l'esprit dont ils esperent obtenir le bienfait qu'ils demandent.

kasantoumbi. Lorsque le commun murmure, se plaint, etc. On dit aussi ᠵᠠᠰᠠᠨᠣᠣᠮᠪᡳ. *kasanoumbi.*

ᠵᠠᡴᠴᡳᠶᠠᠮᠪᡳ. *kachehiambi.* Surfaire la marchandise. Vouloir un gain illicite, un gain considérable. Chercher à attraper l'argent d'autrui. Chercher son avantage aux dépens des autres.

ᠵᠠᡴᠴᡳᠶᠠᠪᠣᠣᠮᠪᡳ. *kachehiaboumbi.* Ordonner à quelqu'un de chercher son avantage aux dépens des autres, chercher un gain illicite. Être attrapé par quelqu'un qui s'est procuré son avantage à nos dépens.

ᠵᠠᡴᠴᡳᠶᡝᠨᡨᠣᠣᠮᠪᡳ. *kachehientoumbi.* Chercher son intérêt, son avantage aux dépens, au détriment d'autrui. Cela se dit lorsque plusieurs personnes ou le commun en agissent ainsi. On dit aussi ᠵᠠᡴᠴᡳᠶᡝᠨᠣᠣᠮᠪᡳ. *kachehienoumbi.*

ᠺᠠᠴᠠᠨ. *kachan.* Hameau, petit village, ou amas de plusieurs familles dans un même lieu. (*Hiang tsoun* en chinois.)

ᠺᠠᠴᠠᠨ ᡥᠠᡵᠠᠩᡤᠠ. *kachan haranga.* Nom des lieux de deux mille cinq cents familles, et des lieux de cinq cents familles. (*Hiang tang* en chinois.)

ᠺᠠᠴᠠᠨ ᡳ ᠠᡥᠠ. *kachan i aha.* Injure que dit un maître à ses domestiques: Tu es un vilain esclave, etc.

ᠺᠠᠴᠠᠨ ᡶᠠᠯᡥᠠ. *kachan falha.* Nom des lieux de deux mille cinq cents familles, et des lieux de cinq cents familles. On dit aussi ᠺᠠᠴᠠᠨ ᡥᠠᡵᠠᠩᡤᠠ. *kachan haranga.*

kachan tokso. Nom qu'on donne aux hameaux. Amas de plusieurs familles dans un même lieu.

katana péié. Un homme seul qui n'a ni femme, ni enfants, ni pere, ni mere, etc. (*kakta péyé.*)

katar seme. Vouloir toujours parler. Ne vouloir point que les autres parlent. Interrompre quelqu'un quand il commence à parler.

katahoun. Homme d'une taille haute et mince. On dit encore *choai seme.* Homme qui a les yeux fort grands.

kala. La main. Nom général qu'on donne à la partie du corps humain qui est depuis les doigts jusqu'au dessus de l'épaule. Les deux mains sont aux deux côtés de l'homme comme ceux qui portent les étendards dans le temps des grandes chasses sont à côté des chasseurs.

kala sitahiambi. Trousser ses manches jusqu'aux coudes.

kalai hourou. Le dessus de la main.

kalaka. Le ciel s'est éclairci.

kala fouta. Espece de filet ou de nœud coulant pour prendre l'oiseau appellé *tiao,* qui est un gros oiseau de proie.

kalai falangou i herguen. Les raies qui sont dans le creux de la main.

kalai maien. Le bras. (*maien.*)

kalai amban. Grand mandarin qui est à la tête des officiers de guerre, et qui a sous ses ordres quatre bannieres.

kala tatchoun. Qui est adroit et leste de la main. Qui est alerte et très prompt à tuer les bêtes à la chasse.

kalanga tampin. Anse d'une théiere ou d'un vase à contenir le vin. La partie d'un vase qu'on tient à la main.

kalamou. La navette d'un ouvrier en soie, dans laquelle il met les fils de soie qui servent à tisser la piece, et qu'on fait passer transversalement entre deux ou plusieurs fils tendus en long.

kalaktoun. La partie de la cuirasse qui s'étend jusques sur la main, et qui la couvre.

kali. Enfant, n'importe de quel âge, qui est fort intelligent, qui a de l'esprit. On dit aussi *kali sektou.*

kama. Ordonner d'aller chercher quelque chose dans un endroit. (Impératif du verbe suivant.)

kamambi. Assigner une place à chaque chose, à une chose. Intercéder pour quelqu'un. Se rendre à l'avis du commun. Aller chercher quelque chose.

kamaboumbi. Ordonner d'aller chercher, d'aller prendre. Être volé.

katchartchi. Guide, conducteur.

katchi. Ordonner à quelqu'un d'aller prendre quelque chose, d'aller chercher une chose qu'on a vue quelque part, et de l'apporter. (Impératif du verbe suivant.)

ᔓᐦᒋᒻᐱ. *katchimbi.* Venir prendre quelque chose. Venir prendre une dignité plus considérable que celle dont on étoit revêtu.

ᔓᐦᒋᐴᒻᐱ. *katchiboumbi.* Ordonner de venir prendre quelque chose.

ᔓᐦᒋᕂᐤ. *katchireou.* Prier quelqu'un d'apporter quelque chose. (Apporte.)

ᔓᐦᒍ. *katchou.* Ordonner à quelqu'un d'apporter quelque chose. (Apporte.)

ᔓᐦᒍᐦᐊ. *katchouha.* Nom d'un os que les moutons, chevres jaunes, cerfs, et autres animaux semblables ont aux pieds, dont les enfants se servent pour jouer. Cet os est rond et long. On l'appelle en chinois *pei che kou*, et en tartare ᔓᐦᒍᐦᐊ ᑭᕂᙬ. *katchouha kirangui.*

ᔓᕆ ᒪᕆ. *kari mari.* De cinq choses en séparer quatre. De quatre parties en faire cinq. On dit cela de quelque chose que ce soit qui est rompu en plusieurs morceaux, qui est divisé et qu'on ne sauroit réunir. On le dit aussi des personnes d'une même famille qu'on a séparées, divisées, dont l'une est dans un endroit, l'autre dans un autre, etc.

ᔓᕆᒻᐱ. *karimbi.* Croassement des corbeaux. Lorsque les corbeaux croassent. Lorsque les chiens s'accouplent.

kalirakou. Qui n'est pas comme lés autres hommes, qui ne leur ressemble pas. Qui ne s'accorde pas avec les autres.

kalai falangou. Le dedans de la main. Le plat de la main. La main ouverte.

kalai falangou pe tchorire atali. Aisé comme de toucher du doigt sa propre main. Cela se dit pour exprimer la facilité d'une chose.

kala kitachambi. Faire signe de la main. Appeller quelqu'un en lui faisant signe de la main. On dit aussi *elkimbi*.

kala montchimbi. Se frotter les mains l'une contre l'autre lorsqu'on est en colere contre quelqu'un.

kala pouktame. Être appuyé sur le coude.

karin. Esclave qui ne fait jamais autre chose que d'accompagner son maître. On dit aussi *karin koutoule*. Couteau que l'on porte à la ceinture. Cheval de main. Cheval qu'on conduit à la main pour le monter, lorsque celui sur lequel on est se trouvera fatigué. (*karin morin*.)

karinga. Putain. Femme de mauvaise vie. C'est une injure qu'on dit aux femmes. On dit aussi *paikou*.

karou. Oie sauvage. (*Tien ngo* en chin.)

KAIHA

kafa. Avoir les doigts pliés sans pouvoir les redresser. Ne pouvoir ouvrir la main.

katchilaboumbi. Souffrir. Être en peine de ne pouvoir pas employer ce qu'on souhaiteroit, et ce dont on auroit grand besoin.

karou tourou. Lorsque le commun fait une chose malgré soi. On dit alors *karou tourou oueilembi.*

karoun. Espece de chaussure qui tient depuis la ceinture jusqu'aux pieds : elle est fort commode pour ceux qui doivent grimper sur les montagnes. On dit aussi *olongto.*

kai sere herguen.

kai. Cri que l'on pousse. Grand cri.

kaikambi. Qui a mauvaise langue. Qui dit du mal de tout le monde.

kaikaboumbi. Ordonner de dire du mal de quelqu'un, etc.

kaimbi. Prendre quelque chose. Apporter quelque chose chez soi. On dit *sarhan kaimbi*, prendre une femme, se marier.

kaiboumbi. Épier quelque chose. On dit alors *metchike kaiboumbi.* S'informer de quelque chose. Perdre au jeu. Ordonner à quelqu'un d'aller prendre quelque chose, etc.

kaihasou. Se corriger. De mauvais qu'on

étoit, devenir bon dans l'instant, pour ainsi dire. Retourner au bien qu'on avoit quitté.

〜〜, *kaisou*. Ordonner de prendre quelque chose.

〜〜, *kaitcharakou*. Ne rien prendre de ce qui n'est pas légitime. Ne rien vouloir qui ne soit légitime, etc.

〜〜, *kaitoumbi*. Lorsque tout le monde prend quelque chose. On dit aussi 〜〜, *kainoumbi*.

〜〜, *kaibouha*. Cette chose m'a été prise. Avoir perdu au jeu.

〜〜, *kaiki*. Pris. Enlevé.

〜〜, *kaibouchambi*. Qui est foible à la lutte. Qui n'a point de force pour l'exercice de la lutte. Être vaincu à la lutte parcequ'on n'est pas assez fort. Souffrir du froid jusqu'à ne pouvoir pas le supporter.

〜〜, *kaimbio*. Avez-vous pris cela?

〜〜, *kaihari*. Qui a toujours un air empressé. Qui va toujours vîte, s'arrête et revient sur ses pas sans raison. Se lever en sursaut lorsqu'on est éveillé par quelque chose ou par un bruit inopiné. Se lever promptement, et, comme on dit, sauter des quatre pieds, lorsqu'on est surpris.

〜〜, *kaitai*. Lorsqu'une chose à laquelle on avoit pensé inutilement, sans pouvoir l'attraper, vient tout à coup se présenter sans qu'on y pense. Sur-le-champ. Tout d'un coup. Inopinément. Passer tout d'un coup du blanc au noir. Ou, comme disent les Chinois, de l'*yn* à l'*yang*.

ᴊᴠ́ᴛᴘᴏ ᴊᴠ́ᴛᴘᴏ, *kaitai kaitai.* Dans un clin d'œil. Dans un moment. Dans l'instant.

ᴊᴠ́ᴛᴡʜᴛᴛᴏᴆᴆᴇɴ, *kaichelaboumbi.* Ordonner à quelqu'un de s'aller battre, de chasser une personne, de la repousser.

ᴊᴠ́ᴛᴘᴏ ғᴏᴆᴆᴇɴ, *kaifi iaboumbi.* Renverser son adversaire lorsqu'on s'exerce à la lutte, sans pour cela qu'on soit plus fort que lui, mais par adresse, en entrelaçant ses jambes dans les siennes de façon qu'on le fasse tomber.

ᴊᴠ́ᴛᴡʜᴛᴛᴘᴏғᴇɴ, *kaichelantoumbi.* Se repousser mutuellement. Se chasser l'un l'autre.

ᴊᴠ́ᴛᴘ ʜᴛᴘ ɢᴛᴘ, *kar sere herguen.*

ᴊᴠ́ᴛᴘ, *kar.* Crier comme pour appeler au secours lorsqu'on a été battu ou maltraité par quelqu'un.

ᴊᴠ́ᴛᴘ ғᴛᴘ, *kar miar.* Cri de plusieurs personnes qui appellent au secours, lorsqu'on les maltraite ou autrement.

ᴊᴠ́ᴛᴘ ᴛᴘ, *kar kir.* Cri de plusieurs personnes qui se querellent, se battent ou se disputent en parlant. Croassement de plusieurs corbeaux ensemble.

ᴊᴠ́ᴛᴘᴛᴛᴛ, *karhan.* Le battant d'une porte. Un battant d'une porte qui en a deux. Nom qu'on donne au cycle de douze. Canal qu'on fait en saignant une riviere, comme le *Kiang,* etc. Cours d'une riviere qui n'est pas droit, qui va tantôt à droite, tantôt à gauche, etc. Un des deux amis. Numérique des choses quelles qu'elles soient. De plusieurs choses, une. On dit aussi ᴛᴏɴᴛᴛᴏᴠ, *sonihoun,* et ᴛᴏᴠ6, *sonieou.*

karhata. Une chose qui n'a point de semblable pour lui servir de pendant, qui est seule de son espece.

karhalambi. Mettre une seule chose sans lui donner sa pareille.

karhalaboumbi. Ordonner de mettre une seule chose d'une espece, sans lui en donner une autre pour l'assortir.

karhaname. Cela se dit des arbres qui poussent des branches. On dit aussi *karhaname pantchimbi.*

karhanga. Qui a des branches.

karpahoun. Qui est rare. Qui est clair semé. Cela se dit des herbes, arbres, plantes, et quelque chose que ce soit qui n'est pas ramassé, qui est dispersé, dont l'un est ici, et l'autre là.

karsa. On dit cela d'un petit enfant qui marche ou parle de bonne heure, qui est intelligent. Petite fille adroite, qui a de l'esprit. Homme qui fait promptement et bien ce qu'il entreprend. Femme qui a de bonnes inclinations, qui est adroite, intelligente. On dit ce mot de ceux qui font les affaires du ménage, comme le pain, le riz, la farine, la soupe; qui cousent bien; qui font promptement, proprement et bien toutes les affaires du ménage.

karsakan. Petit enfant qui marche et parle un peu de bonne heure. Homme qui est un peu intelligent. Femme qui est un peu intelligente, qui a quelque peu de bonnes inclinations; qui coud, fait la soupe et toutes les affaires du ménage un peu proprement, un peu vîte, etc.

ᴊᴠ́ᴛxɢ̇ᴛғᏅɴ. *kartambi.* Marcher précipitamment. Marcher vîte et comme en courant. Courir à perte d'haleine.

ᴊᴠ́ᴛxɢ̇ᴛᴅᴛғᏅɴ. *kartachambi.* Avoir une contenance. Avoir l'air d'un homme fort et vigoureux. Disputer à qui peut faire plus de chemin. Marcher à grands pas avec la contenance forte et robuste.

ᴊᴠ́ᴛxᴛғᏅɴ. *karlambi.* Se gâter. S'altérer. Cela se dit des choses qui se gâtent, se cassent, etc.

ᴊᴠ́ᴛxᴛɢ̇ᴅғᏅɴ. *karlaboumbi.* Ordonner à quelqu'un de rompre, de casser, de gâter quelque chose.

ᴊᴠ́ᴛxғᴠ́. *karma.* Espece de fleche à cinq pointes, qu'on appelle en chinois indifféremment *tou eulh tcha,* et *tche tsee tsien.* C'est une espece de harpon à cinq pointes, qui a la figure d'une main à moitié repliée qui présenteroit les cinq doigts.

ᴊᴠ́ᴛxᴊᴛғᏅɴ. *kartchambi.* Cela se dit des choses qui se rompent en plusieurs morceaux; comme nous disons, cette porcelaine, ce verre s'est brisé en cent morceaux. Cela se dit aussi de quoi que ce soit qui s'est rompu, gâté, etc.

ᴊᴠ́ᴛxᴊᴛɢ̇ᴅғᏅɴ. *kartchaboumbi.* Faire rompre une chose en plusieurs morceaux.

ᴊᴠ́ᴛxᴊᴛᴅᴛᴛᴜ́. *kartchashoun.* Cheval très lent. Cheval tardif, pesant. On dit aussi cela de quoi que ce soit qui n'est pas entier, qui est cassé dans quelque endroit, à qui il manque quelque chose.

༄༅. *karkitai.* Qui n'arrive qu'une fois, comme une bonne fortune qu'on a eue sans qu'on s'y attendît; comme la mort, qui ne vient qu'une fois. Une chose qu'on a perdue. On dit de même ༄༅. *oualiatai.*

༄༅. *karmimbi.* Rompre quelque chose par morceaux. Déchirer quelque chose par lambeaux, le couper par pieces.

༄༅. *karmiboumbi.* Ordonner à quelqu'un de rompre, de couper, de déchirer quelque chose par morceaux, par lambeaux, par pieces, etc.

༄༅. *karkien.* Qui a peu de branches. Arracher. Qui est clair semé, qui est rare. Cela se dit en particulier des branches des arbres qui sont éloignées l'une de l'autre, et qui sont en petit nombre.

༄༅. *kan sere herguen.*

༄༅. *kantchouhan.* Petits cordons qui sont aux deux côtés de la selle, et qui servent à attacher les pieces de peau ou de toile qui pendent des deux côtés, quand on veut les relever.

༄༅. *kantchi.* Tout, en général, etc. On dit aussi ༄༅. *kemou,* et ༄༅. *ioni.*

༄༅. *kang sere herguen.*

༄༅. *kang kang.* Cri des oies domestiques. Aboiement de plusieurs chiens.

〜, *kangata.* Homme d'une haute taille.

〜, *kangahoun.* Homme grand, maigre et sec. On dit aussi 〜, *kaktahoun.*

〜, *kang king.* Cri ou bruit d'une bande ou d'une troupe d'oies blanches ou d'autres couleurs qui volent ensemble.

〜, *kangari.* Lorsqu'on s'exerce à la lutte, et qu'un combattant a entrelacé ses jambes d'une maniere adroite; son adversaire tombe promptement. Ce mot tartare veut dire proprement, qui tombe vite. Alors on dit 〜 〜, *kangari touheke.*

〜, *kak sere herguen.*

〜, *kakche.* Compagnon, condisciple; compagnon de voyage, de travail. Deux personnes qui font ensemble une même chose.

〜, *kakta.* Une seule chose, une chose qui est seule de son genre. Qui n'a qu'un œil. Borgne. Qui n'a qu'une jambe.

〜, *kaktahoun.* Homme grand, maigre et sec. On dit aussi 〜, *kangahoun.*

〜, *kaktahouri.* Lorsque plusieurs personnes sont grandes, maigres et seches.

〜, *kakta iasa.* Homme qui n'a qu'un œil. Borgne, etc.

〜, *kakta peie.* Homme qui n'a personne, qui est seul. On dit aussi 〜, *katana peie.*

kakta pethe. Homme qui n'a qu'une jambe.

kaktoun. Débiteur qui ne veut pas payer ses dettes. On dit aussi ⟨⟩ ⟨⟩, *pektoun kaktoun.*

⟨⟩, *kas sere herguen.*

kasha. Nom général des oiseaux, c'est-à-dire de tous les animaux dont la peau inférieure de l'œil monte quand ils veulent dormir; à l'opposé des hommes et des quadrupedes, qui baissent la paupiere.

kashan. Malheur. Infortune. Désastre public. Malheurs que le ciel envoie aux hommes pour les punir et pour se venger. Maladie. Imprécations, etc. On dit aussi ⟨⟩ ⟨⟩, *tchobolon kashan.*

kashou. Ordonner à quelqu'un de jurer. Faire faire un jurement, un serment.

kashoumbi. Jurer. Faire serment.

kashouboumbi. Faire faire un serment. Faire jurer.

kasha i alin be hetouke. Lorsque les oiseaux volent vers la montagne.

⟨⟩, *kat sere herguen.*

kathoua. Habillement intérieur qui est de peau de zibeline, de rat sauvage, ou de quelque autre peau que ce soit, et dont les poils sont petits.

⟨⟩, *kap sere herguen.*

kapchehien. Homme qui a de l'apparence, qui a de l'esprit, de l'entendement, qui est en état de traiter une affaire quelle qu'elle soit, et de la bien traiter ; qui a de l'expérience, de l'adresse, de l'industrie. On dit aussi cela d'un mandarin de guerre, qui, étant à l'avant-garde de l'armée, peut se saisir de l'ennemi sans le tuer, peut frayer le chemin et bien conduire. Homme qui a de la force, de la valeur, et toutes les qualités requises pour être un bon guerrier.

kapchehien ni tchanguin. Mandarin qui est à la tête de l'avant-garde de l'armée.

kapchehialambi. Être propre sur sa personne, dans ses habits, etc. Quoiqu'on n'ait que peu de bêtes, et un équipage modique, être cependant très propre, etc. Faire quelque chose à son aise, sans peine, etc.

kapchehialaboumbi. Lorsque plusieurs personnes portent ensemble une même chose, elles la portent par conséquent plus facilement.

kaptan. Lancer. Jeter. En général ; lancer une fleche. Ce mot n'a que ce sens.

kapta. Ordonner de lancer une fleche, de jeter, etc. (Impératif de)

kaptambi. Lancer un javelot.

kaptaboumbi. Ordonner de lancer un javelot.

kaptanambi. Aller lancer une fleche.

kaptantchimbi. Venir lancer une fleche.

kaptantoumbi. Lorsque chacun lance des fleches. On dit aussi 〰️, *kaptanoumbi.*

kaptachambi. Lorsque le commun lance des fleches.

kaptama. Nom d'une herbe qu'on mange quand elle est tendre en la faisant cuire. Sa tige est couverte d'épines grosses et petites. Ses feuilles sont aussi épineuses. On se pique quand on veut l'arracher. Les Mongoux l'appellent 〰️, *halahai.*

kaptakou orho. Nom d'une plante dont on fait des couvertures qu'on met sur le dos des chevaux de selle. On dit aussi 〰️, *kilhana.*

kaptara tongken. Espece de but contre lequel on lance la fleche. Cette espece de but est ou en forme de globe, ou rond et plat, fait avec du feutre ou autres choses semblables : on le suspend dans un endroit, et on tire contre.

kao sere herguen.

kaooua oumieha. Espece d'insecte blanc qui se trouve dans le ventre des poissons : son corps est plat et rayé : il a des jambes fort petites, par le moyen desquelles il grimpe et sort du ventre du poisson.

kal sere herguen.

kalha oho. Soleil clair. Temps serein, très sec. La couleur du ciel est très claire, etc.

ᴊᴠⲓⲛ϶ꞃ, *kalpi.* Entendre les sons. Entendre ce qui se passe au loin. Avoir l'oreille fine. On dit aussi ᛤ-ᴠⳆ ᴊᴠⲓⲛ϶ꞃ, *chan kalpi.*

ᴊᴠⲓⲛ϶ᴠⳆ, *kalman.* Cousin, insecte qui ne sort point lorsqu'il tombe de la pluie ou qu'il fait grand vent.

ᴊᴠⲓⲛ϶ᴧꞃⳆ, *kalpinga.* Homme qui entend bien de loin, qui entend clairement, etc.

ᴊᴠⲓⲛ϶ᴠⳆ Ꝑᴧᴛ϶, *kalman herekou.* Nom d'un oiseau rouge, qui a les ailes fort grandes, et qui ne se nourrit que des cousins qu'il peut attraper.

ᴊᴠⲓⲛ϶ꞃ϶, *kaltchou.* Endroit, lieu glissant à cause de la glace dont il est couvert. Attraper adroitement le but en tirant de la fleche. Qui tire prestement de la fleche.

ᴊᴠⲓⲛꝐᴧᴛᴛᴛᴏ, *kalkirakou.* Homme qui ne peut terrasser son adversaire à l'exercice de la lutte. Homme qui a peu de force, etc.

ᴊᴠⲓⲛⳆ ᴛᴛⳆ ꝐᴧᴛⳆ, *kam sere herguen.*

ᴊᴠⲓⲛꝄᴏ, *kamtchi.* Gourmand. Qui desire beaucoup de choses. Qui veut avoir beaucoup, etc.

ᴊᴠⲓⲛꝄᴧꝄ϶ꞃ, *kamtchitambi.* Être gourmand. Desirer du bien, des richesses, etc. On dit de même ꙮꙮꙮⳆꝄ϶ꞃ, *touochetambi.*

ᴊᴠⲓⲛꝄᴧꝄᴛᴛᴛᴏ, *kamtchitarakou.* Qui n'est pas gourmand. Qui ne desire pas le bien, les richesses, etc. On dit aussi ꙮꙮꙮⳆꝄᴛᴛᴛᴏ, *touochetarakou.*

𖼢𖼢. *ha sere herguen.*

𖼢. *ha.* Maniere de parler pour exprimer ou pour dire à quelqu'un de réchauffer une chose froide ou gelée en aspirant dessus. C'est aussi un son qu'on rend lorsqu'on a mangé quelque chose de fort, et qui restant au gosier l'incommode. On fait alors 𖼢. *ha*, comme pour rejeter ce qui nous gêne. Nom d'une espece de filet pour prendre les faisans et les pigeons. Ce filet est petit. C'est aussi le cri que font certains oiseaux lorsqu'ils ont apperçu quelqu'un : c'est la crainte qui le leur fait faire. Finir, achever, etc.

𖼢. *hana.* Espece de tente soutenue tout autour par des pieux fichés en terre. (*Khaneh* en persan.)

𖼢. *haha.* Arêtes de poissons. (*Yu tsee* en chin.)

𖼢. *haha.* Garçon. Homme. (*Nan gen* en chin.)

𖼢. *haha ku.* Fils. Garçon.

𖼢. *hahache.* Garçons. Fils, etc.

𖼢. *hahangue.* Du garçon.

𖼢. *haha i tetchi.* Garçon qui surpasse tous les autres, qui est plus grand, plus fort, etc.

𖼢. *hahambi.* Lorsqu'en mangeant, un petit os ou une arête de poisson s'est arrêtée au gosier.

𖼢. *haharame.* Qui ressemble véritablement à un homme fort, robuste et d'une taille haute, etc.

𖼢. *hahama antchoun.* Un seul pendant d'oreilles. Avoir un pendant ou un anneau à une oreille seulement. Pendant d'oreilles qui ressemble au clou de girofle.

ᴊᴡ꒳꒷, *hahoumbi*. Lorsque les oiseaux sont petits et que les plumes sont encore entre cuir et chair, et prêtes à pousser ou à sortir.

ᴊᴡ꒳꒷, *hahouboumbi*. Lorsque les oiseaux sont encore petits et que les plumes ne sont pas encore grandes, ou qu'elles sont encore entre cuir et chair.

ᴊᴡ꒳꒷, *hahoubouha*. Les plumes de ces oiseaux sont encore entre cuir et chair, ou bien elles ont un peu poussé au dehors, etc.

ᴊᴡ꒳꒷, *hahartaha*. Bonne apparence d'un homme qui paroît avoir de la force, de l'adresse, de l'esprit, et être en état de bien faire tout. Il est homme fait.

ᴊᴡ꒳꒷, *hahourambi*. Lorsque deux personnes en colere se prennent au collet pour se battre. On dit aussi ᴊᴡ꒳꒷, *hahourchambi*. Garder un passage essentiel afin que l'ennemi ne puisse pas pénétrer.

ᴊᴡ꒳꒷, *hahouraboumbi*. Ordonner à quelqu'un de prendre un autre au collet. Ordonner de garder un passage.

ᴊᴡ꒳꒷, *hahourchambi*. Faire parler quelqu'un par force. Se prendre au collet avec quelqu'un lorsqu'on est en colere.

ᴊᴡ꒳꒷, *hahaboukou*. Nom d'une espece de pêche de poissons appellés *koun yu* en chinois. On prend une baguette de quatre pouces de long, au bout de laquelle il y a un clou, auquel est attachée une longue corde. On enveloppe le clou de feuilles de roseaux aquatiques. On met plusieurs de ces bâtonnets le long du rivage; le poisson va manger la feuille, et il se prend au clou. On tire la corde, et on amene le poisson à soi.

hasa. Ordonner à quelqu'un de faire vîte et promptement une chose. (Impératif de *hasambi.*)

hasaha. Ciseaux.

hasalambi. Couper avec les ciseaux.

hasalaboumbi. Ordonner à quelqu'un de couper avec les ciseaux.

hasala. Bœuf qui va très vîte.

hashan oumiaha. Nom d'un insecte qui a beaucoup de jambes. Son dos est fort dur. Il est noir. Son nom chinois est *pé kiao tchong*, insecte à cent pieds. On l'appelle aussi *tangou pethe oumieha.* C'est une espece de millepieds.

hasanahapi. Être couvert d'ulceres. Faire des imprécations contre quelqu'un, comme si on lui disoit : Tu es un homme d'ordure, de pourriture, etc. Avoir la lepre.

hache. Melongene.

hache chatan. Figue. Caque.

ᠬᠠᠴᡳᠪᠠ, *hachepa.* Protéger quelqu'un. Protection qu'on donne à quelqu'un.

hachema. Nom d'un insecte qui est dans la province de *Quantoung*, à l'est du *Petchely.* Cet insecte ressemble à une espece de cigale ou de grillon. Il a des serres comme les écrevisses : il vient dans l'eau, et se tient sous les pierres qui sont au bord. Il a le goût du cancre, et il est beaucoup plus gros qu'aucune cigale ou aucun grillon.

hachehimbi. Chercher à savoir tout ce qui se passe. Être curieux. Être empressé de tout voir. Courir de côté et d'autre. Être inquiet mal à propos.

hasan. Lépreux. On dit aussi ce mot des bêtes auxquelles le poil tombe et qui veulent toujours se gratter. C'est une marque que la lepre va leur venir. Injure qu'on dit à quelqu'un en l'appellant lépreux.

hasoutai. Tirer la fleche de la main gauche. Gaucher. Homme grossier qui fait pesamment et sans politesse tout ce qu'il entreprend.

hasoutai toro. Mauvaise doctrine, fausse doctrine.

hasouran. Écorce ou peau de pêcher.

hasouran mo. Oter l'écorce ou la peau du pêcher. On dit aussi *karkalan;* et les Mongoux l'appellent *kara houna.*

hasouralambi. Mettre de la peau de pêcher au bout de la fleche pour y attacher le fer.

ᡥᠠᠰᡠ ᠣᡵᡥᠣ. *hasou orho*. Nom d'une plante qui vient en quantité dans un même lieu : elle s'attache aux arbres comme le lierre; ses feuilles sont plus courtes que celles du saule : son fruit se mange avec du sel.

ᡥᠠᠰᠣᡠᡵᠠᠯᠠᠪᠣᡠᠮᠪᡳ. *hasouralaboumbi*. Ordonner de mettre, d'envelopper quelque chose dans de la peau de pêcher.

ᡥᠠᠴᠠ. *hacha*. Petit magasin dans lequel on met les provisions de grains et les autres ustensiles de l'usage ordinaire. Espece de dépense. Faire couvrir. Faire étuver, nettoyer, etc.

ᡥᠠᠴᠠᠮᠪᡳ. *hachambi*. Envelopper quelque chose. On dit aussi ᠴᡥᠣᡠᡵᡨᡝᠮᡝ ᡨᠠᠯᡳᠮᠪᡳ. *chourteme talimbi*. Nettoyer quelque chose, le laver, le frotter. Se défendre d'une faute qu'on a faite, ne vouloir pas l'avouer. Embrasser un enfant qui se jette entre nos bras par crainte. Donner secrètement de l'argent ou toute autre chose à quelqu'un qu'on aime, etc.

ᡥᠠᠴᠠᠪᠣᡠᠮᠪᡳ. *hachaboumbi*. Ordonner d'envelopper, de couvrir, de nettoyer quelque chose ; de défendre quelqu'un, etc.

ᡥᠠᠴᠠᡴᠣᡠ. *hachakou*. Torchon ou balai à laver les ustensiles de cuisine. Ce balai est fait avec la racine ou le haut du *kao leang*. (ᠮᠠᡳᠯᠠᠨ, *mailan*.)

ᡥᠠᠴᠠᡥᠠᠨ. *hachahan*. Petite tente ronde au-dessus de laquelle on met du feutre. On appelle aussi de ce nom les nattes qu'on a pliées en forme de tuyaux, dans lesquelles on met les provisions; on les coud avec de la ficelle. Espece de filet pour prendre les poissons.

ᴊᴠᴉᴅᴠ 日日. *hacha po.* Petit magasin dans lequel on met seulement le riz et les grains.

ᴊᴠᴉᴅᴠ. *hata.* Ordonner à quelqu'un de remplir, un vase, par exemple, etc.

ᴊᴠᴉᴅᴠ日ᴅ. *hatambi.* Tremper le fer d'un couteau, etc. On enduit le fer qu'on veut tremper d'une espece de farine délayée dans de l'eau. Cette farine délayée s'appelle en chin. *tsiang.* On y mêle de la chaux, ensuite on fait rougir le fer; après quoi on le trempe dans l'eau bien froide. Abhorrer quelque chose. Avoir de l'horreur pour quelque chose. Chauffer le four des verreries, des fabriques de porcelaines, de tuiles, de briques, etc. Alors on dit ᴊᴠᴉᴅᴠ ᴅᴠᴊᴉ日ᴅ. *hatame tetchimbi.*

ᴊᴠᴉᴅᴀᴠ. *hatatchouka.* Ce qui est haïssable, méprisable. On dit aussi ᴠᴅᴉᴀᴏᴅᴧ. *nimetchouke.* Mauvais, méchant.

ᴊᴠᴉᴅᴠ. *hatan.* Vin qui est clair et fort. Vin acide et fort. Fer extrêmement dur. Homme méchant, prompt, expéditif, intrépide, téméraire. On dit ce mot de toutes les choses comestibles qui sont fortes, etc.

ᴊᴠᴉᴅᴠᴠᴠ. *hatakan.* Vin qui est un peu fort. Fer et autres choses semblables qui sont un peu dures, fortes, etc. Homme qui est un peu méchant, un peu prompt, etc.; qui est un peu intrépide, qui est un peu mauvais.

hatarambi. Être malade à l'extrémité. Être malade et ressentir des douleurs très vives. Ce mot se dit aussi pour exprimer qu'un homme mauvais, brutal, etc., se met en colere. Être malade subitement. Ressentir subitement des douleurs insupportables.

hata. Pierre qui a une pointe au-dessus. Sommet. Petit bord de pierre. Bords de la montagne. Les pierres de la montagne qui sont les plus hautes. Pic. Ordonner de coudre la semelle des bottes ou des pantoufles avec le dessus. Ordonner à quelqu'un de clouer une chose. (Impératif du verbe suivant.)

hatambi. Coudre la semelle de la pantoufle ou de la botte avec le dessus. Planter un clou. mettre un bouton. Clouer. Cela se dit aussi des insectes appellés (en chinois) *ma hoang*, quand ils enfoncent leurs aiguillons dans la chair.

hataboumbi. Faire clouer. Faire coudre la semelle de la pantoufle ou de la botte avec le dessus, etc.

hataha oucheha. Nom d'une étoile du nord qui est toujours à la même place. C'est l'étoile polaire, qui fait, avec l'étoile du midi, comme l'aissieu d'une roue sur lequel tourneroit le ciel.

hataha. Chevilles de bois, coins dont on se sert pour arrêter les tentes, etc. Gros clous de bois. Coins de bois, de fer, de bambou, ou de toute autre matiere. Demoiselle, instrument dont on se sert pour battre la terre.

ᡥᠠᡨᠠ ᡮᡳᠵᡳᠨ. *hata tchipin.* Nom d'un oiseau qui a les ailes et la queue fort longues, les jambes fort courtes : il est un peu plus gros que le *yen tsée*, c'est-à-dire l'hirondelle. Il se tient au bord des montagnes, ou dans les trous qui sont sous les toits des maisons où il fait son nid. C'est un oiseau de passage qui vient au printemps, et qui s'en retourne en automne. Espece d'hirondelle.

ᡥᠠᡨᠠᡵᠠ. *hatara.* Nom d'un poisson qui vient dans l'eau claire et fraîche : il ressemble à celui qu'on appelle ᡥᡝᡳᡥᡠᠯᡝ. *heihoule.*

ᡥᠠᡨᠠᡥᠠ ᠨᡳᠴᡥᡝᡥᠠ. *hataha nicheha.* Nom d'un poisson qui ressemble au *siao cha yu*, mais il est rond. Autre espece de poisson que les Chinois apellent *clou de barque*.

ᡥᠠᡨᠠᠯᠠ. *hatala.* Bride du cheval, ou plutôt courroie ou cordon de la bride que le cavalier tient à la main.

ᡥᠠᡨᠠᠯᠠ ᠮᡠᠯᡨᠣᠯᡝᠮᠪᡳ. *hatala moultoulembi.* Débrider un cheval, lui ôter la bride.

ᡥᠠᡨᠠᠯᠠ ᠴᠠᠪᠠᠨ. *hatala chaban.* Nom d'une chaussure qu'on porte lorsqu'il y a beaucoup de glace; la semelle est garnie d'especes de dents de fer rondes, qui ne sont guere plus longues que d'un pouce, et assez minces. Il y en a quatre à chaque semelle : on lie ces chaussures avec une jarretiere, afin qu'elles ne se perdent pas dans la glace : on ajoute les chevilles tant aux bottes qu'aux souliers, pour marcher sur la glace et dans les lieux glissants, etc.

ᴊᴡᴛᴏᴏᴄ. *hatala iao*. Nom d'un ulcere qui vient aux deux coins de la bouche, et qu'on appelle pour cela ulcere ou plaie faite par la bride. Une autre raison pourquoi on l'appelle de ce nom, c'est que si un homme qui a ces boutons ou ces ulceres met à sa bouche la bride qu'on vient d'ôter à un cheval, il est guéri.

ᴊᴡᴛᴏᴏᴄ ᴏᴏxᴛᴠ. *hatama pourha*. Nom d'une espece de saule qui vient sur les montagnes; il a l'écorce blanche, et son bois sert à faire des manches ou bâtons de fleches.

ᴊᴡᴛᴏ ᴏᴧ. *hata ouehe*. Nom d'une espece de caillou qui est ou sur les montagnes ou dans la terre. Petits cailloux.

ᴊᴡᴛᴏᴛᴏ ᴛᴏᴧᴏ. *hatahai fekchembi*. Cela se dit des bêtes qui après avoir reçu un coup de dard à une cuisse, ou à un endroit qui n'est pas dangereux, se sauvent avec la fleche dont elles sont percées.

ᴊᴡᴛᴏᴛᴏ. *hatahai*. Regarder fixement quelque chose. Ne regarder que cela. Chose fixement attachée depuis long-temps. Avoir les yeux fixés sur quelque chose. Alors on dit ᴊᴡᴛᴏᴛᴏ ᴅᴏᴛᴏ. *hatahai touambi*.

ᴊᴡᴛᴏᴏᴠ. *hatouhoun*. Salé. Chose fade d'elle-même, dans laquelle on met du sel pour lui donner du goût.

ᴊᴡᴛᴏᴏᴏᴠ. *hatoufoun*. Faux. Serpe ou faucille.

ᴊᴡᴛᴏ. *hatou*. Ordonner de couper la paille, l'herbe, etc.

ꓘꓲꓕ꓿ HALA 391

ꓘꓲꓕ꓿ *hatoumbi.* Se servir de la faux pour couper les herbes. Faucher.

ꓘꓲꓕ꓿ *hatouboumbi.* Faire faucher.

ꓘꓲꓕ꓿ *hatounambi.* Aller faucher.

ꓘꓲꓕ꓿ *hatountchimbi.* Venir faucher.

ꓘꓲꓕ꓿ *hatounoumbi.* Lorsque tout le monde fauche.

ꓘꓲꓕ꓿ *hala.* Nom propre. Personnes du même nom, qui ont un même nom. On dit alors ꓘꓲꓕ꓿ *emou hala.* On dit aussi ꓘꓲꓕ꓿ *emou moukoun.* Ordonner à quelqu'un de changer un habit, par exemple, un meuble, etc. Ordonner à quelqu'un de changer de conduite.

ꓘꓲꓕ꓿ *halar.* Son que rendent les pierres précieuses et autres semblables.

ꓘꓲꓕ ꓘꓲꓕ꓿ *halar hilir.* Son des grelots que ceux qui évoquent les esprits portent à leur ceinture. Son qui se fait entendre lorsque ces sortes de gens, tenant un sabre ou un couteau à la main, font leurs simagrées et leurs évolutions.

ꓘꓲꓕ ꓘꓲꓕ꓿ *hala oumieha.* Nom d'un insecte qui se trouve dans les puits. Il est fort petit et rouge. Quand on veut le prendre, on met dans un seau quelques gouttes d'huile; l'insecte vient s'y attacher, attiré par l'éclat qu'il apperçoit. On le prend après avoir tiré le seau; et l'ayant réduit en poudre dans une porcelaine, on le fait avaler avec un peu d'eau aux petits enfants chez lesquels la petite vérole a peine à pousser. C'est un remede excellent pour la faire sortir.

𝇍𝇍𝇍 𝇍𝇍𝇍. *hala hatchin.* Beaucoup. En quantité. C'est le même que 𝇍𝇍𝇍. *laptou.*

𝇍𝇍𝇍. *halambi.* Bouillir. Changer de conduite. Changer d'habits, de meubles, etc. Changer le temps de son quartier, de sa garde, etc. Changer.

𝇍𝇍𝇍. *halaboumbi.* Ordonner de changer, etc., de faire bouillir, de faire cuire, de changer. Être échaudé.

𝇍𝇍𝇍. *halanambi.* Aller changer. Aller devant.

𝇍𝇍𝇍. *halantchimbi.* Venir changer son semestre, son quartier, son temps de service, etc.

𝇍𝇍𝇍. *halantoumbi.* Lorsque le commun change. On dit aussi 𝇍𝇍𝇍. *halanoumbi.*

𝇍𝇍𝇍. *halanarakou.* Ne pas oser marcher devant.

𝇍𝇍𝇍. *halahai.* Nom d'une plante. On l'appelle aussi 𝇍𝇍𝇍. *kaptama.*

𝇍𝇍𝇍. *halantchambi.* Changer alternativement de poste, de garde, etc.; d'habits, de meubles, etc.

𝇍𝇍𝇍. *halachambi.* Cela se dit des petits enfants qui pleurent, crient et se tournent de tous côtés; qui tournent de côté et d'autre pour badiner, etc.; qui crient lorsque la fievre les prend avant l'apparition de la petite vérole.

halanga. De même nom. De quelque nom que ce soit. Qui ont un même ancêtre, un même nom. On dit alors *emou halanga.*

hali. Terrain aquatique et plein d'herbes, qu'on ne peut labourer. Terrain inculte qu'on n'a pas encore défriché. Désert. Lieu inhabité.

halou. Fine farine. (*Si fen* en chinois.)

haloukou. Culottes épaisses où il y a beaucoup de coton entre le dessus et la doublure. On dit aussi *lakou.*

haloukan. Un peu chaud. Tiede. Chaleur qu'on a dans le corps après avoir bien mangé. Tiede. Profond moralement et physiquement.

haloukan edoun. Vent chaud qui souffle au printemps, à la troisieme lune.

hamika. Qui n'est pas loin. Qui est près d'arriver. Qui n'est pas éloigné. Qui va bientôt arriver.

hamimbi. N'être pas loin d'arriver. Pouvoir supporter. Qui peut arriver. Qui n'est pas éloigné. Qui sera bientôt. Qui suffit à-peu-près.

haminambi. Aller jusqu'auprès du terme, jusques sur le point d'arriver.

hamintchimbi. Venir jusqu'auprès du terme. Arriver presque au terme.

hamiboumbi. Ordonner d'aller jusqu'auprès du terme, etc.

HATCHI

hamirakou. Ne pouvoir souffrir quoi que ce soit. Ne pouvoir supporter sa misere. Qui ne suffit pas. Ne pas arriver. Froid et chaud insupportables. N'être pas en état de faire quelque chose. Ne pouvoir rien faire. Qui ne suffit pas, etc.

hatchin. Le premier jour de l'année. On dit aussi *hatchin inengui.* Une chose, une paire, une couple. Une chose, deux choses. Maniere, forme d'une chose, etc.

hatchin ni outchouri. Le premier jour de l'année.

hatchin tome. Toutes les choses, tout, toutes les especes assemblées. C'est le même sens que *ioni kemou.*

hatchin keren. Beaucoup de personnes qui pratiquent une fausse religion.

hatchin hatchin ni. Chaque chose. Chaque espece.

hatchin ni iamtchi. La nuit du premier jour de l'année. Les nuits agréables du commencement de l'année, qui sont celles du 15ᵉ et du 16ᵉ jour.

hatchinga. Toutes choses. Toutes les especes. Chaque chose. Chaque espece. Chaque couleur. Toutes les affaires, etc.

hatchihia. Dépêchez-vous. Ordonner à quelqu'un d'aller vîte, de faire vîte. (Impératif de *hatchihiambi.*)

᠊. *hatchilame.* Tout. Toutes choses, etc.

᠊. *hatchilambi.* Dire clairement les choses, une affaire. Cela se dit des mandarins quand ils rendent compte à l'empereur. Détailler quelque chose, chaque article. Informer l'empereur de l'origine d'une affaire. Détailler sincèrement une chose quelle qu'elle soit avec toutes ses circonstances.

᠊. *hatchihiambi.* Lorsque quelqu'un travaille à une chose, lui ordonner de la faire prestement, de se dépêcher. Donner à manger et à boire à quelqu'un par considération. Quoiqu'on ne soit pas fort en état de faire une chose dont on est chargé; prendre patience et faire tous ses efforts pour en venir à bout; la faire de son mieux. Ordonner à quelqu'un d'aller vîte, de faire courir le cheval sur lequel il est monté. Être aux trousses de quelqu'un pour lui faire faire quelque chose; lui mettre, comme on dit, l'épée dans les reins.

᠊. *hatchihiaboumbi.* Ordonner à quelqu'un de faire tous ses efforts, de se surpasser pour faire une chose difficile. Ordonner de se dépêcher, de donner à manger et à boire à quelqu'un, etc.

᠊ ᠊. *hatchihiara katountchara.* Bon gré malgré. Par nécessité. Par force, etc.

᠊. *hatchihianambi.* Aller mettre l'épée dans les reins à quelqu'un pour lui faire faire une chose; aller le faire dépêcher; aller lui recommander de donner à boire et à manger à quelqu'un.

hatchihiantchimbi. Venir mettre l'épée dans les reins à quelqu'un pour lui faire faire une chose. Venir ordonner de se dépêcher. Venir ordonner de donner à boire et à manger à quelqu'un, etc.

l atchihientoumbi. Lorsque le commun met l'épée dans les reins à quelqu'un pour le faire dépêcher, pour lui faire faire une chose prestement. Lorsque le commun donne à manger et à boire à quelqu'un. On dit aussi *hatchihianoumbi.*

hatcha. Fagot de chanvre. Paquet de quoi que ce soit. Un fagot ou un faisceau, etc., se dit *emou hatcha.*

hatchouka. Homme de peu de chose, qui ne mérite pas qu'on fasse attention à lui, qu'on le secoure, qu'on l'aide de quoi que ce soit.

hatchouhan. Petite marmite à trois pieds.

hatchi. Amour ardent qu'on a pour quelqu'un. Amis qui s'aiment ardemment. Année où les chaleurs sont extrêmes. Année sèche, stérile. Année de misère. Disette de toutes choses. Caresses que fait un homme à un petit enfant qu'il aime tendrement. Amitié. Tendresse, etc.

hatchi ania. Année stérile, celle où on ne recueille presque point de denrées. On dit aussi *hatchi.*

ᠬᠠᠴᡳ (ᠺᠣ), *hatchi koutchou.* Ami avec lequel on s'accorde parfaitement, dont la façon de penser est la même que la nôtre.

ᠬᠠᠴᡳ ᠬᠠᡳᡵᠠᠨ, *hatchi hairan.* Aimer beaucoup une chose. Chose ou personne qu'on aime beaucoup, qu'on craint de perdre, d'affliger, etc.

ᠬᠠᠴᡳᠯᠠᠨ, *hatchilan.* Démonstration de tendresse, d'amitié, etc.

ᠬᠠᠴᡳᠯᠠᠮᠪᡳ, *hatchilambi.* Tirer le filet lorsqu'on est à la pêche et qu'on croit qu'il y a des poissons dedans. Cette espece de filet qu'on tire s'attache des deux côtés d'un ruisseau ou d'une petite rivière par les deux bouts : on le laisse tomber, et on le retire quand il y a des poissons dedans. Pêcher au filet. Être ami de quelqu'un, l'aimer tendrement. Être parfaitement d'accord avec quelqu'un, avoir la même façon de penser, etc.

ᠬᠠᠴᠠᠨ, *hatchan.* Palissades ou retranchements qu'on fait autour du camp ou de l'endroit où l'on campe. Ces retranchements consistent en des pieux de bois qu'on plante fort serrés.

ᠬᠠᠴᠣᠨ, *hatchoun.* Maniere de prendre les tigres avec une espece d'arme faite à peu près en hache. Deux de ces armes sont posées parallèlement et liées comme les attrapes pour prendre les oiseaux : on entortille ces armes avec une corde, et on met un appât dessous; la bête vient manger, et les armes lui tombent sur le corps. C'est aussi le nom qu'on donne aux armes offensives et défensives. Alors on dit ܝܝܝܘܢܝ ܝܝܝܘܢ, *ahoura hatchoun.*

ܝܝܝܘܢ. *haien.* Garce. Femme de mauvaise vie, etc.

ܝܝܝܘܢ. *haiahan.* Espece d'habillement des mandarins pour les jours de cérémonie. Cet habillement se met par dessus la robe, et ne leur couvre que le dessus des épaules : il est de soie, orné de dragons, etc. ; et les bords en sont de peau de zibeline. Collet.

ܝܝܝܘܢ ܢ ܝܝܝܘܢ, *haiahan i oulhoun.* Collet de cérémonie dont le dessus est de peau de zibeline.

ܝܝܝܘܢ. *haiatambi.* Faire l'acte vénérien, etc. Faire la débauche des femmes, etc.

ܝܝܝܘܢ. *haiaboumbi.* Ordonner de mettre un bord à quelque chose.

ܝܝܝܘܢ. *haiambi.* Mettre un bord à un habit, à quelque chose que ce soit, à une selle de cheval, etc. Ce mot se dit des plantes qui s'entortillent le long des arbres, comme le rotin, etc. Faire des plis et replis comme des serpents et insectes. Serpenter. Faire plusieurs tours comme les cornes d'une espece de mouton ou belier. Alors on dit ܝܝܝܘܢ ܝܝܝܘܢ, *haiame pantchihapi.*

ܝܝܝܘܢ ܝܝܝܘܢ, *haiahan tahou.* Habit ou *koadze* pour monter à cheval : il est de peau de renard, et les bords sont de zibeline, ou d'une espece de renard plus cher que les communs. Cet habillement est pour se présenter devant l'empereur.

haiahta. Défenses des sangliers, qui sont recourbées lorsque ces animaux deviennent vieux.

haialtchambi. Aller en zigzag comme la queue des dragons et des serpents lorsqu'ils marchent.

haiahan i ergoume. Collet de cérémonie dont les bords sont de peau de zibeline.

hahi tchahi, ou simplement

hahi. Très vîte, promptement, avec précipitation. Homme preste, vîte, qui veut finir vîte une chose qu'il a commencée. Affaires essentielles, de la derniere importance. Cela est proprement pour les affaires militaires.

hahikan. Un peu de conséquence. Un peu essentiel.

hahila. Ordonner à quelqu'un de faire une chose vîte et de la faire cependant sans négligence, avec attention, comme on doit traiter une affaire essentielle.

hahilambi. Faire une chose vîte, et la faire avec l'attention que demande une chose de conséquence.

hahipa. Affaire essentielle, qu'on fait vîte, promptement et avec attention, etc.

hara. On appelle ainsi le poil de la zibeline, du *che ly soun*, et des autres bêtes, lorsqu'en automne il est court. Nom qu'on donne à quelques herbes, comme au *yao*, au *yeou* ou *sieou*, c'est-à-dire à l'ivraie, et à une autre espece de plante qui ressemble au *leang che* par sa tige et ses feuilles, mais qui ne donne point de graine. Le haut de sa tige ressemble à une queue de chien. Si cette plante vient auprès du *leang che*, elle l'empêche de croître.

ᴐᴡ᷄ᴌᴡᴍ. *haran*. C'est ce qu'on appelle en latin les prépositions *ex, ab, de*, par quelqu'un ; comme dans ces paroles du *lun yu :* Si je veux exercer la charité, y puis-je être forcé *par* quelqu'un ? Cela ne doit venir que *de* moi. ᴐᴡ᷄ᴌᴡᴍ ᴠᴏᴧᴏxᴏᴧᴧᴧ ᴆᴡ n ᴐᴡ᷄ᴌᴡᴍ ᴡᴧᴧᴌfᴧᴏ ᴐᴡ᷄ᴌᴡᴍ ᴡ᷇6. *kogen otchoroungue peiei haran nialmai haran nieou*. Conséquence, raison pourquoi. *A, de, par*. Ce mot a le même sens que ᴝᴠxᴆᴍ. *tourgoun*.

ᴐᴡ᷄ᴌᴡᴛᴏ6. *haratou*. Ce mot désigne ceux qui sont immédiatement sous les ministres. Mandarins en second, etc.

ᴐᴡ᷄ᴌᴡᴛᴏᴧᴡᴍ. *haranga*. Le commun des mandarins subalternes. Chaque mandarin en second. Mandarins soumis immédiatement aux ministres. Mandarins en second. Mandarin propre, etc.

ᴐᴡ᷄ᴌᴡᴛᴏᴧᴡᴍ ᴆᴧ. *haranga pa*. Lieu ou district d'un mandarin, etc.

ᴐᴡ᷄ᴌᴡᴛᴏᴧᴡᴍ ᴡᴧᴧ. *haranga ing*. District des mandarins de guerre seulement.

ᴐᴡ᷄ᴌᴡᴏ. *hari*. Le bout de l'arc qui n'est pas droit. Galop d'un cheval qui n'est pas droit. Quelque chose que ce soit qui n'est pas droit. Terrain qui n'est pas uni, qui va en talut. Qui a les yeux de travers. La queue d'un cheval qui n'est pas droite. Espece de petit filet dans lequel on met les tripes, etc., des cerfs. Beau.

ᠬᠠᡵᡳᡴᡠ. *harikou.* Espece de fer dont on se sert pour applatir les bords d'un habit, des souliers, pantoufles, bottes; pour applanir les coutures. (Carreau.)

ᠬᠠᡵᡳᠮᠪᡳ. *harimbi.* Applatir, unir quelque chose avec un fer. Toucher avec un fer rougi au feu une plaie, un ulcere, etc., d'un cheval. Défendre ses mauvaises actions. On dit aussi ᠬᠠᡵᠴᠠᠮᠪᡳ. *harchambi.*

ᠬᠠᡵᡳᠪᠣᡠᠮᠪᡳ. *hariboumbi.* Avoir le visage et les oreilles gelés, de façon qu'ils soient enflés. Ordonner d'applatir les coutures, etc., avec le fer.

ᡥᠠᡶᠠᠨ. *hafan.* (*Koan* en chinois.) Mandarin. Officier de justice et de guerre. Tous ceux qui portent un bouton sur le bonnet. On dit aussi ᡥᠠᡶᠠᠨ ᡥᠠᠯᡳ. *hafan hali.*

ᡥᠠᡶᠠᠰᠠ. *hafasa.* Mandarins.

ᡥᠠᡶᠠᠨ ᡥᠠᠯᡳ. *hafan hali.* Mandarin. On dit aussi ᡥᠠᡶᠠᠨ. *hafan.* (*Koan yuen* en chinois.)

ᡥᠠᡶᠠᠨ ᡥᡝᡵᡤᡠᠨ. *hafanherguen.* Mandarinat. Grande préfecture. Mandarinat qui donne des revenus.

ᡥᠠᡶᠠᠨ ᠨᡳ ᡨᠠᠩᡴᠠᠨ. *hafan ni tankan.* Degré de mandarinat. Mandarins qui sont aux degrés du trône, etc.

ᡥᠠᡶᠠᠨ ᠴᠣᡵᠣ. *hafan choro.* Espece de panier dans lequel on met les herbes que l'on conserve pour manger. On fait ces paniers avec l'arbrisseau ou avec les petites branches du *king tiao.*

ᝂᝥᝦᝲ ᝦᝬᝦᝲ. *hafan tchourhan.* Le *ly pou*, tribunal auquel ressortissent toutes les affaires qui regardent la promotion au mandarinat ou l'augmentation de grade.

ᝂᝥᝦᝲᝦᝬ. *hafichambi.* Donner de petits coups sur le dos ou sur le visage d'un enfant qu'on aime, par maniere de caresses.

ᝂᝥᝦᝲᝦᝬᝲ. *hafirahoun.* Qui a peu d'argent, de provisions, etc. Réduire quelqu'un à l'extrémité, le forcer de faire une chose dont il ne sauroit venir à bout. Endroit fort étroit. Aumône qu'on donne à un homme réduit à la derniere misere.

ᝂᝥᝦᝲᝦᝬ. *hafirambi.* Prendre quelque chose avec les pinces, le feu, par exemple, etc. Couper avec des ciseaux. Joindre plusieurs choses ensemble, comme la semelle du soulier ou de la botte avec le dessus. Réduire quelqu'un à l'extrémité, lui ordonnant de faire ce dont il ne sauroit venir à bout. Porter ou mettre quelque chose sous les aisselles. Comprimer l'œil pour en faire sortir l'eau qui a de la peine à couler d'elle-même. Élever une muraille, ou, pour mieux dire, joindre ensemble la chaux, la terre, etc., pour faire une muraille.

ᝂᝥᝦᝲᝦᝬᝦ. *hafiraboumbi.* Apprendre difficilement. Être réduit à l'extrémité. N'avoir pas de quoi vivre. Être misérable. Ne savoir où donner de la tête. Faire une chose essentielle et nécessaire, en employant tout son savoir, tout son temps et toutes ses forces.

Ordonner de comprimer, de couper, de joindre plusieurs choses ensemble. Être foible et exténué.

hafirchambi. Épargner sur sa bouche, sur ses meubles, sur son argent, etc., parcequ'on en a fort peu.

hafirchaboumbi. Ordonner à quelqu'un d'épargner sur sa bouche, sur son argent, etc.

hafirchanoumbi. Lorsque le commun épargne sur son argent, sur sa bouche, etc.

hafirakou. Cancre, ou les deux jambes des cancres faites en tenailles.

hafitaha. Toute chose qui est au milieu de deux autres qui la compriment. Serré des deux côtés comme dans le chapelet que les mandarins portent à leur cou; il y a au-dessus une espece de médaille qui est derriere le cou, sur laquelle sont gravés des nuages. Cette médaille est, ou de pierre précieuse, ou de toute autre chose montée en or. Cette garniture la serre de tous côtés. Ainsi pour exprimer, monté en or, garni, incrusté, on se sert du mot *hafitaha.*

hafirakou sipia. Les deux clou qui sont des deux côtés de l'aissieu d'une charrette, et qui le traversent pour empêcher que les roues ne roulent de côté. Ces clous sont quarrés.

hafirakou simhoun. Homme qui a six doigts à la main.

hafitame afambi. Serrer de près l'ennemi, etc.

ᡥᠠᡶᡳᡨᠠᠮᡝ ᡴᡝᡳᠮᠪᡳ. *hafitame keïmbi*. Graver sur du bois ou sur du cuivre des lettres avec un ciseau dont le manche est enveloppé avec quelque chose.

ᡥᠠᡶᡠ ᡥᠠᡶᡠ. *hafou hafou*. Percez, percez. Pénétrez, pénétrez. Allez avant. Faites un trou.

ᡥᠠᡶᡠᡴᠠ. *hafouka*. Il est percé. Il est au fait. Il le sait bien. On dit aussi ᡥᠠᡶᡠᡴᠠᠪᡳ. *hafoukapi*.

ᡥᠠᡶᡠ ᡥᡳᠣᡠᡳᠣᡠᠩᡤᠠ. *hafou hiouchounga*. Le grand respect pour les parents. Lorsque tout le monde loue une personne sur son respect pour ses parents. (*Ta hiao* en chinois.)

ᡥᠠᡶᡠᠮᠪᡳ. *hafoumbi*. Cela se dit de l'eau qui pénètre jusqu'au fond, jusqu'au bas de quelque chose. Pénétrer de part en part. La petite vérole sort. Quelque chose que ce soit qui perce, qui pénètre de part en part. Savoir par cœur tous les livres. Être au fait de tous les livres. Sur une partie d'un ouvrage, savoir décider de tout le reste.

ᡥᠠᡶᡠᠯᠠᠮᠪᡳ. *hafoulambi*. Faire un trou à quelque chose que ce soit. Reprendre quelqu'un sur sa maniere de faire quelque chose. Lui ordonner de faire autrement.

ᡥᠠᡶᡠᠨᠠᠮᠪᡳ. *hafounambi*. Aller droit d'un endroit à un autre sans s'arrêter nulle part, sans faire aucun détour. Aller droit.

ᡥᠠᡶᡠᡴᡳᡝᠮᠪᡳ. *hafoukiembi*. Instruire quelqu'un, le déniaiser, lui apprendre ce qu'il doit faire, et comment il doit le faire. Apprendre l'art militaire à quelqu'un, l'instruire des cinq artifices militaires. Savoir bien une chose.

𖫱𖫱, *hafountchimbi*. Venir droit d'un lieu à un autre.

𖫱𖫱 𖫱, *hafountarakou pade*. Lieu qui n'est pas droit. Chemin qui ne va pas droit d'un lieu à un autre.

𖫱𖫱, *hafoumboumbi*. Faire savoir les intentions de quelqu'un. Ordonner à quelqu'un de se mettre bien au fait d'une chose, de la bien apprendre. Ordonner à quelqu'un de s'instruire à fond. Faire des canaux pour faire écouler les eaux qui se sont amassées, leur tracer un chemin vers la rivière ou la mer.

𖫱𖫱, *hataboumbi*. Ordonner à quelqu'un de tremper du fer ou de l'acier dans de l'eau claire. Être haï par quelqu'un.

𖫱𖫱, *hamou*. L'ordure des hommes. La merde. (*Ta pien*, *ta fen* en chinois.)

𖫱𖫱 𖫱𖫱 𖫱𖫱, *hai seré herguen*.

𖫱𖫱, *haiha*. Les côtés de la montagne, ou l'endroit de la montagne qui est presque au milieu, plus près du pied cependant que de la cime. Qui est un peu élevé et uni. Plier, empaqueter de la soie qui n'a pas encore été ouverte, qui n'est point encore en fil. Être de l'avis de quelqu'un.

𖫱𖫱, *haihambi*. S'écrouler. Cela se dit seulement lorsqu'un côté de quelque bâtiment est tombé, s'est écroulé.

haihaboumbi. Faire abattre un côté d'un bâtiment. Ordonner à quelqu'un d'abattre un côté, une partie d'un bâtiment.

haiharambi. Tourner quelque chose d'un côté seulement.

haiharchambi. Remuer d'un côté. Aller de côté lorsqu'on marche.

haiharame. Marcher sur le côté, sur le milieu de la montagne.

haihashoun. Près d'arriver à un côté. Bord. Côté.

haihan. Presse ou pressoir dans lequel on met les semelles des souliers, pantoufles ou bottes, pour les rendre unies en les comprimant. Maniere de dégraisser les boyaux des oiseaux de proie. On leur donne à manger des filasses de chanvre, et autres choses semblables, etc.; ils rendent leur graisse avec leurs excréments.

haihoua. Nom d'une espece de poisson dont le corps est mince et large; il a la bouche ou la mâchoire d'en haut recourbée. Ses écailles sont menues. C'est un fort bon poisson.

haisanda. Ail sauvage, qui n'est ni fort ni amer.

haita. Nom d'une espece de sangliers beaucoup plus gros que les sangliers ordinaires; leurs défenses ne sont pas dans la mâchoire supérieure, mais dans la mâchoire inférieure, et vont en haut.

ᓴᐃᑕᓐ, *haitan sigembi.* Pêcher, ou mettre le long d'un ruisseau ou d'une riviere de petits pieux fichés en terre, auxquels sont attachées des cordelettes, au bout desquelles il y a un hameçon, avec un appât de grenouilles ou de petits poissons. On jette dans l'eau ces cordelettes, et les poissons viennent s'y prendre.

ᓴᐃᓚᒥ, *hailami.* Cela se dit lorsque les esprits ne se réjouissent pas des choses qu'on leur présente. Chose qu'on présente aux esprits dans les sacrifices, et que les esprits dédaignent. On dit aussi ᓴᐃᓚᓴ, *hailaha.*

ᓴᐃᓚᓴ, *hailaha.* Ce mot a le même sens que le précédent.

ᓴᐃᑦᑲᙵ, *haitching.* Oiseau de proie. C'est une espece de faucon ou d'épervier. (ᒋᐅᓐᑯᓐ, *chonkoun.*)

ᓴᐃᓚᓐ ᒣᑯ, *hailan mekou.* Champignons qui viennent sous les arbres, et en quantité, lorsqu'on a coupé le tronc à-peu-près rez - terre; ils viennent sur-tout sur le tronc des ormeaux.

ᓴᐃᓗᓐ ᑦᒉᑦᒋᑫ, *hailoun tchetchike.* Espece de petit oiseau qui, volant sur la surface des eaux, se nourrit des petits poissons qu'il attrape : il ressemble à l'hirondelle. On dit aussi ᑦᓱᐃ ᑦᒉᑦᒋᑫ, *tsoui tchetchike,* et ᐅᓪᑿᐃᐊᓐ ᑦᒉᑦᒋᑫ, *oulguien tchetchike.*

ᓴᐃᐦᐅᓇ, *haihouna.* Nom d'un oiseau dont le dos est de couleur tirant sur le rouge, et la poitrine un peu blanche; il contrefait toutes sortes de chants.

Les Chinois l'appellent *pé ling* : c'est cette espece d'alouette que nous appellons calandre.

hailan. Nom des petites feuilles. Feuilles tendres qui viennent sur les ormeaux, [ou, pour mieux dire, c'est le fruit de l'ormeau]; il est bon à manger. Le bois de saule étant dans l'eau se pétrifie à la longue, et cette espece de pierre est très bonne pour aiguiser.

haihou. Peau qui est foible. Quelque chose que ce soit qui est foible, comme un habit mou, foible; un lit mou, doux; une chemise, un habit qui est doux, mou. Qui ne sauroit incommoder, qui n'est pas roide. Un homme qui va de côté, qui ne va pas le droit chemin. Alors on dit *ourhou haihou.*

[.] *haitarambi,* [*ka.*] Pencher. Cela se dit des plantes qui penchent, qui se renversent d'un côté, et de toute autre chose qui penche, qui n'est pas droite. Avoir la tête penchée.

haitaraboumbi. Ordonner de pencher, de tordre, ou mettre quelque chose de côté, de sorte qu'il ne soit point droit.

haitarchambi. Marcher sur le côté du chemin, faire des détours, etc.

haihounga. Cela se dit de la mollesse ou de la flexibilité du cou des chameaux. Qui est un peu foible, un peu mou, un peu flexible. Un corps un peu foible.

ᠵᠠᡳᡨᡠ. *haitou.* Un homme tortu, qui penche sur un côté.

ᠵᠠᡳᠯᠠᠮᠪᡳ. *hailambi.* Ce mot signifie que les cochons ou moutons dans l'oreille desquels on verse le vin et l'eau pendant qu'on offre à un esprit, ne secouent pas la tête : alors c'est une marque que l'esprit n'est pas content.

ᠵᠠᡳᠯᠠᠰᡥᡡᠨ. *hailashoun.* Montagne qui n'est pas unie. Lieu qui n'est pas plain, qui n'est pas uni. Marcher dans un endroit scabreux, périlleux. Incliné, penché de côté.

ᠵᠠᡳᠯᡠᠨ. *hailoun.* Animal aquatique semblable à un chien, qui mange les poissons, et dont la peau teinte en noir sert à faire les bords des bonnets et les bords des habits de cérémonie.

ᠵᠠᡳᠯᠠᠨ. ᠺᠠᡳᠮᠪᡳ. *hailan kaimbi.* Causer du chagrin à quelqu'un, lui faire tort, lui dire des injures, lui répéter toutes les paroles qui peuvent le chagriner, s'aheurter à lui nuire, etc.

ᠵᠠᡳᠯᠠᠨ ᠺᠠᡳᠪᡠᠮᠪᡳ. *hailan kaiboumbi.* Recevoir du chagrin de quelqu'un. Être accablé de reproches, d'injures, de paroles odieuses et chagrinantes, etc.

ᠵᠠᡳᠴᠠᠨ. *haitchan.* Contenance des chantres mantchoux, qui imitent en chantant les plis et replis des serpents. On dit aussi ᡴᡠᡴᠴᡳ. *kouktchi.*

ᠵᠠᡳᡵᠠᠨ. *hairan.* Cela ne convient pas. Quel dommage de donner cela!

ᠵᠠᡳᡵᠠᠨ ᠨᡳᠠᠯᠮᠠ. *hairan nialma.* Homme qu'on ne

sauroit abandonner, qu'on ne peut livrer, donner, etc.

ᠬᠠᡳᠷᠠᠨ ᠴᠠᡴᠠ. *hairan tchaka.* Choses qu'on ne peut donner.

ᠬᠠᡳᠷᠠᠮᠪᡳ. *hairambi.* Ne devoir pas donner. Être attaché à quelque chose, ne vouloir pas s'en défaire, vouloir le conserver, l'aimer comme une chose précieuse.

ᠬᠠᡳᠷᠠᠴᠣᠨ. *hairatchoun.* Quel dommage! Aimable. Qui mérite qu'on lui soit attaché.

ᠬᠠᡳᠷᠠᠴᠣᡴᠠ. *hairatchouka.* Qui mérite qu'on l'aime, qu'on lui soit attaché.

ᠬᠠᡳᠷᠠᡴᠠᠨ. *hairakan.* Qui mérite qu'on l'aime, qu'on lui soit attaché. Avant on met ᠠᡦᠴᡝ. *apche.* Quel dommage, etc.

ᠬᠠᡳᠴᡠᠩ ᠰᡝᠮᡝ. *haitchoung seme.* Porter un fardeau pesant, ou avoir la contenance de quelqu'un qui porte un fardeau pesant.

ᠬᠠᡵ ᠰᡝᠮᡝ. *har seme.* Lorsqu'on a mangé quelque chose de fort, qui pique au nez et à la bouche, faire la mine comme si on ne pouvoit le supporter. Alors on dit ᠬᠠᡵ ᠰᡝᠮᡝ ᡶᡠᡵᡤᡳᠨ. *har seme fourguin.* Quelque chose que ce soit qui a le goût ou l'odeur forte.

ᠬᠠᡵᡴᠠᠴᡝ. *harkache.* (Han ping en chinois.) Maladie dans laquelle la sueur est interceptée. En hiver, c'est une espece de pleurésie; et en été, c'est la fievre maligne. En tout temps on s'en guérit lorsqu'on a une crise ou une sueur froide.

ᠬᠠᡵᡥᠠᠴᠠᠮᠪᡳ. *harhachambi.* Voir au loin. Voir pe

loin. Regarder avec plaisir les personnes élevées en dignité, aller les voir par curiosité lorsqu'elles passent, etc. Regarder, voir de loin les lieux élevés, etc.

ᠬᠠᠷᠬᠠᠴᠠᠪᠤᠮᠪᠢ. *harhachaboumbi.* Ordonner à quelqu'un de regarder un lieu élevé, etc.

ᠬᠠᠷᠬᠠᠴᠠᠨᠲᠤᠮᠪᠢ. *harhachantoumbi.* Lorsque tout le monde regarde au loin, voit de loin, regarde un lieu élevé. On dit aussi ᠬᠠᠷᠬᠠᠴᠠᠨᠤᠮᠪᠢ. *harhachanoumbi.*

ᠬᠠᠷᠬᠠᠴᠠᠮᠡ ᠲᠤᠸᠠᠮᠪᠢ. *harhachame touambi.* Regarder avec admiration les personnes élevées.

ᠬᠠᠷᠬᠣᠣ ᠣᠣᠮᠢᠶᠠᠬᠠ. *harhou oumiaha.* Nom d'une espèce d'insecte dont la chair guérit de la rage lorsqu'on a été mordu par un chien enragé. C'est un petit ver, tacheté de noir et de jaune, qui mange les fleurs des haricots.

ᠬᠠᠷᠬᠣᠣ ᠪᠣᠢᠬᠣᠨ. *harhou poihoun.* La vase qui est dans le fond d'un étang, d'une eau croupissante, etc.

ᠬᠠᠷᠬᠣᠣᠲᠠᠮᠪᠢ. *harhoutambi.* Pêcher les poissons dans la vase. On trouble l'eau en remuant cette vase, l'odeur qu'elle répand étourdit les poissons et on les prend facilement.

ᠬᠠᠷᠰᠠ. *harsa.* Nom d'un animal qui ressemble à un rat; il trempe sa queue dans le miel et la suce ensuite. Il est à-peu-près comme la zibeline; il a le corps long, et le poil de la queue noir et touffu. On l'appelle en chinois *mi-keou-tsee.* Cet animal a une très mauvaise odeur.

ᠬᠠᠷᠴᠠᠮᠪᠢ. *harchambi.* Être incrédule sur le mal

qu'on dit de quelqu'un qu'on aime, ne vouloir pas l'entendre. Se défendre mutuellement. Aimer quelqu'un par dessus tous les autres.

~. *harchakou.* Qui aime quelqu'un par dessus tous les autres. Aimer de préférence.

~. *harcharakou.* Qui n'aime pas par préférence. Qui ne défend point les défauts de ses parents, amis, etc.

~. *harchatoumbi.* Aimer de préférence soi-même et ceux qui nous appartiennent. On dit aussi ~. *harchanoumbi.*

~. *hartounga.* Gens soumis à un même mandarin, à un même maître.

~. *harki.* Petit ruisseau qui coule rapidement. Torrent.

~. *harki soki.* Nom d'une herbe dont les feuilles servent à faire de la moutarde: sa racine s'appelle ~. *peikouo.*

~. *harha.* Le dessus du soulier, de la pantoufle ou de la botte.

~. *hartakou.* Espece de poisson qu'on appelle *ly yu* (en chinois.) On dit aussi ~. *moutchouhou.* Ce poisson a les écailles dorées, le reste du corps est rouge; c'est ce qu'ils appellent le roi des poissons: c'est aussi la carpe.

~. *han sere herguen.*

~. *han.* (*Tchao ting*, *kun* en chinois.) Empereur, roi, souverain. (*Khan* en persan et en turc.)

𖼄𖼅. *hanta.* Petite vérole dont la racine des grains a laissé un vuide sur la chair. Petite vérole avec le pourpre, pourprée. On dit aussi 𖼄𖼅 𖼆𖼇. *hanta ouerihe,* et 𖼈𖼉 𖼆𖼇. *sourki ouerihe.*

𖼄𖼅. *hantou.* Levain dont on se sert pour faire fermenter le *tsiang,* qui est une espece d'assaisonnement. Les grains qui viennent dans les lieux humides. Les épis des plantes qui viennent dans des lieux aquatiques; anciennement on les recueilloit à la dixieme lune, aujourd'hui c'est à la huitieme.

𖼄𖼅 𖼊𖼋. *hantou orho.* La tige des grains, des plantes qui produisent les grains.

𖼄𖼅𖼊𖼋. *hantou poihon.* Boue de terre jaune, c'est-à-dire, argille.

𖼄𖼅𖼌. *hantou tchisé.* Les plantes qui produisent des grains, et qui viennent dans une terre aquatique.

𖼄𖼍. *hantchi.* Proches parents. Gens qui descendent d'un même ancêtre. Près, qui n'est pas éloigné.

𖼄𖼍. *hantchiki.* Lieu qui est près, qui n'est pas éloigné.

𖼄𖼍. *hantchikan.* Un peu près.

𖼄𖼍𖼎. *hantchikingue.* Peuple qui n'est pas éloigné du lieu où est la cour, etc.

𖼄𖼍 𖼏𖼐. *hantchi fimebourakou.* Ne vouloir pas que quelqu'un soit près de nous.

𖼄𖼅 𖼑. *hantou pele.* Grain, riz.

𖼄𖼅 𖼒. *hantou oumiaha.* Vers qui se mettent dans les grains.

hantcha. Indifférent pour les biens de ce monde. Indifférent pour les aises et les commodités de la vie. Homme fort propre dans ses habits, etc., dans ses meubles, dans son manger.

hantcha polho. Mandarin ou homme en place qui ne greve pas le peuple, qui n'exige point au-delà de ce qui lui est dû.

hantcha kiroutou. Qui ne fait rien qui puisse lui être nuisible. Qui ne fait rien de mauvais.

hantchaha. Homme qui de longue main n'a pu se nourrir de bonne chose. On dit aussi *hiatouha.*

hantchatambi. Ne pas desirer les biens de ce monde. Être indifférent pour tout.

hang sere herguen.

hangnambi. Souder aux deux côtés d'une chose ou d'un instrument deux morceaux d'or ou d'argent, ou d'autre métal : on emploie pour cela l'herbe appellée *han yo*, qui donne aux métaux la facilité de se lier les uns avec les autres. Mettre une piece à une marmite, percée, usée, etc.

hangna. Faire souder, rapiécer un outil de métal, etc.

hangnaboumbi. Ordonner de souder deux pieces ensemble, de rapiécer une marmite ou toute autre chose semblable.

hangnara okto. L'herbe appellée *han yo* (en chin.)

꼬꼬꼬 꼬꼬꼬, *hanga i enguemou*. Bât que l'on met sur les bêtes de somme pour leur faire porter ce qu'on veut.

꼬꼬꼬 꼬꼬꼬, *hanga i nirou*. Fer d'une fleche qui n'est pas aiguisé, et auquel on a laissé venir la rouille.

꼬꼬꼬꼬꼬, *hangaboumbi*. Arrêter, mettre un obstacle à quelque chose, comme à l'eau courante. Empêcher qu'on ne passe; comme lorsque l'empereur doit sortir, on barre les rues. Avoir la respiration arrêtée. Respirer avec peine. Mettre obstacle. Empêcher. Lorsqu'il n'a pas plu depuis long-temps, et que la sécheresse empêche les graines de pousser. On dit aussi 꼬꼬꼬꼬, *hiaribouha*.

꼬꼬꼬, *hangche*. Étoffe de soie très fine qui se fabrique à *Hang Tchéou* dans le *Kiang Nan*. Cette étoffe ressemble à la gaze, avec cette différence, qu'elle n'est pas fort serrée. Nom d'un *tsié ki*, appellé (en chin.) *tsing ming tsié*. C'est le *tsié* de la 3ᵉ.

꼬꼬꼬, *hangsé*. Pâte coupée en petits morceaux. On met un bâton sur cette pâte; on roule le bâton, et on coupe encore cette pâte par longs filaments.

꼬꼬꼬, *hangki*. Nom d'une espece de bois appellé en chinois *nieou kin mou*. Son écorce ressemble au *tan mou*. Il est compacte et dur : on en fait les moyeux et les bords des roues de charrettes. Ce bois est plein de nœuds dont on fait des tasses ainsi que de sa racine ; on en fait aussi des anneaux qu'on met au pouce lorsqu'on tire de la fleche : il a des veines et des raies de différentes couleurs. Le bois de cet arbre, mis en œuvre, ressemble au *po lo mou* des Chinois.

ᠬᠠᠩᡤᡳᠰᡠᠨ. *hanguisoun.* Espece de mouchoir qui a une frange aux deux bouts. Ces mouchoirs sont de soie et fort longs : ils servent sur-tout à essuyer la sueur ; ou plutôt, ce sont des mouchoirs de parade. Qui est bien aise.

ᠬᠠᠩᡤᡳᡵ ᡥᡳᠩᡤᡳᡵ. *hanguir hinguir.* Bruit que font les bracelets d'argent ou d'autre matiere que les femmes portent, ainsi que des especes d'anneaux qu'elles ont aux pieds, lorsqu'elles marchent ou qu'elles remuent.

ᡥᠠᡴ ᠰᡝᡵᡝ ᡥᡝᡵᡤᡠᡝᠨ. *hak sere herguen.*

ᡥᠠᡴ. *hak.* Toux, bruit que l'on fait en toussant ou en crachant.

ᡥᠠᡴᠰᠠᠨ. *haksan.* Qui est droit et uni. Méchant homme, cruel, qui a un cœur mauvais et une mauvaise physionomie. Avoir la couleur rousse. De couleur d'or. Alors on dit ᡥᠠᡴᠰᠠᠨ ᡦᠣᠴᠣ. *haksan potcho.* Bord d'un précipice quel qu'il soit. On appelle aussi de ce nom la couleur rouge et la jaune, quand elles sont mêlées ensemble.

ᡥᠠᡴᠰᠠᠨ ᠣᠮᡳᡝᠰᡠᠨ. *haksan oumiesoun.* Qui est de la famille impériale. Qui porte une ceinture jaune.

ᡥᠠᡴᠰᠠᠨ ᡥᠠᡴᠴᡳᠨ. *haksan haktchin.* Lieu escarpé. Précipice, ou, pour mieux dire, bords d'un précipice.

haksambi. Avoir des chaleurs d'entrailles, comme si l'on avoit le feu dans le corps. Souffrir des chaleurs d'entrailles.

haksaboumbi. Changer de nature, ou, pour mieux dire, être altéré par le feu. Cela se dit de quoi que ce soit qui est brûlé, trop cuit, etc.

haksakapi. Être hâlé ou brûlé du soleil lorsqu'on a fait un long voyage. Être brûlé. Cela se dit aussi des choses qu'on a mises dans le feu.

haksaha touki. Nuage brillant.

hakchan. Brûlé. Qui est noirci par le feu.

hakchambi. Rôtir, brûler quelque chose. Fondre la graisse des cochons, bœufs, moutons, etc. Faire cuire de la pâte dans du saindoux, etc.

hakchaboumbi. Ordonner à quelqu'un de faire fondre de la graisse, de faire cuire de la pâte dans du saindoux, etc.

hakta. Terrain inculte où il y a des herbes et de l'eau parmi ces herbes : il y en a qu'on ne sauroit brûler quoique celles qui sont auprès l'aient été ; telles sont les herbes de l'année qui ont crû parmi les vieilles herbes déja desséchées. On dit aussi *taoran.*

haktchin. Homme prompt, vif, brutal, etc.

has sere herguen.

hashan. Morceaux de bois. Pieux ou tiges

de bled d'Inde et autres fichés les uns contre les autres. Grillages. Treillis. Chevaux de frise, etc.

𑂁𑂁𑂁. *hashalambi.* Faire des grillages, des treillis, des chevaux de frise, etc.

𑂁𑂁𑂁. *hashalaboumbi.* Ordonner de faire des grillages, etc.

𑂁𑂁. *hashou.* La main gauche; la gauche. Lorsqu'on fait quelque chose plus mal qu'auparavant, de mal en pis, on dit communément : Cet homme fait à gauche, c'est-à-dire de travers.

𑂁𑂁 𑂁𑂁 𑂁𑂁. *hashou tongou taboumbi.* Mettre de travers, mal à propos, les fils de soie qui sont sur le soulier, ou au-dessus des bas, et qui font comme une espece de cordon.

𑂁𑂁 𑂁𑂁 𑂁𑂁. *hap sere herguen.*

𑂁𑂁. *hapchan.* Accusation. Délation.

𑂁𑂁. *hapcha.* Faire accuser. Ordonner d'avertir les supérieurs de la faute de quelqu'un.

𑂁𑂁. *hapchambi.* Avertir. Accuser.

𑂁𑂁. *hapchaboumbi.* Ordonner d'accuser. Être accusé. Être averti, etc.

𑂁𑂁. *hapchanambi.* Aller accuser.

𑂁𑂁 𑂁𑂁. *hapchaha nialma.* Homme qui accuse le premier.

𑂁𑂁. *hapchantchimbi.* Venir accuser.

𑂁𑂁. *hapchatoumbi.* Lorsque le commun accuse.

HAL

hapta. Les bords de la selle d'un cheval, etc. Ordonner à quelqu'un de cligner les yeux.

hapta haptachambi. Cela se dit des éperviers et autres oiseaux qui ont leurs ailes étendues, et qui ne les remuent pas ou semblent ne pas les remuer. Planer dans les airs. Voler lentement.

haptachambi. Cligner les yeux pour ne pas voir quelque chose. Ne pas s'embarasser du qu'en dira-t-on? Cela se dit aussi des oiseaux qui volent lentement et qui planent dans les airs.

haptalambi. Cligner sans cesse les yeux.

haptchihien. Qui est plein d'amitié pour quelqu'un. Qui est étroitement uni avec quelqu'un. Qui est plein d'attentions pour quelqu'un. Garder exactement les loix d'une amitié tendre.

haptchihiatambi. Aimer ardemment quelqu'un. Être étroitement uni avec quelqu'un. Respecter. Être plein d'attentions pour quelqu'un.

hapkiembi. Bâiller de fatigue ou de sommeil.

hapchabouha nialma. Homme insulté par une personne de bas étage et qui lui est inférieure.

hal sere herguen.

halhoun. Vent chaud. Chaleur. Chaud.

halhoun edoun. Vent chaud qui souffle en été à la sixieme lune. Vent brûlant.

halhoun cheri. Source d'eau chaude, telle que celle de *Tang Chan*.

halhoun chahouroun pouloukan netchin. Chaud. Froid. Tiede, ni chaud ni froid, ni fort ni foible, ni doux ni amer; ce sont là les quatre qualités des médecines.

halhoukan. Un peu chaud.

halpa. Os de la jambe de devant des animaux. L'os de devant de la jambe des hommes. Le *tibia*.

halpaha. Clou de fer ou bouton de fer qui est au-dessus des étendards ou des bannieres. La partie la plus large du fer triangulaire des fleches.

halpahan. Oiseau aquatique. On dit aussi *saipihan*.

halboumbi. Inviter quelqu'un à venir chez soi. Faire venir quelqu'un à la maison. Faire approcher quelqu'un.

halbouboumbi. Ordonner à quelqu'un de faire venir, d'appeller. Ordonner de venir, de s'approcher, ect.

halpichambi. Être foible, et avoir toujours une mine doucereuse, comme si l'on captoit la bienveillance de tout le monde. Chercher à se faire aimer.

halta. Espece de peau ou de graisse qui est dans le ventre du poisson appellé *hoangyu*. Cette peau ou cette graisse s'applique sur les plaies qu'on a aux épaules, et les guérit.

ᴊᴡᴛ̇ᴛ̇ᴠ́ ᴛᴏ̇6. *halta yao.* Plaie, ulcere, ou furoncle qui vient sur les épaules.

ᴊᴡᴛ̇ᴛ̇ᴏ̇ᴏ̇ᴧ. *haltapa.* Flatterie. Flatter. Prodiguer l'adulation. Le pauvre n'use point de flatteries, et le riche n'a point d'orgueil. On dit alors ᴊᴡᴛ̇ᴛ̇ᴏ̇ᴧ ᴠᴠᴠᴏ̇ᴧ ᴏ̇ᴊᴠ ᴏ̇ᴛ̇ᴠ ᴁᴏ̇ᴊᴛ̇ᴏ̇6 ᴠᴠᴠᴏ̇ᴧ. *yatahoun pime haltapa akou païen pime tchokto akou.*

ᴊᴡᴛ̇ᴛ̇ᴏ̇ᴏ̇ᴧ̇ᴛ̇ᴏ̇ᴧ. *haltapachambi.* Flatter. User de flatteries à l'égard de quelqu'un.

ᴊᴡᴛ̇ᴛ̇ᴛ̇ʀ̇ᴠ́ᴏ. *halmari.* Nom d'une espece de couteau dont on se sert quand on évoque les esprits. Ce couteau a un anneau au manche, et on le tient à la main.

ᴊᴡᴛ̇ᴛ̇ᴛ̇ᴏ̇ᴠ. *halmoun.* Anneau ou cercle de fer qui est dans les moyeux des roues de charrettes, afin qu'elles puissent rouler plus aisément, et qu'elles n'usent pas le bois de l'aissieu.

ᴊᴡᴛ̇ᴛ̇ᴛ̇ᴠ. *halhan.* Instrument de laboureur avec lequel on rompt les mottes de terre. Instrument de laboureur par le moyen duquel on tourne la terre.

ᴊᴡᴛ̇ᴛ̇ᴀ̇ᴛ̇ᴏ̇ᴧ. *halkimbi.* Entortiller d'une corde, d'un cordon, de fil, ou d'autre chose. Lier, etc.

ᴊᴡᴛ̇ᴛ̇ᴀ̇ᴏ̇ᴏ̇ᴛ̇ᴏ̇ᴧ. *halkiboumbi.* Ordonner de lier, d'entortiller d'une corde, d'un cordon, etc. Avoir la langue liée, embarrassée, ne parler qu'avec peine.

ᴊᴡᴛ̇ᴛ̇ᴜ̇ᴠᴠ. *halfien.* Une chose plate, qui n'est pas ronde. Plat.

ᴊᴡᴛ̇ᴛ̇ᴜ̇ᴠᴠᴠ. *halfiakan.* Un peu plat.

ᴊᴡᴛ̇ᴛ̇ᴜ̇ᴠᴠ ᴠᴛᴠᴠᴠ. *halfien nimaha.* Nom d'un poisson de mer dont la tête ressemble à celle du *ly yu.* Il a le corps large et plat. Les plus gros de cette espece ont à-peu-près trois mains ouvertes de longueur.

ᴊᴡ᷄ᴡ᷄, *halhoun peterembi.* La chaleur est passée. La chaleur passe.

ᴊᴡ᷄, *ham sere herguen.*

ᴊᴡ᷄, *hamtambi.* Chier. Décharger son ventre. On dit aussi ᴊᴡ᷄ ᴊᴡ᷄ ᴊᴡ᷄, *moua edoun touambi.*

ᴊᴡ᷄, *hamtanambi.* Aller faire ses nécessités.

ᴊᴡ᷄, *hamtakou.* Enfant qui chie par-tout.

ᴊᴡ᷄, *hamkia.* Nom d'une espece de médecine qu'on appelle en chinois *hoang kin;* elle ressemble à l'herbe *hoang.* Herbe médicinale dont on se sert comme d'un caustique pour brûler. Elle est de couleur jaune. Espece d'absynthe.

ᴊᴡ᷄, *ko sere herguen.*

ᴊᴡ᷄, *ko.* Égout, trou par où les eaux s'écoulent.

ᴊᴡ᷄, *ko ka.* Lorsqu'on a la luette enflée, ou qu'on a quelque chose dans le gosier qui empêche la respiration, ou qu'on ne peut avaler, on forme ce son en passant le doigt dans la bouche.

ᴊᴡ᷄, *ko sanga.* Eau courante. Petit canal. Faire couler de l'eau par un canal.

ᴊᴡ᷄, *kokoli.* Espece de manteau dont on s'enveloppe en hiver. Habit des petits enfants. Nom d'un oiseau, comme qui diroit, peloton de graisse ; parceque cet oiseau est fort gras. (𐊀𐊀𐊀𐊀𐊀𐊀, *yaksarhan*.)

𐊀𐊀𐊀𐊀𐊀, *kokolimbi*. Déshonorer quelqu'un, lui ôter son habit.

𐊀𐊀𐊀𐊀𐊀, *kokoliboumbi*. Ordonner d'ôter, faire ôter l'habit à quelqu'un.

𐊀𐊀𐊀 𐊀𐊀𐊀, *kohoung kohoung*. Toux, bruit que l'on fait en toussant.

𐊀𐊀𐊀𐊀𐊀, *kohotombi*. Espece de faisan qui chante en automne. Ce mot tartare exprime son cri ou son chant.

𐊀𐊀𐊀, *kopi*. Quelque chose que ce soit qui est évidé en dedans, qui est creux. Les deux trous du nez.

𐊀𐊀𐊀𐊀, *kotoli*. Voiles de toile qu'on met aux barques. On fait aussi des voiles avec des peaux de poisson. On se sert de ces voiles pour prendre le vent.

𐊀𐊀𐊀 𐊀𐊀𐊀, *kotor seme*. Bruit ou chant du faisan lorsqu'il prend son vol.

𐊀𐊀𐊀 𐊀𐊀𐊀 𐊀𐊀𐊀, *kotor seme omiha*. Boire jusqu'au fond de la tasse. Ne laisser rien dans la tasse, etc.

𐊀𐊀𐊀 𐊀𐊀𐊀 𐊀𐊀𐊀, *kotor katar seme*. Bruit, cri, ou chant d'une troupe de faisans qui prennent leur vol en même temps. Bruit que font des choses dures qu'on jette à la fois, par exemple, un sac de noix qu'on vuideroit, etc.

𐊀𐊀𐊀 𐊀𐊀𐊀 𐊀𐊀𐊀, *kotong katang seme*. Qui a l'apparence ferme et seche.

꛲꛲꛲ ꛲꛲ *kotong seme.* Quelque chose que ce soit qui est ferme, qui est devenu dur et sec. Alors on dit ꛲꛲꛲ ꛲꛲ ꛲꛲ ꛲꛲. *kotong seme manga oho.*

꛲꛲. *koto.* Le petit ventre des bœufs ou moutons apprêté avec du sang qu'on met dedans, et qu'on fait cuire.

꛲꛲, *kochehimbi.* S'informer à la sourdine de quelque chose. Vouloir s'instruire tout doucement de la vérité d'un fait, etc. On dit aussi ꛲꛲, *hachehimbi.*

꛲꛲, *kola.* Ordonner d'ôter les tuiles d'une maison. Ordonner de peler, d'ôter la peau, d'écorcher une bête.

꛲꛲, *kolambi.* Oter toutes les tuiles d'une maison. Écorcher entièrement une bête.

꛲꛲, *kolaboumbi.* Ordonner d'ôter toutes les tuiles d'une maison, d'écorcher entièrement une bête.

꛲꛲. *kolongso.* Homme qui a la même odeur que l'urine des renards, qui sent mauvais comme l'ordure des renards. Homme dont le corps pue. On dit aussi ꛲꛲ ꛲. *kolongso oua.*

꛲꛲ ꛲꛲, *kolor seme.* Bottes, bas, et autres choses semblables qui ne sont point étroites, qui sont larges, qu'on chausse fort aisément. Alors on dit *kolor seme amba,* ꛲꛲ ꛲꛲ ꛲꛲.

꛲꛲, *komo.* Enharnacher un chameau, lui mettre sur le dos une espece de bât.

ᎪᎥᎣᎥᎣᎷᏏ ᏯᎾᎥᎷᏒ. *komoloho enguemou.* Piece de feutre ou d'autre matiere qu'on met sous la selle, immédiatement sur le corps des chevaux qui sont maigres ou qui ont quelque écorchure.

ᎪᎥᎣᎥᎣᎤᎣᎷᏒᎾ. *komoloboumbi.* Faire mettre à un chameau l'espece de bât, etc. Faire faire un trou à la piece qui est sur le dos du cheval pour empêcher qu'il ne soit écorché davantage par le frottement, etc. Faire mettre une piece de feutre, etc., sur le dos des chevaux, etc.

ᎪᎥᎣᎥᎣᎷᏒᎾ. *komolombi.* Mettre le bât à un chameau. Bâter. Lorsque les chevaux ou autres bêtes ont quelque blessure, ou quelque ulcere sur le dos, faire un trou proportionné à la grandeur de l'ulcere pour empêcher que le frottement ne les incommode ou ne les écorche encore davantage. Mettre aux deux côtés de la selle des pieces de feutre ou d'autre étoffe qu'on lie avec les cordons attachés à la selle, pour empêcher que le cheval ne soit écorché par le frottement.

ᎪᎥᎤᏰ *kotcho.* Coins d'une maison, d'une chambre. Endroit retiré d'une chambre.

ᎪᎥᎤᏰ ᏣᎦ *kotcho ouai.* Coins. Lieu retiré. On dit aussi ᏉᎤᎶᎣᎻᏏᏯ, *moutanga.*

ᎪᎥᎤᏔ, *koki.* Petite grenouille. Petits de la grenouille.

ᎪᎥᎤᏔᏯ. *kokima.* Homme très pauvre, qui n'a ni feu ni lieu.

ᎪᎥᎤᏨᏣᏒᎾ. *kokirambi.* On dit ce mot de quoi que

54

ce soit qui est écorné, écaillé, écorché. Avoir reçu du dommage. Avoir fait des pertes. Avoir des plaies par tout le corps. Avoir le dedans du corps, comme le foie, les instestins, les poumons, etc., gâté, endommagé, etc. Avoir les nerfs attaqués, perclus, gâtés, etc. Être estropié, etc.

kokiraboumbi. Ordonner d'écorcher, d'écailler, d'écorner quelque chose. Recevoir des coups, des écorchures, des pertes, des dommages, etc. Être battu, maltraité, blessé, estropié, écorché, etc., par quelqu'un.

kokirakou. Homme dur, brutal, malfaisant.

kokiran. Malfaisant. Qui fait du mal à tout le monde. Qui estropie quelqu'un. Qui déchire les habits, gâte les meubles, etc., d'un autre. Avoir reçu de mauvais traitements, etc.

kori. Ordonner à quelqu'un de creuser une chose. Ordonner de cerner, de creuser.

korimbi. Creuser, cerner, comme lorsqu'on veut arracher le cœur, et qu'on creuse tout à l'entour.

koriboumbi. Lorsque les eaux d'une riviere ou d'un torrent, etc., ont creusé peu-à-peu les bords, et que la terre s'écroule de tous côtés. Ordonner de creuser, de cerner, etc.

koro. Chagrin. Perte. Affliction. Haine. On dit aussi *koro kochehoun.* Avoir re-

KOI

gret de quelque chose qu'on a fait. Être repentant. Repentir, regret, etc.

𝄞𝄞𝄞. *korombi.* Être chagrin, affligé, triste. Haïr. Se repentir. Avoir du regret, etc. Se vouloir du mal d'avoir fait quelque chose, etc.

𝄞𝄞𝄞. *koro paha.* Avoir reçu du chagrin, des pertes, de mauvais traitements, etc.

𝄞𝄞𝄞 𝄞𝄞𝄞 *kofor seme.* Cela se dit des viandes ou autres choses bonnes à manger qui commencent à se gâter, qui sont déja molles, et qui approchent de la pourriture. Alors on dit 𝄞𝄞𝄞 𝄞𝄞𝄞 𝄞𝄞𝄞. *kofor seme ohopi.*

𝄞𝄞𝄞. *koïorholombi.* Anciennement lorsque quelqu'un mouroit, on prenoit son cheval et on l'écorchoit; on mettoit dans cette peau quantité de choses qu'on offroit au mort; et lorsqu'on portoit le corps à la sépulture, on mettoit une selle sur cette peau de cheval, comme si l'animal étoit vivant; en arrivant à la sépulture, on faisoit les cérémonies ordinaires, on versoit du vin, on brûloit cette peau et du papier. Cet usage ne subsiste plus aujourd'hui.

𝄞𝄞𝄞 𝄞𝄞𝄞 𝄞𝄞𝄞. *koi sere herguen.*

𝄞𝄞𝄞. *koika.* Ce mot se dit de plantes qui ne s'élevent pas fort haut et dont la cime est ronde, à-peu-près comme la tête d'un homme, et de laquelle pendent des filaments ou branches, qui sont comme les cheveux de cette espece de tête. C'est aussi la peau de dessus la tête des hommes. C'est aussi le nom qu'on donne aux briques de terre qui se font avec de la boue, dans laquelle on mêle des filaments, des racines de plantes, d'herbes, etc. On en fait des murailles. Ces briques ressemblent à ce qu'on appelle ⸺ ⸺ *mouke feise.*

⸺, *koika fou.* Muraille de terre. (*Tou tsiang.*)

⸺ ⸺. *koika hoton.* Murs. Fortifications de terre. (*Tou tcheng* en chinois.)

⸺. *koikachambi.* Se fourrer au milieu des gens qui disputent. Aller ou se trouver dans les lieux où l'on se dispute.

⸺. *koikachaboumbi.* Ordonner à quelqu'un d'aller, de se trouver avec des gens qui se disputent, se querellent ou se battent.

⸺. *koikoun.* Espece de petites plumes, de duvets qui viennent sous la queue des oies, des canards, etc. Ces plumes sont fort petites. Si les poules en ont de semblables, elles ne couvent plus, elles gâtent ou écrasent les œufs avec leur bec, etc. C'est une espece de maladie qu'ont les poules.

⸺ ⸺. *koikoun tektehepi.* On dit cela d'un homme qui se comporte mal, qui a de mauvaises idées; comme si l'on disoit qu'il ressemble à ces poules auxquelles est venu ce poil ou duvet, et qui ne couvent point et écrasent leurs œufs ou les mangent.

⸺. *koikohoun.* Chose dont la superficie est élevée.

⸺. *koikoltchoumbi.* Ne pas faire son

devoir. Faire à tort et à travers le bien et le mal sans crainte, parcequ'on est en réputation ou en crédit.

𝈖𝈖𝈖, *koiton.* Artifice, tromperie, etc.

𝈖𝈖𝈖. *koitongo.* Qui a des artifices, des fourberies, etc. Artificieux, fourbe, etc.

𝈖𝈖𝈖, *koimali.* Avoir des artifices sans fin, employer tantôt l'un et tantôt l'autre. Qui, sous un bel extérieur, a le cœur pervers, etc.

𝈖𝈖𝈖. *koimalitambi.* Mentir. Tromper. User d'artifices pour induire en erreur.

𝈖𝈖𝈖. *koimachetambi.* Ne chercher qu'à tromper, qu'à induire en erreur. N'avoir pas la moindre droiture. Tromper, etc., sous un extérieur de droiture.

𝈖𝈖𝈖, *koiman.* Qui ment habituellement. Tromper sous un extérieur modeste, et avoir le cœur pervers, artificieux comme un lievre. Trompeur, séducteur. On dit aussi 𝈖𝈖𝈖, *koimali.*

𝈖𝈖𝈖 𝈖𝈖 𝈖𝈖𝈖, *kor sere herguen.*

𝈖𝈖𝈖, *kor.* Bruit qu'on fait avec le nez et la bouche tout ensemble, lorsqu'on ronfle, etc.

𝈖𝈖𝈖 𝈖𝈖𝈖, *korkong korkong.* Toux, bruit que l'on fait en toussant, etc.

𝈖𝈖𝈖. *korsombi.* Se vouloir du mal à soi-même. Se repentir. Être fâché contre quelqu'un, lui faire ou lui vouloir du mal. Qu'un homme ne sache pas qui je suis, je ne lui en sais point mauvais gré, je ne suis point fâché contre lui. Ce mot veut dire, savoir mauvais gré, être fâché, etc.

ᒍᓯᕐᒃᓯᑦᔪᕝ, *korsotchoun.* Haine. Colere, etc.

ᒍᓯᕐᒃᓯᑦᔪᑉᕙ, *korsotchouka.* Haïssable, méprisable, odieux.

ᒍᓯᕐᒃᓯᕐᑐᒻᕕᖅ, *korsontoumbi.* Lorsque le commun hait, déteste, est en colere, etc. On dit de même ᒍᓯᕐᒃᓯᓄᒻᕕᖅ, *korsonoumbi.*

ᒍᓯᕐᒃᓯᐅᒻᕕᖅ, *korsoboumbi.* Être haï. Ordonner de haïr, etc.

ᒍᓯᕐᑐᔪᕝ, *kortoun.* Homme qui marche vite et adroitement quoiqu'il ait des patins ou des sabots aux pieds.

ᒍᓯᕐᓚ ᓰᕐ ᐅᒃᓯᕝ, *kon sere herguen.*

ᒍᓯᕐᔪᕐᔪ, *kontchosou.* Le bas du gros intestin par où sortent les excréments. L'anus.

ᒍᓯᕐᑕ ᓰᕐ ᐅᒃᓯᕝ, *kong sere herguen.*

ᒍᓯᕐᖃᐃᕐᔪ, *kongoro.* Cheval roux ou jaune. (*Hoang ma* en chinois.)

ᒍᓯᕐᖃᐃᖏᔪ, *kongolo.* Jabot ou gésier des oiseaux; c'est la partie dans laquelle sont renfermées les choses qu'ils mangent, avant la digestion.

ᒍᓯᕐᖃᐃᕐᑎᔪᕝ, *kongohon.* Homme maigre, qui a les yeux enfoncés dans la tête, dont les yeux sont cachés par les sourcils et les os de la tête. On dit aussi cela de quelque chose que ce soit qui a du vuide, qui a des trous, etc.

ᒍᓯᕐᖃᐃᕐᑎᔪᕝ ᑰᐃᔪ. *kongohon oho.* Qui a le visage maigre et les yeux enfoncés.

〰〰, *kongor seme.* Qui ressemble à l'eau qui coule rapidement. Bruit que fait l'eau qu'on verse de quelque vase, etc.

〰〰, *konguir seme.* Bruit que font les petites cloches, etc.

〰〰, *konguir kanguir.* Bruit ou son des cloches, des petites cloches.

〰〰, *kongchembi.* Parler d'un ton haut et sans politesse.

〰〰, *kok sere herguen.*

〰〰, *kokchembi.* Cela se dit du chant ou cri des poules domestiques ; chant des coqs sauvages, des faisans, etc., qui chantent au printemps et en automne. Alors on dit 〰〰, *kohotoumbi,* quand c'est en automne.

〰〰, *kos sere herguen.*

〰〰, *kos.* Nud. A découvert. On dit alors 〰〰, *kos seme ouktchaha.* Se trouver tout d'un coup maigre. Alors on dit 〰〰, *kos seme ouacheka.*

〰〰, *kosha.* Nom d'une espece de poisson.

〰〰, *koskoun kaskan.* Qui a un air empressé lorsqu'il fait quelque chose. Qui fait les choses vîte, avec ardeur et empressement.

〰〰, *koo sere herguen.*

〰〰, *koli.* Chose de coutume. Usage, coutume de l'empire. Mœurs. Récompenses et châtiments en usage. On dit 〰〰. *koli touroun*, pour exprimer un usage reçu.

〰. *kotchiha*. Nom d'un poisson de mer appelé en chinois *la tun yu*.

〰 〰 〰. *kop sere herguen*.

〰 〰. *kop seme*. Attraper le but en jettant quelque chose contre, ou en lançant le javelot. Alors on dit 〰 〰 〰. *kop seme koiha*. Tout, en général. On dit aussi 〰. *kantchi*, 〰. *yoni*, et 〰. *pourtei*. C'est lorsqu'on n'y pense pas, et qu'on n'a pas l'intention d'attraper ce qu'on attrape.

〰 〰 〰. *kop seme kenehe*. Il est allé où il ne falloit pas qu'il allât.

〰 〰 〰. *kop seme kamaha*. Il est allé chercher ce qu'il ne falloit pas qu'il allât chercher.

〰. *kopsohoun*. Homme qui a le nez haut. Chose qui est sur la surface de l'eau, qui surnage dans l'eau.

〰 〰 〰. *kop seme tehe*. Il s'est assis où il ne falloit pas qu'il fût.

〰 〰. *kopsohoun saboumbi*. Regarder les choses qui surnagent dans l'eau.

〰. *kopsoltchome*. Qui est petit dans ses idées, dans ses façons, dans sa maniere d'agir, etc.; et qui, avec tous ces défauts, se préfere à tout le monde.

〰 〰, *kopsoltchome arbou*=

chambi. Se donner toujours des louanges, quoiqu'on soit petit en tout.

ᎫᎣᏒᎦ. *kopto.* Respect intérieur et extérieur.

ᎫᎣᏒᎦᎣᏅᎢᏈ. *koptongo.* Qui a de la politesse et du respect pour les autres. Qui sait respecter tout le monde.

ᎫᎣᏒᎦᎣᏚᏈᏂ. *koptolombi.* Respecter, honorer, etc.

ᎫᎣᏒᎦᏅ. *koptoun.* Carquois à mettre les fleches ou toutes autres armes.

ᎫᎣᏒᏍᏈᏂ. *koptchimbi.* Cela se dit lorsque la chaux dont une muraille est crépie, tombe ; lorsque le vernis d'une chose se détache, ou tombe par écailles, etc. ; lorsque le papier qui est sur les murailles ou sur le plancher se décolle et tombe ; lorsqu'on bat le fer rouge, et qu'il en saute des éclats, etc. ; lorsque les plumes des fleches s'en vont par parcelles, que l'écorce des arbres tombe, etc.

ᎫᎣᏒᏍᎯᎲ. *koptchihien.* Homme qui fait le beau, qui se farde, etc.

ᎫᎣᏒᏍᎯᎲᏂ. *koptchihiatambi.* Se farder. Faire le beau, le damoiseau, etc.

ᎫᎣᎻ ᎯᏒ ᎭᏒ. *kom sere herguen.*

ᎫᎣᎻᏍᎦ. *komso.* Peu, en petit nombre.

ᎫᎣᎻᏐᎨᏅ. *komsokon.* Un peu, pas beaucoup. Un petit peu, etc.

ᎫᎣᎻᏐᏂ. *komsongue.* En petite quantité.

ㄋㄨㄥ ㄏㄜㄣ ㄍㄨㄣ. *ko sere herguen.*

ㄋㄨ. *ko.* Petite boîte d'or que portent sur leur cou les femmes habillées à la mandarine. Alors on dit ㄋㄨㄛㄒ, *hotsee.*

ㄋㄨㄏㄚ. *koha.* Ne pas tenir une promesse qu'on auroit faite. S'être corrigé.

ㄋㄨㄎㄛ. *koko.* Chant du coq. Lorsque le coq chante, ou crie, ou appelle les poules. On dit aussi ㄋㄨㄎㄛ ㄎㄨㄣㄅㄧ, *koko kouembi.*

ㄋㄨㄏㄛ. *koho.* Homme qui se farde, qui s'attife, ou qui s'ajuste de son mieux pour paroître joli, et pour se faire admirer ou aimer, etc. Damoiseau. Petit-maitre. Orgueilleux. Éventé. Homme qui est efféminé, qui est mou, et qui cherche à séduire les autres, etc. Cela revient à ce que disoit Confucius à son disciple *Tsee tchang. Tsee tchang;* aime à paroître beau, etc.

ㄋㄨㄏㄛㄌㄛㄇㄅㄧ. *koholombi.* Faire tomber quelqu'un en entrelaçant ses jambes dans les siennes. Attirer quelque chose à soi avec un crochet. Se servir de crochets ou d'une espece de peigne pour peigner les peaux dont les poils sont fort longs. Faire une espece de crochet avec sa jambe pour l'entrelacer dans celles d'un autre et le faire tomber. Accrocher quelqu'un avec ses doigts.

ㄋㄨㄏㄛㄌㄛㄅㄨㄇㄅㄧ. *koholoboumbi.* Ordonner d'accrocher, etc.

ㄋㄨㄏㄛㄔㄛㄇㄅㄧ. *kohochombi.* Se rebéquer à chaque mot que dit quelqu'un, comme si on étoit en colere, etc. Prendre en mauvaise part quelques paroles que dit un autre sans aucune mauvaise intention. Se dire des paroles piquantes.

kohoto. Lorsqu'un homme, dans la moissons, se sert d'un bois crochu ou d'une fourche pour battre les grains.

kohorombi, (*ko, kopi.*) Courber ses doigts en crochets. Poil frisé qui fait des boucles, etc. Boucler, etc.

kohorokongue. Qui est crochu. Qui est frisé, bouclé, etc.

kohotombi. Planer dans les airs. S'attifer, se farder, etc., pour plaire ou séduire les autres. Se parer et se louer. Faire commerce de sa chair. Se dandiner en marchant.

kohon. Anneau de fer dans lequel entre l'aissieu de la charrette ; il n'y en a point dans les chaises, c'est seulement pour les charrettes ou chariots qui doivent porter de gros fardeaux. Anneau ou crochet que les porte-faix ont au bout de leurs bâtons, qui leur sert à porter les fardeaux. Anneau, crochet de fer ou d'acier qui se met au baudrier pour y pendre les fleches. Carquois, etc.

kohoa ni tchiha sele. Les trois boucles, crochets et anneaux qui sont sur le baudrier des gens de guerre. Ces anneaux sont percés à-peu-près comme les caches.

kohongo. Qui est recourbé. Qui est crochu. Qui est fait en crochet.

𖠚𖠚𖠚, *kopi.* Lieu sablonneux et aride où il ne croît ni arbres ni herbes, et où il n'y a que du sable et des pierres, comme les montagnes pelées, etc.

𖠚𖠚𖠚 𖠚, *kobolombi* (*ho.*) Lorsqu'on a à partager de l'argent ou autre chose entre plusieurs personnes, et qu'on veut qu'un des concurrents n'ait rien, faire en sorte qu'il tombe sur le billet vuide. Lorsque les faisans sont perchés sur les arbres.

𖠚𖠚𖠚, *koboloboumbi.* Faire ensorte qu'un homme tombe sur le billet vuide, le faire tromper pour le frustrer de la part qu'il devroit avoir.

𖠚𖠚𖠚, *kogen.* La vertu de la charité, l'amour du prochain. Amitié.

𖠚𖠚𖠚, *kogenga.* Qui a de la charité, etc.

𖠚𖠚𖠚, *kogembi.* Aimer comme un pere aime son fils. Aimer tendrement. Ressentir de la douleur lorsqu'on s'est écorché la peau.

𖠚𖠚𖠚, 𖠚𖠚𖠚, 𖠚𖠚𖠚, 𖠚𖠚𖠚, 𖠚𖠚𖠚, *kogen, tchourhan, torolon, merguen, akdoun.* Les cinq vertus capitales; la charité, la justice, la politesse, la science, la droiture.

𖠚𖠚𖠚, *kogehapi.* Lorsque la petite vérole est en petite quantité, est foible, qu'il sort peu de boutons, etc.

𖠚𖠚𖠚 𖠚, *kogenga koutchou.* Ami tendre, bon ami.

𖠚𖠚𖠚, *kogentoumbi.* S'entr'aimer, s'aimer mutuellement. Lorsque plusieurs personnes s'entr'aiment.

ᔥᎣᏦᎣ · **KOTO** 437

ᔥᎣᎸᎿᎣᏅᏋ ᏟᏒᎢᏫᏒᎶᏃᎥᏫᏟᏇ, *kogetchouka kenehountchetchouke*. Qui a pitié de quelqu'un, qui lui porte compassion.

ᔥᎣᏦᏃᎲᏫᏇ, *kogeboumbi*. Être aimé de quelqu'un. Ordonner à quelqu'un d'en aimer un autre, etc.

ᔥᎣᎸᎿᎣᏅᏋ, *kochetchouka*. Qui est aimable. Qu'il faut aimer. Qui mérite qu'on lui porte compassion, qu'on lui pardonne. Aimer. Porter compassion. Être doux dans les jugements qu'on porte en automne contre les criminels, leur pardonner, ou ne leur infliger que de légeres peines. Porter compassion, etc.

ᔥᎣᎸᎯᏫᏋ, *kogehoun*. Affliction. Pleurs de tristesse. Douleur, amertume. Douleur, etc., qu'on ressent lorsqu'on a quelque meurtrissure, qu'on s'est brûlé, etc.

ᔥᎣᎸᎯᏫᏋᏫᏇ, *kogeholombi*. Ressentir de la douleur. Prier en pleurant qu'on pardonne une faute, etc. Être triste, affligé. Pleurer. Qui a de l'amertume.

ᔥᎣᎸᎯᏫᏋ ᏗᏫᏋ, *kogehoun touha*. Boyau de mouton qui est amer.

ᔥᎣᏠᏫᏋᏅᏋ, *kotohoun*. Homme qui a le corps droit. Quelque chose que ce soit qui est droit.

ᔥᎣᏠᏫᏋᏅᏋ ᏥᏗᏯᏒᎯᏅᏋ, *kotohoun niakouraha*. Homme fort droit étant à genoux, qui n'a pas le corps courbé.

ᔥᎣᏠᏫᏋᏅᏋ ᏥᏃᎲᏅᏋ, *kotohoun ilibouha*. Une chose qui s'éleve par-dessus plusieurs autres qui sont courbées, tandis qu'elle est droite.

kotombi. Cela se dit des poissons qui, pendant la nuit, sautent au-dessus de l'eau. Sauter.

kototoumbi. Lorsque plusieurs poissons sautent pendant la nuit au-dessus de l'eau. On dit aussi *kotonoumbi*.

kotor seme. Bavarder, parler sans savoir ce qu'on dit. Dire ce qu'il ne faudroit pas.

kolon toua. Lorsque pendant une nuit obscure on allume du feu dans les endroits sauvages, les oiseaux l'appercevant, volent vers ce lieu, et s'y arrêtent.

kolo. L'endroit d'un fleuve ou d'une riviere qui est le plus profond, et qui fait comme une espece de chemin au milieu de l'eau. La partie qui est la plus élevée sous la selle d'un cheval. Province; par exemple, province étrangere.

kolo ontcho. La partie ou le vuide de dessous la selle, qui est grand.

koloi peise. Roi, seigneur, souverain.

koloi amban. Grand mandarin des provinces étrangeres. On appelle aussi de ces noms les chefs des bannieres, les gouverneurs de province, les généraux d'armée.

koloi hafan. Nom qu'on donne aux assesseurs des gouverneurs des provinces, aux chefs des troupes et aux autres mandarins semblables.

kolorome kenembi. Aller dans les provinces.

kolaha. Geste de la main qui se fait après que la fleche est partie.

kolombi. Être choqué. On dit sans cesse, il est choqué : ou bien lorsqu'on est saisi tout-à-coup de crainte. N'aimer pas à se trouver avec une personne, fuir les lieux où on pourroit la voir, etc.

koloboumbi. Ordonner à quelqu'un de craindre, lui inspirer de la crainte. Être craint. Ressentir des mouvements de la crainte qu'on nous a inspirée.

kolohon kaimbi. Cela se dit des enfants qui craignent de pisser pendant la nuit.

kolohoi. Maniere de parler pour dire, il craint, etc.

kolohontchombi. Cela se dit des petits enfants qui s'éveillent en sursaut en craignant, que la crainte fait pleurer, que la crainte éveille souvent. C'est une maladie qui les éveille souvent en sursaut.

kolonohopi. Lorsque les deux côtés d'un fleuve ou d'une riviere sont glacés, et que la glace est forte et épaisse, et qu'il n'y a qu'un endroit au milieu où l'eau coule.

kolontoumbi. Lorsque le commun est rempli de crainte, est saisi tout-à-coup d'une crainte imprévue. (*kolonoumbi*.)

kotchi. Ordonner à quelqu'un de tirer à soi quelque chose. Ordonner à quelqu'un d'arracher quelque chose, de piquer un habit de peau ou telle autre chose que ce soit, de le coudre en long de distance en distance, de sorte que les coutures fassent comme des especes de raies sur tout l'habit. Ordonner de presser les grains dont on fait le vin jaune. Attirer quelqu'un à soi en le tirant ou par les bras, ou par le corps, etc.

☲☳. *kotchi tata.* Homme qui est décontenancé, qui n'a point de gravité.

☲☳. *kotchima.* Tiroir d'une table ou d'une garde-robe, dans lequel on serre différentes choses. On dit aussi ☲☳. *tatakou.*

☲☳. ☲. *kotchimbi, ka.* Presser les grains dont on fait le vin jaune. Battre la soie, la tirer par filaments. Cela se dit aussi des eaux qui baissent. Jouer du *cheng.* Attirer quelqu'un à soi en le tirant par les bras ou par le corps. Tirer l'épée de son fourreau. Faire revenir les troupes. Jouer du violon et d'autres instruments qui ont un archet. Coudre ou piquer un habit de sorte que les coutures fassent comme des raies tout le long, etc. Lorsqu'après de grandes pluies, les rivieres se sont enflées, elles baissent ensuite, etc. Serrer les rangs lorsqu'on est à la chasse, etc. Lorsqu'un cheval est maigre et qu'il est efflanqué. Se former. S'élever. Par exemple, l'arc-en-ciel s'est formé, paroît, etc.

☲☳. *kotchikou.* Genouillere de métal que l'on met à la guerre, plastron de métal, espece de cuirasse, ceinture d'acier; tout cela à est l'usage des gens de guerre, qui s'en servent pour se garantir des traits de l'ennemi. Ce sont aussi des espèces de bas fort longs que l'on met par-dessus les autres jusqu'à mi-cuisse, et un peu plus haut, lorsqu'on va à la chasse ou en campagne.

kotchimboumbi. Après une maladie, lorsque les nerfs des bras et des jambes se sont retirés. Ordonner à quelqu'un de ramasser les choses dont on ne veut pas actuellement se servir. Ordonner de racler sur les instruments à cordes, de fouler les grains dont on fait le vin, de coudre en long toute la surface d'un habit, de jouer du *cheng*.

kotchishoun. Humilité. Modestie.

kotchishountambi. S'humilier.

kotchika païara. *Peira* choisi. Homme de guerre qu'on préfère aux autres.

kotchi. Homme qui a les doigts de la main crochus.

kotchingui. Parler ou répondre promptement, précipitamment.

kotchime. Seulement. Lui seul, par exemple. Il ne sait que cela, etc. On dit aussi *tabala*. Quoique cela soit ainsi, cependant, etc. On dit de même *setchipe*.

koro. Nom d'un arbre dont l'écorce est noire, la feuille ronde, le bois rouge et parsemé de raies. Nom d'un arbre appelé *tsing kang chou*. Loin.

koroki. Lieu éloigné.

korokingue. Qui vient de loin.

korokon. Un peu loin, etc.

koro mafa. Le grand-pere de la mere.

koro mama. La grand'mere de la mere.

koromime. Très éloigné, très loin, etc.

koromime potombi. Penser au loin, supputer de loin, ect.

koromime iaboumbi. Faire une chose habituellement, toujours, etc.

koromime kounimbi. Penser toujours, penser au loin.

kofoho. Espece de filet pour prendre les oiseaux. C'est un nœud coulant au-dessus duquel il y a un bâton crochu, et au bas un autre morceau de bois sur lequel pose le premier; de sorte qu'ils forment entr'eux deux une espece de rond ou de demi-rond, autour duquel il y a quantité de nœuds coulants où les oiseaux se prennent en voulant manger l'appât. Cet engin est suspendu à un arbre, etc.

kofoloko. Espece de bâton où il y a un trou. On met ce bâton dans la poutre, et il sert à suspendre les lampes et lanternes.

kofoholohopi, mbi. Lorsque les herbes sont touffues, et qu'elles s'entrelacent les unes dans les autres. On dit de même *kouboulehepi.*

ᓴᐅᑐᖅᖕᐊᓕᕘ, *kotchor seme.* On dit cela d'un homme qui parle vite et qui ne s'explique pas bien. On dit aussi ᓴᐅᑐᖕᖅ ᐊᓕᕘ, *kotchoung seme.*

ᓴᐅᖕ ᐊᓕᖅ ᕿᖅᑐᕘ, *koai sere herguen.*

ᓴᐅᖕᕕᓐ, *koaimbi.* Heurter contre quelque chose. On dit aussi cela d'une chose qui est appuyée sur une autre. Se heurter mutuellement en marchant, etc. Mettre au milieu du but, par exemple : prendre le vent, etc.

ᓴᐅᖕᕆᕘ, *koaiha.* Il a fait son tour, son quartier. Il a donné au milieu du but, il a été près, il a heurté, etc.

ᓴᐅᖕᖢᕕᓐ, *koaiboumbi.* Partager quelque chose entre plusieurs. Ordonner ce qu'il faut donner à chacun. Lorsque la fleche a atteint le but.

ᓴᐅᖕᕆᖅᓱᕘᕕᓐ, *koaihorokopi.* N'avoir point de cœur. Avoir mauvais cœur. N'avoir dans le cœur rien de bon, etc.

ᓴᐅᖕᑐᕘ, *koaitchouka.* Lorsque ce qu'on dit s'accorde parfaitement avec les choses dont il est question; avant on met le mot ᕿᓱᕘ, *kisoun.* Il faut voir ce qui précede, et y ajouter le mot ᓴᐅᖕᑐᕘ, *koaitchouka.* Cela veut dire ou exprimer quelque chose de bon, etc. Qui s'accorde bien, etc. Les paroles s'accordent avec les faits, etc.

ᓴᐅᖕᑕᕘ, *koaitaha.* Depuis long-temps. Il y a très long-temps. Anciennement. Plus tard qu'il ne falloit. Tarder beaucoup. Il a tardé beaucoup.

𖼀. *koaitambi*. Être long-temps. Tarder beaucoup.

𖼀. *koaitaboumbi*. Ordonner à quelqu'un de tarder, d'être long-temps, etc.

𖼀. *koaito*. Lorsqu'au printemps il est tombé de la neige et que la terre est glissante, qu'on met des patins, et que ces patins ne suffisent pas, on se sert d'os de bêtes de la grosseur et de la longueur à-peu-près du doigt, fort pointus au bout, et larges du côté de la semelle; il y en a des deux côtés; avec cela on n'a pas à craindre de glisser. Cela veut dire, patins armés d'os.

𖼀. *koaiman*. Se contrefaire, changer sa propre figure, dans le dessein de se faire aimer, estimer, etc., par ses paroles, par ses gestes, et par toute sa contenance. Chercher à se faire aimer, à séduire, etc. On dit aussi 𖼀, *koaimanga*.

𖼀. *koaimanga*. Homme qui se contrefait, qui cherche à séduire en se contrefaisant, etc.

𖼀. *koaimarambi*. Chercher à paroître beau. Chercher à séduire.

𖼀. *koaire foulou*. Qui a mis souvent dans le but en tirant de la fleche.

𖼀. *kor sere herguen*.

𖼀. *korki*. La boucle qui sert à serrer la sangle des chevaux, ou la boucle du licol, etc.

𖼀. *kon sere herguen*.

𖼀. *kon kan*. Cri des oies, des especes de

de cicognes. Elles ont le bec blanc, la tête rouge. Mais l'oiseau dont il s'agit n'a pas la tête rouge, en quoi il diffère de la cicogne; il a le corps fort petit.

ꝛ—, *kontchambi.* On dit cela d'un homme qui, dans la maladie, paroît aller un peu mieux, et dont le mal cependant a empiré. Lorsqu'un malheur en suit un autre. Lorsqu'on a déterminé quelque chose, changer ensuite, etc.

ꝛ—, *kong sere herguen.*

ꝛ—, *kongori.* Se lever en dormant. On dit encore ꝛ—, *kongori iliha.*

ꝛ—, *kongon.* Lorsqu'on joue aux osselets et qu'on jette l'os du derriere d'un cerf ou d'un mouton, attraper le but.

ꝛ—, *konguibou.* Lorsqu'on est dans un lieu où il y a bien des choses, ordonner à quelqu'un d'aller en prendre et de les apporter. On dit aussi ꝛ—, *kana.*

ꝛ—, *konguiboumbi.* Ordonner à quelqu'un d'aller prendre quelque chose et de l'apporter. Lorsqu'on se trouve dans un lieu où l'on voit quantité de choses, ou quelque chose que ce soit.

ꝛ—, *kongohoun.* Lorsqu'un homme est seul, désœuvré, qu'il est assis tranquillement. Quand il est debout, on dit ꝛ—, *kongohoun iliha.* Quand il est assis, on dit ꝛ—, *kongohoun tehe.*

ꝛ—, *kongohori.* Lorsque le commun

est tranquillement assis sans rien faire, on dit *kongohori tembi*, ◯◯◯. Lorsque le commun est debout sans rien faire, on dit *kongohori ilimbi*, ◯◯◯.

◯. *konguimbi*. Envoyer chercher quelque chose. Envoyer quelqu'un prendre une chose. On dit aussi ◯, *kanambi*.

◯. *kok sere herguen*.

◯. *kokche*. Collet de cérémonie auquel les especes d'ailes ne sont pas attachées.

◯. *koktchi*. Instrument du labourage, ou, pour mieux dire, manche de la charrue.

◯. *koktchi*. Cela se dit des oiseaux qui muent, auxquels les anciennes plumes tombent pour faire place aux nouvelles.

◯. *koktchimbi*. Entourer de soie les nœuds qui sont aux cordons des bourses qu'on porte à la ceinture, et qui sont de différentes couleurs. On dit aussi ◯, *toptchilambi*, et ◯, *oumiahalambi*.

◯. *koktchiboumbi*. Ordonner à quelqu'un d'entourer de soie les nœuds des cordons qui sont aux bourses, etc.

◯. *kol sere herguen*.

◯. *kolboun*. Garde-robe, ou chevilles à suspendre les habits.

◯. *kolmin*. Long.

ᠬᠣᠯᠮᠢᡴᠠᠨ. *kolmikan.* Un peu long.

ᠬᠣᠯᠮᡳᠨ ᠴᠠᠨ. *kolmin tchan.* Fleche de bois dont on se sert pour l'exercice ; le bouton en est un peu rond, et un peu plus long que la pointe des fleches ; le bas a quatre pointes ou angles plats et minces. Il y a quatre trous. Il n'y a point de fer à ces sortes de fleches.

ᠬᠣᠯᠮᡳᡧᠣᠨ. *kolmishoun.* Qui a l'apparence un peu grande. Qui semble un peu long.

ᠬᠣᠯᠮᡳᠨ ᠴᠠᠩᡤᡳᠶᠠᠨ ᠠᠯᡳᠨ. *kolmin changuien alin.* Montagne blanche et longue, appellée en chinois *Tchang pei Chan*, haute de 200 lys, avec autant de circonférence ; au haut il y a un grand lac qui a 80 lys de tour. C'est de cette montagne que les trois fleuves suivants prennent leur source ; savoir, le *Ya Lou*, le *Houn Toung*, et le *Ngai Hou*.

ᠬᠣᠯᠮᡳᠨ ᡶᡠᠩᡴᡠ. *kolmin fougkou.* Ceinture très ferme, à laquelle on met des deux côtés une espece de mouchoir de soie qui est fort long et blanc.

ᠬᠣᠯᡨᠣᠨ. *kolton.* Reste d'un tronçon de bois brûlé.

ᠬᠣᠮ ᠰᡝᡵᡝ ᡥᡝᡵᡤᡠᠨ. *kom sere herguen.*

ᠬᠣᠮᠪᡳ. *kombi.* Ne pas tenir ce qu'on avoit résolu. Manquer à ses promesses. On dit communément, il n'a pas fait ce qu'il avoit déterminé de faire. Manquer à sa parole. Se repentir d'avoir dit quelque chose.

ᠬᠣ ᠰᡝᡵᡝ ᡥᡝᡵᡤᡠᠨ. *ho sere herguen.*

ᡥᠣᠨᡳᠨ. *honin.* Nom d'une heure chinoise. C'est aussi le nom qu'on donne au mouton. Moutons des Mongoux, qui ont la queue fort large ; ceux qui ont la queue petite, et le poil ou la laine frisée, sont les moutons des Mantchoux.

honiki. Nom des petits ours qui ont les pattes de devant fort courtes, et qui ne peuvent pas encore traverser une riviere sur une perche, etc., comme les autres.

honika. Lorsque les poissons ont frayé et qu'à peine leurs petits ont les yeux ouverts.

ho ha. Lorsqu'il fait grand froid, et qu'on fait pour s'échauffer *ho ha*, etc. On dit aussi *etetei.* C'est de même une espece de soupir lorsqu'on n'est pas tranquille ou content.

ho hoei. Cri de chasse lorsqu'on a apperçu le cerf, ou toute autre bête endormie, etc.

hono. Encore? C'est encore comme cela? Mais encore comme cela, etc?

hono toutou oho pate ere pe ai hentoure. Puisqu'il en est toujours de même, qu'y a-t-il à dire?

hokombi. Répudier une femme, la renvoyer chez ses parents. Quitter un tribunal pour entrer dans une charge plus honorable. Lorsque deux personnes, par exemple, font voyage; que l'une est plus avancée que l'autre. Être séparé l'un de l'autre. Se séparer. Quitter un endroit. Revenir chez soi après avoir fait sa commission ou sa garde, etc. Il est dit dans le *Lun Yu*: Confucius ne rejetoit jamais le gingembre dans ses repas.

ᐅᖕᓄ. *hokoboumbi.* Ordonner de se séparer, de s'éloigner, de répudier sa femme.

ᐅᖕᓂ. *hopei.* Toile peinte de différentes couleurs. Alors on dit ᐅᖕᓂ ᑯᓴ. *hopei poso.*

ᐅᖕᓄᔅ. *honokta.* Poissons qui sont pris dans la glace lorsque l'eau gele. On dit aussi ᐅᖕᓄᐃᐅᖁ, *hongotcho,* et ᑭᔅᓴ. *mounkou.*

ᐅᖕᓂᐅᖕᓄ. *hohotombi.* Siffler en joignant les deux mains qu'on applique sur la bouche, pour appeller son ami ou tout autre qu'on a perdu de vue.

ᐅᖕᓄᖁ. *hohori.* Lorsque le cartilage qui est près du trou de l'oreille est plus élevé que le reste, on l'appelle la petite oreille.

ᐅᖕᓄᖁ ᖏᓪ. *hohori tchan.* Fleche faite avec de la corne de bœuf. On dit aussi ᐅᖕᓄ ᖏᓪ. *kolmin tchan.*

ᐅᖕᓄ. *hoho.* Gousses de haricots, feves, etc. Plusieurs gousses ensemble qui ont une même tige. On dit aussi ᑐᖅᐅᖕᓄ. *touri hoho.* Le bout de l'oreille, ᖃᓂ ᓲᐃᖏ, *chan ni souihe,* qui signifie la même chose que ᐅᖕᓄ, *hoho.*

ᐅᖕᓄᖁᖕᓂ. *hohonombi.* Lorsque les gousses des haricots, feves, etc., commencent à paroître. Lorsqu'après la neige, il vient une gelée qui fait comme des especes de chandelles au bout des toits, etc. Grappe, amas de fruits qui pendent à une même branche.

ᐅᖕᓄᓐ. *hohon.* Lorsque les ours de différentes especes se mettent en hiver dans le creux des arbres, ou dans leurs cavernes. Ce mot veut dire caverne, tanière, retraite des ours. Vase de bois à mettre du vin.

hose. Boîte quarrée ou ronde dans laquelle on met quelque chose que ce soit.

hose tengtchan. Boîte d'artifice où l'on met des fusées, serpenteaux, etc. Ces choses sont faites pour récréer la vue.

hoso hasa. Bruit que rend le papier ou autre chose semblable qu'on secoue.

hosori. Espece de farine qu'on a sur la tête ou sur le corps, sur-tout si l'on a des dartres. Suie qui s'amasse dans les endroits où l'on fait du feu. Ordure qui est dans les oreilles, ou bien cire d'oreilles. Éclats qui sautent du fer lorsqu'on le forge. Alors on dit *sele hosori.*

hocho. Coin, angle, bord, côté. Les quatre coins du monde, le sud-est, le nord-ouest, le sud-ouest, le nord-est. Quarré.

hocho mouhelin. Quarré. Rond.

hocho paimbi. Présents qu'on fait aux nouveaux mariés, en biscuits, viandes, etc. On dit aussi *hocho sahambi.*

hocho y koungtchou y hocho y efou. L'empereur nourrit le mari de sa fille. Apanage qu'il lui donne.

hocho y koungtchou. Apanage que l'empereur donne à sa fille.

ᠵᡠᡳᠰᡝ. *hochoi tsin ouang*. Frere, ou neveu, ou oncle, ou parent de l'empereur. Il y en a dix classes. Celle des *tsin ouang* est la première.

ᠵᡠᡳᠰᡝ. *hochoi efou*. Le mari de la fille d'un régulo. Le mari de la fille d'un des parents de l'empereur.

ᠵᡠᡳᠰᡝ. *hochoi keke*. La fille d'un des parents de l'empereur.

ᠵᡠᡳᠰᡝ. *hochotolombi*. Tout ce qui a une forme irréguliere.

ᠵᡠᡳᠰᡝ. *hochotoloboumbi*. Ordonner de donner une forme irréguliere à quelque chose.

ᠵᡠᡳᠰᡝ. *hochchombi*. Tromper, séduire, induire en erreur.

ᠵᡠᡳᠰᡝ. *hochchoboumbi*. Ordonner de tromper, de séduire. Être trompé. Être séduit.

ᠵᡠᡳᠰᡝ. *hobolon*. Nom d'un arbre qui sert comme de limite ou de séparation entre deux champs : on en fait des haies. Sa feuille est un peu plus grosse que celle de l'abricotier ou du pêcher.

ᠵᡠᡳᠰᡝ. *hobo*. Biere où l'on met les morts pour les porter en terre. On dit aussi ᠵᡠᡳᠰᡝ. *téton*.

ᠵᡠᡳᠰᡝ. *hobo mousen*. Grande et petite biere qu'on met l'une dans l'autre avant que d'enterrer le corps.

ᠵᡠᡳᠰᡝ. *hochongo*. Quarré.

ᠵᡠᡳᠰᡝ. *hochotongo*. Qui a des côtés, qui a des angles.

ᠬᠣᡐᠣ. *hoto*. Les pieces d'acier rondes qui sont sur la cuirasse par derriere l'épaule; il y en a trois rangs. Espece de courge. L'os de la tête des hommes, le crâne. Chauve, qui a la tête pelée.

ᠬᠣᡐᠣ ᡳᠣ. *hoto iao*. Teigne.

ᠬᠣᡐᠣᠷᠣᠮᠪᡳ. *hotorombi*. Qui va en montant. On dit cela de quelque chose que ce soit qui est plus haut d'un côté ou d'un bout que de l'autre.

ᠬᠣᡐᠣ ᡴᡠᠣᡐᠴᡳᡥᡝ. *hoto kouotchihe*. Petit ventre, ou ventricule qui est dans le ventre des bœufs, cerfs, moutons, etc.

ᠬᠣᡐᠣ ᡐᠴᡝᡴᡝᠮᡠ. *hoto tchekemou*. Espece d'étoffe de soie qui est parsemée de fleurs.

ᠬᠣᡐᠣᡥᠣᡠᠨ. *hotohoun*. Qui a la levre supérieure fort élevée.

ᠬᠣᡐᠣᠨ. *hoton*. Muraille d'une ville. (*Tcheng* en chinois.)

ᠬᠣᡐᠣᠨ ᡶᡝᡴᠣᡠᠮᠪᡳ. *hoton fekoumbi*. Sauter une muraille. Battre en breche. Escalader les remparts.

ᠬᠣᠮᡳᠨ. *homin*. Beche. Fer de la beche seulement. Instrument à becher. Espece de serpe ou serpette, etc.

ᠬᠣᠯᡳᠮᡦᠠ. *holimpa*. Espece de grain qui ressemble au grain appellé *yu chou chou mi* (en chin.)

ᠬᠣᡐᠣᡵᡳ. *hotori*. Nom qu'on donne aux petits des poissons blancs lorsqu'ils ne font que de naître.

ᠬᠣᠯᠣ. *holo*. Mensonge. Paroles trompeuses, artificieuses. Gorge de montagne. Endroit profond au milieu des montagnes. Cavernes des montagnes. Creux ou canaux par où s'écoulent les eaux. Canal aux deux côtés duquel il y a des bords élevés, etc. Lieu profond dans les montagnes, tantôt étroit et tantôt large, etc. Terre basse à côté de laquelle il y en a de plus hautes.

holokon. Un petit mensonge. Parole qui côtoie la vérité. On dit aussi *holokon oulouken.*

holo koutarhan. Courroie qui est attachée à la selle, et qui passe sous la queue du cheval. (Croupière.)

holon kaha. Nom d'un oiseau qui ressemble au corbeau; il est un peu plus gros. On dit aussi *kerou.*

holor halar. Bruit que font plusieurs cloches ensemble, plusieurs grelots, tels que ceux qu'on pend au cou des mulets, etc.

holo tchilbouri. Lorsqu'un cheval a le nez au vent, qu'il porte la tête haute, lui mettre dans la bouche une courroie qui passe sous le ventre, où on l'attache, pour l'obliger à baisser la tête.

holor. Bruit des cloches.

hote. Ou, particule. Peut-être. On dit aussi *aintchi.*

hotchikon. Qui est beau à voir. Qui a belle apparence. Qui est beau.

hotchikosaka. Très beau. Qui a toutes les qualités qui constituent le bon et le beau.

〰〰. *hotchihon.* Mari. Mari de la fille. Gendre.

〰〰. *hotchihoche.* Gendres. Maris des filles.

〰. *hotcho.* Belle femme qu'on aime en la voyant.

〰 〰. *hotcho faha.* Prunelle de l'œil. On dit aussi 〰 〰. *nieounieou faha.*

〰. *hoki.* Beaucoup de personnes qui travaillent à la fois à une même chose. Plusieurs personnes qui travaillent ensemble. Garçons de boutique, etc.

〰. *hokilambi.* Faire le commerce. Acheter ou vendre. On dit aussi 〰 〰. *emou houfan.* Tromper dans le commerce. Lorsque plusieurs personnes ensemble se querellent. Faire ensemble quelque chose que ce soit, tromper, faire du désordre, exciter des querelles, etc.

〰. *ho ki.* Nom d'un oiseau qui ressemble au faisan, appelé *pé hien.* Il est plus gros que les faisans ordinaires. Les plumes de son corps tirent sur le noir; sa tête et son cou sont de couleur violette ou bleue obscure; son bec est blanc mêlé d'un peu de rouge; ses yeux et ses pieds sont rouges, sa queue est blanche avec du violet au bout, et longue de deux pieds. De dessous son bec s'élèvent deux plumes de couleur de cendre [une de chaque côté] qui ressemblent à deux dents ou défenses de sanglier, etc.

〰. *hori.* Ordonner de mettre quelqu'un en prison. Ordonner d'enfermer des bêtes dans un endroit. Faire mettre quelqu'un en prison.

〰. *horimbi.* Mettre en prison. Enfermer, etc.

HORO

ꂃꂃꂃ. *horiboumbi.* Ordonner d'enfermer. Être enfermé, etc.

ꂃꂃꂃ. *horibouha.* Lorsqu'à la chasse on enferme les bêtes dans un cercle de chasseurs, etc. On dit aussi ꂃꂃꂃ. *horiboumbi.*

ꂃꂃꂃ. *horon.* Majesté. État de puissance, d'autorité. Degré d'autorité des gens de guerre. Mandarinat de guerre, suite d'un magistrat. Aiguillon des scorpions et des abeilles. Force, vertu des onguents. Force des plumes qui sont au bout des fleches. Après le mot ꂃꂃꂃ. *horon*, on met une épithete de grand ou de petit, suivant les occurrences, etc.

ꂃꂃꂃ ꂃꂃꂃ. *horon tosé.* Qui a de l'autorité, de la puissance, du crédit, etc.

ꂃꂃꂃ ꂃꂃꂃ. *horon kirangui.* Os que les tigres ont sur la poitrine, qui leur donne une contenance terrible. Cet os est petit, et rond des deux côtés de la poitrine. Les Chinois disent « Que ceux qui mangent « cet os acquierent une grande force; c'est pourquoi « on le vend fort cher. »

ꂃꂃꂃ. *horongueou.* On dit cela des médecines et autres choses semblables dont la force ou la vertu est si terrible qu'elle fait tomber dans le délire, etc., ceux qui les prennent. Homme qui a une contenance terrible.

ꂃꂃꂃ. *horolombi.* User de sa puissance, de son autorité, de sa force, etc.

ꂃꂃꂃ. *horo.* Nom d'une espece de poisson appellé

en chinois *man yu* et *he foung*. Il ressemble au *koun yu*; il est noir, et a des raies d'une autre couleur : il a des dents. C'est un fort mauvais poisson. On l'appelle aussi ᠵᡠᠸᠠᡵᠠ. *houara*.

ᠬᠣᡵᠣᡴᡳ. *horoki*. Jeune homme qui a la couleur d'un vieillard.

ᠬᠣᡶᡳᠨ. *hofin*. Petit vase de porcelaine plus petit que celui qu'on appelle ᠮᠣᠩᡤᠣᠴᠣᠨ. *mongotchon*.

ᠬᠣᡶᡳᠶᠠᠨ. *hofien*. Homme qui est bon à tout, qui peut bien faire tout.

ᠬᠣᡶᠣᠨ. *hofoun*. Boucles qui se forment sur la surface de l'eau.

ᠬᠣᡦᠣ. *hotsee*. Boîte que les femmes des mandarins portent au cou lorsqu'elles ont leurs habits de cérémonie.

ᠬᠣᡵᠣᠯᠣᠮᡝ ᡦᡠᠴᡝᠪᡠᡥᡝ. *horolome poutchebouhe*. Se tuer soi-même. Cela se dit des criminels qui craignent des châtiments terribles, et qui se donnent la mort eux-mêmes.

ᠬᠣᠴᠣᡵᡳ ᡶᡠᠴᡳᠨ. *hochori foutchin*. Femmes des parents de l'empereur.

ᠬᠣᠯᠣ ᠴᡳᡦᠴᠠ. *holo tchiptcha*. Habit qui ressemble à un habit de peau, au bord duquel on met un peu de peau, pour faire croire qu'il en est entièrement.

ᡥᠣᠸᠠᡳ ᠰᡝᡵᡝ ᡥᡝᡵᡤᡠᡝᠨ. *hoai sere herguen*.

ᡥᠣᠸᠠᡳᡥᠠᠨ. *hoaihan*. Cercle qu'on fait dans le lieu de la chasse pour envelopper le gibier. Un cercle. Alors on dit ᡝᠮᡠ ᡥᠣᠸᠠᡳᡥᠠᠨ. *emou hoaihan*.

HOAI

ᠨᠣᠴᠢᠩᠭᠣᠨ. *hoaihan chentambi.* Faire un cercle dans le lieu de la chasse.

ᠨᠣᠴᠢᡥᠣ. *hoaiho.* Petit faisan qui a encore la queue fort courte.

ᠨᠣᠴᠢᠯᠠᠮᠪᡳ. *hoailambi.* Tacher. Lorsqu'il tombe de l'huile, de la graisse, ou toute autre chose qui tache. Tacher, gâter un habit, etc.

ᠨᠣᠴᠢᠯᠠᠪᡠᠮᠪᡳ. *hoailaboumbi.* Faire tacher. Tacher quelque chose. Être taché par quelqu'un.

ᠨᠣᠴᠢᠯᠠᡴᠠᡦᡳ. *hoailakapi.* Cet habit, etc., a été taché, gâté, etc.

ᠨᠣᠴᠢᠯᠠᡧᡠᠨ. *hoailashoun.* Habits ou autres choses à l'usage d'un pauvre homme, qui n'ont point de couleur. Guenilles. Haillons.

ᠨᠣᠴᠢᠯᠠᠯᠠᠮᠪᡳ. *hoailalambi.* Tourner la tête pour voir quelque chose.

ᠨᠣᠴᠢᠯᠠᡨᠴᠠᠮᠪᡳ. *hoailatchambi.* Cela se dit des hommes, chevaux, etc., qui regardent de tous côtés, en-haut, en-bas, à droite et à gauche, lorsqu'ils marchent.

ᠨᠣᠴᠢᡶᠠᠨ. *hoaifan.* Lorsqu'on veut teindre en noir on emploie des feuilles et de petits rameaux de thé sauvage qu'on fait bouillir dans l'eau avec le calice des glands d'une espece de chêne noir.

ᠨᠣᠴᠢᡶᠠᠯᠠᠮᠪᡳ. *hoaifalambi.* Teindre en noir avec des feuilles de thé sauvage, et les glands du chêne noir.

ᠨᠣᠴᠢᡶᠠᠯᠠᠪᡠᠮᠪᡳ. *hoaifalaboumbi.* Ordonner de faire bouillir des feuilles de thé sauvage, etc., pour teindre en noir.

ᠬᠣᠷ ᠰᠡᠷᡝ ᡥᡝᡵᡤᡠᡝᠨ, *hor sere herguen*.

ᠬᠣᠷ ᠰᡝᠮᡝ, *hor seme*. Bruit que font les chevaux quand ils voient quelque chose dont ils ont peur. Ce bruit se fait avec les narines et la bouche.

ᠬᠣᠷᡴᡳ, *horki*. Nom d'un oiseau qui est de couleur de cendre : il a le corps gros, les serres couvertes de poils, et la queue longue. Il vit dans les lieux froids, dans les forêts inaccessibles aux rayons du soleil.

ᠬᠣᠷᡴᡳᡴᡠ, *horkikou*. Bois transversal qu'on met pour fermer les deux battants de la porte. Ce bois entre des deux côtés dans un anneau de fer. Os du derriere, os de la cuisse; jointure de ces deux os, dont l'un est concave, et l'autre convexe, ils s'emboîtent l'un dans l'autre. Sur la porte du lieu où l'empereur a son trône, où il donne audience, etc., il y a ces quatre mots chinois *fou hai cheou chan*, bonheur grand comme la mer, années durables comme les montagnes.

ᠬᠣᠷᡥᠣ, *horho*. Garde-robe dans laquelle il y a plusieurs étages pour mettre les habits, etc.; il y a deux portes. Porcherie. Cage où l'on met les oiseaux, etc. Bergerie.

ᡥᠣᠨ ᠰᡝᠷᡝ ᡥᡝᡵᡤᡠᡝᠨ, *hon sere herguen*.

ᡥᠣᠨ *hon*. Très, superlatif; très fort. Surpasser plus qu'il ne faut. On dit aussi ᡠᠮᡝᠴᡝ, *oumeche*.

ᡥᠣᠨᡨᠣᡥᠣ, *hontoho*. La moitié. La moitié d'une lune, par exemple, une partie. Mandarin de l'intérieur qui a soin des choses du dedans. ᡥᠣᠨᡨᠣᡥᠣ ᠴᠣᠣᡥᠠᡳ,

hontoho fouloun. La moitié des gages d'un mandarin.

hontoho mo. Morceau de bois sur lequel on écrit des lettres, un accord, un contrat, etc. On coupe ce bois en deux, et chaque contractant en emporte une partie. Partie ou moitié d'un cachet, d'un sceau.

hontoholo. Ordonner de partager par la moitié.

hontoholombi. Partager en deux parties. Oter une partie d'une chose. Casser un vase. Rendre plus court, etc.

hontoholoboumbi. Ordonner d'ôter une partie d'une chose. Être partagé en deux, etc.

hontchi. Peau de mouton. Peau de gros mouton. Peau d'agneau. (*moua hontchi,* *narhoun hontchi.*)

hontopa. Courroie ou ficelle qui est au bout des fouets pour les chevaux. Nom d'une herbe appellée *ma hoang tsao* en chin. Cette herbe vient dans les lieux élevés où il y a des grains, etc.; mais elle vient sur-tout où il y a de l'herbe appellée *tsouo tsao* à laquelle elle ressemble. On en nourrit les chevaux.

hong sere herguen.

hongko. Espece de pont placé entre deux montagnes au bas desquelles il y a un torrent. Bout ou fin de la terre unie, du terrain uni. Bord d'un précipice. Barque qui sert à passer une riviere. Le bord de devant de la poutre qui appuie sur les deux bords d'un ruisseau ; le bord de derriere s'appelle ⌒. houte.

⌒. *hongoun*. Cloche dont on se sert quand on évoque les esprits : elle est ou de cuivre, ou de fer, ou d'acier. Grelots qu'on met aux mulets, etc. Petit grelot.

⌒. *hongonombi*. Petite vessie que forment les gouttes de pluie en tombant. Se déchirer, se rompre. Plusieurs choses qui pendent.

⌒. *hongonome ketchehe*. Chose quelconque qu'on mêle avec une autre. Mêler plusieurs choses ensemble.

⌒. *hongonohopi*. Un habit qui s'en va par lambeaux, par pieces.

⌒. *honkolo kalman*. Espece de cousin plus gros que les cousins ordinaires. On dit aussi ⌒. *amba karma*.

⌒. *hongotcho*. Poisson qui a gelé avec l'eau, qui se trouve pris dans la glace. On dit aussi *honokta*, ⌒. et ⌒. *monkou*.

⌒. *hongoun tchetchike*. Nom d'un oiseau plus petit que le *hoang ly* : son ramage ressemble au son d'un grelot.

⌒. *hongotchoun*. Nom d'une plante sauvage qui a les feuilles un peu plus courtes que celles du saule et qui lui ressemblent.

⌒. *hongoun niehe*. Nom d'une espece d'oie sauvage qui crie en volant. Elle se nourrit de poissons, et n'est pas bonne à manger. Espece de canard sauvage.

ᴊᵛ²ᴏ̰ᴄ̰ᴛ̰ᴄ̰, *honko tchetchike*. Nom d'un oiseau dont la poitrine est jaune, le dos tirant sur le noir, et dont le cri ressemble à celui de l'hirondelle. (ᴊᵛ²ᴏ̰ᴛ̰ᴄ̰ᴛ̰ᴄ̰, *hongoun tchetchike*.)

ᴊᵛ²ᴏ̰ ᴛ̰ ᴄ̰ᴄ̰, *hok sere herguen*.

ᴊᵛ²ᴏ̰ᴛ̰ᴄ̰, *hoksombi*. Être en colere dans le cœur. Être triste. Haïr, avoir de l'aversion dans le cœur.

ᴊᵛ²ᴏ̰ᴛ̰ᴄ̰, *hokton*. Liege ou telle autre chose légère qu'on met dans les filets pour en tenir une partie au-dessus de l'eau. On en met aussi dans les lignes, afin que le pêcheur soit averti quand le poisson est pris. L'écorce du *noan mou* est pleine de petits trous, et légere; on met cette écorce au milieu de l'arc, afin que la main ne soit pas blessée.

ᴊᵛ²ᴏ̰ᴛ̰ᴄ̰ᴛ̰ᴄ̰, *hoktochombi*. Lorsqu'une riviere ou un ruisseau ont changé de lit, ou bien qu'il y a peu d'eau et qu'ils ne remontent plus dans les lieux élevés qui demeurent à sec. Le sens de ce mot est, chercher quelque chose dans ces lieux qui sont à sec.

ᴊᵛ²ᴏ̰ᴛ̰ᴄ̰, *hoktchi*. Nom d'une plante sauvage dont la tige est mince, et dont les feuilles ressemblent aux cornes.

ᴊᵛ²ᴏ̰ ᴛ̰ ᴄ̰ᴄ̰, *hos sere herguen*.

ᴊᵛ²ᴏ̰ᴛ̰ᴄ̰, *hoshori*. Bête qui a le poil frisé. Qui a les cheveux ou la barbe frisée.

hoshorilambi. Accommoder le poil pour en faire des étoffes.

hoshorilaboume tchotombi. Lorsqu'on fait les étoffes, employer les poils frisés. On dit *tchengme be poutour seme hoshorilaboumbi tchotombi.*

hoshorinahangue. Injures que les femmes en particulier disent aux hommes; c'est-à-dire, poil frisé. On dit aussi *henguenehengue.*

hop sere herguen.

hop seme. Bruit que fait le but contre lequel on s'exerce lorsqu'on tire de la fleche à cheval.

hao sere herguen.

hao. La dixieme partie d'un *ly* ou bien la centieme partie d'un *fen.*

hao seme tambi. Faire un petit bruit, un petit sifflement comme celui du vent.

haochan. Papier. (*Tché* en chin.)

haochan tchiha. Caches ou monnoie de papier.

haochan ni toukou. Le papier de l'éventail.

haochan ni pei. Tablettes de papier. Cartes à jouer.

haochan tahaboumbi. Lorsque celui qui évoque les esprits tient la place du malade, prie pour lui, et offre pour lui des pieces de monnoie de papier.

ᠵᠣᠣᡥᠠᠨ ᡥᡝᡵᡤᡠᠮᠪᡳ. *haochan herguembi.* Faire des monnoies de papier. Faire du papier. On dit aussi ᠵᠣᠣᡥᠠᠨ ᡥᡝᡵᡝᠮᠪᡳ. *haochan herembi.*

ᡥᠣᠣ ᡥᡳᠣ. *hao hieou.* Qui est brillant. Qui a de la majesté. Qui a de la force. Qui surpasse les autres en bonne mine, en apparence.

ᡥᠣᠣ ᡥᡳᠣ ᠰᡝᠮᡝ ᠠᡵᠪᡠᡧᠠᠮᠪᡳ. *hao hieou seme arbouchambi.* Qui porte son corps droit, avec majesté. Qui marche gravement.

ᡥᠣᠣ ᠰᡝᠮᡝ ᡨᠠᠪᡠᠮᠪᡳ. *hao seme taboumbi.* Qui marche fièrement. Qui fait quelque chose avec majesté.

ᡥᠣᠣ ᡥᡳᠣ ᠰᡝᠮᡝ ᠮᠣᡠᡨᡝᠪᡠᡥᡝ. *hao hieou seme moutebouhe.* Avoir fait une affaire avec diligence, sans délai.

ᡥᠣᠣᡥᠠᠨ. *haohan.* Canard rouge, dont le corps ressemble au *lou see*: son plumage est blanc ainsi que ses ailes: il y a un peu de rouge.

ᡥᠣᠣ ᠰᡝᠮᡝ. *hao seme.* Cela se dit de l'eau qui coule avec rapidité. Grandes pieces d'eau qui semblent couler. Couler majestueusement.

ᡥᠣᠯ ᠰᡝᡵᡝ ᡥᡝᡵᡤᡠᡝᠨ. *hol sere herguen.*

ᡥᠣᠯᡴᠣᠨᡩᡝ. *holkonde.* Façon de parler *ex abrupto*, comme si l'on disoit, *ai, ha, hola.* Lorsqu'on voit tout d'un coup ce à quoi on ne s'attendoit pas.

ᡥᠣᠯᡥᠣᠨ. *holhon.* Jambe.

holhon kirangui. Os de la jambe de l'homme. Pour l'os de la jambe des bêtes, on dit *chantou.*

holbo. Faire atteler. Faire joindre plusieurs choses.

holbombi. Deux, une paire, une couple. S'allier par le mariage. Se marier. Habiter ensemble. Plusieurs choses qu'on met ensemble. Plusieurs paroles, plusieurs mots qui sont joints ensemble.

holboboumbi. Ordonner d'atteler. Conséquence. Qui est important. Ordonner de s'accoupler, de se marier, de souffrir de ses parents, alliés, enfants, etc. Envelopper dans une affaire.

holbohoun. Homme qui en vaut deux, qui a de la force, de l'adresse pour deux, etc.

holbon. Une paire, une couple. On dit aussi *tchourou.* Attelage. Assemblage. Mariage. On dit aussi *tchourou holbon.*

holhotchi. Nom d'une plante dont la racine sert à faire des bâtonnets d'odeur. On dit aussi *kieou holhon.*

holtombi. Tromper en se donnant pour ce qu'on n'est pas. Attraper l'argent de quelqu'un. Mentir.

holtonoumbi. Lorsque plusieurs personnes trompent, mentent.

holtoboumbi. Être trompé. Être attrapé. Faire tromper, etc.

ᡥᠣᠮ HOM 465

ᡥᠣᠯᡨᠣᠨ ᡨᠠᡳ. *holtoun tai.* Tour. Forteresse. Lieu élevé sur une colline, etc.

ᡥᠣᠯᡨᠣᠨ. *holtoun.* Fumée qui s'exhale lorsqu'on brûle l'ordure de loups. Bruit d'une espece de trompette qu'on emploie pour signal. C'est à dire que quand les troupes entendent le son de cet instrument, ou voient la fumée, elles se rendent dans ce lieu. Nom d'un arbre : c'est une espece de pin qui donne du fruit. Cet arbre est fort élevé, beau à voir; ses feuilles viennent de deux en deux : elles sont en grande quantité. Le bois en est incorruptible, on l'emploie pour faire les grandes et petites barques. On garde dans les tours une grande quantité de cette ordure de loup ou de renard pour l'employer aux signaux, parceque cette fumée n'est pas détournée par le vent, et monte toujours en droite ligne.

ᡥᠣᠯᡨᠣᠨ ᡨᡠᠸᠠ. *holtoun toua.* Feu ou fumée qui sert de signal dans les tours.

ᡥᠣᠯᡨᠣᠨ ᠮᠣ. *holtoun mo.* Pommes de pin, ou fruits du pin.

ᡥᠣᠯᡨᠣᠨ ᡨᡠᡥᡝᡴᡝ. *holtoun touheke.* Cela se dit lorsque les étoiles semblent tomber le matin avant l'aurore.

ᡥᠣᠮ ᠰᡝᡵᡝ ᡥᡝᡵᡤᡠᡝᠨ. *hom sere herguen.*

ᡥᠣᠮᠰᠣ *homso.* Navette dont se servent les tisserands et les ouvriers pour faire les toiles et les étoffes.

ᡥᠣᠮᡥᡠᠨ. *homhoun.* Étui de couteau. Fourreau d'épée. Étui de pinceau.

ꣽꣽꣽ. *kou sere herguen.*

ꣽꣽꣽ. *kou tcha.* Lorsque plusieurs personnes se battent ou se querellent, elles disent ꣽꣽꣽ. *kou tcha.*

ꣽꣽꣽ. *kouboulin.* Tantôt d'un côté, tantôt de l'autre. Cela se dit des gens de guerre qui changent de poste. Soldats ambulants.

ꣽꣽꣽ. *kouboulimbi.* Changer de bien en mal, ou de mal en bien. Changer de mœurs. Choses qui sont devenues tout autres qu'elles n'étoient. Cela se dit aussi des troupes qui croyoient vaincre, et qui sont vaincues. Les affaires ont changé de face. Son cœur est changé, etc.

ꣽꣽꣽ. *kouboulika.* Il a changé. Cela a changé.

ꣽꣽꣽ. *koubouliboumbi.* Faire changer.

ꣽꣽꣽ. *kouta.* Mélange de plusieurs choses. Alors on dit ꣽꣽꣽ ꣽꣽꣽ. *outchombi koutame.* Faire un mélange, etc.

ꣽꣽꣽ. *koutan.* Nom d'une espece d'oiseau qui ressemble à l'oie. Cet oiseau est de couleur de cendre: il a le bec large, le jabot grand; il le remplit d'eau qu'il verse dans les trous où il y a des rats; ils sortent, et l'oiseau s'en saisit et les mange.

ꣽꣽꣽ. *koutaraha.* Croupiere. Piece d'étoffe ou de peau qu'on met sur la croupiere du cheval.

ꣽꣽꣽ ꣽꣽꣽ. *koutou kata.* Bruit de plusieurs personnes qui marchent.

ꣽꣽꣽ ꣽꣽꣽ. *koutou fata.* Bruit d'une chose extraordinaire qui presse, etc.

KOUTCHA

ᒍᓕᐣ ᒐᓕᐣ. *koulin tchalin.* Cela se dit d'un homme qui n'a point de gravité, qui semble avoir la tête d'un chat, les sourcils d'un voleur, la queue et les yeux d'un rat.

ᒍᓕᒻᑉᐃ. *koulimbi.* Cela se dit de ceux qu'une grande crainte fait tenir coit, fait cacher de façon qu'ils n'osent pas remuer. Ne pas souffler. Retenir son souffle. Cela se dit aussi des oiseaux que la crainte fait taire. Se cacher, etc.

ᒍᓕᐴᒻᑉᐃ. *kouliboumbi.* Ordonner de se cacher, de tenir son souffle, d'avoir peur, etc.

ᒍᓕᐦᐊᑉᐃ. *koulihapi.* Avoir eu grande peur. S'être caché de peur, etc.

ᒍᓕᒉᑕᒻᑉᐃ. *koulichetambi.* Être inquiet. Avoir perdu la tête de peur. Cela se dit des hommes et des animaux. Qui ressemble à un voleur. Qui a les sourcils et les yeux d'un voleur. Homme qui n'a point de gravité. Qui est comme la tête d'un chat, et la queue d'un rat; c'est-à-dire, toujours en mouvement.

ᒍᓚᐣ. *koulan.* Espece de cheval qui a la queue noire, et le reste du corps tirant sur le jaune. Cheval tigré. Cheval marqueté de rouge et de jaune. Cheval qui a le corps blanc et le museau noir.

ᒍᕈ. *kourou.* Espece de fromage fait avec de l'eau-de-vie, du lait de cheval ou de cavalle. Cette espece de fromage a un goût fort.

ᒍᒐ. *koutcha.* Belier. Agneau qui n'est pas encore châtré.

ᠵᡠᠸᠠ, *koua*. Auguste. Cheval roux. (*Hoang* en chin.)

ᠵᡠᠸᠠᠰᠠ, *kouasa*. Présomptueux. Qui se vante. Homme qui n'a aucun mérite et qui s'en fait accroire; qui se loue sur tout. On dit aussi ᠵᡠᠸᠠᠰᠠ ᠨᡳᠶᠠᠯᠮᠠ, *kouasa nialma*.

ᠵᡠᠸᠠᠰᠠᠲᠠᠮᠪᡳ *kouasatambi*. Se vanter sans cesse.

ᠵᡠᠸᠠᠯᠠ, *kouala*. Ordonner de déchirer, de découvrir quelque chose. Impératif de ᠵᡠᠸᠠᠯᠠᠮᠪᡳ, *koualambi*.

ᠵᡠᠸᠠᠯᠠᠷ ᠰᡝᠮᡝ, *koualar seme*. Qui a toujours l'air gracieux. Qui dit hardiment ce qu'il pense.

ᠵᡠᠸᠠᠯᠠᠷ ᠰᡝᠮᡝ ᡴᡳᠰᠣᡵᡝᠮᠪᡳ, *koualar seme kisourembi*. Qui dit son sentiment sans craindre personne.

ᠵᡠᠸᠠᠯᠠᠮᠪᡳ, *koualambi*. Peler quoi que ce soit. Oter l'écorce de quelque chose que ce soit. On dit aussi ᡥᠣᠸᠠᡴᡳᠶᠠᠮᠪᡳ, *hoakiambi*.

ᠵᡠᠸᠠᠯᠠᠪᠣᡠᠮᠪᡳ, *koualaboumbi*. Ordonner de peler, d'ôter la peau.

ᠵᡠᠸᠠᡥᠠ, *kouaha*. Nom d'un oiseau dont le bec est fort mince, le corps petit, et qui chante le soir.

ᠵᡠᠸᠠᠴᠠ, *kouatcha*. Écritoire de campagne ou de voyage, faite avec de la corne de bœuf. C'est aussi une espece d'écritoire à l'usage des menuisiers. Instrument dont on se sert pour faire avaler de la nourriture à un enfant dont la mere n'a plus de lait.

ᠵᡠᠸᠠᠴᠠᡵᠠ, *kouatchara*. Ordonner de creuser, de prendre, d'accrocher quelque chose.

ᏊᎠᏣᎷᎠᎻᏛᎨᏂ. *kouatcharambi.* Creuser quelque chose en dedans, le rendre propre en ôtant tout ce qui le salissoit. Employer un petit couteau ou tel autre instrument pour rendre propre quelque chose.

ᏊᎠᏣᎷᎠᎻᏛᎬᏛᎨᏂ. *kouatcharaboumbi.* Ordonner de creuser, de nettoyer.

ᏊᎠᏣᎠᏂ ᏍᎠᎩᎣ. *kouatchan ioro.* Bouton qu'on met au bout des fleches qu'on lance en faisant l'exercice de la fleche à cheval.

ᏊᎠᏣᎷᏛᎨᏂ. *kouatchambi.* Cela se dit du cri que poussent les cerfs et autres animaux semblables, à la vue de quelqu'un.

ᏊᎠᏅᎬ. *kouang.* Ton de voix élevé. Bruit que fait un tuyau de bambou lorsqu'on le met au feu, et que la chaleur le fait ouvrir. Bruit qu'on fait en frappant sur quelque chose, comme sur quelqu'instrument de bois, etc.

ᏊᎠᏅᎬ ᏎᎻᎢ. *kouang seme.* Parler d'un ton haut. Lorsque plusieurs personnes parlent à la fois d'un ton fort haut.

ᏊᎠᏅᎬ ᏣᏅ. *kouang tchang.* Bruit du tambour de peau ou de cuivre, etc.

ᏊᎠᎳᏂ ᎺᎫ. *kouaran mekou.* Espece de champignons qui sortent du pied des arbres qu'on a coupés et qui commencent à pourrir. Leur couleur est entre le blanc et le verd.

ᏊᎠᎳᏂ. *kouaran.* Campement d'une armée. Camp. Cercle fait avec des piquets lorsqu'on est à la chasse. Parc où l'on nourrit les bêtes féroces. Murailles dont on environne un terrain, etc. Clos. Enclos, etc.

༄༅། *kouata kiti.* Bruit que fait une chose qui n'est pas fort pesante, soit en tombant, soit qu'on l'ait jetée. Écho. Résonnement de l'écho.

kouaitchi. Especes de boucles quarrées d'un côté, et rondes de l'autre; elles sont ou de fer ou de cuivre, et clouées tout autour des courroies, ou sur des cordons de soie. Qui marche avec la pointe des pieds en droite ligne. Qui a la pointe des pieds extrêmement en dehors.

kouala iha. Bœuf qui est d'un jaune obscur.

kouar. Bruit d'une étoffe qu'on déchire.

kouarambi. Faire un cercle à la chasse. Faire un cercle sur une lettre manquée pour l'effacer.

kouaraboumbi. Faire envelopper. Être environné. Lorsque la bête est environnée de tous côtés.

kouaran ni ta. Le premier, le plus vaillant des mandarins de guerre, qui a été choisi et élevé parmi un grand nombre.

kouatar seme. Cela se dit des chevaux ombrageux qui se cabrent pour la moindre chose.

kouai fei seme houaliasoun. Avoir la contenance, l'extérieur gracieux.

kouai fei seme. Homme qui n'a

point de gravité, qui parle beaucoup. On dit aussi ꝏꝏ ꝏ ꝏꝏ, *koai fei seme oueihouken.*

ꝏꝏ ꝏꝏ ꝏꝏ, *kouak tchak seme.* Vîte et précipitamment. Sans gravité. Contenance d'un homme rustre. Bruit qu'on entend lorsqu'on frappe quelque chose avec un bâton.

ꝏꝏ ꝏꝏ, *kouas kis.* Bruit que font les souliers lorsqu'on marche. Bruit en général. Bruit que fait un sac de riz qu'on traîne, et qui vient à se rompre. Bruit du grain qui coule.

ꝏꝏ, *kouas.* Cri d'une espece d'épervier. Cet oiseau de proie s'appelle *tou hou yng* (en chin.) Bruit que fait le bois qu'on casse.

ꝏꝏ ꝏꝏ, *kouahalafi intchembi.* Rire à gorge déployée.

ꝏꝏ, *kouatiki.* Ours de l'année. Ours né dans l'année. On dit aussi ꝏꝏ, *koutkan.*

ꝏꝏ, *kouaktahoun.* Lieu sec et aride où il ne croît ni herbes ni plantes.

ꝏꝏ ꝏꝏ ꝏꝏ, *kouak tchak seme arbouchambi.* Marcher sans gravité, sans contenance, précipitamment, etc.

ꝏꝏ ꝏꝏ ꝏꝏ, *kor sere herguen.*

ꝏꝏ ꝏꝏ, *kor kar.* Bruit du gosier lorsqu'on met le doigt dans la bouche. Bruit que fait quelquefois le ventre.

ꝏꝏ, *kortcha.* Un peu noir.

𖣠𖣠𖣠. *kortchanambi.* Noircir. Cela se dit des lieux où l'on fait souvent du feu, que la fumée a noircis.

𖣠𖣠. *kortchan.* Nom d'un oiseau qui ressemble au *hoei hao.* Il est de couleur de cendre plus foncé que l'*hoei hao*: il chante en volant.

𖣠𖣠. *kourtambi.* Remuer l'eau avec un bâton. Troubler l'eau. Par exemple, remuer les assaisonnements, comme le poivre, sel, vinaigre, etc., pour qu'ils se mêlent bien ensemble.

𖣠𖣠 𖣠𖣠 𖣠𖣠, *kout sere herguen.*

𖣠𖣠, *koutkan.* Petit ours de l'année. On dit aussi 𖣠𖣠, *kouatiki.*

𖣠𖣠. *kouthoumbi.* Mêler plusieurs choses ensemble. Remuer la farine avec de l'eau pour faire de la colle. Se mêler, comme lorsque les troupes sont aux mains. Disputer. Mêler, troubler l'eau en remuant la vase qui est au fond.

𖣠𖣠, *kouthouboumbi.* Ordonner de mêler, de troubler, de disputer, etc.

𖣠𖣠. *kouthouri.* Ornements de toile ou d'autres choses qu'on met au-dessus des tentes. Ornements des souliers, etc. Ornements qu'on met sur quelque chose que ce soit.

𖣠𖣠 𖣠𖣠, *kouthoume afambi.* Se battre. Être en dispute, en désordre, etc.

𖣠𖣠 𖣠𖣠 𖣠𖣠, *kou sere herguen.*

KOUNI

ꕎꕌ, *kouni*. Pense. Ordonner de penser. (Impératif de ꕎꕌꕝ, *kounimbi*.)

ꕎꕌ, *kounin*. Sentiment, pensée, réflexion, intention.

ꕎꕌꕝ, *kounimbi*. Penser, réfléchir. Avoir un sentiment, etc.

ꕎꕌ, *kouna*. Bœuf de trois ans, fort, robuste.

ꕎꕌꕝ, *kouniboumbi*. Être rebuté. Recevoir des rebuffades de quelqu'un. Être l'objet des pensées de quelqu'un. Ordonner de penser.

ꕎꕌ, *kounihakou*. N'avoir aucune intention, ne pas penser.

ꕎꕌꕝ, *kouninambi*. Cela se dit lorsqu'il vient, après avoir médité quelque temps, une pensée qu'on cherchoit. Cette idée m'est venue, par exemple.

ꕎꕌ, *kounin hiri oho*. Lorsque la pensée, le sentiment qu'on cherche ne vient point. Il ne me vient aucune pensée. On dit de même ꕎꕌ, *ousatala oho*.

ꕎꕌ, *kounin ni tchihai*. Faire à sa fantaisie, comme on le pense, comme on le juge.

ꕎꕌ, *kounin be outchimbi*. Chercher à se conformer au sentiment de ses pere et mere.

ꕎꕌ, *kounin tatchihoun*. Qui a des pensées fausses. Qui donne à gauche.

ꕎꕌ, *kouninga*. Qui a de bonnes pensées,

474   KOUSA

de bonnes résolutions. Homme entendu, qui pense juste, qui sait trouver des expédients, qui pense beaucoup.

kounihanga. Qui pense, qui ambitionne, qui desire quelque chose.

koupatambi. Cela se dit des chevaux, mulets, et autres bêtes qui ne souffrent point qu'on les attache, qui regimbent. Regimber, résister. Lorsqu'on est attaqué par quelqu'un, faire ses efforts pour lui résister. Lorsque les poissons sautent sur la surface de l'eau. Vouloir se battre, se prendre au collet avec quelqu'un. Se battre.

koupambi. Consolider, ou amarrer quelque chose sur une charrette. Employer pour cela une corde double dans laquelle on passe un bâton, pour pouvoir serrer solidement. Alors on dit *koupiha.*

kounitchambi. Penser tout doucement à quelque chose. Penser sérieusement et avec attention à quelque chose. Être absorbé dans ses pensées. Penser toujours. Ne pouvoir se distraire de ses pensées.

kousa. Banniere; il y en a huit. A chaque banniere il y a des *Mantchoux*, des *Hang kun*, et des *Mongoux*.

kousa i etchen. Le chef de la banniere.

kousai peise. Petits régulos qui sont ordinairement de la famille impériale. Ces régulats sont donnés à la quatrieme génération de l'empereur.

KOUTOU 475

ꓤꓴꓡꓴꓡ ꓤꓴꓡꓴꓡ. *kousai foutchin.* **Femmes** des régulos appellés *pei tsee* (en chinois.)

ꓤꓴꓡꓴꓡ. *kousai.* Beau-fils du *pei tsee.*

ꓤꓴꓡꓴꓡ ꓤꓴꓡ. *kousasai hehe.* Fille du *pei tsee.*

ꓤꓴꓡꓴꓡ. *kousitchi.* Le trentieme.

ꓤꓴꓡꓴꓡ. *kousita.* Chaque trentieme.

ꓤꓴꓡꓴꓡ. *kousingueri.* Trente fois.

ꓤꓴꓡꓴꓡ. *kousihia.* Frontieres de deux royaumes.

ꓤꓴꓡꓴꓡ. *kousou.* Grosse corde. Alors on dit ꓤꓴꓡꓴꓡ ꓤꓴꓡꓴꓡ. *kousou fouta.* Cordes qui prennent des deux côtés du cheval, et qui vont jusqu'à la charrette. Cordes par le moyen desquelles les chevaux traînent la charrette. (Traits.)

ꓤꓴꓡꓴꓡ. *kousoulambi.* Tenir les rênes. Tirer les cordes ou les rênes des chevaux attelés, etc.

ꓤꓴꓡꓴꓡ. *kousin.* Trente, nombre. (*San che* en chin.)

ꓤꓴꓡꓴꓡ. *koutotchoun.* Mauvais garnement qui par ses mauvaises actions déshonore sa famille. Un homme qui s'est perverti. Homme qui étoit d'abord bon et sans vice, et qui, après deux ou trois mauvaises actions, a perdu tout honneur.

ꓤꓴꓡꓴꓡ. *koutouboumbi.* Faire déshonneur à ses ancêtres qui ont tous été gens de probité. Être perverti par les méchants. Être scandalisé. Suivre les mauvais exemples. Être opiniâtre. Être diffamé. Envelopper les autres dans son déshonneur. Être déshonoré. Être enivré. Être ivre.

𐐁𐑆. *koutobourakou.* Qui n'est point déshonoré. Qui n'a point déshonoré ses pere et mere. Qui n'oublie rien pour remplir ses devoirs. Cela se dit aussi des enfants qui se levent de grand matin pour servir leurs pere et mere. Boire sans s'enivrer.

koutoumbi. Cela se dit des poissons quand ils sont au milieu de l'eau. Frayer, en parlant des poissons.

koutou kata. Lorsque plusieurs personnes disent des paroles inutiles, oiseuses. Jaserie, babil.

koulin tchetchike. Nom d'une espece d'oiseau dont le mâle et la femelle vont toujours de compagnie : il chante à la deuxieme lune, jusqu'après l'automne.

koula peie. Sa propre personne, soi-même, sa propre entité.

koulambi. Cela peut se dire d'une cheminée qui fume. Lorsque le vent fait rebrousser la fumée, et qu'elle ne sort point par le canal ordinaire, mais qu'elle revient vers le feu.

koulakou. Précipice, lieu profond entre deux montagnes élevées. Canal profond entre deux montagnes. Ce mot n'exprime que les canaux ou précipices où il n'y a point d'eau.

koulaboume ouaha. Dégringoler du haut d'une montagne dans un précipice en se battant. S'entraîner l'un et l'autre, ou les uns et les autres, dans le précipice.

KOUYA

༄༅་, *koulamè touhentchihe.* Tomber du sommet de la montagne dans le précipice. Dégringoler.

༄༅་. *koulimbi.* Être d'accord avec quelqu'un, avoir les mêmes idées, le même sentiment sur une chose, s'accorder. On dit aussi ༄༅་, *koulika.*

༄༅་. *kouliboumbi.* Ordonner à quelqu'un de s'accorder, d'être d'accord, etc.

༄༅་ ༄༅་, *kouli kali.* Cri de l'oiseau appellé *hoang ly.*

༄༅་ ༄༅་, *koulou kala.* Chuchoter, parler doucement à quelqu'un pour n'être entendu que de lui.

༄༅་. *koutchila.* Bûche qui est au feu, dont une partie est brûlée ou brûle actuellement, et l'autre est encore intacte.

༄༅་, *koura.* Petits cordons des bourses que l'on porte à la ceinture. Petits cordons quels qu'ils soient, ou pour quelque usage qu'ils soient. Espece de cerf ou de chevreuil sans cornes. C'est le mâle qui s'appelle ainsi.

༄༅་. *kourakouchambi.* Agir, voir, faire comme un homme qui a les sourcils d'un voleur, la tête d'un chat, les yeux et la queue d'un rat.

༄༅་. *kouambi.* Aboiement d'un chien qui veut mordre. Aboyer.

༄༅་, *kouyatoumbi.* S'accoupler. Cela se dit des cerfs et autres animaux semblables qui cherchent à s'accoupler en automne.

koutche. Cri d'un homme qui appelle l'oiseau de proie qu'il craint de perdre de vue.

koua. Ou ceci, ou cela. Un tel, par exemple, telle chose, telle affaire; cet autre, cet homme, etc.

kouapche. Penser à un autre endroit.

kouatchihiachambi. N'avoir ni gravité ni contenance. N'avoir rien d'assuré. Avoir la chair tremblante.

kouatchia tata. Qui a une contenance sans gravité. Qui n'a rien d'assuré, de déterminé. On dit aussi *teté tata.*

kouiambi. Se frotter contre un arbre. Cela se dit des cerfs et autres animaux semblables qui voulant s'accoupler en automne, et ne pouvant en venir à bout, s'écorchent la peau en se frottant contre un arbre.

kouanoumbi. Lorsque plusieurs chiens aboient ensemble.

kouaingue. D'une autre personne.

kouachakapi. Lorsque les choses acides ont tourné, sont gâtées.

kouachabouha. Recevoir, avoir reçu le châtiment par quelque esprit. Avoir souffert de l'indignation de l'esprit.

kouachehia. Nom d'un oiseau aquatique de couleur blanche : il y en a de couleur grisâtre, tirant sur le rouge, de bleus, de gros et de petits.

KOUA

. ꝃ, *kouachchambi*. Mettre en petits morceaux la viande qu'on doit manger. Lorsque la chair palpite.

ꝃ. *kouachchaboumbi*. Ordonner de couper en petits morceaux la viande que l'on doit manger.

ꝃ. *koualiatarakou*. Qui ne change pas d'idées, de sentiments. Qui ne change pas ses usages.

ꝃ. *koualiachakou*. Qui n'a rien de déterminé. Qui est tantôt bon, et tantôt mauvais.

ꝃ, ꝃ. *koualiambi, ka*. Changer de bien en mal. Cela se dit aussi des couleurs qui changent, qui s'alterent; d'un homme dont la couleur change; d'un homme malade, dont l'intérieur est gâté, changé sans qu'il le sache. Cela se dit aussi des comestibles dont la couleur change, qui s'alterent.

ꝃ. *koualiaboumbi*. Faire changer, altérer, corrompre, fermenter quelque chose.

ꝃ. *koualiachambi*. Lorsqu'un homme a une maladie dangereuse, et que le dedans de son corps change, s'altere, etc.

ꝃ. *kouatchihia*. Bruit ou espece de soupir d'un homme qui saute. Mouvement d'un homme qui fait quelque effort. Sursaut.

ꝃ. *kouatchihien*. Cela se dit des comestibles qui sont contraires à notre goût, qu'on ne peut avaler. Mauvaises choses. Choses gâtées.

༄༅། *kouatchihialambi.* Pousser un soupir subit. Tressaillir. Ressauter.

༄༅། *kouahien.* Nom général qu'on donne aux trous que les soldats à l'armée creusent en terre, et dans lesquels ils font du feu pour leur cuisine.

༄༅། *kouahien arame ilihapi.* Lorsque chaque compagnie se range à l'armée, campe l'une près de l'autre, qu'on met les ustensiles et batteries de cuisine dans des trous. Les troupes ont campé.

༄༅། *kouaitambi.* S'appuyer sur un bâton. Lorsqu'on met les deux mains sur un bâton à crosse, et qu'on appuie la tête dessus.

༄༅། *kouaitaboumbi.* Ordonner à quelqu'un de s'appuyer sur un bâton, etc.

༄༅། *kouaitanahapi.* Marcher comme les canards. Cela se dit des femmes chinoises qui ont les deux pointes des pieds en dehors, et qui marchent comme des canards. Homme qui a mauvaise mine, dont le corps est petit, et qui n'a point de couleur.

༄༅། *kouar kouar.* Cri des canards et des grenouilles.

༄༅། *kouamboumbi.* Faire aboyer un chien.

༄༅། *kouei sere herguen.*

༄༅། *kouei kouei.* Mot dont se servent les chasseurs pour appeler les oiseaux de proie qu'ils ont lancés contre le gibier. Mot pour faire entendre qu'on a vu le gibier.

kour sere herguen.

kour kar. Cri que plusieurs oiseaux poussent ensemble en volant.

kourpi. Nom d'une plante aquatique qui a comme trois cornes. On l'appelle *pou tsao* et *ouan* (en chinois.)

kourki. Boucles ou anneaux qu'on met à la ceinture pour la rendre plus large ou plus étroite. Boucles ou anneaux ou crochets de ceinture.

kourki foïo. Nom d'une plante sauvage dont les feuilles sont plates : elle vient dans l'eau. Si on met de ces feuilles dans les souliers ou dans les bottes, on y est fort à l'aise, parcequ'elles sont molles et douces.

kourguin. Flamme qui s'élève lorsque le feu s'allume.

kourguilambi. Lorsque la flamme sort.

kourguilaboumbi. Être brûlé par la flamme lorsqu'elle est considérable.

koun sere herguen.

koun halambi. Cela se dit des oies sauvages et domestiques, des canards et autres oiseaux qui se tiennent sur le bord de l'eau et dans les lieux peu fréquentés pour muer; parcequ'alors ils ne sauroient voler jusqu'à ce que leurs nouvelles plumes soient venues. Cela se dit aussi des serpents qui changent de peau. Alors on dit *meihe koun halambi.*

kong sere herguen.

kongan. Luette double. Lorsqu'il vient une deuxieme luette qui empêche la respiration, etc.

koungali. Lorsque les bords de la riviere se sont écroulés.

koungame. Parole qu'on dit lorsqu'il n'y a pas de vent, et qu'il fait très chaud.

koung kang. Cri d'une espece d'oie.

koungakahapi. Lorsque la luette est extrêmement enflée.

koup sere herguen.

kouptchimbi. Bâter ou seller un cheval ou toute autre bête, ou bien mettre une peau avec du bois ou du bambou et la lier avec une corde sur le dos de quelque animal.

kouptchiboumbi. Faire bâter ou seller un cheval, etc. Faire lier une peau avec du bois ou des bamboux sur le dos de quelque animal.

koul sere herguen.

koulha. Pantoufle ou soulier.

koulhanahapi. Cela se dit d'une bête qui en marchant n'appuie pas tout le pied, mais seulement une partie. On dit de même *koulhanaha.*

koultaraha. Nom d'un oiseau dont les ailes et la queue sont rouges : il fait des nids qui sont fort gros. C'est une espece d'hirondelle. On dit aussi *youngan tchipin.*

ᡴᡠᠯ. *koultarakoulaha.* Cela se dit des chevaux et autres bêtes qui baissent la tête lorsqu'ils sont malades.

ᡴᡠᠯᡩᡠᠨ. *kouldoun.* Voûtes des portes d'une ville. Voûte des ponts.

ᡴᡠᠯᡨᡠᡵᠠᠮᡝ. *koultourame.* Lit d'une riviere. Alors on dit ᡴᡠᠯᡨᡠᡵᠠᠮᡝ ᡝᠶᡝᠮᠪᡳ. *koultourame eiembi.*

ᡴᡠᠯᡨᡠᡵᠠᠮᠪᡳ. *koultourambi.* Cela se dit d'un bouton, furoncle, etc., petit au dehors, et fort étendu en dedans. Creuser la terre et faire une voûte. Avoir le cœur gâté, et agir en conséquence.

ᡴᡠᠯᠮᠠᡥᡡᠨ. *koulmahoun.* Lievre. La quatrieme heure chinoise. On dit aussi ᠮᠠᠮᡠᡴᡝ. *mamouke.*

ᡴᡠᠯᠮᠠᡥᡡᠨ ᠠᠰᡠ. *koulmahoun asou.* Filet à prendre les lievres, long de cinq *tchang*, haut de quatre pieds ; on l'arrête par le bas avec des chevilles auxquelles on l'attache. Ce filet est ouvert, et tombe dès que le lievre touche quelque chose.

ᡴᡠᠯᡨᡠᡵᠠᡴᡡ ᠶᠣ. *koultourakou yo.* Bouton ou furoncle qui, n'ayant aucune tête, est très étendu en dedans, et plein de pus et de sang corrompu.

ᡴᡠᠯᠴᠠᡵᠠᡥᠠ. *koultcharaha.* Cordon qu'on attache au bout d'une canne ou d'un fouet pour le tenir à la main.

ᡴᡠᠯᠴᠠᠮᠪᡳ. *koultchambi.* Cela se dit d'une barque dont la proue, enfonçant beaucoup dans l'eau, est attachée avec des cordes, afin qu'elle aille plus doucement, et qu'elle ne se précipite pas dans cette espece d'écluse.

koulkirakou. Perdre une chose qu'on estimoit infiniment. Comme si on disoit : Je ne puis pas me consoler de cette perte.

koum sere herguen.

koumbi. Cela se dit lorsqu'un chien aboie d'une maniere forte. Creuser avec un couteau la chair d'un animal, ou la viande.

hou sere herguen.

hou. Riz ou autre comestible semblable très cuit, réduit en une espece de pâte. Pâte de riz. Farine mise en pâte. La dix-millieme partie d'un *fen* appellée *hou*. La nuque du cou. C'est aussi une mesure appellée *hou*, qui contient cinq petits boisseaux. Anciennement dix boisseaux faisoient un *hou*. Fleuve. Grande riviere.

houpa. Espece de verre, ou espece d'ambre, etc. (*hou pa* en chinois.)

houpala. Faire coller du papier sur les fenêtres, ect.

houpalambi. Coller.

houpalaboumbi. Faire coller.

houpalara fakehe. Colleur.

houpan. Espece de tablette que portoient à la main ceux qui alloient voir l'empereur ou les magistrats, etc. Un sage roi est comme le *hou*, l'or, la pierre précieuse, etc. *chou pigere ambasa saisa aigen ni atali houpan ni atali, atali kou i tartchan ni atali.*

houpin. Artifice pour attraper le bien des autres.

houpin de touoska. Avoir été dupé, attrapé, etc.

houpichambi. User d'artifice pour tromper, pour duper quelqu'un.

houpichaboumbi. Être trompé par quelqu'un. Ordonner de tromper, de duper, etc.

houha. Cordon ou cordelette de coton qu'on met au bout des fouets.

houboumbi. Faire faire une cadenette de ses cheveux. Faire faire un cordon de bourse. Faire tresser. Faire faire les cordons ou autres choses semblables dans les souliers, bottes, pantoufles, etc.

hounambi. Mêler la soie avec le coton, et n'en faire qu'une même chose, comme la pâte, etc.

house. La barbe. Les trois brins de barbe. On dit aussi *choufanga salou.*

houche. Ordonner d'envelopper, de plier quelque chose que ce soit.

houchembi. Envelopper quelque chose que ce soit.

hougeboumbi. Ordonner d'envelopper, de plier quelque chose. Être enveloppé par la maladie.

houchehapi. Il a été enveloppé, etc.

houchepa orho. Nom d'une plante appellée *pa chan hou* (en chinois).

houchehan. Espece de tablier à l'usage des femmes.

houcheme. Complet. Une année complete. Une année révolue. Alors on dit *ania houcheme,*

houchema. Nom d'une espece d'arbre sauvage qui vient sur les montagnes dans les lieux déserts : son bois ressemble à celui du *ho tao,* [le noyer]; il est léger, serré et fin : on en fait des manches de bêches, et autres instruments d'agriculture, ainsi que des rames pour les barques. Son fruit est appellé *houalama oucheha,*

houchetoun. Enveloppe que les hommes mettent à leurs pieds, comme des especes de chaussons. Celle dont se servent les femmes est appellée *pouhikou.*

houchebouhapi. Lorsque la maladie est ancienne. On dit *nimekou de houchebouha.*

houhoupa. Robe qui n'est pas ouverte sur le devant.

housoun. Force. Ouvrier entretenu par l'empereur.

housoun ni epchehe (mbi, me.) Ces mots ont le même sens que *mouterei teile;* c'est-à-dire, qui emploie toutes forces.

housoungue. Qui a de la force.

HOUTA 487

〰〰. *housoutolembi.* Employer sa force. Prêter sa force à quelqu'un pour l'aider ou le secourir, etc.; le défendre par ses paroles, etc.

〰〰. *housoutoleboumbi.* Ordonner d'employer sa force, de secourir quelqu'un par ses paroles, etc.

〰〰. *housoun ni houtchihoun.* Appeller un gendre pour qu'il nourrisse le pere et la mere de sa femme.

〰〰. *housoungue.* Qui a de la force.

〰〰. *housoun hetouhoun.* Force extraordinaire.

〰〰. *houcha.* Espece d'herbe dont on fait de la toile pour s'habiller en été. On l'appelle *ko pou* (en chinois.)

〰〰. *houcha siren.* Herbes qui s'étendent. Branche de la plante *ko.* Espece de lierre qui embrasse les arbres, et qui monte jusqu'à leurs branches. Ses feuilles ont trois petites cornes, etc.

〰〰. *houchakou.* Espece de coucou.

〰〰. *hosoungue po.* Qui est riche. Qui a une maison bien montée.

〰〰. *hou i ta.* L'endroit de derriere la tête qui joint les cheveux à la chair du cou. Le creux qui est au bas du derriere de la tête.

〰〰. *houta.* Espece de commerce qui se fait en échangeant une marchandise contre l'autre. Prix d'une chose, combien elle coûte. On dit de même *houta maiman*.

houtai pa. Marché, lieu où se fait le commerce. Foire.

houtai nialma. Marchand, négociant, homme qui fait le commerce.

houtachara. Homme qui fait le commerce.

houtachambi. Commercer. Faire le commerce. On dit aussi *maimachambi*.

houtachaboumbi. Faire faire le commerce. Ordonner à quelqu'un de commercer.

houta arambi. Vendre quelque chose.

houtori. Richard. Homme qui a de l'honneur et des richesses. (*houtouri feksen.*)

houtoringa. Qui a de l'honneur et des richesses, du bonheur.

houtori paimbi. Mettre au cou d'un enfant un cordon des cinq couleurs, le conduire ensuite pour l'offrir à l'esprit, et le prier de lui conserver la vie.

houtori igembi. Avoir acquis de l'honneur et des richesses.

houtori igeboumbi. Faire enrichir quelqu'un.

houtori fekchen tchalafoun. Trois étoiles; l'étoile des richesses, l'étoile des honneurs, et l'étoile de la longue vie.

houtori fekchen aigembi. Qui a été protégé. Être protégé par l'esprit des richesses, etc.

houtori imiambi. Lorsque toutes sortes de bonheur viennent à la fois.

houdoun. Vite, leste.

houtouka. Un peu vite.

houtoula. Ordonner de faire vite quelque chose que ce soit. On dit de même *hahila.*

houtoulambi. Faire vite, promptement quelque chose que ce soit.

houtoulaboumbi. Ordonner de faire quelque chose vite.

houtoukala. Ordonner de faire vite, très promptement.

houdoun hafouka. Espece de bouton ou de furoncle. Ce bouton entraîne une longue raie rouge.

houla. Faire appeller quelqu'un. Ordonner à quelqu'un de s'instruire. Faire instruire quelqu'un.

houlambi. Appeller, faire venir, s'instruire, lire, apprendre, crier. Faire faire les cérémonies. Lorsque le coq chante.

houlara hafan. Mandarin maître des cérémonies.

houlaboumbi. Ordonner de crier, d'appeller. Ordonner d'apprendre, de lire, de s'instruire.

houlanaboumbi. Envoyer quelqu'un appeller un autre.

houlatchimbi. Venir appeller. Venir lire, s'instruire, apprendre.

houlatoumbi. Lorsque chacun crie à la fois, lit à la fois à haute voix. On dit aussi *houlanoumbi.*

houlachambi. Échanger une chose avec une autre. Changer quelque chose que ce soit contre une autre.

houlachaboumbi. Ordonner d'échanger une chose contre une autre.

houlan. Tuyau de cheminée par où la fumée s'échappe.

houliboun. Enchanter quelqu'un. User d'enchantements pour lui ôter la connoissance.

houlimboumbi. Être enchanté, ensorcelé. Avoir perdu l'esprit et la connoissance par les enchantements. Alors on dit *merguen ourse houlimbourakou.* Employer des enchantements pour aliéner l'esprit de quelqu'un.

holori malari. Délai. Qui differe de jour en jour. Paresse. Paresseux qui n'emploie pas tout son savoir, toute sa diligence, etc. Négligence.

houmarakapi. Qui a les yeux et le visage salis, gâtés, tachés.

ᠵᡞᡠᠰᡝ, *houme.* Tresse du fouet dont on se sert quand on va à cheval. Tresser quelque chose que ce soit.

ᠵᡞᡠᠴᡳᠨ, *houtchin.* Puits où l'on prend de l'eau. (*Tsing* en chinois.)

ᠵᡞᡠᠴᡳᡵᡳ ᡦᠠ, *houtchiri pa.* Endroit, terrain où il y a beaucoup de sel, où il ne croît point d'herbes, qui est de couleur blanchâtre.

ᠵᡞᡠᠴᡳᠮᠪᡳ, *houtchimbi.* Cela se dit des tigres qui sont accroupis, et qui dormant, s'éveillent et se levent en sursaut lorsqu'ils entendent quelque bruit. Faire lever en sursaut un tigre accroupi.

ᠵᡞᡠᠴᡳᠪᠣᠮᠪᡳ, *houtchiboumbi.* Faire lever en sursaut un tigre accroupi, le faire ressauter de peur.

ᠵᡞᡠᠴᡳᡵᡳ, *koutchiri.* Sel réduit en eau.

ᠵᡞᡠᠴᡳᠮᡝ ᡨᠠᠮᠪᡳ, *houtchime tambi.* Le vent qui souffle dans un lieu où il y a beaucoup d'arbres fait du bruit.

ᠵᡞᡠᠶᠠᠮᠪᡳ, *houïambi.* Cela se dit des cris que poussent les éperviers et autres oiseaux de proie.

ᠵᡞᡠᠶᠠ, *houia.* Espece d'huître ou de coquillage. On appelle ainsi un coquillage de mer dont on fait des tasses. Tasse faite avec ce coquillage : il est un peu plus petit que les gros *pao tsee*, et plus gros que les petits des *pao tsee*.

ᠵᡞᡠᠶᠠᠨᠠᡥᠠᡦᡳ, *houianahapi.* Cligner sans cesse les yeux, et avoir le visage couvert de poussiere.

ᠵᡞᡠᠶᠠᠰᠣᠨ, *houïasoun.* Cordons ou cordes dont on lie les pattes ou serres des éperviers.

hoïoukou chouro. Se servir d'un bassin ou d'une cuvette dans laquelle on met le *tsiang*; mettre par dessus une autre espece de bassin, et le presser avec une pierre, le *tsiang* sort liquide.

houman ereou. Paroles qu'on dit pour se moquer d'un homme qui n'a aucun talent. On dit aussi *sini houman ereou.*

houri. Fruits des pins. Pignons.

houri pahia. Pommes du pin.

houri faha i chopin. Espece de gâteau fait avec des pignons.

houfan. Société de commerce. On dit *emou houfan;* et *hokilambi.* Être de société dans le commerce.

houfoun. Nourriture qu'on apprête pour les chiens, chevaux et autres bêtes, etc.

houfoun ouleboumbi. Préparer du millet de deux especes, du *kao leang* ou du *leao*, pour en faire manger aux chevaux et autres animaux lorsqu'ils sont malades ou maigres.

houfouboumbi. Être embourbé. Lorsque la barque n'a pas assez d'eau pour pouvoir aller, qu'elle touche la vase.

houïouchambi. S'associer. Être associés ensemble, comme ceux qui changent ou éprouvent l'argent. Apporter quelque chose d'un lieu à un autre.

hourou. Nom d'une espece de guitare faite

avec du bambou ou de la corne. C'est une espèce de bombarde, qui a comme deux languettes au milieu et qu'on met dans la bouche, etc.

ᠬᠣᠣᠷᠣᠲᠠᠮᠪᠢ, *houroutambi.* Jouer de la bombarde.

ᠬᠣᠣᠠ, *houa.* Jardin, lieu enfermé de murailles; comme si l'on disoit puits du ciel. (*Tien tsing* en chin.)

ᠬᠣᠣᠠᠷ ᠰᠡᠮᡝ, *houar seme.* Qui a les yeux qui coulent sans cesse; une fistule lacrymale, par exemple. Bruit qu'on fait en remuant quelque chose sous les pieds.

ᠬᠣᠣᠠᠷ ᠬᡳᠷ, *houar hir.* Qui a les yeux qui semblent toujours couler. Bruit que font les habits quand on marche.

ᠬᠣᠣᠠᠴᠠᠨ, *houachan.* Bonze de la secte de *Fo.*

ᠬᠣᠣᠠᠴᠠᠰᠠ, *houachasa.* Les bonzes.

ᠬᠣᠣᠠᠴᠠᠮᠪᠢ, *houachambi.* Nourrir. Donner la nourriture aux hommes, aux bêtes. Croître. Cela se dit des enfants qui croissent peu-à-peu.

ᠬᠣᠣᠠᠴᠠᠪᠣᠮᠪᠢ, *houachaboumbi.* Entretenir les hommes, bêtes, etc. Ordonner de faire croître en nourrissant bien un enfant, des animaux, etc., qu'on aime. Faire nourrir quelqu'un. Cultiver les plantes.

ᠬᠣᠣᠠᠴᠠᠬᠠᠫᡳ, *houachahapi.* Avoir crû, être devenu grand. Qui est devenu bon.

ᠬᠣᠣᠠᠴᠢᠬᠢᠶᠠ ᡝᠩᡤᡝᠮᡠ, *houatchihia enguemou.* Selle vernissée.

ᠬᠣᠣᠠᠴᠢᠷᠠᠮᠪᠢ, *houatchirambi.* Ronfler en dormant.

houala. Faire séparer deux personnes qui vivoient ensemble, comme deux parents, deux marchands associés, deux amis, etc.

houalambi. Séparer une chose entiere, la diviser en plusieurs parties. Couper quelque chose, déchirer, etc.

houalaboumbi. Faire partager, diviser, déchirer, etc.

houalar hilir. Bruit des eaux courantes. Bruit d'une tasse d'eau qu'on jetteroit par terre.

houalar seme. Bruit de quelqu'un qui marcheroit dans un lieu plein d'eau. Bruit sourd d'une eau courante.

houatchambi. Cela se dit de quelque chose que ce soit qui est de plusieurs pieces, qui se divise, qui se partage.

houara. Nom d'une espece de poisson. On l'appelle aussi *horo.* Lime.

houaratambi. Limer, rendre poli avec la lime.

houaliasoun. Qui est tranquille, de bon accord. Qui est doux, paisible. Vent tranquille, par exemple. On dit encore *hoalian.*

houarambi. Limer quelque chose que ce soit.

houaraboumbi. Faire limer.

HOUA 495

houaliambi. Être uni, d'accord, etc. Lorsqu'on fait de la musique, et que les tons bas, hauts, longs et courts, s'accordent. Quelque chose que ce soit qui symmétrise avec une autre.

houaliatoumbi. S'accorder avec quelqu'un.

houaliamboumbi. Ordonner d'être d'accord avec quelqu'un, d'avoir la paix, l'union, etc. Lorsque quelque chose que ce soit va bien avec une autre.

houaraka. Espece de natte qu'on met devant les fenêtres pour empêcher que la pluie ou le vent ne les gâte.

houasa hisa. Bruit qu'on fait en marchant sur des feuilles seches, des plantes élevées.

houakia. Ordonner de peler, d'écorcher, d'ôter la peau.

houakiambi. Peler un arbre. Peler un fruit. Peler quelque chose que ce soit, etc.

houakiaboumbi. Ordonner de peler, etc.

houamia. Ordonner à quelqu'un de peler un fruit et quelqu'autre chose que ce soit. On dit aussi *houala.*

houamiambi. Peler un fruit, un arbre, un pin; lui ôter l'écorce, la peau, etc.

houamiaboumbi. Ordonner de peler, d'ôter la peau, l'écorce.

ᠬᡡᠸᠠ *houatsiao mo.* (*Hoa tsiao* en chin.) Nom d'un arbre qui a des épines, dont les feuilles ressemblent à celles de l'ormeau : son fruit est acide et âpre ; on le met dans le bouillon de viande.

houaliasoun edoun. Vent doux, tempéré. Vent qui vient de quelque trou d'une montagne.

houalama oucheha. Noyer, ou noix sauvage. On l'appelle aussi *houcheha mo.* Noix sauvage qui vient sur le noyer.

houafihia. Nom d'un instrument dont les Mantchoux se servent pour racler le bois des fleches, et le rendre des deux côtés comme un morceau de bambou. Espece de biscuit en forme de gaufre à l'usage des Mantchoux, qui le font avec de la farine, de l'huile de chanvre et du sucre. (*houafihia efen.*)

houafihiambi. Racler avec un couteau ou autre instrument fait exprès, le bois des fleches.

houafihiaboumbi. Ordonner de racler avec un fer le bois des fleches.

houata sepsehe. Nom d'un insecte dont le corps est jaune, les ailes très petites : il ne sauroit voler.

houata. Endroit vuide, montagne où il ne croît ni herbes, ni arbres, etc.

houai seme. Grandes eaux. Lieux couverts d'eau, dont on ne voit point les bords.

HOUA

ᠣᠸᠠᡳᡨᠠ. *houaita.* Ordonner d'attacher, de lier un cheval, etc.

houaitambi. Attacher, lier une barque à l'ancre ou à une autre barque.

houaitaboumbi. Ordonner d'attacher, de lier, etc.

houaise. Nom d'un arbre dont les fleurs et les fruits servent à faire une espece de médecine. La fleur de cet arbre est propre pour la teinture jaune. Ses fruits viennent par grappes, et en grande quantité.

houaitame koulha. La partie de la botte en long. La moitié de la botte.

houaitame sabou. Especes de souliers qui ressemblent à des bottes, mais qui ne vont que jusqu'au-dessus de la cheville du pied.

houasar. Bruit des herbes et des arbres lorsqu'ils sont agités par le vent. Quoi que ce soit qui a une apparence grossiere.

houakchaha. Les barres d'un grillage, ou les pieces qui vont de bas en haut. Les transversales s'appellent *tchergoun.*

houakchahalambi. Faire travailler les barres ou pieces droites des grillages.

houakchahalaboumbi. Faire faire les barres ou pieces droites des grillages.

houangti. L'empereur. (*Hoang ty* en chinois.)

〜〜〜, *houangheou*. L'impératrice. (*Hoang heou* en chinois.)

〜〜〜, *houang kouei fei*. Reines ou concubines de l'empereur. (*Hoang kouei fei* en chinois.)

〜〜〜 *houang taidze*. Les fils de l'empereur. (*Hoang tai tsee* en chinois.)

〜〜〜, *houang taidze y fei*. Petites femmes des fils de l'empereur et des princes de la famille. (*Hoang tai tsee fei* en chinois.)

〜〜〜, *houangar seme*. Bruit des eaux qu'on verse.

〜〜〜, *houangtana*. Nom d'un oiseau qui est un peu plus gros que les moineaux ordinaires : il a le dos de couleur jaunâtre obscure, et la poitrine d'un jaune plus clair.

〜〜〜, *houanguiambi*. Empêcher, mettre obstacle.

〜〜〜, *hoanguiarakou*. Cela ne fait rien, ce n'est pas un obstacle, un empêchement, etc. On dit aussi 〜〜〜, *oumainarakou*.

〜〜〜, *hoanguian*. Espèce de carquois que les gens de guerre portent sur le dos. Il y en a qui sont faits de peau de cerf, et d'autres d'étoffe de soie fort épaisse.

〜〜〜, *houaliasoun netchin*. Qui est de bon accord avec tout le monde. Qui aime tout le monde.

HOUR

houai tolon. Lanterne. Fanal. Quelque chose que ce soit qui sert à éclairer.

houangar seme ahambi. Bruit que fait une grosse pluie, une pluie d'orage.

houi sere herguen.

houi. Bords ou bordures qui sont au bas de la peau qui pend des deux côtés de la selle. Ces bords sont de couleur rouge : ils sont faits d'une espece de feutre fort fin. Ils ne craignent pas la boue.

houi seme. Tomber en pamoison. Lorsque les yeux perdent leur couleur, que la tête tourne. Vertige, etc. On dit encore *houi hai seme.*

houi choro. Instrument, ustensile à presser les grains dont on tire l'huile.

houi tai. Qui a un air évaporé, sans gravité. Rustre, léger, etc.

hour sere herguen.

hour seme. Qui ressemble à un feu qui produit sur-le-champ un grand embrasement. Alors on dit *hour seme taha.*

hour hour seme. Qui ressemble à un grand embrasement, à un grand incendie qu'on ne sauroit éteindre.

hour har seme. Cheval qui a l'air ombrageux, effaré, etc.

𝖏𝖚𝖔𝖝𝖙𝖎𝖔, *hourka*. Espece de cordon ou de nœud fait avec un crin de cheval pour prendre les oiseaux. On l'appelle aussi 𝖋𝖊𝖙𝖈𝖍, *fetchilka*.

𝖏𝖚𝖔𝖝𝖙𝖎𝖔 𝖘𝖔𝖐𝖎, *hourha soki*. Nom d'une plante sauvage qui n'a point de tige, mais elle s'étend et s'éleve à la hauteur d'un pied à-peu-près; ses feuilles sont dentelées : on les fait cuire, et on les mange.

𝖏𝖚𝖔𝖝𝖙𝖎𝖔, *hourhan*. Grand filet à prendre les poissons. On dit aussi 𝖆𝖘𝖔𝖚 𝖏𝖚𝖔𝖝𝖙𝖎𝖔, *asou hourhan*.

𝖏𝖚𝖔𝖝𝖙𝖎𝖔𝖙𝖆𝖒𝖇𝖎, *hourhatambi*. Faire parade de ses talents. Pêcher au grand filet.

𝖏𝖚𝖔𝖝𝖙𝖎𝖔𝖙𝖆𝖇𝖔𝖚𝖒𝖇𝖎, *hourhataboumbi*. Faire pêcher au grand filet.

𝖏𝖚𝖔𝖝 𝖘𝖊𝖍𝖊, *hour sehe*. Qui est un peu gris après avoir bu.

𝖏𝖚𝖔𝖝𝖌𝖚𝖎𝖒𝖇𝖎, *hourguimbi*. Tourner quelque chose que ce soit dans ses mains. S'exercer à une espece de lutte.

𝖏𝖚𝖔𝖝𝖌𝖚𝖎𝖒𝖊 𝖙𝖆𝖒𝖇𝖎, *hourguime tambi*. Quelque chose que ce soit qui flotte au gré des vents.

𝖏𝖚𝖔𝖝𝖌𝖚𝖎𝖐𝖔𝖚, *hourguikou*. Eau qui coule de tous côtés.

𝖏𝖚𝖔𝖝𝖌𝖚𝖎𝖇𝖔𝖚𝖒𝖇𝖎, *hourguiboumbi*. Être agité par tous les vents. Être repoussé par tout le monde. Ordonner de rebuter, de pousser, etc.

𝖏𝖚𝖔𝖓 𝖘𝖊𝖗𝖊 𝖍𝖊𝖗𝖌𝖚𝖊𝖓, *houn sere herguen*.

𝖏𝖚𝖔𝖓𝖙𝖆, *hounta*. Espece de chanvre. On l'appelle

HOUNG

aussi 〰. *olo.* Quoiqu'il ait des noms différents, c'est la même plante. Quand elle est mûre, on la coupe, et on en fait des cordes.

〰. *hountahanpetereboumbi.* Inviter quelqu'un à manger. Boire, par exemple, à la santé de quelqu'un, etc.

〰. *hountoung.* Nom d'une riviere du *Quantoung.*

〰. *hountchihia.* Parent, homme d'un même nom, d'une même famille.

〰. *hountahan.* Tasse à boire du vin.

〰. *houng sere herguen.*

〰. *houng seme.* Bruit que le feu fait lorsqu'il s'élève.

〰. *houngche.* Une chose dont on ne peut pas se servir. Mettre une pierre dans le bout d'une ceinture ou d'une courroie, et la lancer. Petite pierre. Caillou. Nom d'un oiseau aquatique qui est un peu plus petit que le *talou see;* il se tient parmi les joncs: il met son bec dans l'eau, et fait son ramage qu'on entend de fort loin.

〰. *houngchembi.* Se disputer l'avantage à l'exercice de la lutte, sans qu'aucun puisse le remporter. Jeter une pierre avec une fronde, ou avec une courroie ou jarretiere faite en forme de fronde. Parler *ab hoc et ab hac* de tout, et lorsque les paroles ne font pas plus d'effet que le bruit d'une pierre qu'on jette dans l'eau.

houngnïeoulambi. Lorsque les nuages se rassemblent et donnent une apparence de vent, ou de pluie, ou de neige, quoiqu'il fasse du soleil.

houng hioung. Remplir son obligation. Bruit d'un vent impétueux, d'un vent qui souffle en tourbillon. Bruit de la mer lorsque dans les temps de marée les eaux commencent à s'élever. Bruit de plusieurs chevaux qui marchent ensemble.

houk sere herguen.

houk seme. Roupiller, avoir envie de dormir. Alors on dit *houk seme emou igetchihapi.*

houktambi. Chaud humide. Lorsque le riz, la pâte, ou quelque autre chose que ce soit, fermente. Lorsque les pelleteries prennent cette chaleur humide, et que tous les poils tombent.

houktame kalhoun. Temps très chaud, comme celui de la canicule.

houktamboumbi. Faire fermenter quelque chose. Faire fermenter des feuilles de tabac, après les avoir coupées et accommodées dans un lieu chaud et humide. Lorsqu'on a ôté l'eau du riz, le faire cuire à petit feu. Faire fermenter la pâte, ou les grains dont on fait le vin. Faire fermenter les coucons dont on tire la soie. Lorsqu'on a cueilli les figues, et autres fruits semblables, les mettre dans un lieu chaud pour leur faire quitter leur couleur presque violette et les rendre rouges. Faire fermenter quelque chose que ce soit.

ᠵᡠᠸᠠᠨᡴᡡᠮᠪᡳ, *houktchoumbi.* Tomber tout d'un coup sur l'ennemi ou sur le voleur, le surprendre, le prendre à l'improviste et se saisir de lui.

ᠬᠣᠰ ᠰᡝᡵᡝ ᡥᡝᡵᡤᡠᡝᠨ, *hous sere herguen.*

ᠬᠣᠰᡥᠠ ᠮᠣᠩᡤᠣᠨ, *housha mongoun.* La partie du gosier par où passe la respiration. On dit aussi ᡦᡠᡴᡝ ᠮᠣᠩᡤᠣᠨ, *pouke mongoun*, et ᠣᡠᠯᡥᠣᠨ ᠮᠣᠩᡤᠣᠨ, *oulhoun mongoun.*

ᠬᠣᡠᠯ ᠰᡝᡵᡝ ᡥᡝᡵᡤᡠᡝᠨ, *houl sere herguen.*

ᡥᠣᡠᠯᡥᠠ, *houlha.* Voleur, larron. On dit de même ᡥᠣᡠᠯᡥᠠ ᡥᠣᠯᠣ, *houlha holo.*

ᡥᠣᡠᠯᡥᠠᠮᠪᡳ, *houlhambi.* Voler, piller, etc.

ᡥᠣᡠᠯᡥᠠᠪᡠᠮᠪᡳ, *houlhaboumbi.* Ordonner de voler. Être volé.

ᡥᠣᡠᠯᡥᠠᠨᠠᠮᠪᡳ, *houlhanambi.* Aller voler.

ᡥᠣᡠᠯᡥᠠᡨᠴᡳᠮᠪᡳ, *houlhatchimbi.* Venir voler.

ᡥᠣᡠᠯᡥᠠᡨᠣᡠ, *houlhatou.* Voleur cruel. Brigand ou voleur très méchant.

ᡥᠣᡠᠯᡥᠠᡨᠣᡠᠮᠪᡳ, *houlhatoumbi.* Lorsque le commun vole. On dit aussi ᡥᠣᡠᠯᡥᠠᠨᠣᡠᠮᠪᡳ, *houlhanoumbi.*

ᡥᠣᡠᠯᡥᡳ, *houlhi.* Qui ne sait rien bien. Qui ne sait rien clairement. Stupide, sot, etc.

ᡥᠣᡠᠯᡥᡳᡴᠠᠨ, *houlhikan.* Un peu sot, un peu hébété.

ᡥᠣᡠᠯᡥᡳᡨᠠᠮᠪᡳ, *houlhitambi.* Cacher une chose que

tout le monde sait, faire le mystérieux. N'être au fait de rien, ne savoir clairement quoi que ce soit.

houlhi lamba. Le chaos, les ténèbres où étoit le monde dans le temps de *Pan kou.* (*houlhi lampa i ouen.*)

houlhitou. Un sot, un homme qui n'a point d'esprit.

PA

𝼀𝼀𝼀 𝼀𝼀𝼀, *sere herguen.*

𝼀, *pa.* Lieu, endroit. Une stade chinoise, appellée *ly.* Le *ly* est composé de 180 *tchang*, et un *tchang* a 10 pieds.

𝼀𝼀𝼀 𝼀𝼀𝼀, *panatche teboumbi.* Lorsque dans une famille il y a quelque maladie, ou parmi les gens, ou parmi les animaux, appeller les devins pour qu'ils demandent et obtiennent des esprits la guérison de cette maladie.

𝼀𝼀𝼀, *panatchi.* Lieu où il y a l'image d'un esprit faite de terre.

𝼀𝼀𝼀, *panitai.* Naturel. Inclinations naturelles. Tempérament. Qualités naturelles. On dit de même 𝼀𝼀𝼀, *pantchitai.*

𝼀𝼀𝼀, *panin.* Naturel. Inclinations naturelles. Figure.

𝼀𝼀𝼀 𝼀𝼀𝼀, *panin sain.* Belle prestance. Bon naturel.

𝼀𝼀𝼀, 𝼀𝼀, *panin ehe.* Mauvais naturel. Mauvaise apparence.

𝼀𝼀𝼀 𝼀𝼀, *panin ouen.* Apparence forte; comme qui diroit, prestance des os. On dit aussi 𝼀𝼀𝼀 𝼀𝼀, *arboun kirou,* et 𝼀𝼀𝼀 𝼀𝼀, *panin kirou.*

𝼀𝼀𝼀 𝼀𝼀, *panin mafa.* Le grand-pere paternel. (*Tsou fou* en chinois.)

〜〜〜, *panin mama*. La grand'mere du côté du pere. (*Tsou mou* en chinois.)

〜〜〜. *panitaingue*. Du naturel, des inclinations, du tempérament.

〜〜〜. *paninken*. Naturellement. Ce qui suffit pour quelque chose, lorsqu'on n'a ni plus ni moins que ce qu'il faut. Principe.

〜〜〜. *paniha*. Remerciment, grandes actions de grace. (〜〜〜 〜〜〜, *amboula paniha*.)

〜〜〜. *paniha boumbi*. Remercier, rendre grace.

〜〜〜, *paniha arha*. Faire ses remerciments.

〜〜〜, *panihountchambi*. Faire honneur à quelqu'un, lui procurer de l'honneur, de la gloire. Respecter quelqu'un.

〜〜〜, *panouhoun*. Paresse.

〜〜〜. *panouhouchambi*. Être paresseux, fainéant.

〜〜〜, *panouhouchararakou*. Qui n'est point paresseux.

〜〜〜. *pakalatchi*. La jointure du pied d'un cheval.

〜〜〜. *paha*. Avoir obtenu quelque chose. Avoir acquis.

〜〜〜. *pahambi*. Obtenir, acquérir.

〜〜〜. *pahaboumbi*. Ordonner d'acquérir.

Avoir acquis. Rêver à ce qu'on a fait le jour, comme si on le faisoit actuellement.

𑀰𑀰, *paha pahai.* Faire une chose sans y penser. Dire sans en avoir l'intention. On dit aussi 𑀰𑀰, *nambouhai nambouhai.*

𑀰, *pahatchimbi.* Chercher à retenir le chemin, à savoir le chemin.

𑀰, *pahabouhapi.* Représenter à quelqu'un qu'il a un peu trop bu, qu'il doit moins boire; que s'il boit tant, il s'enivrera.

𑀰, *pahana.* Les bâtons qui soutiennent les tentes.

𑀰, *pahanambi.* Trouver la méthode dont une chose est faite. Deviner l'intention de quelqu'un, pénétrer dans ses pensées. Avoir de l'entendement, comprendre à demi-mot, etc.

𑀰, *pahara sonkou.* Connoître au pas de la bête, à ses traces, qu'elle est blessée mortellement, et qu'elle mourra bientôt.

𑀰, *paharakou sonkou.* En voyant que les pas de la bête sont droits, et qu'il n'y a point de sang, conclure qu'elle n'est point blessée mortellement.

𑀰, *pate.* Lieu, endroit quel qu'il soit.

𑀰, *pa pa y.* De tous les endroits.

𑀰, *pabe.* Accusatif de 𑀰, *pa.* Lieu, endroit. Cet endroit-ci, 𑀰, *ere pa be;* cet endroit-là, 𑀰, *tere pabe.*

paboun. Anse d'un panier, d'un seau, etc. La courroie de la selle qui passe sous la queue du cheval.

pabounga. Qui a une anse.

pabouha. Gant de peau. On dit de même *ocho.*

pasa. Salaire qu'on donne aux ouvriers. Chose qu'on donne aux ouvriers pour prix de leurs travaux.

pasa boumbi. Payer les ouvriers.

pasan. On appelle ainsi la couverture qu'on met sur les maisons, faite avec des especes de nattes ou des branches d'osier. La devantiere du cheval.

pasoumbi. Se moquer de quelqu'un. Rire de quelqu'un.

pasouboumbi. Être bafoué, moqué par quelqu'un. Ordonner de se moquer, de rire de quelqu'un.

pasounoumbi. Lorsque le commun se moque de quelqu'un.

pasoutchoun. Moquerie. Raillerie.

pasoukiambi. Parler dans son sommeil. Rêver en parlant.

pasoukiara manga. Qui parle toujours en dormant.

pacha. La belle-sœur ou sœur cadette de sa femme. Ordonner de courir après.

⊖⊷ℸⲋ⌒, *pachambi*. Faire dépêcher quelqu'un, poursuivre quelqu'un. On dit aussi ⊖⊷⌒ⲋ⌒, *pochombi*. Chasser quelqu'un.

⊖ᛑ, *pata*. Ennemi. Ennemi de longue main. Famille, race ennemie. Rebelle, qui secoue le joug de l'autorité paternelle.

⊖ᛑⲋ⌒, *patalambi*. Être en guerre contre quelqu'un. Faire la guerre.

⊖ᛑⲋ⌒, *patalaboumbi*. Ordonner de faire la guerre. Allumer le feu de la guerre.

⊖ᛑⲋ, *patanga*. Action ennemie, de l'ennemi.

⊖ᛑ, *pata*. Qui ne fait pas son devoir. Qui passe les bornes de sa sphere. Prodigue.

⊖ᛑⲋ⌒, *patalambi*. Prodiguer, dépenser mal-à-propos.

⊖ᛑⲋ⌒, [ᛑ.] *patarambi*, (*ka*.) Augmenter. Devenir considérable. Une petite affaire qui devient grande. Augmenter, agrandir ses terres. Augmenter ses revenus. Agrandir sa maison. Augmenter son ménage, etc.

⊖ᛑⲋ⌒, *pataramboumbi*. Tout ce qui a augmenté, qui, de petit, est devenu grand, considérable. Qui a été agrandi, etc.

⊖ᛑ ⲋ, *patar seme*. Qui parle sans savoir ce qu'il dit. On dit aussi ⊖ᛑ ⲋ, *piatar seme*.

⊖ᛑⲋ, *patalarakou*. Qui ne passe pas les bornes de sa sphere. Qui n'est pas prodigue, etc.

pate. Sur un lieu, dans un endroit. Comme, par exemple, si avant il y a *hono*, après on met *pade*, et les deux mots font un même sens. Par exemple, *tere hono outou pade ai hentoure koua be.* (Puisqu'il est toujours de même qu'y a-t-il à dire?)

patorou. Qui fait ce qui sembloit être au-dessus de ses forces. Qui fait plus que ne feroient trois villages de deux mille cinq cents personnes chacun. Qui a beaucoup de force, de valeur, etc. On dit *patorou haha.*

patoroulambi. Qui emploie toute sa force. Qui fait des choses extraordinaires en fait de valeur, de force, etc.

patorou kianguien. Qui a une force, une valeur extraordinaire. Qui peut plus, en quelque genre que ce soit, qu'un millier d'hommes.

paton. En hiver lorsqu'il y a de la glace sous une superficie d'eau et de boue.

patoun. Nom d'une mesure qui contient dix gros boisseaux. Cette mesure s'appelle en chinois *ta-tan;* elle contient dix *ta teou.*

palama. Homme qui dit et fait ce qu'il ne devroit ni dire ni faire. Aventurier, hableur.

palamatambi. Faire ou dire ce qu'il ne faudroit point. Ne pas remplir ses obligations.

palai. Qui ne garde aucune regle. Qui fait justement ce qu'il ne faudroit pas faire. Étourdi, qui

PATCHI

manque à ses obligations. Médisant. Calomniateur. Qui enfreint les loix du devoir et de la bienséance. Bavard qui dit ce qu'il ne faudroit pas dire.

⟨⟩, *palai feme*. Menteur, hableur.

⟨⟩, *palai itchi chentambi*. Qui agit sans regle. Qui fait tout avec désordre.

⟨⟩, *palai otombi*. Faire les choses mal-à-propos, en tumulte, etc.

⟨⟩, *patchar seme*. Cela se dit d'une petite chose qui est remplie, qui est pleine, qui a l'apparence d'être pleine, remplie, de n'avoir point de vuide.

⟨⟩, *patcharki*. Au-delà de la riviere, l'autre côté de la riviere.

⟨⟩, *patchila*. L'autre côté de la riviere.

⟨⟩, *patchi*. Encore un peu, par exemple, attendez un peu. On dit aussi ⟨⟩, *tchai matchike*. Comme si l'on disoit, ajoutez encore un peu. Alors on dit ⟨⟩, *patchi noungui*. Attendez encore un peu. On dit alors ⟨⟩, *patchi okini*.

⟨⟩, *patchima*. Un peu plus tard. On dit de même ⟨⟩, *patchima sahoun*, et ⟨⟩, *matchike ome*.

⟨⟩, *patchikan*. Tant soit peu. Un peu avant. Il est venu un peu avant, ou, pour mieux dire, venez un peu de bonne heure. ⟨⟩, *patchikan ibe*. Il lui a donné tant soit peu. ⟨⟩, *patchikan bou*. Il a mangé tant soit peu. ⟨⟩, *patchikan tchefou*. Ajoutez tant soit peu. ⟨⟩, *patchikan noungui.* Qui ne sauroit être rassasié. Gourmand.

ᏔᏧᎦ, *patchou.* Marc de l'eau-de-vie, ce qui reste quand elle est faite. Le marc du vin s'appelle ᎡᏧᎤᏅ. *ekchoun.*

ᏔᏧᎯ. *patchihi.* Mariage, ou promesse d'un mariage arrêté depuis l'enfance.

ᏔᎳᎦᏔ. *palakta.* Sang caillé qui est dans l'enveloppe de l'enfant qui vient de naître, ou de la bête qui vient d'être mise bas.

ᏔᎵᎠ. *palia.* Parole de mépris ou de moquerie qui se dit de quelqu'un qu'on n'estime pas. Espèce d'Hélas! On dit aussi ᎤᏩᎵᎠᎭ. *oualiaha.*

ᏔᎷ. *palou.* Aveugle. (ᏙᎰ. *toho,* ᏙᎰ ᏔᎷ. *toho palou.*)

ᏆᎻ. [ᎻᎥᏂ, ᏫᎵ.] *pame,* (*mbi, fi.*) Cela se dit des rats, lièvres et autres animaux semblables qui se creusent des trous. Endormi de foiblesse ou de paresse.

ᏆᎷ. *parou.* Postposition qui signifie, devant quelqu'un, parler devant quelqu'un. Il faut auparavant le génitif Ꭲ, *i,* ou ᏂᎢ. *ni.*

ᏆᎡᏂ. *paien.* Riche. Ce mot se dit aussi des enfants auxquels la petite vérole pousse en grande quantité, sans être venimeuse.

ᏆᎡᏂ ᎠᏂᎠ. *paien ania.* Année abondante.

ᏆᎡᏂ ᎤᎡᏑᎾ. *paien oueshoun.* Riche.

ᏆᎡᎻ. *paiambi.* Devenir riche peu-à-peu.

ᏆᎠᎧ. *paiaka.* Il est devenu riche.

paiara, (*pai ya la* en chinois.) **Peira**, hommes de guerre qu'on choisit parmi un grand nombre de soldats. Ils sont regardés comme les chefs ou les soldats du premier ordre, comme on choisit chez nous les grenadiers parmi ce qu'il y a de mieux dans les différentes compagnies d'un même régiment.

paiara i tchalan i tchanguin. Mandarin qui est à la tête des *peira*.

paiasa. Hommes riches.

paiamboumbi. Faire enrichir quelqu'un.

parambi. Mêler le riz avec le bouillon. Employer le bouillon dans le riz.

paraboumbi. Ordonner de verser, de mêler une chose avec une autre. Mêler plusieurs choses ensemble.

paraboufi. Espece de proverbe, comme si l'on disoit : c'est un attelage, c'est un assemblage, etc.

paran. Voir à-peu-près le nombre grand ou petit des ennemis.

paroun. Anniversaire, le même jour de chaque année. Une année révolue. Une lune entiere. Une année entiere est composée de trois cents soixante-six jours.

pafi poutchou. Lorsqu'on veut que la viande soit bientôt cuite, on prend un petit couteau avec lequel on la perce à différents endroits.

〇ᄀ 굼ᄀ ᅮ━ᅩ, *pa ouang asou.* Nom d'une espece de filet à prendre les poissons. On l'appelle (en chin.) *pa ouang ouang.* Il ressemble au *suen ouang.* On s'en sert dans les grandes eaux et dans les eaux rapides.

〇ᄀ ᅮ━수ᅩ, *pa ara.* Ordonner à quelqu'un de se retirer, de se cacher. On dit aussi ᅮᅮᅩ, *tchaila.*

〇ᄀ ᅩᅩᅮᅩᄋ, *pa soulabou.* Ordonner à quelqu'un de se serrer, de ne point laisser de vuide, soit qu'il soit debout ou assis.

〇ᄀ수고ᄉ, *pakiambi.* Faire pisser ou chier un petit enfant en le tenant soi-même.

〇고ᅮᅩ, *pahia.* Pomme de pin dans laquelle sont les pignons. Espece de grains dont les *ho chang* font leurs chapelets.

〇구ᅮ수ᅮᅩᄀ, *paninarakou.* Qui ne sauroit dormir, qui n'a point envie de dormir. (〇구수ᅮᅩᄀ, *pantarakou.*)

〇ᄀ ᅩᅮᅩ 우수ᅩ, *pai sere herguen.*

〇ᄀ, *pai.* Qui est oisif, qui n'a point d'affaire. Le génitif de 〇ᄀ, *pa.* Lieu. Maniere de parler. Qui ne fait rien.

〇ᄀ ᅮᅮᅩᅮ, *pai nialma.* Homme qui n'a rien à faire, qui est oisif.

〇구ᅮᅩᄀ, *paingue.* De cet endroit, de ce lieu.

〇ᄀ ᅩᅩᅩᅩ, *pai tehete.* Qui se tranquillise.

〇구ᅮᅩ, *paikou.* Femme de mauvaise vie. On dit aussi 구ᅮ수ᅩᅮ, *karinga.*

ᠣᡳᠴᠠ. *paipi.* Qui n'est d'aucun usage. Cela se dit des hommes et des choses. Qui n'est bon à rien, etc.

ᠣᡳᠴᠠ ᠨᡳᠶᠠᠯᠮᠠ ᠣᡠᠠᡴᠠ, *paipi nialma ouaka.* Homme d'un grand usage, qu'on peut employer à quoi l'on veut. Homme excellent, etc. (ᡨᠴᠠ ᠨᡳᠶᠠᠯᠮᠠ ᠣᡠᠠᡴᠠ, *tcha nialma ouaka.*)

ᠣᡳᠪᠣᠯᠠ, *paiboula.* Nom d'un oiseau appellé (en chinois) *chanhi tsiao*, dont la queue traîne jusqu'à terre. Il est de couleur de cendre.

ᠣᡳᠰᡝ, *paise*, ou ᠯᠠᡶᡠ ᠰᠣᡴᡳ, *lafou soki.* Espece de légume appellé *pé tsai* en chinois.

ᠣᡳᠨᠣᡠᠮᠪᡳ, *painoumbi.* Lorsque le commun cherche une chose perdue. Lorsque tout le monde cherche. Lorsque le commun assure ou nie quelque chose, que tout le monde prêche la même doctrine.

ᠣᡳᡤᡝᠨ, *paigen.* Mandarin de guerre qui n'a encore soin de rien, qui se repose, ou qui attend pour être placé. Homme qui se repose, qui n'a aucun emploi, etc.

ᠣᡳᠮᠪᡳ, *paimbi.* Chercher, demander une chose qu'on a perdue.

ᠣᡳᡥᠠᠨᠠᠮᠪᡳ, *paihanambi.* Aller chercher, aller demander.

ᠣᡳᡥᠠᠨᠠᠪᠣᡠᠮᠪᡳ, *paihanaboumbi.* Ordonner d'aller chercher, d'aller demander.

ᠣᡳᡥᠠᡨᠴᡳᠮᠪᡳ, *paihatchimbi.* Venir chercher. Venir demander.

ᠣᡳᠪᠣᡠᠮᠪᡳ, *paiboumbi.* Ordonner de chercher, de demander. Employer quelque chose. Ordonner de chercher une chose dont on a besoin, qu'on veut employer, etc.

༦ཱུ༔ཨོཾ ༦ཱུ ཡཱ༔ཨོ. *paiboure pa akou.* Ce dont on ne s'embarrasse pas. Ce qu'on ne veut pas. Faire chercher, faire demander, etc.

༦ཱུ༔. *paita.* Affaire.

༦ཱུ༔ ༔ ཛཱ༔ཨིཀྵཱཡོ. *paita te hamirakou.* Affaire qu'on ne sait pas ou qu'on ne peut pas traiter, faire, etc.

༦ཱུ༔ ༔ . *paita sita.* Affaires en général.

༦ཱུ༔ཡཱ. *paitakou.* Qui n'est d'aucun usage, qui ne sauroit servir à rien. Homme qui n'est bon à rien.

༦ཱུ༔ཀཱ. *paitalan.* Qu'on peut employer. Qui est d'usage; si ce n'est aujourd'hui, ce sera un autre jour.

༦ཱུ༔ཀཱ༔ཨོཾ ཛཱ༔. *paitalaboure hafan.* Nom d'un mandarinat héréditaire quel qu'il soit.

༦ཱུ༔ཾ. *paisou.* Faire demander. Faire chercher.

༦ཱུ༔ཀཾ. *paitanga.* Homme qui est auprès des mandarins pour exécuter leurs ordres ou être employé à ce qu'on jugera à propos. Gens qui sont dans l'expectative de quelque emploi. Hommes qui n'ont encore aucune charge ni au dedans ni au-dehors, ni dans les tribunaux ni dans les douanes. Hommes qui suivent l'armée sans être soldats, etc., comme sont les vivandiers, ouvriers, etc.

༦ཱུ༔ཀཱམྦི. *paitalambi.* Employer quelqu'un, quelque chose, un mandarin, etc.

༦ཱུ༔ཀཱ༔ཨོམྦི. *paitalaboumbi.* Faire employer. Être employé.

𖼀𖼀. *paitala.* Faire employer.

𖼀𖼀. *paitalabou.* Ordonner à quelqu'un de faire employer un autre, etc.

𖼀𖼀. *paitalambi.* Employer les châtiments de toutes les espèces pour punir quelqu'un.

𖼀𖼀. *paili.* Bienfait; service qu'on rend à quelqu'un en le nourrissant, par exemple, en l'entretenant, en l'instruisant, etc. (𖼀𖼀, 𖼀𖼀 𖼀𖼀, 𖼀𖼀 𖼀𖼀 𖼀𖼀 𖼀𖼀,) *ama emei houchaboume, outchiha paili te karoulaha setchi ombi.* Il faut reconnoître les bienfaits du pere et de la mere qui nous ont nourris et entretenus, etc.

𖼀𖼀 𖼀𖼀. *paili tchafambi.* Reconnoître un bienfait.

𖼀𖼀. *pailiche.* Homme dont l'occupation est de prier, qui fait profession de demander aux esprits qu'ils accordent les biens, les honneurs, la santé, etc., et qui peut l'obtenir; tels sont les bonzes de différentes especes.

𖼀𖼀. *pailinga.* Bienfaisant, qui rend volontiers service.

𖼀𖼀 𖼀𖼀. *paime souime.* On dit cela lorsqu'on a perdu quelque chose et qu'on le cherche par-tout. Cela revient à notre proverbe, chercher par mer et par terre. On dit aussi 𖼀𖼀 𖼀𖼀 𖼀𖼀, *paime souime iaboumbi.*

𖼀𖼀. *paitcha.* Faire chercher. Ordonner de s'informer de quelque chose que ce soit.

𖼀𖼀. *paitchambi.* Demander, s'informer de

quelque chose. Chercher, examiner si quelqu'un remplit son devoir, comme faisoient les anciens empereurs.

paitchaboumbi. Ordonner de s'informer de quelque chose, de s'instruire, de chercher, etc.

paitchanambi. Aller demander, chercher, s'instruire de quelque chose.

paitchatchimbi. Venir s'informer, s'instruire de quelque chose, etc.

paitchanaboumbi. Ordonner d'aller chercher, d'aller s'instruire, etc.

paitchatoumbi. Lorsque chacun cherche. On dit aussi *paitchanoumbi.*

par sere herguen.

par par seme. Assemblée tumultueuse où l'on parle beaucoup, où il y a beaucoup de personnes. Babil de beaucoup de personnes à la fois.

partangui. Homme qui a de l'avantage et qui s'en vante, qui a de belles qualités, mais qui est le premier à les faire valoir, etc., qui fait parade de son mérite, etc.

partanguilambi. Se vanter, se louer. Faire valoir ses belles qualités, son mérite. S'estimer plus que les autres, etc.

parkiambi. Avoir envie de savoir, de s'instruire.

parkiahakou. Qui n'a aucune attention, et qui laisse passer le temps de faire son devoir.

On dit aussi 〈...〉, *parkiame koainahakou*.

〈...〉. *parkiashoun*. Choses rangées dans un même endroit.

〈...〉. *parkiambi*. Rendre fort mince l'endroit des fleches qui s'emmanche dans le bois. Cela se dit ou du haut ou du bas de la fleche. Ramasser les grains de la récolte, les mettre dans le grenier. Conserver, garder quelque chose que ce soit. Aimer ses freres, parents et alliés.

〈...〉. *parkiaboumbi*. Faire amasser, conserver, garder, recueillir, etc.

〈...〉. *parkiatambi*. Cela se dit d'un homme qui se charge d'entretenir quelqu'un de ses parents, alliés ou amis. Plier les habits, les conserver. Ramasser ou faire rejoindre des personnes qui s'étoient séparées, ou quoi que ce soit qui n'étoit pas réuni. Ramasser des biens qui s'étoient égarés, etc.

〈...〉. *pan sere herguen*.

〈...〉. *pantambi*. Avoir de la peine à faire quoi que ce soit. Être comme assoupi de paresse.

〈...〉. *panta hara*. Nom d'une plante qui rampe, qui ne monte point, et qui a beaucoup de graines.

〈...〉. *panta mafa*. Nom de l'esprit que les chasseurs invoquent pour obtenir une chasse abondante.

〈...〉. *pantarakou*. Qui n'est point paresseux. Qui n'est point endormi.

◌, *pantan*. Banc ou espece de banc. (*Pan teng* en chinois.)

◌ ◌. *pantan asou*. Nom d'une espece de filets qui ont aux deux bouts des bâtons que deux hommes portent chacun d'un côté de la riviere. Le filet est au fond de l'eau pour prendre les poissons.

◌ ◌. *pantchan touha*. Boyau des chevaux, mulets, ânes, etc., qui contient leurs ordures. On dit aussi ◌ ◌. *matcha touha*.

◌. *pantchouka*. Paresseux, indolent. On dit aussi ◌. *pambi*.

◌ ◌. *pantchi efimbi*. Jouer aux dames chinoises. On dit en chinois *hia ki;* il y en a vingt-quatre, dont douze sont blanches, et les douze autres noires. (◌ ◌. *pantchime efimbi*.)

◌. *pantchimbi*. Faire sa journée. Engendrer, produire. Avoir de quoi dans sa maison, etc.

◌. *pantchiboumbi*. Relier un livre. Ordonner d'engendrer, de produire. Faire accoupler. Envoyer les troupes par compagnie [chacune de vingt-cinq hommes], chaque compagnie dans des postes différents. Joindre plusieurs feuilles ensemble. Faire le catalogue de ce qui doit revenir à chacun. Faire le rôle des noms et emplois qu'on doit donner à chacun. Composer des vers, par exemple, des chansons, etc. Teindre avec de l'*indigo*. Lorsqu'on fait cette teinture, il ne faut pas que des gens mal-propres soient présents, non plus que ceux qui ont mauvaise haleine, etc., la couleur ne seroit point belle.

PANG

☊︎. *pantchinambi*. Aller passer ses jours ailleurs. Être par soi-même, marchand, par exemple. Être propre à quelque chose. Avoir les qualités qu'il faut pour quelque chose. Cela se dit aussi d'une étoffe qui est disposée et préparée pour recevoir la teinture de l'indigo. Finir son ouvrage. Ne faire que son ouvrage, que ce qui est de son devoir, etc.

☊︎. *pantchire ouere*. L'ordinaire de la vie.

☊︎. *pantchitai*. De son naturel. Il est de cette maniere, il ne change point. Naturellement. On dit aussi ☊︎. *panitai*.

☊︎. *pantchin*. Apparence d'un homme, sa contenance, son naturel, son goût. Nourriture. On dit aussi ☊︎. *panin*. Nourriture du peuple, ce dont on se nourrit.

☊︎. *pantchintchimbi*. Venir passer ses jours.

☊︎. *pantchiha ama*. Pere à qui nous devons le jour. (*Cheng fou* en chinois.)

☊︎. *pantchiha enie*. Propre mere, celle qui nous a donné le jour. (*Cheng mou* en chin.)

☊︎. *pantchiha ahoun*. Frere aîné d'une même mere. (*Pao hioung* en chin.)

☊︎. *pantchiha teou*. Frere cadet né d'une même mere. (*Pao ty* en chinois.)

☊︎. *pantchirke enié*. Marâtre, seconde femme du pere.

☊︎. *pang sere herguen*.

pang. Tablette sur laquelle on écrit les noms des lettrés qui ont des grades. (*Pang* en chin.)

pangka. Creux que se font les lievres, rats, etc. Paresse, négligence.

pangkakou. On dit cela de quelque chose que ce soit qui n'est pas difficile à faire, aisé, facile.

pangtou. Étrier sur lequel on a gravé des nuages. Alors on dit *pangtou toufoun.* C'est aussi le nom qu'on donne à une piece de bois qui est au-dessus des portes et des planchers, et qui est faite en fleurs, comme nous dirions rosette. On l'appelle en chinois *teou koung.*

pak sere herguen.

paksan. Une sauve-garde. Un paquet d'herbes, etc. Un fagot. Une compagnie de soldats, soit qu'ils soient arrêtés dans un même lieu, ou en marche.

paksan mein. Cinq soldats réunis sont ainsi appellés. (*Toui ou* en chinois.)

paksalambi. Diviser les soldats de cinq en cinq. Faire un fagot, un paquet, etc., de quelque chose, soit d'herbes, etc.

paksaraboumbi. Ordonner de partager les soldats de cinq en cinq. Faire faire des paquets, fagots, etc.

pakche. Nom qu'on donne aux lettrés, aux sages. C'est le nom d'une secte appellée (en chinois) *jou kiao* ou la secte des lettrés.

paktan. Pardonner, ne pas punir, contenir. Cela se dit de quelque chose que ce soit qui en contient une autre.

paktambi. Pardonner, supporter patiemment. Contenir.

paktanga. Qui souffre patiemment. Qui pardonne. Qui contient.

paktamboumbi. Pardonner, contenir, oublier les fautes de quelqu'un.

paktantarakou. Cela se dit d'une chose qui est trop grande pour être contenue dans une autre. Par exemple, une soucoupe plus petite que la tasse.

paktantambi. Contenir.

paktantarakou paian. Homme qui ne manque de rien, très riche.

paktantarakou arahapi. Homme qui le prend plus haut qu'il ne peut atteindre.

paktchin. Un vis-à-vis. Deux personnes qui sont assises vis-à-vis l'une de l'autre. Deux portes qui se répondent. Deux côtés qui se répondent. Forces égales. Qui est égal en force avec quelqu'un. Deux partis opposés.

paktchila. Ordonner de faire un vis-à-vis.

paktchin ouaka. Qui ne sont pas de forces égales dans la lutte. Qui ne peut pas s'accorder, se répondre.

ᠣᡨᠴᡳᠯᠠᠮᠪᡳ. *paktchilambi.* Faire la guerre. Faire un vis-à-vis. Être assis vis-à-vis de quelqu'un.

ᠣᡨᠴᡳᠯᠠᠪᠣᡠᠮᠪᡳ. *paktchilaboumbi.* Lorsque deux personnes s'exercent à la lutte, et qu'elles sont de forces égales et de même adresse. Ordonner de faire la guerre, d'éprouver ses forces avec quelqu'un, etc.

ᠣᡨᠴᠠᠮᠪᡳ. *paktchambi.* Geler, se cailler, se coaguler, etc.

ᠣᡨᠴᠠᠪᠣᡠᠮᠪᡳ. *paktchaboumbi.* Faire geler, coaguler, etc.

ᠣᡨᠴᠠᡴᠠ. *paktchaka.* Lorsque quelque chose de liquide s'est figé, coagulé, gelé, etc.

ᠣᡨᠴᠠ ᠣᡨᠴᠠᠯᠠᠮᡝ ᡳᠯᡳᠮᠪᡳ. *paktcha paktchalame ilimbi.* Lorsqu'un cheval s'est sauvé ou veut se sauver, l'arrêter tout d'un coup en le tirant fortement. On dit aussi ᠣᡨᠴᠠᠯᠠᠮᡝ ᡳᠯᡳᠮᠪᡳ. *paktchalame ilimbi.*

ᠣᠯ ᠰᡝᠷᡝ ᡥᡝᡵᡤᡠᡝᠨ. *pal sere herguen.*

ᠣᠯᡥᠠᠮᠪᡳ. *palhambi.* Sacrifier aux esprits un cochon, des biscuits, pour leur demander que la petite vérole ne sorte point aux enfants, etc. On dit aussi ᡨᠴᠠᡳᠯᠠᠪᠣᡠᠮᡝ ᠣᠯᡥᠠᠮᠪᡳ. *tchailaboume palhambi.*

ᠣᠯᡦᠠ. *palpa.* Ce qu'on a déjà vu et qu'on ne peut reconnoître. Qui n'a pas les yeux bons pour distinguer quelque chose.

ᠣᠯᡨᠠᡥᠠ. *paltaha.* Les poils du cou de la zibeline.

ᠣᠯᡨᠠ. *palta.* Les poils blancs des ours et autres animaux depuis les pattes de devant jusqu'à la poitrine. Les poils du poitrail. Poils blancs que les chiens ont au museau. Cochon qui a les pieds blancs.

ᎣᎳᎦᎴᎢ. *paltarhan.* Espece de fouine qui a les yeux et les pattes jaunes, et qui ne se nourrit que de crapauds et de grenouilles.

ᎣᎳᏧᎦᏛᎥᎢ. *paltachetambi.* Lorsqu'il a plu ou neigé, et que le terrain est glissant. Glisser.

ᎣᎳᏲᎢ. *paltchoun.* Nom des choses extraordinaires. Monstre.

ᎣᎳᏲᎢ ᎾᎤᎡᎢ. *paltchoun ni toua.* Feu du diable qu'on apperçoit sur le champ pendant la nuit.

ᎣᎻᎥ ᎭᏧᎡᎥ ᏓᏧᏗᎥᎢ. *pam sere herguen.*

ᎣᎻᏛ. *pambi.* Avoir de la paresse. On dit de même ᎣᏁᏲᎭᎢ. *pantchouka.* Cela se dit des trous que font en terre les rats, etc. Aller négligemment quelque part. Dédaigner, ne pas aimer. Être dégoûté de quelque chose que ce soit.

ᎣᏁ ᎭᏧᎡᎥ ᏓᏧᏗᎥᎢ. *pe sere herguen.*

ᎣᏁ. *pe.* Prends cela. Prenez cela. Employez cela. C'est aussi le nom qu'on donne à tout ce qui sert de nourriture aux oies, canards et autres oiseaux. Le plurier de ᎣᏛ. *pi,* nous. L'aissieu de la charrette. Oncle, frere aîné du pere.

ᎣᏁᎥ. *pene.* Ordonner d'accompagner quelqu'un, d'aller porter quelque chose en présent. (Impératif du verbe suivant.)

ᎣᏁᎢᏛ. *penembi.* Aller conduire quelqu'un au supplice. Aller conduire quelqu'un.

ᎣᏁᎣᏛ. *peneboumbi.* Être conduit. Ordonner d'aller conduire.

𖾓𖾓𖾙𖾙. *peberembi.* Avoir extrêmement froid, tellement que la langue soit épaisse, et qu'on parle difficilement ; que les pieds et les mains soient roides sans qu'on puisse les mouvoir, et qu'on ne puisse rien faire de son corps.

𖾓𖾓𖾙𖾐𖾙. *peberekepi.* Lorsque le froid nous a tellement saisis que la langue est épaisse, les pieds et les mains roides, et qu'on ne peut rien faire de son corps.

𖾓𖾓𖾙𖾐𖾙. *pebelingue.* Qui ne sauroit parler ayant la langue liée par le froid. Qui a les mains gelées tellement qu'il ne sauroit rien toucher.

𖾓𖾓. *pebou.* C'est le cri des enfants à la mamelle lorsqu'ils veulent s'endormir.

𖾓𖾓𖾙. *pebouchembi.* Bercer les enfants pour les endormir, ou les empêcher de pleurer. On appelle de ce nom les paroles ou les sons qu'on articule pour les amuser en les berçant.

𖾓𖾙𖾐. *peserei.* Nom qu'on donne aux chiens qui viennent d'une chienne jolie qui a été couverte par un vilain mâle.

𖾓𖾙𖾐. *peserhen.* Lit où l'on couche. (*Tchoang* en chinois.)

𖾓𖾙 𖾙. *pecheme ahambi.* Lorsqu'il a beaucoup plu, et que la terre est comme de la boue.

𖾓𖾙. *pechembi.* Cela se dit des fruits qui ont

perdu leur goût et saveur par les grandes pluies qu'ils ont essuyées.

𐀀𐀁𐀂𐀃, *pechekepi.* Cela se dit des comestibles qui ont essuyé de grandes pluies, et qui ont perdu leur saveur. Cela se dit aussi de ceux qui, buvant habituellement du vin, et en grande quantité, en ont leur corps imprégné. Alors on dit 𐀀𐀁𐀂 𐀃𐀄 𐀅𐀆 𐀇𐀈𐀉, *arki noure tete pechengue.* Lorsqu'il a extraordinairement plu, et que la terre ne sauroit sécher. On dit alors 𐀀𐀁 𐀂𐀃𐀄𐀅, *na pechekepi.*

𐀀𐀁𐀂𐀃, *pechehoun.* C'est le nom qu'on donne à ceux que la débauche du vin et des femmes a rendus hébétés et stupides.

𐀀𐀁𐀂𐀃 𐀄𐀅𐀆, *pechehoun oho.* Qui est hébété. Qui est devenu stupide.

𐀀𐀁 𐀂𐀃𐀄𐀅, *pe tahame.* Qui est attaché à quelqu'un. Qui est à la suite de quelqu'un. Qui adhere à ce que veut quelqu'un. Ces deux mots signifient aussi, *parceque.*

𐀀𐀁, *pete.* Qui n'a aucune adresse. Qui n'est bon à rien. Qui n'a ni adresse ni force. Pauvre vase.

𐀀𐀁, *peten.* Nom d'un insecte qu'on met au bout de l'hameçon et dont les poissons sont friands. C'est le ver de terre.

𐀀𐀁𐀂𐀃 𐀄𐀅𐀆𐀇, *petereme katarambi.* Cela se dit d'un cheval qui n'a point de pas, qui va très doucement, qui n'a point de force.

𐀀𐀁𐀂, *petere.* C'est le cri du maître de cérémonies

lorsqu'il faut renvoyer les mandarins qui ont assisté à quelque cérémonie. Renvoyer, etc.

peterembi. Rappeller quelqu'un qu'on avoit envoyé. Retourner dans son royaume, dans sa patrie, dans sa famille. Revenir du palais. Renvoyer, retourner sur ses pas.

peterehe. Il est mort.

petereboumbi. Ordonner de renvoyer. Renvoyer une requête qui n'est pas dans les formes. Envoyer quelque grand pour faire revenir les troupes. Faire revenir après qu'on a offert le vin ou les fruits aux étrangers, et que les étrangers l'offrent au maître de la maison. Ramasser les restes du sacrifice. Renvoyer une requête qui n'est pas dans les regles.

petertchembi. Se retirer modestement en arriere par respect pour quelqu'un. Ne pas se presser pour faire quelque chose que ce soit; ne le faire qu'après en avoir été chargé ou prié. Se faire presser, etc.

petertchekou. Qui craint de faire les choses, qui se défend de les faire, qui recule à la vue de quelque difficulté. (*keleme petertcheme.*) *Jan Kieou*, disciple de *Confucius*, se défendoit toujours de faire les choses; c'est pourquoi *Confucius* l'exhortoit à ne pas être si timide, et à compter un peu plus sur ses forces, (comme cette pharase l'indique .)

peteri. Qui a le corps marqueté comme les

tigres et autres animaux semblables. Qui est de différentes couleurs, comme le plumage de certains oiseaux.

ốᷱᷲ. *peteringue.* Qui est marqueté, tacheté, etc.

ốᷱᷲ. *pele.* Riz qui n'est pas encore cuit, etc. (*Mi* en chinois).

ốᷱᷲ. *pelemimbi.* Monder le riz, le passer sous la meule.

ốᷱᷲ. *peleni.* Qui est naturellement tel. Qui n'est point fait de main d'homme.

ốᷱᷲ. *peleningue.* Qui est naturellement comme cela.

ốᷱᷲ. *pelembi.* Calomnier, imputer des crimes à quelqu'un, les lui supposer, quoiqu'il n'en soit pas coupable. Détruire la réputation de quelqu'un, le tuer.

ốᷱᷲ. *peleboumbi.* Être calomnié grièvement. Ordonner de calomnier. Être tué. Ordonner de tuer.

ốᷱᷲ. *pelin.* Niais, butor, etc.

ốᷱᷲ. *pelieken.* Qui est un peu niais.

ốᷱᷲ. *petoun.* Nom d'une machine dont les pieds et les bords sont grossiers, mais forts.

ốᷱᷲ. *petche.* Ordonner à quelqu'un de faire la leçon à un autre, de l'instruire, etc. (Impératif de ốᷱᷲ. *petchembi.*)

ốᷱᷲ. *petchen.* Ennemi qui nous veut du mal, qui médit de nous, qui nous chante pouilles, etc.

petchen tchaman. Qui se dispute, qui se querelle, etc.

petchen atchambi. N'être pas ami, se disputer, se quereller, etc.

petchembi. Médire, dire des injures; dire, en insultant un homme, qu'il devroit être meilleur. Se battre, etc. Se quereller. Lorsque les supérieurs querellent les inférieurs, etc.

petcheboumbi. Être battu, querellé, etc. Ordonner de battre, de quereller, etc.

petchounoumbi. Lorsque plusieurs personnes se disent des injures, se querellent, se battent, etc.

petchounouboumbi. Faire battre. Faire quereller, etc.

petche. Le derriere du lit.

petchilembi. Médire à couvert, ne pas dire ouvertement du mal de quelqu'un, mais le dire par détours. Parler par envie. Se dire autre qu'on n'est.

petchi maktambi. Jouer à l'os. C'est un jeu dont s'amusent les Mantchoux avec un os de mouton.

petchihiele. Lorsque quelqu'un est en colère, tâcher de l'adoucir en lui disant quelque chose de gracieux.

petchihiembi. Avoir compassion de quelqu'un, tâcher de l'adoucir, lorsqu'il a quelque chagrin ou qu'il est en colere, en lui disant quelque chose de gracieux.

ᡝᠵᡳᡥᡳᠶᡝᠪᡠᠮᠪᡳ, *petchihieboumbi*. Ordonner d'avoir compassion de quelqu'un, d'adoucir ses peines, de lui faire oublier ses chagrins, etc.

ᠪᡝᠶᡝ, *peie*. Le corps.

ᠪᡝᠶᡝ ᡳᡤᡝᡥᡳᡥᠠ, *peie igehiha*. Cela se dit d'une femme qui vient d'accoucher.

ᠪᡝᠶᡝ ᠠᠮᠪᠠ, *peie amba*. Grand corps, homme qui a une grande corpulence.

ᠪᡝᠶᡝ ᡨᡝᡴᠴᡳᠨ, *peie tekchen*. Qui a l'apparence d'un homme bien fort, qui est bien proportionné dans toutes ses parties.

ᠪᡝᠶᡝ ᠣᠰᠣᡥᠣᠨ, *peie osohoun*. Qui est petit de corps.

ᠪᡝᠶᡝ ᡮᠣᠷᠰᡠ, *peie tchoursou*. Femme qui est enceinte. On dit aussi ᠪᡝᠶᡝ ᡨᡝ ᠣᡥᠣ, *peie te oho*, femme enceinte, et ᠪᡝᠶᡝ ᡨᡝ ᠪᡳᡶᡳ, *pei te pifi*.

ᠪᡝᠶᡝ ᠨᡳᠣᡥᡠᡧᡠᠨ, *peie nieouhouchoun*. Qui a le corps nud, à découvert.

ᠪᡝᠶᡝ ᠮᡝᡥᡠᠮᠪᡳ, *peie mehoumbi*. Courber le corps quand on voit quelqu'un. C'est une maniere polie de saluer quelqu'un; elle est en usage parmi les Mantchoux.

ᠪᡝᠶᡝ ᠪᡝ ᡨᠠᠰᠠᠮᠪᡳ, *pei be tasambi*. Mutiler le corps. Faire eunuque.

ᠪᡝᠶᡝᠮᠪᡳ, *peiembi*. Froid. Lorsqu'on a grand froid. Avoir le ventre creux et geler de froid. Alors on dit ᠪᡝᠶᡝᡵᡝ ᠶᡠᠶᡠᡵᡝ, *peiere yuyure*.

ᠪᡝᠶᡝᡥᡝᠪᡳ, *peiehepi*. Avoir eu froid. Il a gelé.

peieboumbi. Faire geler.

peie tchihakou. Lorsque le corps n'est pas à son aise, qu'on n'est pas tranquille.

peie fianga. Lorsque le corps est à son aise, et qu'il respire le contentement.

peiengue. De son corps, de soi-même.

pehe. Encre à écrire. (*Mo* en chin.)

peie souimbi. Broyer l'encre. On dit encore *pehelembi.*

peheleboumbi. Ordonner de broyer l'encre. Faire broyer l'encre.

peki. Fort, robuste.

pekiken. Un peu robuste, un peu fort.

pekitou. Homme qui a les os et les nerfs forts, qui est fort, robuste. Une chose forte, solide, dure, etc.

pekilembi. Rendre ferme, consolider, fortifier.

pekou. Nom de l'os qu'ont les femmes au-dessus de la partie naturelle.

pekileboumbi. Faire fortifier. Faire consolider. Ordonner de rendre fort.

pe hien. Nom d'un oiseau dont le corps est blanc, marqueté de raies noires sur les ailes et les autres plumes. Sa queue a deux pieds de long; son bec et ses pattes sont rouges. On l'appelle *pe hien* (en chinois.) Il y en a une autre espece qu'on nomme *he ki* (en chinois.)

𐰀. *peri.* Arc pour les fleches. (*Koung* en chin.)

𐰀 𐰀. *peri tchira.* Arc bandé. On dit de même 𐰀 𐰀, *peri manga.* Arc fort.

𐰀 𐰀. *peri ouhouken.* Arc foible.

𐰀 𐰀, *peri taboumbi.* Mettre une corde à son arc. On dit aussi 𐰀 𐰀. *peri tchambi.*

𐰀 𐰀. *peri tchafakou.* Le milieu de l'arc en dehors.

𐰀 𐰀. *peri kirou.* Le milieu de l'arc en dedans.

𐰀. *perilekou.* Nom d'un outil de menuisier, dont le haut est ou une côte de bœuf, ou un morceau de bois courbé, auquel on met une corde. Cet instrument sert à faire des trous. C'est une espece de vilebrequin.

𐰀 𐰀. *peri tata.* Ordonner à quelqu'un de bander son arc.

𐰀 𐰀. *peri tatambi.* Bander son arc.

𐰀 𐰀. *peri tataboumbi.* Ordonner de bander son arc.

𐰀 𐰀. *peri arambi.* Viser la fleche et tourner son arc, lorsqu'on est à cheval, vers l'espece de bonnet qui est à terre et qui sert de but.

𐰀 𐰀. *perifakche.* Nom d'une espece d'insecte qui a les jambes fort longues, qui est très noir, et qui nage sur la surface de l'eau : il marche très rapidement. On l'appelle en chinois *choui pa tchoung.*

𐰀. *perembi.* Être comme hébêté; lorsqu'on a

grande peur, ou qu'on est dans des mouvements d'embarras ou de colere, ne pas savoir ce qu'on fait.

𖼀𖼀. *perekepi*. Lorsqu'on a eu grande peur, et qu'on est hors de soi. Lorsqu'on a été en colere, et qu'on n'est presque plus à soi. Lorsqu'au milieu d'un grand nombre d'affaires on s'en trouve comme accablé, et qu'on ne sait à quoi se déterminer.

𖼀𖼀. *peren*. Les listeaux de bois qui sont au haut et aux deux côtés des portes et des fenêtres. Cadre.

𖼀𖼀 𖼀𖼀. *peri peri*. Lorsqu'à la guerre, ceux des ennemis qui ont du dessous se sauvent chacun comme il peut pour éviter la mort. Placer dans chaque lieu chaque personne. Chacun. Tous sans exception. On dit aussi 𖼀𖼀 𖼀𖼀. *meni meni*, et 𖼀𖼀. *meimeni*.

𖼀𖼀. *pereboumbi*. Rendre quelqu'un hors de lui en lui inspirant de la crainte, ou en le faisant mettre en colere.

𖼀𖼀 𖼀𖼀 𖼀𖼀. *pei sere herguen*.

𖼀𖼀. *pei*. Pierres sur lesquelles on grave des caracteres, et qu'on place ou dans les lieux publics, ou dans les sépultures.

𖼀𖼀. *peise*. Les régulos du second ordre. (*Pei tsee* en chinois.)

𖼀𖼀. *peilé*. Les régulos du troisieme ordre. (*Pei lé* en chinois.)

𖼀𖼀 𖼀𖼀 𖼀𖼀 𖼀𖼀. *peile i ku toroi keke*. Fille du régulo du troisieme ordre. (*Pei le tche niu* en chin.)

ᡦᡝᡳᠯᡝᡳ ᠰᠠᡵᡥᠠᠨ ᡨᠣᡵᠣᡳ ᡶᡠᠴᡳᠨ. *peilei sarhan toroi foutchin.* La femme du régulo du troisieme ordre. (*Pei le fou kin* en chinois.)

peitere tchourhan. Tribunal des crimes. (*Hing pou* en chinois.)

peiteboumbi. Ordonner de juger, de porter la sentence. Être jugé. Être soumis à la sentence, etc.

peiteche. Mandarin qui peut juger, qui peut porter une sentence. Mandarin du tribunal des crimes. Juge.

peitembi. Juger, porter une sentence, un arrêt. Appliquer à la question pour savoir la vérité.

peite. Ordonner de juger, de s'informer, d'arracher la vérité par le moyen de la question. (Impératif de *peitembi.*)

peiboun ni efen. Lorsqu'on a évoqué les esprits, on leur offre de la viande, des pains, ce qui est mis sur une table à étages, pour que les ancêtres aient leur part du sacrifice. Les petits pains qu'on met sur cette étagere sont appellés *peiboun ni efen.*

peiletchi. On appelle de ce nom les poils des animaux qui sont fort courts en automne.

peikoun. Froid. Le froid.

peikouo. Nom de la racine d'une plante appellée *kié tsai* en chinois, et en tartare *harki soki.*

peihoun. Épouvantail qu'on met dans les champs pour empêcher les oiseaux de faire du dégât.

peihe. Herbe marine qui est noire. On l'appelle aussi *kanin.*

per sere herguen.

perten. Tache qu'on fait sur une chose qui étoit propre. Tache qu'on a sur le visage, sur les habits.

pertenembi (*hepi.*) Être taché. Un objet qui étoit propre, et qui reçoit quelque tache. Qui est taché. Miroir terni.

pergue. Espece d'anneau d'un bois poli qu'on met au milieu des entraves d'un cheval fougueux qu'on veut domter, afin que les cordes ne se mêlent pas.

perguelembi. Mettre des entraves à un cheval, ou mettre à la corde qui lui sert d'entrave une espece d'anneau de bois poli.

perhe. Petit morceau de bois qui est mis en travers au bout de la lance dont on se sert pour attaquer les tigres. Cela se dit aussi des yeux qui sont incommodés par le vent. Chevalet qu'on met au *tcheng*, au *ché*, au *hiuen*, etc., et autres instruments de musique.

perhelembi. Mettre un chevalet aux instruments de musique qui en ont besoin.

perhe eiembi. Lorsqu'on a essuyé le vent, et que le coin des yeux est plein d'ordures. Ordure ou cire des yeux.

perhou. Belle-sœur, tant du côté de l'homme, que du côté de la femme.

𓂀 *pen sere herguen.*

pen. Homme qui a un bon fonds, tant d'esprit, que de savoir ou d'adresse, etc. Homme qui peut faire bien des choses.

pentchi. Ordonner d'apporter quelque chose.

pentchimbi. Venir apporter.

pentchiboumbi. Ordonner de venir apporter quelque chose.

pentchihengue. Qui vient apporter.

pentchou. Ordonner d'amener un coupable, par exemple. Ordonner d'apporter quelque chose.

peng sere herguen.

pengneli. Dans un moment. Dans l'instant. Promptement. Vîte, etc.

pengsen. Qui a du fonds. Qui peut beaucoup, tant pour l'esprit que pour le corps. On dit aussi *pen.*

pengsen akou. Qui n'a point de fonds. Qui ne peut presque rien de son fonds.

pengsengue. Qui a de l'esprit, de la capacité. Qui peut beaucoup, etc.

pek sere herguen.

pekte pekta. Qui a le cœur toujours rempli de crainte, et qui n'ose se déterminer à quoi que ce soit.

pekterembi. Qui est saisi de crainte,

et qui ne sait à quoi se déterminer pour bien faire. Qui est troublé tout-à-coup, et qui ne sait que faire, qui ne sait à quoi se déterminer par le trouble où il se trouve.

𐓏𐒼𐓎𐓸. *pekterekepi.* Qui a beaucoup craint, qui a eu grande peur. Homme que la peur a rendu comme hébété.

𐓏𐒼𐓎. *pektoun.* Débiteur, qui ne rend pas ce qu'il doit, qui doit beaucoup et qui ne rend rien. (𐓏𐒼𐓎 𐓏𐒼𐓎. *pektoun kaktoun,* et 𐓏𐒼𐓎. *tchouen ousen.*)

𐓏𐒼𐓎 𐓏𐒼𐓎. *pektoun chentambi.* Prêter à intérêt.

𐓏𐒼𐓎 𐓏𐒼𐓎 𐓏𐒼𐓎. *pet sere herguen.*

𐓏𐒼𐓎. *pethe.* Les pieds et les jambes, c'est-à-dire la partie du corps depuis les genoux jusqu'à la plante des pieds. On appelle aussi de ce nom les pieds d'une chaise, d'une table, etc. Jambes, pieds.

𐓏𐒼𐓎 𐓏𐒼𐓎 𐓏𐒼𐓎. *pethe i feten ni herguen.* La plante des pieds, ou les raies qui sont à la plante des pieds.

𐓏𐒼𐓎. *pethengue.* Qui a des pieds, qui a des jambes, etc.

𐓏𐒼𐓎. *pethelembi.* Se mettre pieds contre pieds avec quelqu'un qui est couché dans le même lit. Mettre debout des fagots ou des gerbes de bled ou de grain quelconque pour les faire sécher.

𐓏𐒼𐓎 𐓏𐒼𐓎. *pethe pouktambi.* Faire la génuflexion, mettre un genou en terre.

᧖᧗᧘᧙᧚᧛. *pethelekou*. Espèce d'attrape pour les oiseaux de proie. On prend une corne de bœuf, longue de quatre pouces, large d'un, et qu'on a raclée pour la rendre telle; on la lie avec une corde à laquelle est un nœud; au milieu de ce nœud il y a de la chair, l'oiseau de proie fond sur la chair; on tire la corde, et il se trouve pris.

᧖᧗ ᧘᧙ ᧚᧛. *pel sere herguen*.

᧖᧗᧘. *peltchi*. Qui a un air moqueur. Qui semble se moquer de tout, de ce que dit un homme, de ce qu'il fait, etc., en lui prêtant des intentions qu'il n'a pas.

᧖᧗᧘᧙. *peltchitembi*. Se moquer, rire de tout ce que fait ou dit quelqu'un. Avoir un air moqueur.

᧖᧗᧘. *pelgue*. Grain de millet. Un grain de millet; ᧖᧗᧘ ᧙᧚. *emou pelgue pele*.

᧖᧗᧘᧙. *pelguenembi*. Cela se dit lorsque les épis commencent à avoir des grains, ou que les grains commencent à se former.

᧖᧗᧘. *pelhe*. Ordonner de préparer.

᧖᧗᧘᧙, *pelhembi*. Préparer à tout événement. Faire grande provision. Préparer.

᧖᧗᧘᧙. *pelheboumbi*. Ordonner de préparer.

᧖᧗᧘᧙. *pelhenembi*. Aller préparer.

᧖᧗᧘᧙. *pelhetchimbi*. Venir préparer.

᧖᧗᧘᧙. *pelhetoumbi*. Lorsque le commun, lorsque chacun prépare. (᧖᧗᧘᧙. *pelhenoumbi*.)

᧖᧗᧘᧙. *'pelhehekou*. Lorsqu'on n'a pas préparé, etc.

ᓀᑰᕆᐤ ᔨᐅᐧᐃᐤ. *pelhere tchouoha.* Avoir préparé des gens de guerre, une armée.

ᓀᐅ ᓯᕇᐤ ᐦᐁᕃᐤ. *peou sere herguen.*

ᓀᐅ. *peou.* Finale d'interrogation.

ᓀᒣᐤ ᓯᕇᐤ ᐦᐁᕃᐤ. *pem sere herguen.*

ᓀᒣᕆᑫᐱ. *pemberekepi.* Radoteur. Cela se dit de ceux qui, avancés en âge, oublient dans un instant ce qu'ils viennent de dire, et le répetent comme s'ils ne l'avoient pas dit, etc.

ᐱ ᓯᕇᐤ ᐦᐁᕃᐤ. *pi sere herguen.*

ᐱ. *pi.* Le pronom, je, moi. Le verbe être. De plus, c'est une finale. Avoir. Laisser.

ᐱᐦᐊᐣ. *pihan.* Lieu désert, sauvage.

ᐱᐦᐊᐣ ᓂ ᐦᐅᑐ. *pihan ni houtou.* Esprits qui président aux lieux déserts. Mânes des hommes qui errent dans les déserts.

ᐱᐦᐊᐣ ᓂ ᐃᐸᐦᐊᐣ. *pihan ni ipahan.* Tourbillon. Chose extraordinaire.

ᐱᐦᐊᐣ ᑕᓚ. *pihan tala.* Sentier au milieu des herbes.

ᐱᐦᐊᐣ ᐅᐁᒉᑯ. *pihan ouetchekou.* Homme qui a un esprit follet à son commandement.

ᐱᐦᐊᐣ ᓂ ᐅᐣᑭᐁᐣ. *pihan ni ounguien.* Sanglier. (*Yé tchou* en chinois.)

ᐱᐦᐊᐣ ᓂ ᒍᑯ. *pihan ni tchoko.* Faisan. (*Yé ki* en chinois.)

ᐱᐦᐊᐣ ᓂ ᒉ. *pihan ni tchai.* Thé sauvage, dont les

branches et les feuilles, séchées au soleil, servent à faire une boisson semblable au thé qu'on prend ordinairement. La couleur des feuilles de ce thé est d'un jaune doré : sa tige est haute, et ses feuilles sont menues.

꧁꧂, *pihan ni kintala*. Espece de céleri sauvage dont la tige et les feuilles tirent sur le rouge : on les mange. Il y en a une autre espece qui est blanche et fait éternuer quand on le mange.

꧁꧂, *pihan niongniaha*. Nom général qu'on donne aux oies. Il y en a de sept especes. Si l'un des deux vient à mourir, l'autre ne cherche plus d'autre compagnie. On l'appelle *y niao* (en chin.) comme qui diroit, oiseau qui a de l'honneur.

꧁꧂, *pihan ni houkchen*. Espece d'épervier qui habite les montagnes et qui n'en sort pas.

꧁꧂, *pihan ni niehe*. Nom général des canards sauvages dont il y a dix-huit especes.

꧁꧂, *piha*. Tranche de quoi que ce soit. Viande ou toute autre chose coupée par morceaux. On dit aussi ꧁꧂, *ioktchin akou*.

꧁꧂, *pibou*. Ordonner de laisser. Laissez cela.

꧁꧂, *piboumbi*. Laisser quelque chose, ne pas le toucher, ne pas s'en servir, etc.

꧁꧂, *pisan*. Inondation, espece de déluge.

꧁꧂, *pisaka*. Il y a eu une inondation, une espece de déluge qui a tout perdu.

꧁꧂, *pisambi*. Inonder.

꘎꘎꘎. *pisarambi*. Lorsqu'il a beaucoup plu, et que les rivieres débordent de tous côtés.

꘎꘎꘎. *piharame*. Être dans un lieu sauvage.

꘎꘎꘎. *piche*. Nom d'un insecte qui a huit pieds, le corps rond et plat; il est de couleur de terre : il s'attache aux hommes et aux animaux. C'est le karapat.

꘎꘎꘎. *pigere*. Qui a.

꘎꘎꘎ ꘎꘎꘎. *pigere akou*. Qui n'a pas.

꘎꘎꘎. *pigerengue*. Qui a.

꘎꘎꘎. *pigerelengue*. Qui a quelque chose que ce soit.

꘎꘎꘎. *pigen*. Quelque chose que ce soit qui est garni de fer, de cuivre ou de tel autre métal; comme couteau, bride de cheval, etc. Garniture de fer, d'acier, de cuivre ou de tel autre métal.

꘎꘎ ꘎꘎꘎ ꘎. *pi sini meifen be*. Injure qu'on dit à quelqu'un; elle revient à notre mot de pendart.

꘎꘎꘎. *pisou*. Ordonner à quelqu'un de rester. Reste là, demeure là.

꘎꘎꘎. *pichou*. Ordonner à quelqu'un de toucher avec la main.

꘎꘎꘎. *pichoumbi*. Toucher avec la main, appliquer la main sur quelque chose.

꘎꘎꘎. *pichouboumbi*. Ordonner de toucher, d'appliquer la main sur quelque chose. Être touché, etc.

꘎꘎꘎. *pichoun*. Arbre quel qu'il soit qui n'a point

de branches, qui n'a que le tronc. Quelque chose que ce soit qui est uni. Arbre de haute futaie. Arbre qui n'a que le tronc. Homme qui n'est point délicat pour le manger, qui mange de tout.

༄༅༅. *pichoukan.* Qui est un peu uni. Arbre qui a peu de branches, et dont le tronc n'est divisé qu'en peu de branches primitives. Homme qui mange presque de tout, qui n'est point délicat. Cheval et telle autre bête qui a un peu belle apparence.

༄༅. *pita.* Bords d'une riviere dont l'un est très profond et l'autre ne l'est pas. Eau dormante.

༄༅༅. *pitelen.* C'est ainsi, certainement, assurément. (ᠴᠢᠩ ᠣᠲᠣᠯᠣ, *tching otolo.*)

༄༅༅. *pitere.* Je pense que cela est ainsi.

༄༅༅. *pitoumbi.* Suivre les bords de la riviere, comme «lorsque *Tai Ouang*, grand-pere de *Ou Ouang*, suivit les bords de la riviere en allant vers l'ouest.» (Cette phrase est tirée du *che king.*) Border un habit, par exemple, etc. Embellir quelque chose que ce soit.

༄༅༅. *pitouboumbi.* Ordonner de border, de mettre un bord, un ornement à quelque chose. Rêver, voir en songe ce à quoi on a pensé pendant le jour.

༄༅༅. *pitourame.* Côtoyer une montagne.

༄༅༅. *pitouhan.* Bord d'un bonnet, d'un habit, etc. Bord peu large de quelque chose que ce soit. Ourlet, etc.

༄༅. *pila.* Ordonner de plier un habit, par exemple, etc. Ordonner de rester, de demeurer.

pilahan. Jour arrêté. Substantif.

pilambi. Arrêter un jour. Fixer un jour. Rompre une fleche, ou telle autre chose que ce soit. Cela se dit d'un homme fort et vaillant qui perd courage à la vue de l'ennemi. Rompre quelque chose que ce soit avec ses mains. Perdre courage. Perdre cœur.

pilaboumbi. Ordonner d'arrêter, de fixer un jour, de rompre quelque chose. Être déconcerté. Être rompu, en parlant des choses.

pilache. Chanteur, comédien. (*outchoulame pihanara nialma.*)

pilame kaimbi. Rompre un brin de paille.

pileri. Instrument de musique. C'est une espece de hautbois. (*Souo na* en chinois.)

piloumbi. Caresser avec la main un enfant qu'on aime. Frotter sur son corps un pou ou tel autre insecte pour le tuer. Couper la viande en morceaux fort minces avant de la couper par filaments, pour la mettre dans les petits pâtés, etc. Appuyer sa main sur quelque chose. On dit aussi *kalai pichoumbi.* Lorsqu'on aime quelqu'un, le bien nourrir pour le faire croître.

pilouboumbi. Faire patiner, toucher quelque chose. Faire couper en morceaux fort minces de la chair qu'on veut employer. Faire bien nourrir un enfant, etc., pour le faire croître.

pilouchambi. Appuyer sa main sur quelque chose. Caresser avec la main un enfant qu'on aime tendrement.

piloukou. Flatteur. Homme qui dit de bonnes paroles, pleines de douceur, d'affabilité, d'affection, et qui trompe.

piloukan. Être attaqué par quelqu'un lorsqu'on est fort tranquille et qu'on ne pense à rien. (*piloukan i matoutchimbi.*)

pilourtchambi. Flatter, dire de bonnes paroles pour tromper. Faire le bon, le simple, pour faire donner dans le panneau ceux qu'on veut tromper.

pime. C'est une finale, une particule conjonctive. C'est aussi l'infinitif du verbe Être.

pitchi. Si, particule conditionnelle, etc.

pitchibe. Quoique, particule qui dénote un sens incomplet : elle a la même signification que *otchibe.*

pitchambi. Perdre cœur à la vue de l'ennemi. Rompre avec la main quelque chose que ce soit.

pitchaboumbi. Faire perdre courage. Faire rompre avec la main quelque chose que ce soit.

pia. Lune composée de jours. Lunes qui composent l'année. (*Yué* en chinois.)

pia tchembi. Éclipse de lune : elle arrive lorsque la lune se trouve en opposition, et que l'ombre de la terre couvre la lune.

piatari. Chaque lune.

pialame. Différer de lune en lune.

pia anara icheka. Lune qui est prête à finir. Déclin de la lune depuis le 27.

pia amba. Grande lune. (*Yue ta* en chinois.)

pia osohoun. Petite lune. (*Yue siao* en chinois.)

pia i manashoun. La fin de la lune depuis le vingtieme jusqu'à la fin.

piai itchereme. Le commencement de la lune depuis le premier jusqu'au neuf ou dix.

pia kehoun. Lune brillante, claire.

pihe. Qui a originairement. Maniere de parler devant laquelle on met toujours quelqu'une des syllabes suivantes *ha, he, ho, ka.* C'est-à-dire que c'est une particule qui désigne le passé.

pihepi. Prétérit du verbe *pi,* être. C'est une particule qui se met après le prétérit, lorsqu'il est entièrement accompli. (Terminaison du plus-que-parfait de l'indicatif.)

pihepitchi. Parfait subjonctif du verbe *pi,* et particule qui se met après les prétérits conditionnels qui ne sont point encore accomplis. (Terminaison du plus-que-parfait du subjonctif.)

pia pourouhoun. Lune qui n'est pas claire, qui est dans les brouillards.

𐓏𐓘𐓻𐓘, *pia aranaha.* Le deuxieme et troisieme jour de la lune, lorsqu'elle a comme deux dents, c'est-à-dire qu'elle commence à montrer ses cornes, ou, pour mieux dire, nouvelle lune.

𐓏𐓘𐓻𐓘, *pia mouhelin oho.* Pleine lune.

𐓏𐓘𐓻𐓘, *pia piarhien.* Lune brouillée, qui n'est ni claire ni obscure, dont la lumiere est foible.

𐓏𐓘𐓻𐓘, *pia kouaraha.* Lorsque la lune est brouillée, et qu'elle a une espece de cercle; on appelle cette espece de cercle, l'anneau du vent.

piahoun. Couleur qui n'est ni obscure, ni claire, ni forte, ni foible, qu'on ne sauroit presque déterminer. Couleur du visage fort blanche. Quoi que ce soit qui a perdu sa couleur naturelle. On dit aussi 𐓏𐓘𐓻𐓘, *piapiahoun.*

𐓏𐓘𐓻𐓘, *piapiahoun.* Qui a perdu sa couleur naturelle.

𐓏𐓘𐓻𐓘, *piaingue.* De cette lune-ci, de cette lune-là, etc.

𐓏𐓘𐓻𐓘, *piara.* Nom d'un oiseau qui se trouve au-delà de la grande muraille : il ressemble à l'hirondelle, mais il est beaucoup plus gros.

𐓏𐓘𐓻𐓘, *pialangui.* Qui dit tout ce qui lui vient à la bouche, à tort et à travers.

𐓏𐓘𐓻𐓘, *piataha.* Lieu de la tête où il ne croît pas de cheveux, où il y a eu une plaie, par exemple; où l'on a brûlé un peu d'herbes pour empêcher les convulsions des enfants.

⏑⏑⏑⏑, *piatar seme.* Parler *ab hoc et ab hac*, sans poids ni mesure. On dit aussi ⏑⏑ ⏑⏑, *patar seme.*

⏑⏑⏑⏑. *piarichambi.* Voir trouble. Avoir les yeux offusqués. Avoir les yeux bordés d'anchois, comme on dit.

⏑⏑⏑⏑ ⏑⏑⏑⏑, *pialoume iaboumbi.* Marcher sur les bords de quelque chose, sur le bord du chemin, etc.

⏑⏑⏑⏑. *pialoumbi.* Cela se dit d'un ennemi qu'on attaque dans son pays dont il sait tous les tours et détours, et qui fait une sortie vigoureuse sur les agresseurs qui ne l'attendoient pas, après quoi il se retire.

⏑⏑⏑⏑, *piangchekou.* Nom d'un insecte qu'on appelle aussi ⏑⏑, *tiao.* C'est la cigale.

⏑⏑⏑⏑⏑. *pialatachetambi.* N'avoir rien de déterminé; être tantôt d'un sentiment, tantôt d'un autre; dire tantôt une chose, et tantôt une autre, etc.

⏑⏑⏑. *piombi.* Unir quelque chose, en ôter ce qui est sur la superficie plus élevé que le reste. Racler la superficie de la viande, la couper par tranches fines.

⏑⏑⏑ ⏑⏑⏑, *pia fekouhe.* Cela se dit d'une femme qui est accouchée depuis une lune entiere.

⏑⏑⏑⏑, *piohalhan.* Cela se dit lorsque les oiseaux ou les bêtes qu'on veut prendre au filet y sont entrés, mais qu'on n'a pas eu le temps de les attraper dans ces mêmes filets ou dans tout autre piege, et qu'ils ont échappé, etc.

ᏏᏳᏬᏛᎳᎳᏲᏣᎢ. *piolokochombi.* Accuser quelqu'un de mensonge, lui dire qu'il ment.

ᏏᏳᏳᎣᎡᎹ ᎭᎢᎨᎢ. *piorong seme.* Qui n'a point de forces du tout, qui a les os extrêmement foibles.

ᏏᏳᏳᎡᎹ ᎭᎢᎨᎢ. *pior seme.* Sang ou pus qui coule toujours. Eau qui coule très doucement, et par petits filets. Un habit qui est très long. Homme foible qui n'a pas la moindre force.

ᏏᏳᏳᎡᎹ ᎭᎢᎨᎢ ᎥᏍᎢᎢ. *pior seme ouien.* Très menu, très mince, très foible.

ᏏᏳᏳᎡᎹ ᎭᎢᎨᎢ ᎥᎢᎨᏂ. *pior seme eiembi.* Eau qui coule par petits filets. Pus qui coule en petite quantité.

ᏏᏳᏳᎡᎹ ᎭᎢᎨᎢ ᏏᎭᎢᎨᏂ. *pior seme pantchihapi.* Homme qui dès sa naissance est foible et sans forces, qui est né tel.

ᏏᏳᏳᎡᎹ ᎭᎢᎨᎢ ᎥᏆᎣᎢᎨᏂ. *pior seme etouhepi.* Mettre un habit très long.

ᏏᏳᏳᎡᎢ. *pioran.* Lieu élevé où il n'y a que de la terre rouge.

ᏏᏳᎣ. *piao.* Requête qu'on présente à l'empereur ou aux magistrats. (*Piao* en chinois.)

ᏏᏳᎣ ᏏᏳᎧᎢ ᏣᎭᎢᎣᎬᎠ. *piao pithe ouegemboufi.* Présenter une requête.

ᏏᏳᏳᎢᎢ. *piaoha.* Cheval qui a un peu de blanc a

milieu des naseaux. Coucon des vers à soie sauvages de couleur verte. On se sert de la peau de ces coucons pour mettre au bout d'en bas du bois des fleches, pour les empêcher de se fendre.

〰〰, *piar seme*. Eau qui tombe d'un endroit élevé. Cascades d'eau dans un lieu sauvage.

〰, *pikini*. Maniere de parler qui revient à ce que nous disons : Qu'il fasse comme il lui plaira, ce sont ses affaires, c'est à lui à voir.

〰, *pilembi*. Cela se dit des poules, oies, etc., qui font des œufs; et des animaux qui mettent bas.

〰, *piarguien*. Qui est insipide. Qui n'a point de goût.

〰, *pira*. Courant d'une riviere. Riviere. (*Ho* en chinois.)

〰 〰, *pira tao*. Ordonner de passer la riviere.

〰 〰, *pirai tcherki*. Au-delà de la riviere. L'autre côté de la riviere. On dit aussi 〰 〰, *pirai tchalan*, 〰, *pitchila*, et 〰, *pitchargui*.

〰 〰, *pirai epergui*. En-deçà de la riviere. Ce côté de la riviere. On dit aussi 〰 〰, *pirai epele*.

〰, *pireme*. En général, en somme, enfin. On dit aussi 〰, *yoni*.

〰 〰, *pireme hereme*. En somme, en général, enfin, etc.

〰, *pirembi*. Passer le foulon sur le feutre, sur

les pieces de laine, ou de poil. Aller intrépidement contre l'ennemi, et revenir de même. Heurter de propos délibéré fortement contre quelqu'un. Fouler la pâte pour en faire du vermicelle. Entraîner. Lorsque les eaux entraînent maisons, terres, etc. Donner tête baissée contre l'ennemi sans aucune crainte.

༄༅༅༅. *pireboumbi.* Ordonner d'aller contre l'ennemi, d'être heurté fortement. Être battu. Ordonner de battre, de tuer, etc.

༄༅༅. *piretei.* Tout, en général, en somme. On dit aussi ༄༅༅. *ïoni,* et ༄༅༅. *pireme.*

༄༅༅༅. *pirenembi.* Aller contre quelqu'un tête baissée, sans crainte.

༄༅༅༅. *piretoumbi.* Lorsque le commun donne tête baissée et sans crainte contre l'ennemi. Lorsque le commun s'attaque mutuellement. Lorsque les ennemis sont dans la mêlée.

༄༅༅ ༄༅༅, *piren tasha.* Tigresse. (*Mou hou* en chinois.)

༄༅༅ ༄༅༅, *piren iarha.* Autre espece de tigresse qui a la peau marquetée. (*Mou pao* en chinois.)

༄༅ ༄ ༄༅, *pira i houia.* Espece de coquillage qui vient dans les rivieres, et dont on mange la chair.

༄༅༅. *pireken.* Barriere qui sépare un champ, une maison d'une autre. On y met des palissades ou des pieux de bois, etc. Alors on dit ༄༅༅ ༄ ༄༅, *pireken i tchase.*

༄༅༅, *pirekou.* Espece de rouleau dont on se sert

pour abattre et briser les mottes de terre après qu'on a semé les grains. On dit aussi ᠪᡳᡵᡝᡴᡠ ᠮᠣ. *pirekou mo.* Rouleau que l'on passe sur la pâte. Foulon dont se servent ceux qui travaillent en laine ou en poil. Piece de bois dont se servent ceux qui mesurent, pour passer sur le boisseau quand il est plein.

ᠪᡳᠣᠯᡠᠮᠪᡳ. *pioloumbi.* Unir, rendre uni, poli, etc.

ᠪᡳᠷ ᠰᡝᡵᡝ ᡥᡝᡵᡤᡠᡝᠨ. *pir sere herguen.*

ᠪᡳᠷ ᠪᡳᠶᠠᠷ ᠰᡝᠮᡝ. *pir piar seme.* Lorsqu'on a des habits traînants et qu'on marche lentement.

ᠪᡳᠷ ᠰᡝᠮᠪᡳ. *pir sembi.* Qui a la ceinture fort longue en devant. Porter la ceinture longue.

ᠪᡳᡵᡥᠠᠨ. *pirhan.* Petite riviere, ou ruisseau qui coule fort doucement. Petit ruisseau qui coule entre deux montagnes.

ᠪᡳᡵᡴᡝᠴᡝᠮᠪᡳ. *pirkechembi.* Lorsqu'on a mangé plus qu'il ne faut. Quelque chose que ce soit qui branle de soi-même. Le flocon qui pend au cou des chevaux et qui branle lorsqu'ils marchent. Branler. Être agité, etc.

ᠪᡳᠨ ᠰᡝᡵᡝ ᡥᡝᡵᡤᡠᡝᠨ. *pin sere herguen.*

ᠪᡳᠨ ᡶᡟ. *pin tsee.* Nom d'un fruit, (en mantchou et en chinois.)

ᠪᡳᠩ ᠰᡝᡵᡝ ᡥᡝᡵᡤᡠᡝᠨ. *ping sere herguen.*

ᠪᡳᠩ ᠪᡳᠶᠠᠩ. *ping piang.* Sonner du *sona*, espece de haut-bois. Jouer de la flûte, etc. Son de ces instruments.

ᠪᡳᡨ ᠰᡝᡵᡝ ᡥᡝᡵᡤᡠᡝᠨ. *pit sere herguen.*

ᡦᡳᡨᡥᡝ. *pithe.* Livre, piece d'éloquence, etc. On dit aussi ᡦᡳᡨᡥᡝ ᠴᠠᡥᠠᠨ. *pithe tchahan.*

ᡦᡳᡨᡥᡝᡳ ᠠᠮᠪᠠᠨ. *pithei amban.* Mandarin de lettres. Ministres, ceux qui sont à la tête des neuf *king*, c'est-à-dire des neuf justices hors des six tribunaux appellés *lieou pou* en chinois.

ᡦᡳᡨᡥᡝᡳ ᠬᠠᡶᠠᠨ. *pithei hafan.* Mandarin de lettres. Ceux qui sont au-dessous des officiers municipaux, et au-dessus de tous les petits mandarins subalternes.

ᡦᡳᡨᡥᡝᡳ ᡨᠠᠴᡳᠨ. ᠴᠣᠣᡥᠠᡳ ᡝᡵᡩᡝᠮᡠ. *pithei tatchin, tchouohai ertemou.* (M. Amyot n'a pas traduit l'explication chinoise de cette phrase tartare, qui signifie, je crois, *la science des livres, et la vertu militaire.* C'est-à-dire, *la science et la bravoure.*)

ᡦᡳᡨᡥᡝᠰᡝ. *pithese.* Petit mandarin qui a soin de tenir les registres des tribunaux, espece de greffier.

ᡦᡳᡨᡥᡝᡳ ᠨᡳᠶᠠᠯᠮᠠ. *pithei nialma.* Lettré, homme de lettres.

ᡦᡳᡨᡥᡝ ᠨᠣᡥᠣ ᠰᡠᠴᡝ. *pithe noho soutche.* Étoffe de soie sur laquelle il y a de la dorure. Étoffe d'or, drap d'or.

ᡦᡳᡨᡥᡝᠯᡝᠮᠪᡳ. *pithelembi.* Confier une lettre à quelqu'un pour la porter à son adresse.

ᡦᡳᡨᡥᡝ ᡶᡠᠴᡳᡥᡳ ᡨᠠᠣᠰᡝ. *pithe foutchihi taosé.* Les trois sortes de religions ou de sectes; celle des lettrés, des bonzes ou sectateurs de *Fo*, et les *taoche.*

ᡦᡳᠣ ᠰᡝᡵᡝ ᡥᡝᡵᡤᡠᡝᠨ. *pieou sere herguen.*

ᡦᡳᠣ. *piou.* Finale d'interrogation. L'avez-vous? etc.

pil sere herguen.

pilha. Défilé, chemin étroit entre des montagnes. Tuyau de cheminée. Gosier.

pilha ilengou i kese amban. Expression dont on se sert lorsqu'on veut louer un ministre ou un grand mandarin qui a servi longtemps. On dit encore *outchoulaha amban.*

pilhatchounga. Gourmand.

pilten. Lac, lieu où il y a un grand amas d'eau dormante. C'est aussi une piece d'eau dont on ne voit pas les bords et qui n'est pas profonde. Étang.

piltembi. Grandes eaux. Lorsque les eaux débordent, qu'elles passent par dessus les bords. Inonder.

pilteke. Les eaux ont débordé, ont passé par dessus leurs bords.

piltcha. Broyer les grains pour les réduire en farine et en faire du pain.

piltchambi. Répandre quelque chose que ce soit. Disperser des cendres sur la terre, par exemple. Couvrir la terre de quelque chose que ce soit. Lorsque le sang, l'eau, l'huile ou la graisse s'étendent sur les habits, etc. S'étendre.

piltchaka. Cette tache, cette goutte d'huile, d'eau, de sang, etc., s'est étendue, etc.

pilkechembi. Lorsqu'un vase, par exemple, est si plein, qu'il répand par dessus les bords quand on le remue.

pim sere herguen.

pimbi. Avoir. Laisser. Ne pas toucher.

pimbime. Lettre ou mot qui joint le premier membre d'une phrase avec le second.

po sere herguen.

ponieou. Singe. L'heure du singe. Nom d'une heure chinoise qui répond à notre maniere de compter de quatre à six heures du soir.

pono. Grêle: elle se forme lorsque le temps étant couvert, l'*yn ki* est fort grand; l'eau dont il est composé se coagule dans la moyenne région de l'air, et tombe en grêle au lieu de tomber en pluie. Cela arrive, parceque l'*yn ki*, qui est l'eau, domine et étouffe l'*yang ki* qui est le feu.

pono ten foribouha. La grêle a ravagé, a fait des dégâts dans les campagnes.

pono ten foribouhakou. La grêle n'a fait aucun ravage.

ponombi. Grêler.

pokori kaimbi. Donner du pied au cul à quelqu'un en badinant.

pohoto. Bosse que les chameaux ont sur le dos, et qui est comme le pommeau d'une selle.

pohori. Pois à manger. (*Ouan teou* en chin.)

pohon. Cela se dit de quelque chose que ce soit dont la couleur n'est pas brillante, et des hommes qui ont la vue trouble. On dit aussi *iasa pohon.*

༦༠ཏིཧོཏཏཧ་. *pohokon.* Couleur qui est un peu obscure, effacée, etc.

༦༠ཏིཧོཧཧ, *pohomi.* Van ; instrument à vanner les grains, le bled, etc.

༦༠༺ཧ. *poso.* L'ombre de la montagne. Le nord de la montagne, lieu où le soleil ne donne jamais. Toile.

༦༠༺ཧ. *pocho.* Ordonner de chasser quelqu'un, de ne pas l'entretenir, en lui répondant, par exemple, etc.

༦༠ཧོཏཏཧ. *pochokou.* Nom d'une espece d'huissier ou de sergent. (*Po che kou* en chinois.)

༦༠ཧོཏཧཧ. *pochombi.* Chasser, rebuter quelqu'un. On dit aussi ༦ༀཏཧཧ. *pichambi.* Faire décamper, etc.

༦༠ཧོཔོཧཧ. *pochoboumbi.* Être chassé, rebuté, etc. Ordonner de chasser, etc.

༦༠ཧོཏཽཧཧ. *pochonoumbi.* Aller chasser, aller repousser, etc.

༦༠ཧོཏཏཧཧ. *pochontchimbi.* Venir chasser, venir repousser, etc.

༦༠ཧོཏོཧཧ. *pochotoumbi.* Lorsque tout le monde repousse, chasse. On dit aussi ༦༠ཧོཏཽཧཧ. *pochonoumbi.*

༦༠ཧ. *poto.* Ordonner à quelqu'un de chercher des moyens, de trouver quelque raison, quelque artifice, quelque combinaison, etc.

༦༠ཏོཧཧ. *potombi.* Mettre des gens sur le lieu où doit passer la bête, lui couper le chemin, environner le lieu où elle est, de peur qu'elle n'échappe. Faire trier, afin de la faire sortir. Chercher des moyens, des raisons, des combinaisons. Compter, supputer, soit avec les grains de la tablette, soit autrement.

ဝဓိၟတိဟ္ . *potohoun.* Supputer, compter. Compte.

ဝဓိၟဟ္ . *potoun.* Qui n'est jamais embarrassé de rien, qui peut se tirer d'embarras dans quelque affaire que ce soit. Artifice, expédient, etc.

ဝဓိၟတိဟ္ . *potohoun.* Petite garniture qui est à la pierre précieuse que les mandarins ont par derriere, au milieu de l'espece de chapelet qu'ils portent au cou.

ဝဓိၟဓိဟ . *potoboumbi.* Ordonner de compter, de supputer, etc. Qui a été supputé, combiné.

ဝဓိၟတိဟ . *potonoumbi.* Lorsque chacun compte, suppute, cherche des artifices, etc.

ဝဓိၟဟ္ . *potomime.* Cela se dit de ceux qui imputent calomnieusement des crimes faux à quelqu'un, etc. (ဝဓိၟဟ . *potomguiambi.*)

ဝဓိၟတိဟ . *potohoungou.* Qui a des artifices, qui sait son pain manger.

ဝဓိၟ ဟ္ , *potor seme.* Parler entre ses dents. Parler sans vouloir être entendu.

ဝဓိၟ . *potori.* Cheville qu'on met au trou où l'on emmanche le soc de la charrue, pour qu'il ne tombe point, et qu'il soit ferme.

ဝဓိၟ . *potisou.* Nom d'une espece de chapelet qu'on porte au cou, dont l'usage vient des royaumes de l'Occident. Ce chapelet a 108 grains.

6ᘛᘞ᙮ᘳ6. *potisatou.* Idole. On dit aussi 6ᘛ᙮. *pousa*; (et *pou sa* en chinois.)

6ᘛ᙮. *pola.* Ordonner de faire rougir quelque chose au feu.

6ᘛ᙮ᘳ6ᘳ. *polambi.* Faire cuire de la viande. Faire rôtir de la viande dans une espece de marmite. Faire cuire des biscuits, du pain. Faire cuire sans eau quelque chose que ce soit.

6ᘛ᙮6ᘛᘳ6ᘳ. *polaboumbi.* Ordonner de faire cuire, de faire rôtir.

6ᘛᘳ. *poli.* Verre dont la composition vient des royaumes étrangers. (*Po ly* en chinois.)

6ᘛᘳᘳ6ᘳ. *polimbi.* Faire usage d'un morceau de viande pour faire venir l'épervier ou faucon. Appeller le faucon avec un morceau de chair.

6ᘛᘳᘳᘳ. *polikou.* Chair ou viande avec laquelle on fait venir le faucon, quand on a peur qu'il ne s'égare. Appât.

6ᘛᘳᘳ6ᘛᘳ6ᘳ. *poliboumbi.* Ordonner d'appeler le faucon avec la viande ou l'appât.

6ᘛᘳᘳᘳ. *polori.* L'automne. (*Tsieou* en chinois.)

6ᘛᘳᘳᘳ ᘳᘳᘳ6ᘳ. *polori togembi.* Entrer dans l'automne. Lorsque l'automne est arrivé.

6ᘛᘳᘳᘳ ᘳᘳᘳ. *polori toulin.* Le milieu de l'automne.

6ᘛᘳᘳᘳ6. *polokou.* Lorsque tout ce qu'on avoit est fini, qu'on n'a plus rien. On dit aussi 6ᘛᘳᘳᘳᘳ6. *polahokou.*

6ᘛᘳᘳ. *potchihe.* Sordide. Qui fait mal au cœur.

POHI

Qui a une figure hideuse, et un mauvais naturel.

ᠪᠣᡵᠣ. *potcho.* Couleur. On dit aussi ᠪᠣᡵᠣ ᡶᡳᠶᠠᠨ. *potcho fien.*

ᠪᠣᡵᠣᠩᡤᠣ. *potchoungou.* Qui a de la couleur. Qui est coloré. Qui a les cinq couleurs. On dit de même ᠪᠣᡵᠣᠩᡤᠣ ᠣᡴᡨᠣ, *potchoungou okto.*

ᠪᠣᡵᠣᠩᡤᠣ ᛐᠣᡴᡳ, *potchoungou touki.* Nuages qui présentent les cinq couleurs.

ᠪᠣᡵᠣᠩᡤᠣ ᠸᡝᡥᡝ, *potchoungou ouehe.* Pierres qui sont de différentes couleurs.

ᠪᠣᡵᠴᡳ. *potchi.* Tablettes qui servent à attester la vérité d'un contrat. Contrat.

ᠪᠣᡵᠴᡳ ᡳᠯᡳᠮᠪᡳ. *potchi ilimbi.* Faire un contrat. Être caution, s'engager pour quelqu'un.

ᠪᠣᡴᡳᡨᠠ. *pokita.* Flocons de soie que les Chinois portent au bout de leurs especes de boîtes de senteur, sur lesquelles il y a de la broderie ou de la dorure.

ᠪᠣᡴᡳᡵᡧᠣᠨ. *pokirshoun.* Lorsqu'on a le corps comme engourdi, ou qu'on sent quelque douleur, qu'on ne sauroit se remuer. Lorsqu'on a les jambes ou les cuisses engourdies, et qu'on ne sauroit les remuer. Lorsqu'on a le corps tout engourdi.

ᠪᠣᡥᡳᡴᡠ, *pohikou.* Enveloppe des pieds des femmes chinoises et autres.

ᠪᠣᡥᡳᠮᠪᡳ. *pohimbi.* Envelopper ses pieds, en parlant des hommes ou des femmes.

ᠪᠣᡥᡳᠪᡠᠮᠪᡳ. *pohiboumbi.* Ordonner d'envelopper ses pieds.

ᠪᠣᡵᠣ. *poro.* Bonnet d'été. (*Leang mao* en chinois.)

ᠪᠣᡵᠣ ᡨᠣᠪᡳᡥᡳ. *poro tobihi.* Peau de renard noir qui est plus mélangée de poils roux-noirs que les peaux ordinaires.

ᠪᠣᡵᠣ ᡳᡥᠠᠨ. *poro ihan.* Bœuf qui a la tête noire et le corps tirant sur le rouge. Bœuf rouge.

ᠪᠣᡵᠣ ᡶᡠᠯᠠᠨ. *poro foulan.* Cheval tacheté de noir et de blanc ; le fond de sa couleur est brun, mais il a des taches de blanc et de noir sur tout son corps. Cheval bai.

ᠪᠣᡵᠣᡴᠣ ᠮᡠᠴᡠ. *poroko moutchou.* Espece de raisin noir qui n'est pas tel quand il n'est pas mûr, mais qui noircit en mûrissant.

ᠪᠣᡵᡳᠮᠪᡳ. *porimbi.* Parler en berçant les enfants pour les faire dormir.

ᠪᠣᡵᡳᠨᠠᠮᠪᡳ. *porinambi.* Être morveux. Lorsque la morve est au bout du nez.

ᠪᠣᡵᡳᠨᠠᡥᠠᡦᡳ. *porinahapi.* Lorsqu'on ne s'est pas mouché, et que la morve qui a coulé le long du nez se seche sur les levres.

ᠪᠣᡶᡠᠨ. *pofoun.* Enveloppe. (*Pao fou* en chin.)

ᠪᠣᡶᡠᠯᠠ. *pofoula.* Ordonner d'envelopper.

ᠪᠣᡶᡠᠯᠠᠮᠪᡳ. *pofoulambi.* Envelopper.

ᠪᠣᡶᡠᠯᠠᠪᡠᠮᠪᡳ. *pofoulaboumbi.* Ordonner d'envelopper.

ᠪᠣ ᠶᡠ. *po yu.* Instrument de bois en forme de poisson, sur lequel les bonzes frappent. (*Tche yu* en chinois.)

poborchombi. Lorsqu'on a acquis une chose à laquelle on est extrêmement attaché, ne pas la perdre de vue, ne vouloir pas qu'on la touche.

poro seberi. Cheval qui est de couleur entre le blanc et le noir : il a les jambes blanches, et le reste du corps obscur.

polin. Étoffe de soie sur laquelle il y a des figures de dragons, etc.

poi sere herguen.

poihoun. Affaires domestiques. Ustensiles de ménage, meubles, etc. Le nombre de bouches d'une famille. Alors on dit ⟨…⟩, *emou poihoun.*

poihoun angala. Bouches d'une famille, nombre de personnes qui composent une famille.

poihoun salimbi. Hériter des biens d'une famille.

poihoun ni tchourhan. Nom d'un tribunal auquel ressortissent toutes les affaires qui ont rapport aux biens du peuple. (*Hou pou* en chinois.)

poihotchi. Maître de la maison. C'est le titre qu'on donne à la femme du maître de la maison.

poihotchilambi. Faire le maître de la maison, ou bien faire les emplois du maître de la maison.

ᡦᠣᡳᡥᡠᠨ, *poihoun*. Terre, un des cinq éléments, (selon le systéme des Chinois). Il y a de la terre de toutes les couleurs.

ᡦᠣᡳᡥᡠᠨ ᠨᡳ ᡥᠣᡨᠣᠨ, *poihoun ni hotoun*. Muraille de terre.

ᡦᠣᡳᡥᠣᡨᠴᡳᠯᠠᠮᠪᡳ, *poihotchilambi*. Ramasser peu-à-peu les grains.

ᡦᠣᡳᡥᠣᠯᠣᡥᠣᡦᡳ, *poiholohopi*. Cela se dit des animaux, oiseaux, poissons et quadrupedes, qui se retirent le soir dans les lieux où ils dorment ordinairement, et qui en sortent encore avant que de s'y fixer. On dit aussi ᡦᡳᠣᡥᠠᠯᠠᡥᠠ, *piohalaha*.

ᡦᠣᡵ ᠰᡝᡵᡝ ᡥᡝᡵᡤᡠᡝᠨ, *por sere herguen*.

ᡦᠣᡵᠪᠣ, *porbo*. Le nerf qui est au pied des animaux et des hommes, le tendon d'Achille.

ᡦᠣᡵᡨᠣᠨ, *porton*. Avoir le visage extrêmement sale pour ne s'être pas lavé. Saleté du visage et des yeux de ceux qui ne se lavent point.

ᡦᠣᡵᡨᠣᠨᠣᡥᠣᡦᡳ, *portonohopi*. Il a le visage très sale aussi bien que les yeux.

ᡦᠣᡵᡨᠣᠮᠪᡳ, *portombi*. Engraisser les chevaux et autres bêtes en les nourrissant bien.

ᡦᠣᡵᡨᠣᠪᠣᡠᠮᠪᡳ, *portoboumbi*. Ordonner à quelqu'un de nourrir un cheval, etc., pour qu'il s'engraisse.

ᡦᠣᡵᡥᠣᠨ, *porhon*. Grand amas de gerbes après qu'on a coupé les grains. Gerbes qu'on met droites dans un même lieu.

ᎬᏴᎢᎨᏐᏊ. *porhombi.* Mettre ou dresser quantité de gerbes dans un même lieu.

ᎬᏴᎢᎨᎯᎢᎷ. *porhoho imaha.* Banc de poisson.

ᎬᏴᎢᎨᎢ ᎬᏴᎢᎨᎢ. *porhon porhon.* Par monceaux. Quelques choses que ce soient qui sont par monceaux, par tas dans un même endroit.

ᎬᏴᎭᎢᏒᏊ. *portchilaha.* Prendre les morceaux de viande qu'on faisoit sécher au plancher lorsqu'ils sont à moitié secs, et les mettre avec du bouillon, après les avoir coupés par morceaux quarrés. Alors on dit ᎬᏴᎭᎢᏒᏊ ᎢᏅ. *portchilaha ienli*, c'est-à-dire viande desséchée.

ᎬᏴᎠᎢ ᎢᎡᎦ. *portchin niehe.* Nom d'une espece de canards sauvages qui ressemblent aux canards domestiques, marquetés de verd, etc. On dit aussi ᎠᎡᎢ ᎢᎡᎦ. *tarmin niehe.*

ᎬᏴᎢᏬᏊ. *porhoto.* Nom d'un arbre dont la tige et les feuilles ressemblent à celles du *king toun*, arbre dont la moëlle est quarrée. Cet arbre vient dans les lieux extrêmement humides : il a le cœur fort gros.

ᎬᏫᎬᎢ ᎢᎡᎦ. *porboki niehe.* Nom d'une espece de canard sauvage qui crie en volant, dont les ailes ont différentes raies: son corps ressemble aux canards qu'on appelle ᎠᏧᎠᎢ ᎢᎡᎦ. *iarkitchan niehe.*

ᎬᎢ ᎢᎯᎢ ᎦᎤᎢ. *pon sere herguen.*

ᎬᎢ. *pon.* Espece d'instrument de fer dont on se sert pour briser la glace, etc., pour remuer le feu, etc.

ponme. Briser ou rompre la glace, le charbon. Remuer le feu.

pon ni pombi. Se servir d'une espece de barre de fer pointue par le bout pour rompre la glace, le charbon, etc.

ponme ouacheka. Aller avec précaution dans les lieux qui vont en pente.

ponme kaptambi. Tirer une fleche de haut en bas d'un lieu élevé où l'on seroit placé.

pontoho. Cheval tout nud, qui n'a ni bride ni selle.

pontoholombi. Manquer des choses que tous les autres ont. Ne pas obtenir ce à quoi on s'attendoit.

pontoholoboumbi. Faire en sorte qu'un seulement n'obtienne pas ce que tous les autres ont obtenu, qu'il soit privé, frustré, etc.

pontchihien. Bruit d'un instrument de cuivre fait en forme de bassin, qu'on appelle *po lo* en chinois.

pong sere herguen.

pongko. Bouton de fleur ; c'est-à-dire fleur qui n'est pas épanouie. Nom d'une espece de fleches, à la tête desquelles on colle de petites chevilles de bois. On dit aussi *tono.*

pongou. Le principe, le premier, l'origine. On dit aussi *outchou.*

POK 565

pongou te kenehe. Il s'en est allé le premier.

pongonohopi. Cette fleur est en bouton.

pongtchilhi. Nom d'une espece de poisson qui vient dans les mers orientales. Sa chair et ses arêtes ressemblent à la chair et aux os d'une espece de cerf appellée *pao.* Ce poisson est bon à manger.

pontgchoungui. Homme grossier, sans manieres ni adresse.

ponguimbi. Envoyer quelqu'un quelque part. Envoyer porter quelque chose. On dit de même *ounguimbi,* et *penembi.*

ponguibou. Ordonner à quelqu'un d'envoyer porter quelque chose. (Impératif du verbe suivant. On dit aussi *oungui,* et *pene.*)

ponguiboumbi. Ordonner d'envoyer prendre, d'envoyer chercher, etc. On dit de même *ounguiboumbi,* et *peneboumbi.*

pok sere herguen.

pokson. Espece d'élévation qu'il y a au milieu de l'arc. Seuil de la porte. Piece de bois qui est en travers au bas de la porte.

pokchon. Os qui est au milieu ou au creux de l'estomac.

pokchokon. Quelque chose que ce soit

qui a belle apparence. Homme accompli, de belle prestance, etc.

pokto. Bossu. Bosse.

po sere herguen.

po. Maison, chambre. (*Kia* en chinois.)

poi kouptchi. Une famille, toute une maison.

poi nialma. Gens de la maison.

pobai. Chose précieuse, comme des pierreries, etc. Sceau de l'empereur. (*Pao pei* en chinois.)

poi amban. Ministre ou mandarin du dedans, qui a soin des affaires du prince.

poi nirou. Mandarins qui sont à la tête des officiers du palais, tant de l'empereur, que des régulos et des comtes. On dit aussi *telhetou nirou.* Ces *niourou* sont mandarins du quatrieme ordre.

poi niroui paiara. Soldats ou gardes du dedans. (*Po y pa ya la* en chinois.)

po nimaha. Nom d'un poisson qui a sur la tête un trou, par lequel il fait sortir de l'eau en grande quantité; de sorte qu'elle ressemble à une tour, etc. C'est le souffleur. (*kalimou.*)

poha. Légumes. Nom générique de toutes les herbes qu'on emploie pour faire boire, manger, etc.

pohalaboumbi. Ordonner à quelqu'un de manger son riz ou son pain avec des herbes.

ᡦᠣᠴᡳ, *poche.* Pierre précieuse. (*Pao che* en chin.)

ᡦᠣᠯᠠᠮᠪᡳ, *polambi.* Avertir les mandarins d'une affaire. Lorsque les petits mandarins avertissent leurs supérieurs ou les instruisent d'une affaire.

ᡦᠣᡥᠠᠯᠠᠮᠪᡳ, *pohalambi.* Faire la cérémonie en allant à la sépulture, après le septieme jour de la mort du parent ou de l'ami. Cette cérémonie consiste à brûler les habits du mort, et à offrir pour le mort, etc. On dit aussi ᠰᡳᠴᠠᠨᡨᠣᡠᠮᠪᡳ, *sichantoumbi.* Manger son pain avec les herbes, etc.

ᡦᠣ ᡳ ᡥᠣᠴᠣ, *po i hocho.* Chambre qui est au nord-ouest.

ᡦᠣᠰ ᠰᡝᡵᡝ ᡥᡝᡵᡤᡠᡝᠨ, *pos sere herguen.*

ᡦᠣᡧᠣ, *posho.* Les reins ou rognons. Ils sont vis-à-vis le nombril, à la quatrieme vertebre de l'épine du dos.

ᡦᠣᠯ ᠰᡝᡵᡝ ᡥᡝᡵᡤᡠᡝᠨ, *pol sere herguen.*

ᡦᠣᠯᡥᠣ, *polho.* Qui tire de la fleche promptement et avec grace. Qui est integre dans l'emploi ou la charge qu'il exerce. Propre. Exempt de tout reproche. Eau qui est claire et qui n'a rien de trouble. Voix claire.

ᡦᠣᠯᡥᠣᠮᠪᡳ, *polhombi.* Se rendre propre, etc. Avoir de l'avantage sur les autres.

ᡦᠣᠯᡥᠣᡴᠣᠨ, *polhokon.* Un peu propre. Qui est un peu exempt de reproches, etc.

ᡦᠣᠯᡥᠣᠮᡳᠮᠪᡳ, *polhomimbi.* Avoir soin de son corps.

Ce soin consiste à ne pas boire de vin, à ne pas manger de la chair, à se maintenir le cœur pur et net. Se purifier.

polhoboumbi. Ordonner de s'instruire à fond d'une chose, d'être propre, de veiller sur soi, de vaincre, de surpasser.

polhopi. Faire une différence entre le bon et le mauvais, comme entre le mâle et la femelle. Être résolu de vaincre ou de périr.

polho hitchan. Homme qui mange peu, petit mangeur. On dit aussi *hitchan*.

polhosou. Esclave depuis la troisieme génération.

polhoko. Avoir perdu tout ce qu'on possédoit. On dit aussi *poloko*.

poltchon. Vague de la mer. Eau élevée. Bouillon.

poltchon oueren. Vague de l'eau. Vague. Alors on dit *poltchon tcholkoun*.

poltchon kitakou. Le bout de la quille d'une barque qui sort de l'eau du côté de la proue.

poltchon tekterakou. Qui ne s'éleve pas, qui est tranquille. Cela se dit des eaux.

poltchohon. Se disposer, se préparer aux choses à venir. Prévoyance. Assigner un jour. Jour de l'assignation. Rendez-vous.

ᏬᎦᎵᏲᎠᏎᏴ. *poltchombi.* Assigner un jour. Donner un rendez-vous. Se préparer à l'avenir.

ᏬᎦᎵᏲᎠᏍᎦ. *poltchoungou.* Coutume, usage établi.

ᏬᎦᎵᏲᏬᎦᎾᏎᏴ. *poltchoboumbi.* Ordonner de déterminer un jour, etc.

ᏬᎦᎵᏲᎬ ᎥᎤᎤᎯᏴᏲᏅ. *poltchotchi otchorakou.* Ce qu'on ne peut assurer, ce qu'on ne peut déterminer, etc.

ᏬᎦᏎ ᎶᏯᎥ ᏮᎡᏬᎶᎬ. *pom sere herguen.*

ᏬᎦᎾᏎᏴ. *pombi.* Employer un instrument de fer, ou une barre de fer pointue, pour rompre la glace, par exemple, etc.

ᏬᎦᎾᏬᏓᎤᎶᎢᎤᏎᏴ. *pombonohopi.* Nuages qui semblent être partagés. Amas de quelque chose que ce soit. Amas ou monceaux d'insectes, de fourmis, par exemple, de cousins, etc.

ᏬᎦᎾᏬᏓᎤᏎᏴ. *pombonombi.* Les nuages s'assemblent, sont comme par étages. S'assembler. Grossir, etc.

ᏬᎦᎾᏬᏓᎢᎤᏅ. *pombohon.* Ce qui ne convient pas. Ce qu'il ne faut pas faire ou dire, etc.

ᏬᎦᎾᏬᏅᏲᎤᎢᎤᏎᏴ. *pombornohopi.* Ceux à qui la tête branle de vieillesse.

ᏬᎦ ᎶᏯᎥ ᏮᎡᏬᎶᎬ. *pou sere herguen.*

ᏬᎦ. *pou.* (Impér. de ᏬᎦᎾᏎᏴ. *poumbi.*) Donne. Lorsque cette terminaison est dans un mot, elle annonce le commandement : elle dénote aussi le passif ou la passion.

ᠫᠣᡴᠠ, *pouka.* Mouton ordinaire. Mouton qui a des cornes. Mouton qui est châtré.

ᠫᠣᡥᠠ ᡴᡠᡵᡤᡠ. *pouha kourgou.* Nom d'un animal qui ressemble à la grosse espece de bœuf; le devant de son corps est fort haut, le derriere est fort étroit et mince: il est un peu rouge, et beaucoup plus gros que le bœuf.

ᠫᠣᡥᡡ, *pouhou.* (*Lou* en chin.) Nom d'une espece de cerf qui, parvenu à l'âge de mille ans, est noir; à l'âge de mille cinq cents il est blanc; à deux mille ans il est minime, ou tirant sur le noir. (Ceci est sans doute exagéré, mais quoi qu'il en soit cet animal vit très long-temps.)

ᠫᠣᡥᡡ ᠨ ᠰᡠᡴᡡ, *pouhou y soukou.* Peau de cerf.

ᠫᠣᡥᡡ ᠨ ᠣᠸᡝᡳᡥᡝ ᠰᡠᡥᡝ, *pouhou y oueihe souhe.* Lorsque le cerf change son bois.

ᠫᠣᠪᡠᠮᠪᡳ, *pouboumbi.* Ordonner de donner. Donner son approbation, approuver, etc.

ᠫᠣᠪᡠ ᡦᠠᠪᡝ, *poubou pabe.* Parler à demi-mot, ne pas s'expliquer clairement.

ᠫᠣᠰᠠᠴᠠᡥᠠ, *pousatchaha.* Qui a perdu son œil en heurtant contre quelque chose.

ᠫᠣᠰᠠᠩᡴᡳᠶᠠᠮᠪᡳ, *pousangkiambi.* Lorsque le commun cherche une chose perdue.

ᠫᠣᠰᡝᡥᡝ ᡳᠯᡥᠠ, *pousehe ilha.* Espece de fleur, (nommée en chinois *Pei hoa.*)

ᠫᠣᠰᡝ ᡨᠠ, *pouse ta.* Racine de la fleur *pei hoa.* On la fait bouillir, et elle est bonne à manger.

POUCHOU

𐴀𐴀, *poubourchembi.* Ne pouvoir pas emmener quelqu'un vite, promptement, etc.

𐴀, *pouserembi.* Qui n'agit pas avec droiture. Qui fait des choses qu'il ne voudroit pas qu'on vît. Faire des choses impures, mauvaises. Faire la sodomie.

𐴀, *pouserekou.* Parler et agir sans gravité, en enfant, etc.

𐴀, *pousouboumbi.* De bon, devenir mauvais. Se pervertir. Être débauché en matieres impures, etc.

𐴀 𐴀, *pousou pousou ahambi.* Lorsqu'il tombe une pluie fine.

𐴀, *pousoumta.* Nom d'une espece de fleur qu'on appelle aussi 𐴀, *tchoktota.* C'est une herbe médicinale.

𐴀, *pouchaka.* Un peu plus.

𐴀, *poucha.* Qui ne va pas jusqu'à l'excès, mais est en certaine quantité qu'on peut appeller beaucoup, comme 𐴀, *pouchakaachou.* Ordonner d'en mettre suffisamment, d'en ajouter un peu. 𐴀, *pouchaka pou.* Donnez-en un peu plus. 𐴀, *pouchaka noungue.* Mangez un peu plus.

𐴀, *pouchoukou.* Lorsque les enfants et les bêtes provoquent les esprits par leurs cris. C'est aussi le nom d'une espece d'animal fabuleux qu'on dit paroître et disparoître pour faire peur.

𐴀, *pouchoukoutembi.* Être possédé de l'esprit, ou de quelque esprit malin, et en appeller un autre pour chasser le premier.

pouchoukou iemtchi. Démons qui infestent les montagnes. (*Yao mo* en chinois.)

pouchoukoulambi. Faire des sortileges.

pouta. Faire prendre. Faire battre.

poutambi. Pêcher. Prendre au filet les bêtes, oiseaux, etc.

poutaboumbi. Ordonner de prendre des bêtes, des oiseaux, etc., de pêcher, etc.

poutalin. Anneau de fer qui est près du bout de la fleche. Anneau de fer qui retient le fer de la fleche dans le bois, etc.

poutan halan. Repentir d'une chose qu'on voudroit n'avoir pas faite, par exemple. *poutanhalan akou. Ainou outou iabouha ni?* ceci a le même sens que *alban halan akou.*

pouta. Riz cuit. (*Fan* en chinois.)

poutalambi. Manger du riz.

pouta nimekou. Jaunisse.

pouta mouke oualiambi. Verser ou répandre par terre du vin, de l'eau et du riz; espece de superstition.

pouten. Lieu où il y a beaucoup d'arbres. Le bas ou le pied des montagnes. Le côté de l'habit. Le bas du tablier.

POUTOU

poutereme. Marcher le long du bas de la montagne.

pouterembi. Ourler les habits. Faire un ourlet. Marcher le long du pied de la montagne.

poutemtchi. Méchant homme, mauvais garnement, cruel, qui a un cœur barbare. Homme qui a un dehors ordinaire, mais qui cache un très mauvais cœur.

poutehe. Il est mort. On dit aussi *poutchehe.*

poutou. Caché, dissimulé, hypocrite. Tout ce qui n'a point de bouche. Simple, uni, etc.

poutou houlha. Qui vole de petites choses. Voleur en petit, frippon.

poutoulembi. Bouton qui n'a point de tête ou de pointe. Rebâtir ou raccommoder un mur qui n'a point de portes dans les endroits qui se sont écroulés. Boucher un trou. Quoi que ce soit que l'on fait sans laisser de porte ou d'ouverture, comme une muraille, etc. Fermer quelque chose sans y laisser d'ouverture. Boucher un trou.

poutouleboumbi. Faire bâtir sans laisser de porte, d'ouverture, etc. Avoir des boutons sans tête. Faire boucher, faire fermer sans laisser d'ouverture.

poutouri. Petits boutons qui viennent au visage et sur le corps. Boutons qui sont plus petits que les furoncles, etc.

ᠫᡠᡨᡠᠨ. *poutoun*. Vase de porcelaine à contenir le vin. Ce vase est un peu plus gros que celui qu'on appelle ᠮᠠᠯᡠ. *malou*.

ᠫᡠᡨᡠᡵᡥᡠᠨᠠ. *poutourhouna*. Nom d'une plante qui ressemble à un arbre; elle vient dans les lieux où la terre est salée. Cette plante ressemble fort à celle que mangent les chameaux.

ᠫᡠᡨᡠᡥᡠ. *poutouhou*. Nom d'une espece de thé sauvage dont les feuilles et les petites branches étant cuites, l'eau dans laquelle elles ont bouilli, sert à la teinture. Alors on dit ᠫᡠᡨᡠᡥᡠ ᠮᠣ. *poutouhou mo*, qui est le même que ᡠᠸᡝᠴᡥᡝ. *ouetché*. Poisson qui a des ailes. Il y en a d'une autre espece qui est marqueté, et qui n'est long que de cinq à six pouces : il a la tête fort grosse, et la queue fort mince : il reste toujours au fond de l'eau, c'est peut-être ce qui l'a fait appeler poisson de sable. C'est un très mauvais poisson.

ᠫᡠᡨᡠᠨ. *poutoun*. Ignorant. Mot passé en proverbe, qui veut exprimer un homme qui n'a aucun talent, qui ne peut ni ne sait rien faire.

ᠫᡠᡨᡠᡴᠠ. *poutouka*. Qui est un peu sans talent, un peu sans adresse, etc.

ᠫᡠᡩᡠᠨ ᡝᡵᡥᡠᠨ. *poudoun eperhoun*. Homme inepte à tout. Homme vil.

ᠫᡠᠯᠠ. *poula*. Nom d'une espece d'arbre qui a des épines et qui ressemble au *tsao chou*, mais il est un peu plus petit et plus bas; il a des épines qui sont comme des aiguilles.

POULI

ӂ᷉ᴧ, *poula.* Espece de plante au bout de la tige de laquelle il y a des épines. Cette plante produit des fleurs jaunes et quelquefois blanches.

ӂ᷉ᴧ ᴧᴧ, *poulanga soki.* Nom d'une plante sauvage dont les feuilles sont couvertes de petites épines.

ӂ᷉ᴧ, *poulanga.* Qui a des épines.

ӂ᷉ᴧ ᴧᴧᴧ, *poula hailan.* Nom d'une espece d'arbre qui ressemble à l'ormeau, mais il a des épines longues d'une palme : son bois est jaune et compacte ; on en fait des manches de piques ou javelots, et des bâtons.

ӂ᷉ᴧ ᴧᴧᴧ, *poula ou heterebouhe.* Avoir été piqué par une épine.

ӂ᷉ᴧ, *poulekou.* Espece de plastron que les soldats portent sur l'estomac, contre les traits des ennemis. Miroir.

ӂ᷉ᴧ, *poulekouchembi.* Savoir clairement les choses passées. Voir comme dans un miroir. Regarder dans un miroir.

ӂ᷉ᴧ, *poulekoucheboumbi.* Ordonner de regarder dans un miroir.

ӂ᷉ᴧ, *poulehen.* Cicogne. On dit aussi ӂ᷉ᴧ, *changuien poulehen,* et ᴧᴧᴧ, *iatana.*

ӂ᷉ᴧ ӂ᷉ᴧ, *pouli poutou.* Homme qui insulte sans le vouloir, qui, sans aucune intention, dit des choses désagréables, etc. Ton de voix qui déplaît.

ᎤᏊᏂᏏ, *poulimbi.* Cela se dit des poissons gros et petits qui attirent et repoussent l'eau lorsqu'ils veulent manger. Humer.

ᎤᏊᏂᏏ, *pouliambi.* Attirer quelque chose avec la bouche, sans qu'il soit besoin de mâcher. Humer.

ᎤᏊᏅᏏ, *pouling seme.* Cela se dit de ceux qui ne savent rien de rien, et qui admirent tout ce qu'ils voient. Faire le badaud.

ᎤᏊᏂᏥᏏ, *poulintchambi.* Faire le badaud. Cela se dit de ceux qui ne savent rien de rien, et qui admirent tout ce qu'ils voient, se laissent aller à la paresse. Craindre de faire quelque chose.

ᎤᏊᏅ, *pouloun.* Herbe qui s'éleve par-dessus toutes les autres. *Abrotonum*, absinthe. C'est aussi les deux morceaux de bois ronds dans lesquels entre l'aissieu de la charrette.

ᎤᏊᎧᏅ, *pouloukan.* Tiede, qui n'est ni chaud ni froid. Cela se dit aussi des médecines qui ne sont ni trop fortes ni trop foibles. Liqueur ou telle autre chose qui ne brûle, ni les mains quand on la touche, ni les levres quand on la boit.

ᎤᏊᎧᏅ ᏓᏰ, *pouloukan cheri.* Source d'eau tiede, qui n'est point fraîche ni trop chaude.

ᎤᏊᏂᏙᏂᏏ, *poulountoumbi.* Cela se dit des serpents et autres animaux quand ils s'accouplent. S'accoupler, etc.

ᎤᏊᏂᏏ, *pouloumbi.* Amonceler les herbes qu'on a coupées.

POUTCHI

󰀀, *poutcheli.* Mânes des morts, ou, plus à la lettre, le corps et l'ame du mort.

󰀀, *poutchembi.* Mourir. On dit aussi 󰀀, *poutehe*, et 󰀀, *entehe.*

󰀀, *poutchehengue.* Injure; comme qui diroit, pendard, etc.

󰀀 󰀀, *poutcheli togeka.* Ame ou esprit d'un homme mort qui entre dans le corps d'un homme vivant, et qui parle par sa bouche.

󰀀 󰀀, *poutcheli penembi.* Appaiser l'esprit d'un mort qui tourmente un malade, en lui offrant de l'eau, du riz, et en brûlant du papier en son honneur.

󰀀, *poutchetei.* Jusqu'à mourir, jusqu'à répandre son sang. Vouloir mourir plutôt que d'abandonner son entreprise, etc.

󰀀 󰀀, *poutchetei afambi.* Combattre jusqu'à la mort.

󰀀, *poutchetele.* Jusqu'à la mort.

󰀀, *poutchilekou.* Espece de coëffure à l'usage des femmes; elles la portent en hiver pour se couvrir seulement les oreilles et une partie du visage.

󰀀, *poutchilembi.* Baisser sur les oreilles le bord du bonnet qui est de peau de bêtes, ou bien envelopper ses oreilles et son visage avec les bords du bonnet.

󰀀, *poutchileboumbi.* Faire abaisser les

bords du bonnet pour s'en couvrir les oreilles et une partie du visage.

ᎫᏧᎵᎻᏅ, *poutchoulimbi*. Baisser le bord du bonnet. On dit aussi ᎤᎫᎵᎻᏅ, *oukoulembi*.

ᎫᎫᎵᎻᏅ, *poukoulembi*. Baisser les bords du bonnet.

ᎫᏣᏂ, *poutchan*. Forêt, bois.

ᎫᏣᎧ, *poutchaka*. Spectre, ou homme mort qui se leve, etc.

ᎫᏟᎳᎻᏅ, *poutchihilambi*. Qui ne dit rien, mais qui se met en colere.

ᎫᏧ, *poutchou*. Ordonner de faire cuire une chose.

ᎫᏧᎻᏅ, *poutchoumbi*. Faire cuire quelque chose.

ᎫᏧᏚᎻᏅ, *poutchouboumbi*. Ordonner de faire cuire.

ᎫᏧ ᏩᏂ, *poutchou patcha*. En si grand nombre qu'on ne sauroit le compter.

ᎫᏧᏅ, *poutchoun*. Le nombre de dix. (*Ouan* en chinois.)

ᎫᏯ, *pouia*. Petit, quoi que ce soit qui est de peu de conséquence. Petit homme. Petite affaire. Petit mandarin.

ᎫᏯᎧ, *pouiakache*. Petite affaire. Petit homme qui n'a pas grand talent.

ᎫᏯ ᏧᏂ, *pouia tchouse*. Enfant depuis dix ans jusqu'à douze ou treize.

ᎫᏯᎴᎻ, *pouiarame*. Petit instrument. Petit outil. Petite chose. Chose de peu d'usage.

POUKE

pouiarame tchaka. Petite chose.

pouiarambi. Faire de petites choses, de petits instruments, des choses de peu d'usage, etc.

pouiarame hafan. Petit mandarin qui a bien des petites affaires.

pouiarame tchoutchourame. Qui est petit, vétilleur dans ses paroles et actions.

pouin. Aimer. Lorsqu'on approuve, qu'on aime quelque chose, qu'on s'y plaît. Complaisance.

pouiembi. Aimer quelque chose, se plaire à quelque chose, etc.

pouieboumbi. Ordonner d'aimer, etc.

pouietchouke. Aimable.

pouin tchiha. Penser avec complaisance à quelque chose.

pouin tchisoui. Penser avec complaisance à quelque chose.

pouintoumbi. S'entr'aimer. On dit aussi *pouienoumbi.*

pouke. Os qui se rompt facilement, qui est mince et foible.

pouke mouke. Teinture dont on se sert pour donner la couleur au *kepou* ou espece de gaze qui n'est pas de soie. Tremper ou blanchir le *kepou.* (*toukou tchoton be pouke mouke te itchembi.*)

pouke iaman. Maladie qui vient aux yeux des chevaux et autres animaux.

ᏎᎧᏢᏂ ᏓᎣᏟᏐᏉᏴ, *pouke mongoun.* Gosier. On dit aussi ᏒᎭᎴᏏᏴ ᏓᎣᏟᏐᏉᏴ, *houshamongoun*, et ᏆᎶᎲᏉᏴ ᏓᎣᏟᏐᏉᏴ, *olhoun mongoun.*

ᏎᎧᏢᏂ. *pouhe.* Il a donné. Il a promis.

ᏎᎧᏢᎴᏏᎶᏂ, *pouheliembi.* Couvrir quelque chose avec du linge, etc. Couvrir quelque chose, et lier ce qui le couvre.

ᏎᎧᏢᎴᏏᏎᎣᎶᏂ, *pouhelieboumbi.* Ordonner de couvrir, d'envelopper quelque chose, etc.

ᏎᎧᏢᎯ. *pouhi.* Le milieu ou la partie qui est entre les jambes d'un homme qui est assis et la cuisse, c'est-à-dire le genoux. La peau de cerf, de tigre, etc., dont on a ôté les poils. Le devant de la cuisse.

ᏎᎧᏢᎯ ᏒᏆᎴᏏᏴ, *pouhi koulha.* Bottes de peau de cerf teinte en noir.

ᏎᎧᏢᎯ ᏆᎷᏍᎶᏂ, *pouhi arambi.* S'asseoir sur ses deux jambes.

ᏎᎧᏢᎯ ᏆᎶᏓᏴ ᎠᏯᎶᏂ. *pouhi atame tembi.* Croiser les jambes l'une sur l'autre lorsqu'on est assis.

ᏎᎧᏢᎯ ᏆᎶᏓᏴ ᎠᏯᏢᏂ. *pouhi atame tehe.* Être assis les jambes croisées, ou sur ses jambes. (ᏒᎴᏐᏉ ᎠᏯᏢᏂ. *hantchi tehe*, et ᏢᎣᏍᏉᏴ ᏆᎶᏓᏴ ᎠᏯᎶᏂ, *topkia atame tembi.*)

ᏎᎧᏢᎴᏍᏉᏴ, *pouhietchoun.* Soupçon.

ᏎᎧᏢᎴᏴ, *pouhie.* Ordonner de considérer, de soupçonner.

ᏎᎧᏢᎴᏏᎶᏂ, *pouhiembi.* Soupçonner. Lorsqu'on ne

sait pas une chose, par exemple, et qu'on soupçonne qu'elle est ainsi. Lorsqu'on est dans le doute et la perplexité, et qu'on soupçonne une chose plutôt qu'une autre, lorsqu'on ne croit pas tout-à-fait, mais qu'on penche à croire.

ᎶᎯᏟᏘᎶᎯᏙᎾ, *pouhieboumbi.* Faire douter, faire soupçonner. Être soupçonné. Être envié, etc.

ᎶᎯᏟᏘᎶᎯᏙᎾ, *pouhientoumbi.* Lorsque le commun soupçonne. Lorsque les uns et les autres se soupçonnent mutuellement. On dit aussi ᎶᎯᏟᏘᎶᎯᏙᎾ, *pouhienoumbi.*

ᎶᎯᎣ, *poukou.* Homme qui sait se battre à la lutte. Homme fort, robuste.

ᎶᎯᎣᏙ, *poukoun.* Nom d'une espece de mouton dont la couleur est blanche, qui a aussi les cornes blanches, et qui ressemble par le museau à l'animal appellé *han ta han.*

ᎶᎯᏙ, *poura.* Lorsque du haut en bas on verse de l'eau sur quelque chose que ce soit. Lorsqu'on passe par l'alambic le vin ou l'eau-de-vie qu'on veut éprouver, en versant de l'eau fraîche dessus.

ᎶᎯᏙᏙᎾ, *pourambi.* Verser de l'eau du haut en bas sur quelque chose que ce soit. Lorsqu'on fait l'eau-de-vie, verser de l'eau fraîche sur l'alambic. Faire de l'eau-de-vie. Alors on dit ᏓᎠᎾ ᎶᎯᏙᏙᎾ, *erki pouïambi.* Lorsqu'on fait l'eau-de-vie, et qu'on verse de l'eau fraîche tout autour de l'instrument dont on se sert en guise d'alambic. Lorsqu'on verse du vin ordinaire, on dit ᏃᎠᏙ ᏔᎶᎯᏙᎾ, *noure teboumbi.*

ᛠᛠᛠ. *pouraboumbi.* Ordonner de verser de l'eau, de faire l'eau-de-vie, etc.

ᛠᛠᛠ. *pourachambi.* Cela se dit lorsqu'après qu'il est tombé de la neige, il souffle un gros vent qui en fait voler des flocons.

ᛠᛠ. *pouraki.* Poussiere qui s'éleve lorsqu'il fait du vent, par exemple. Hâlé. Il est hâlé. On dit aussi ᛠᛠ ᛠ. *pouraki pi.*

ᛠᛠᛠ. *pourakichambi.* Lorsque le vent fait élever la poussiere, excite la poussiere.

ᛠᛠ ᛠᛠ. *pouran taran.* Division, discorde, séparation. Lorsque chacun tire de son côté, par crainte de l'ennemi ou des châtiments, etc.

ᛠᛠ [ᛠ.] *poure* (*me.*) Promettre, donner, etc.

ᛠᛠ. *pouren.* Espece de coquillage dont on se sert pour appeller les soldats ou leur donner des ordres. Sonner de cet instrument. Alors on dit ᛠᛠ ᛠᛠᛠ. *pouren pourtembi.*

ᛠᛠ ᛠᛠᛠ. *pouren oumiaha.* Espece d'escargot qui monte sur les murailles ; il a une coquille. On l'appelle en chinois *choui nieou eulh.* C'est le limaçon.

ᛠᛠᛠ. *pourimbi.* Mettre une peau à un tambour, comme les fruits ont une peau qui les couvre. Mettre un dessus à une robe de peau. Chose quelconque à laquelle on met un dessus, une couverture, une enveloppe, etc.

ᛠᛠᛠᛠ. *pouriboumbi.* Ordonner de mettre un dessus, une couverture à quelque chose. Être couvert.

Être enveloppé. Ordonner de mettre un dessus à une robe de peau. Lorsque quelque chose est enfoncé dans l'eau, et qu'on ne le voit plus.

ⵍⵙⵍⵙ, *pourenehepi*. Lorsque la terre qui étoit mouillée vient à sécher, et que la superficie s'éleve de plusieurs côtés comme par crevasses.

ⵍⵙⵍⵙ, *pourou para*. Qui est comme stupide, qui ne sait pas bien les choses, qui n'est pas éclairé, qui voit sans voir. Alors on dit ⵍⵙⵍⵙ ⵍⵙⵍⵙ, *pourou para saboumbi*.

ⵍⵙⵍⵙ, *pouroulambi*. Se sauver, prendre la fuite par la crainte de l'ennemi. Lorsque l'ennemi a pris la fuite, etc.

ⵍⵙⵍⵙ, *pouroulaboumbi*. Mettre en fuite. Ordonner de fuir.

ⵍⵙⵍⵙ, *pouroulantoumbi*. Lorsque chacun se sauve, et qu'aucun n'ose regarder derriere soi. On dit aussi ⵍⵙⵍⵙ, *pouroulanoumbi*.

ⵍⵙⵍⵙ [ⵍⵙ.] *pouroubouha (mbi.)* Lorsque l'arc-en-ciel a disparu. Lorsqu'on ne voit plus une chose qu'on voyoit ci-devant.

ⵍⵙⵍⵙ, *pouroulo*. Nom d'une espece de cheval dont les poils sont partie rouges et partie blancs, etc.

ⵍⵙⵍⵙ, *pourouhoun*. Lorsqu'on regarde au loin et qu'on ne distingue pas bien les objets. Lorsque la lune ne brille pas, qu'elle est embrouillée. Lorsqu'on ne voit que confusément, etc.

ⵍⵙⵍⵙ, *poufouin*. Lorsqu'on a la langue épaisse et qu'on ne parle pas distinctement.

ᏛᏛᏛᏛ. *poufaliambi.* Se dédire de ce qu'on avoit avancé, se rétracter, nier ce que l'on avoit dit, etc.

ᏛᏛᏛᏛ. *pouchoukou tonton.* Papillon qui vient se brûler à la lumiere.

ᏛᏛᏛᏛ. *pourangkiambi.* Tirer la viande du pot après qu'elle a un peu bouilli, avant qu'elle soit entièrement cuite.

ᏛᏛ ᏛᏛ ᏛᏛ. *pour sere herguen.*

ᏛᏛ ᏛᏛ. *pour seme.* Lorsque le pus sort d'une plaie tout d'un coup. Lorsque le bouton, etc., creve. Lorsqu'une source d'eau se fait jour tout d'un coup. Alors on dit ᏛᏛ ᏛᏛ ᏛᏛ. *pour seme toutchike.* Lorsque les nuages se forment tout d'un coup sur le haut des montagnes. Lorsque les bœufs donnent de la corne contre quelque chose.

ᏛᏛ ᏛᏛ ᏛᏛ. *pour pour seme.* Lorsqu'une source bouillonne. Eau qui bout.

ᏛᏛ ᏛᏛ ᏛᏛ. *pour par seme.* Apparence de beaucoup de choses, etc.

ᏛᏛ. *pourha.* Branches de saules dont on fait des palissades ou especes de murailles, ou des couvertures de tentes, etc.

ᏛᏛ. *pourhachambi.* Vapeur qui s'éleve de quelque façon que ce soit, qui est agitée, qui s'étend, qui va de côté et d'autre.

ᏛᏛ ᏛᏛ. *pourhachame niamniambi.* Lorsque chacun tire de la fleche à cheval. Chasser à cheval.

POUR

ⳓⲁ̀ⲭⲣ̄ⲛ. *pourtei.* Tout, en général, en somme, etc. On dit aussi ⳓⲭⲣ̄ⲛ. *piretei.*

ⳓⲁ̀ⲭⲣ̄ⳁⳝⲛ. *pourtembi.* Sonner du cor ou du coquillage pour faire marcher les troupes. Alors on dit ⳓⲁ̀ⲭⲣ̄√, ⳓⲁ̀ⲭⲣ̄ⳁⳝⲛ. *pouren pourtembi.* Sonner de la trompette appellée *hao.*

ⳓⲁ̀ⲭⲣ̄ⳓⲁ̀ⳁⳝⲛ. *pourteboumbi.* Ordonner de sonner du coquillage ou de la trompette.

ⳓⲁ̀ⲭⲛ√. *pourguin.* Choix d'un temps propre : par exemple, l'occasion favorable. On dit aussi ⲛⲭⲛ√. *nerguin,* et ⳓⲁ̀ⲭⲛ√ ⳓⲁ̀ⲭⲛ√ ⲛ. *pourguin pourguin ni,* lorsqu'on a beaucoup de monde, par exemple, et qu'on en profite pour aller contre l'ennemi; lorsqu'on a un monde aussi nombreux que les gouttes de pluie. Alors on dit √ⳁⳓ ⳓⲁ̀ⲭⲛ√. *emou'pourguin.* Une bonne occasion, une occasion favorable.

ⳓⲁ̀ⲭⲛⳁⳝⲛ. *pourkimbi.* Enterrer quelque chose, enfouir. On dit de même √ⳓⲁ̀ⳁⳝⲛ. *'oumboumbi*, et √ⳁⳓⲁ̀ⳁⳝⲛ. *oukamboumbi*, ou ⲛⳁⳝⲛ. *somimbi.*

ⳓⲁ̀ⲭⲛ√ ⳓⲭⲛ√. *pourguin parguin.* Lorsque chacun retourne d'une manière empressée. Air empressé. Multitude. Empressement.

ⳓⲁ̀ⲭⲛⳁⳝⲛ. *pourguimbi.* Lorsque le commun est saisi de crainte, qu'il ne sait à quoi se déterminer à la vue de l'ennemi.

ⳓⲁ̀ⲭⲛⳁⳝⲛ. *pourguintoumbi.* Lorsque chacun est saisi de crainte, de terreur, et a perdu la tête. On dit encore ⳓⲁ̀ⲭⲛⳁⳝⲛ. *pourguinoumbi.*

ᡦᡠᡵᡤᡳᠪᡠᠮᠪᡳ, *pourguiboumbi.* Inspirer de la crainte, de la terreur à l'ennemi; le mettre en désordre et en confusion. Pendant la nuit se glisser dans le camp des ennemis, et leur inspirer la crainte en criant, comme si toute l'armée étoit prête à fondre sur eux, etc.

ᡦᡠᡵᡤᡳᠨ, *pourguin.* Cuirasse. Le dessus ou la couverture de la selle d'un cheval. Le dehors d'une robe. Avare, celui qui ne donne rien à personne, et qui se fait faute de tout. Pommeau de la selle.

ᡦᡠᠨ ᠰᡝᡵᡝ ᡥᡝᡵᡤᡠᠨ, *poun sere herguen.*

ᡦᡠᠨᠴᡠᡥᡠᠨ, *pountchouhoun.* Eau ou telle autre chose qui n'est ni chaude ni froide. Tiede.

ᡦᡠᠨᠴᡳᡥᠠ, *pountchiha.* Moineau domestique.

ᡦᠣᠩ ᠰᡝᡵᡝ ᡥᡝᡵᡤᡠᠨ, *pong sere herguen.*

ᡦᠣᠩ ᡦᠣᠩ, *pong pong.* Son du *hao* ou de la trompette chinoise. Son du cornet ou du coquillage.

ᡦᡠᠩᠨᠠᠮᠪᡳ, *poungnambi.* (M. Amyot n'a pas traduit l'explication chinoise de ce mot tartare.)

ᡦᡠᠩᠴᠠᠨ, *poungtchan.* Homme qui a les épaules hautes.

ᡦᡠᠩᠴᠠᠨᠠᡥᠠᡦᡳ, *poungtchanahapi.* Cela se dit d'un homme qui avance les épaules et les mains.

ᡦᡠᠺ ᠰᡝᡵᡝ ᡥᡝᡵᡤᡠᠨ, *pouk sere herguen.*

ᡦᡠᡴᠰᠠ, *pouksa.* Lieu où il se trouve de petits endroits pleins d'eau, et de petits endroits secs de côté et d'autre. Lorsqu'après avoir coupé les grains, on veut mettre le feu à la paille qui reste en terre, il y a des endroits très brûlés, et d'autres qui le sont peu. On dit aussi 𐒼𐒰𐒻 𐒼𐒰𐒻. *pouksa pouksa.*

𐒼𐒰𐒻. *poukche.* Ordonner de se tenir en embuscade. Cela se dit des gens de guerre.

𐒼𐒰𐒻. *poukchembi.* Se mettre en embuscade.

𐒼𐒰𐒻. *poukcheboumbi.* Ordonner aux troupes de se mettre en embuscade.

𐒼𐒰𐒻. *poukchenambi.* Aller se mettre en embuscade.

𐒼𐒰𐒻 𐒼𐒰𐒻. *poukcheha tchouoha.* Soldats en embuscade.

𐒼𐒰𐒻. *poukgen.* Embuscade.

𐒼𐒰𐒻. *poukgentoumbi.* Lorsque plusieurs personnes sont en embuscade. On dit aussi 𐒼𐒰𐒻. *poukgenoumbi.* Être beaucoup de monde en embuscade.

𐒼𐒰𐒻. *pouksou.* Les deux côtés de l'os qui est au derriere.

𐒼𐒰𐒻. *pouksouri.* Doute, perplexité sur quelque chose que ce soit qu'on ne sait pas clairement.

𐒼𐒰𐒻. *pouktakapi.* Lorsqu'on s'éveille, et que le cou fait mal. Le proverbe dit : La tête me tombe.

𐒼𐒰𐒻 𐒼𐒰𐒻. *pouktalime ouaha.* Monceaux d'ennemis morts. Tas d'ennemis morts.

𐒼𐒰𐒻. *pouktalimbi.* Amonceler des gerbes ou telles autres choses.

𐒼𐒰𐒻. *poukta.* Monceau, amas. Tas de quelque chose que ce soit.

poukta poukta. Amas, monceau, tas. Par tas, par monceaux, etc.

poukta. Ordonner de plier, de rouler quelque chose, de plier ses jambes, etc.

pouktambi. Plier, mettre en rouleau. Opprimer quelqu'un. Plier en deux de l'étoffe, du papier, etc. Rejeter sur un autre le crime dont on est coupable. Plier la main, le coude. Alors on dit *kala pouktambi.* Plier quelque chose que ce soit avec les mains. Perdre au commerce, sans pouvoir même rattraper son propre fond. Plier en cercle, etc. Plier l'arc lorsqu'on veut y mettre une corde. Ne pas changer sa maniere de vivre, ses bonnes mœurs, sa religion. Alors on dit *tchalan pouktarakou.*

pouktaboumbi. Ordonner de plier. Être opprimé. Opprimer quelqu'un. Lorsque les ennemis ont du dessous, ou qu'ils voient qu'ils ne sauroient vaincre, et qu'ils se sauvent.

pouktachambi. Lutter. Lorsqu'à droite et à gauche on tombe ou on renverse. Lorsqu'on tire avec force la bride du cheval pour l'arrêter un moment, et le faire courir ensuite en la lui lâchant.

pouktou. Homme qui a l'estomac enfoncé, les épaules hautes, et qui est bossu.

pouktou pakta. Lorsqu'on marche mal, et, comme on dit, de guingois.

pouktoulin. Porte-manteau fait de peau et de toile, dans lequel on met les habits, etc.; il y en a de grands et de petits.

POUL

𖼀𖼀, *pout sere herguen.*

𖼀𖼀, *poutha.* Ordonner de chasser, de pêcher.

𖼀𖼀, *pouthai nialma.* Oiseleur, qui chasse aux filets. Pêcheur, etc.

𖼀𖼀, *pouthachambi.* Chasser. Prendre aux filets des quadrupedes, des oiseaux, etc.

𖼀𖼀, *pouthachaboumbi.* Ordonner de chasser, etc., de prendre aux filets, etc.

𖼀𖼀, *pous sere herguen.*

𖼀𖼀, *poushanembi.* Enflure qui se forme lorsqu'il est tombé de l'eau bouillante sur quelque partie du corps.

𖼀𖼀, *poushanehepi.* Il est tombé de l'eau bouillante, et il s'est formé une vessie, etc.

𖼀𖼀, *poul sere herguen.*

𖼀𖼀, *poulha.* Habit chamarré, c'est-à-dire qui a des fleurs en broderie de différentes couleurs. Alors on dit 𖼀𖼀, *alha poulha.*

𖼀𖼀, *poulhoumbi.* Lorsque l'eau d'une riviere déborde, s'éleve par bonds dans les lieux où il y a, par exemple, des rochers. Lorsqu'une source d'eau s'éleve et coule. Lorsque quelque eau que ce soit s'éleve et monte. Lorsque ce que l'on a mangé revient de l'estomac sur les levres et qu'il faut vomir.

𖼀𖼀, *poultari.* Lorsque les yeux semblent sortir de la tête d'un homme qui est en colere, ou qu'il semble s'enfler, etc. Alors on dit 𖼀𖼀 𖼀𖼀.

poultari toutchike. Lorsqu'on fait des efforts considérables, et que les marques en paroissent au dehors, par le gonflement des veines, par exemple, etc.

ᑰᐦᑐᐦᐊᐅᐧ. *poultahoun.* Qui a les yeux gros des efforts qu'il fait; à qui la colere sort par les yeux, etc.

ᑰᐦᑐᐦᐊᐅᐧ ᑐᐦᒋᓐᒋᐦᐁ. *poultahoun toutchintchihe.* Lorsque quelque chose sort au dehors, enfle.

ᑰᐦᑐᐦᐊᐅᕆ. *poultahouri.* Qui a les yeux ronds de colere; à qui les yeux semblent sortir de la tête. Quelque chose que ce soit qui protubère, qui sort au dehors par des efforts ou de la nature ou autrement.

ᑰᐦᑐ. *poultou.* Petit cochon qui n'est pas encore châtré.

ᑰᐦᑐᕆ. *poultouri.* Espece de cerf qui, du nord à l'est, parcourt les bords de la riviere; ou, pour mieux dire, qui vient du nord à l'est en parcourant les bords de la mer. Alors on dit ᑰᐦᑐᕆ ᑮᐅ. *poultouri kieou.*

ᑰᐦᑐᕆᒻᐱ. *poultourimbi.* Cela se dit des chevaux ou autres bêtes qui en marchant font des faux pas comme s'ils alloient tomber en avant. Broncher.

ᑰᐦᒐ ᔨᐁᓂ. *poultcha ienli.* Les filaments de chair seche des mains et des pieds.

ᑰᐦᒐᑯ. *poultchakou.* Homme paresseux, qui craint de faire quelque chose. Indolent, paresseux.

ᑰᐦᒐᒻᐱ. *poultchambi.* Être paresseux, négligent. Ne pas faire ce qu'il faudroit. Refuser, rebuter tout ce qui a apparence d'affaire ou de travail. Fuir la peine, etc.

ᴍᴀɴᴄʜᴜ, *poultcharakou*. Qui n'est pas paresseux, qui n'est pas négligent. Diligent. Qui aime le travail.

ᴍᴀɴᴄʜᴜ, *poultchatambi*. Fuir le travail de quelque côté qu'il vienne, ne chercher que le repos et l'oisiveté.

ᴍᴀɴᴄʜᴜ, *poultchatarakou*. Qui ne fait pas le moindre petit travail. Qui n'est nullement paresseux.

ᴍᴀɴᴄʜᴜ, *poultchakouchambi*. Montrer au doigt un paresseux, lui reprocher sa paresse, etc.

ᴍᴀɴᴄʜᴜ, *poultchantoumbi*. Lorsque le commun fuit la peine et le travail, etc.

ᴍᴀɴᴄʜᴜ, *poultchanambi*. Cela se dit des chairs qui sont encore foibles et un peu enflées après la guérison d'un ulcere, etc.

ᴍᴀɴᴄʜᴜ, *poultchanahapi*. Les chairs sont revenues, etc., elles sont encore un peu foibles et enflées, etc.

ᴍᴀɴᴄʜᴜ, *poultchin*. Quoi que ce soit qui est d'une seule couleur, etc. On dit aussi ᴍᴀɴᴄʜᴜ, *poultchi*.

ᴍᴀɴᴄʜᴜ ᴍᴀɴᴄʜᴜ, *poultchin iatchin*. Qui est seulement noir.

ᴍᴀɴᴄʜᴜ ᴍᴀɴᴄʜᴜ ᴍᴀɴᴄʜᴜ, *poum sere herguen*.

ᴍᴀɴᴄʜᴜ, *poumbi*. Donner.

ᴍᴀɴᴄʜᴜ, *poumbouli*. C'est ainsi qu'on appelle les gâteaux ou biscuits faits avec la farine de bled et de l'huile ou du *mai tsee*, [c'est-à-dire de la graisse.] Ces gâteaux *popo* sont ronds.

ဗုံဘုကု. *poumboukou.* Petites feuilles qui viennent au bout des petites branches des saules, et qui ne s'ouvrent jamais. Le bout de la tige de l'herbe médicinale appellée *ngai*, et dont on se sert comme d'un caustique. Le bout de la tige des branches d'armoise.

Fin du tome premier.

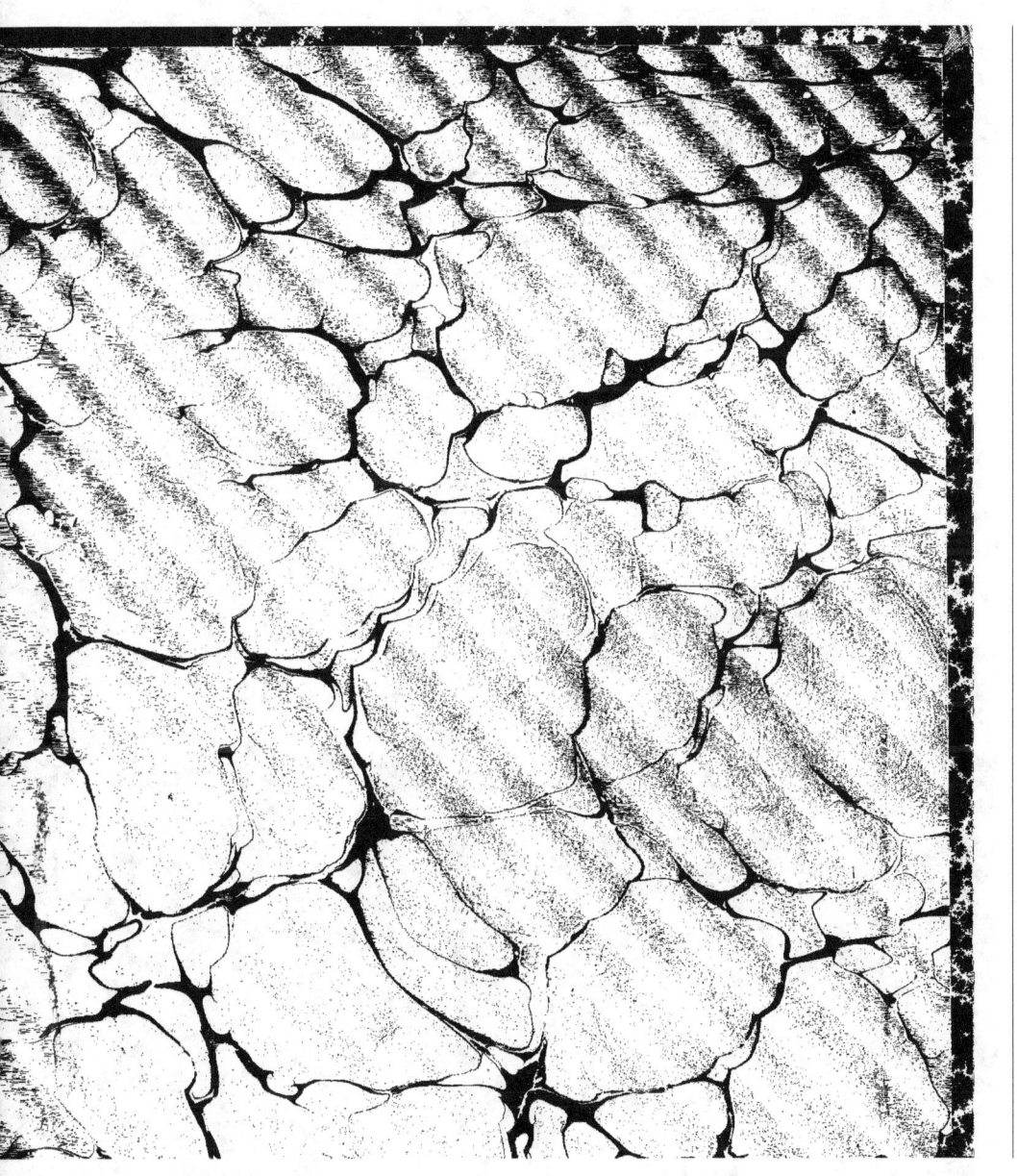

www.ingramcontent.com/pod-product-compliance
Lightning Source LLC
Chambersburg PA
CBHW071153230426
43668CB00009B/934